쉽게 찾아 바로 바로 쓰는
일한단어

Japanese-Korean
Basic Words!

쉽게 찾아 바로 바로 쓰는 **일한단어**

1판 1쇄 발행 | 2005년 5월 15일
1판 4쇄 발행 | 2007년 4월 30일
엮은이 | 일본어교재연구원
펴낸이 | 윤다시
펴낸곳 | 도서출판 예가
주소 | 서울시 영등포구 당산동 1가 191-10
전화 | 02)2633-5462
팩스 | 02)2633-5463
E-mail | yegabook@hanmail.net
등록번호 | 제 8-216호

ISBN 978-89-7567-461-7   13730

※ 잘못된 책은 바꿔드립니다.
※ 인지는 저자와의 합의하에 생략합니다.
※ 가격은 표지 뒷면에 있습니다.

쉽게 찾아 **바로 바로** 쓰는

일한 단어

일본어교재연구원

Japanese-Korean
Basic Words!

도서출판 예가

책머리에

문법도 그 나라말의 구조를 이해하기 위해서는 필수적인 사항이지만, 우선은 어린아이가 단어를 하나하나 익혀가듯이 외국어도 단어를 통해 익혀나가는 것입니다. 이런 점에 있어서 단어의 숙지는 매우 중요한 외국어 학습 과정의 하나라고 생각할 수 있습니다.

첫걸음을 떼고 어느 정도 일본어 어법을 익힌 학습자라면 누구나 다 회화나 작문을 원하게 됩니다. 그러나 어휘 실력의 부족 등으로 인해 쉽사리 일본어로 표현할 수 없다는 것에 한계를 느끼게 됩니다. 이것은 중급 이상의 일본어 실력을 갖추었더라도 대부분 마구잡이로 단어를 익히기 때문에 능률도 오르지 않을뿐더러 어렵게 느끼게 되어 좌절하는 경우가 많습니다. 물론 모든 어휘를 하루아침에 습득한다는 것은 불가능합니다. 그러나 체계적으로 학습한다면 빠른 시일 내에 어휘 실력을 향상시킬 수 있습니다.

✱ 이 책의 특징

❶ 실용적인 일한사전
일본어 단어를 체계적이고 쉽게 접근할 수 있도록 방대한 양의 단어를 일상생활에 꼭 필요한 단어만을 엄선한 실용적인 일한사전입니다.

❷ 약 11,000 단어 수록
일본어를 자유자재로 구사할 수 있도록 주로 일상생활에 쓰이는 단어만을 엄선하였습니다.

❸ 활용 빈도가 높은 예문
이해하기 힘든 단어나 활용 빈도가 높은 단어는 짧은 예문을 두어 일본어 회화나 작문에 곧바로 쓸 수 있도록 하였습니다.

❹ 한글 발음 표기
모든 표제어 단어는 일본어 문자를 잘 모르더라도 누구나 쉽게 읽을 수 있도록 현지 발음에 충실하여 한글로 표기하였습니다.

끝으로 이 책은 언제 어디서든 쉽게 찾아볼 수 있도록 사전식으로 꾸몄으므로 항상 휴대하여 일본어 실력 향상에 부단한 노력을 당부합니다.

편저자

차례 C·o·n·t·e·n·t·s

あ ▶▶▶▶▶▶▶▶▶▶▶▶▶▶▶▶▶▶▶▶▶ 015
あいうえお

か ▶▶▶▶▶▶▶▶▶▶▶▶▶▶▶▶▶▶▶▶▶ 069
かきくけこ

さ ▶▶▶▶▶▶▶▶▶▶▶▶▶▶▶▶▶▶▶▶▶ 149
さしすせそ

た ▶▶▶▶▶▶▶▶▶▶▶▶▶▶▶▶▶▶▶▶▶ 227
たちつてと

な ▶▶▶▶▶▶▶▶▶▶▶▶▶▶▶▶▶▶▶▶▶ 281
なにぬねの

は ▶▶▶▶▶▶▶▶▶▶▶▶▶▶▶▶▶▶▶▶▶ 307
はひふへほ

ま ▶▶▶▶▶▶▶▶▶▶▶▶▶▶▶▶▶▶▶▶▶ 373
まみむめも

や ▶▶▶▶▶▶▶▶▶▶▶▶▶▶▶▶▶▶▶▶▶ 409
やゆよ

ら ▶▶▶▶▶▶▶▶▶▶▶▶▶▶▶▶▶▶▶▶▶ 427
らりるれろ

わ ▶▶▶▶▶▶▶▶▶▶▶▶▶▶▶▶▶▶▶▶▶ 441

❶ 히라가나 · ひらがな

あ 아	い 이	う 우	え 에	お 오
か 카	き 키	く 쿠	け 케	こ 코
さ 사	し 시	す 스	せ 세	そ 소
た 타	ち 치	つ츠	て 테	と 토
な 나	に 니	ぬ 누	ね 네	の 노
は 하	ひ 히	ふ 후	へ 헤	ほ 호
ま 마	み 미	む 무	め 메	も 모
や 야		ゆ 유		よ 요
ら 라	り 리	る 루	れ 레	ろ 로
わ 와		ん 응		を 오

❷ 카타카나 · カタカナ

ア 아	イ 이	ウ 우	エ 에	オ 오
カ 카	キ 키	ク 쿠	ケ 케	コ 코
サ 사	シ 시	ス 스	セ 세	ソ 소
タ 타	チ 치	ツ 츠	テ 테	ト 토
ナ 나	ニ 니	ヌ 누	ネ 네	ノ 노
ハ 하	ヒ 히	フ 후	ヘ 헤	ホ 호
マ 마	ミ 미	ム 무	メ 메	モ 모
ヤ 야		ユ 유		ヨ 요
ラ 라	リ 리	ル 루	レ 레	ロ 로
ワ 와		ン 응		ヲ 오

❸ 일본어 발음

1 청음・清音(せいおん)

あ行은 우리말의 「아・이・우・에・오」와 발음이 같다. 단, う는 「우」와 「으」의 중간음으로 입술을 내밀지도 당기지도 않는 자연스런 상태에서 발음한다.

あ ア 아[a]	い イ 이[i]	う ウ 우[u]	え エ 에[e]	お オ 오[o]

か行은 단어의 첫머리에 올 때는 입천장에서 나오는 강한 「가・기・구・게・고」와 비슷하며, 단어의 중간이나 끝에 올 때는 「까・끼・꾸・께・꼬」로 발음한다.

か カ 카[ka]	き キ 키[ki]	く ク 쿠[ku]	け ケ 게[ke]	こ コ 코[ko]

さ行은 우리말의 「사・시・스・세・소」와 발음이 같다. 단, す는 「수」와 「스」의 중간음으로 입술을 내밀지도 당기지도 않는 자연스런 상태에서 발음한다.

さ サ 사[sa]	し シ 시[si]	す ス 스[su]	せ セ 세[se]	そ ソ 소[so]

た・て・と는 단어의 첫머리에 올 때는 「다・데・도」로 발음하고, 중간이나 끝에 올 때는 「따・떼・또」로 발음한다. ち・つ는 「찌・쯔」와 「치・츠」의 중간음으로 「찌・쓰」에 가깝게 발음한다.

た タ 타[ta]	ち チ 치[chi]	つ ツ 츠[tsu]	て テ 테[te]	と ト 토[to]

な行은 우리말의 「나·니·누·네·노」와 발음이 같다.

な	に	ぬ	ね	の
ナ	ニ	ヌ	ネ	ノ
나[na]	니[ni]	누[nu]	네[ne]	노[no]

は行은 우리말의 「하·히·후·헤·호」와 발음이 같다. 단 ふ는 「후」와 「흐」의 중간음으로 입술을 내밀지도 당기지도 않는 자연스런 상태에서 발음한다.

は	ひ	ふ	へ	ほ
ハ	ヒ	フ	ヘ	ホ
하[ha]	히[hi]	후[hu]	헤[he]	호[ho]

ま行은 우리말의 「마·미·무·메·모」와 발음이 같다.

ま	み	む	め	も
マ	ミ	ム	メ	モ
마[ma]	미[mi]	무[mu]	메[me]	모[mo]

や行은 우리말의 「야·유·요」와 발음이 같고 반모음으로 쓰인다.

や		ゆ		よ
ヤ		ユ		ヨ
야[ya]		유[yu]		요[yo]

ら行은 우리말의 「라·리·루·레·로」와 발음이 같다.

ら	り	る	れ	ろ
ラ	リ	ル	レ	ロ
라[ra]	리[ri]	루[ru]	레[re]	로[ro]

わ行의 わ·を는 우리말의 「와·오」와 발음이 같다. 단, を는 あ행의 お와 발음이 같지만 단어에는 쓰이지 않고 조사 「~을(를)」의 뜻으로만 쓰인다. ん은 はねる音을 참조할 것.

わ ワ	ん ン	を ヲ
와[wa]	응[n,m,ng]	오[o]

2 탁음・濁音(だくおん)

탁음이란 か・さ・た・は(カ・サ・タ・ハ)행의 글자 오른쪽 윗부분에 탁점(")을 붙인 음을 말한다. だ행의 ぢ・づ는 ざ행의 じ・ず와 발음이 동일하여 현대어에서는 특별한 경우, 즉 연탁이 되는 경우 이외는 별로 쓰이지 않는다.

が・ガ	ぎ・ギ	ぐ・グ	げ・ゲ	ご・ゴ
가[ga]	기[gi]	구[gu]	게[ge]	고[go]
ざ・ザ	じ・ジ	ず・ズ	ぜ・ゼ	ぞ・ゾ
자[za]	지[ji]	즈[zu]	제[ze]	조[zo]
だ・ダ	ぢ・ヂ	づ・ヅ	で・デ	ど・ド
다[da]	지[ji]	즈[zu]	데[de]	도[do]
ば・バ	び・ビ	ぶ・ブ	べ・ベ	ぼ・ボ
바[ba]	비[bi]	부[bu]	베[be]	보[bo]

3 반탁음・半濁音(はんだくおん)

반탁음은 は행의 오른쪽 윗부분에 반탁점(˚)을 붙인 것을 말한다. 반탁음은 우리말의 「ㅍ」과 「ㅃ」의 중간음으로 단어의 첫머리에 올 경우에는 「ㅍ」에 가깝게 발음하고, 단어의 중간이나 끝에 올 때는 「ㅃ」에 가깝게 발음한다.

ぱ・パ	ぴ・ピ	ぷ・プ	ぺ・ペ	ぽ・ポ
파[pa]	피[pi]	푸[pu]	페[pe]	포[po]

4 요음・拗音(ようおん)

요음이란 い단 글자 중 자음 「き・し・ち・に・ひ・み・り・ぎ・じ・び・ぴ」에 작은 글자 「ゃ・ゅ・ょ」를 붙인 음을 말한다. 따라서 「ゃ・ゅ・ょ」는 우리말의 「ㅑ・ㅠ・ㅛ」 같은 역할을 한다.

きゃ	しゃ	ちゃ	にゃ	ひゃ	みゃ	りゃ	ぎゃ	じゃ	びゃ	ぴゃ
キャ	シャ	チャ	ニャ	ヒャ	ミャ	リャ	ギャ	ジャ	ビャ	ピャ
캬	샤	챠	냐	햐	먀	랴	갸	쟈	뱌	퍄
きゅ	しゅ	ちゅ	にゅ	ひゅ	みゅ	りゅ	ぎゅ	じゅ	びゅ	ぴゅ
キュ	シュ	チュ	ニュ	ヒュ	ミュ	リュ	ギュ	ジュ	ビュ	ピュ
큐	슈	츄	뉴	휴	뮤	류	규	쥬	뷰	퓨
きょ	しょ	ちょ	にょ	ひょ	みょ	りょ	ぎょ	じょ	びょ	ぴょ
キョ	ショ	チョ	ニョ	ヒョ	ミョ	リョ	ギョ	ジョ	ビョ	ピョ
쿄	쇼	쵸	뇨	효	묘	료	교	죠	뵤	표

5 하네루음・はねる音(おと)

はねる音인 「ん」은 단어의 첫머리에 올 수 없으며, 항상 다른 글자 뒤에 쓰여 우리말의 받침과 같은 구실을 한다. 또한 ん 다음에 오는 글자의 영향에 따라 「ㄴ・ㅁ・ㅇ」으로 소리가 난다. (이것은 발음의 편의를 위한 자연스런 변화이므로 특별히 신경 쓰지 않아도 된다.)

❶ 「ㄴ(n)」으로 발음하는 경우
「さ・ざ・た・だ・な・ら」행의 글자 앞에서는 「ㄴ」으로 발음한다.

かんし	なんじ	はんたい	こんにち
간시	난지	한따이	곤니찌

❷ 「ㅁ(m)」으로 발음하는 경우

「ば・ぱ・ま」행의 글자 앞에서는 「ㅁ」으로 발음한다.

あんま	けんぶつ	てんぷら	きんむ
암마	겜부쯔	뎀뿌라	김무

❸ 「ㅇ(ng)」으로 발음하는 경우

「あ・か・が・や・わ」행의 글자 앞에서는 「ㅇ」으로 발음한다. 또한, 단어의 끝에서도 「ㅇ」으로 발음한다.

れんあい	えんき	ほんや	にほん
렝아이	엥끼	홍야	니홍

6 촉음・促音(そくおん)

촉음이란 막힌 소리의 하나로 우리말의 받침과 같은 역할을 하는 것을 말한다. つ를 작은 글자 っ로 표기하여 다른 글자 밑에서 받침으로만 쓰인다. 이 촉음은 하나의 음절을 갖고 있으며, 뒤에 오는 글자의 영향에 따라 「ㄱ・ㅅ・ㄷ・ㅂ」으로 발음한다.

❶ 「ㄱ(k)」으로 발음하는 경우

か행의 글자 앞에서는 「ㄱ」으로 발음한다.

けっか	そっくり	ひっこし	にっき
겍까	속꾸리	힉꼬시	닉끼

❷ 「ㅅ(s)」으로 발음하는 경우

さ행의 글자 앞에서는 「ㅅ」으로 발음한다.

ざっし	ぐっすり	さっそく	ほっさ
잣시	굿스리	삿소꾸	홋사

❸ 「ㄷ(t)」으로 발음하는 경우

た행의 글자 앞에서는 「ㄷ」으로 발음한다.

こっち	きって	おっと	むっつ
곧찌	긷떼	옫또	묻쯔

☞ 본문에서는 「ㄷ」으로 나는 발음은 편의상 「ㅅ」으로 표기하였다.

❹ 「ㅂ(p)」으로 발음하는 경우

ぱ행의 글자 앞에서는 「ㅂ」으로 발음한다.

いっぱい	きっぷ	しっぽ	ほっぺた
입빠이	킵뿌	십뽀	홉뻬따

7 장음・長音(ちょうおん)

장음長音이란 같은 모음이 중복될 때 앞의 발음을 길게 발음하는 것을 말한다. 우리말에서는 장음의 구별이 어렵지만 일본어에서는 이것을 확실히 구분하여 쓴다. 음의 장단에 따라 그 의미가 달라지는 경우가 있으므로 주의해야 한다. 또, カタカナ에서는 장음부호를 「ー」로 표기한다. 이 책의 우리말 장음 표기에서도 편의상 「ー」로 처리하였다.

❶ あ단 글자 다음에 모음 あ가 이어질 때

おばあさん	おかあさん	ばあい
오바-상	오까-상	바-이

❷ い단 글자 다음에 모음 い가 이어질 때

おじいさん	おにいさん	きいろい
오지-상	오니-상	기-로이

❸ う단 글자 다음에 모음 う가 이어질 때

しゅうい	くうき	ふうふ
슈-이	구-끼	후-후

❹ え단 글자 다음에 모음 え나 い가 이어질 때

おねえさん	えいが	けいざい
오네-상	에-가	게-자이

❺ お단 글자 다음에 모음 お나 う가 이어질 때

おとうさん	こおり	とおい
오또-상	코-리	도-이

〔あ行〕

〔あ〕

- あい　　　　　　　[아이] 愛　사랑
　　　　　　　　　　[아이] 藍　남빛, 남색
- あいかぎ　　　　　[아이까기] 合鍵　여벌의 열쇠
- あいかわらず　　　[아이까와라즈] 相変わらず　여전히, 변함없이
　　　　　　　　　　相変わらず元気(げんき)です 여전히 잘 있습니다
- あいがん　　　　　[아이강] 哀願　애원
　　　　　　　　　　[아이강] 愛玩　애완
- あいきょう　　　　[아이꾜-] 愛嬌　애교
　　　　　　　　　　男(おとこ)は度胸(どきょう),女(おんな)は愛嬌
　　　　　　　　　　남자는 배짱, 여자는 애교
- あいけん　　　　　[아이껭] 愛犬　애견
- あいこく　　　　　[아이꼬꾸] 愛国　애국
- あいさつ　　　　　[아이사쓰] 挨拶　인사
　　　　　　　　　　挨拶をかわす 인사를 나누다
- あいしょう　　　　[아이쇼-] 愛称　애칭
- あいじょう　　　　[아이죠-] 愛情　애정
- あいじん　　　　　[아이징] 愛人　애인, 정부
- あいず　　　　　　[아이즈] 合図　신호
- あいする　　　　　[아이스루] 愛する　사랑하다
　　　　　　　　　　子(こ)を愛する親心(おやごころ)
　　　　　　　　　　자식을 사랑하는 부모의 마음
- あいそ　　　　　　[아이소] 愛想　붙임성
　　　　　　　　　　愛想がつきる 정나미가 떨어지다
- あいだ　　　　　　[아이다] 間　사이, 간격
- あいだがら　　　　[아이다가라] 間柄　혈족친족 간의 관계

❏ あいちゃく	[아이짜꾸] 愛着	애착
❏ あいづち	[아이즈찌] 相槌	맞장구
	ひとの話(はなし)に相槌を打(う)つ 남의 말에 맞장구치다	
❏ あいて	[아이떼] 相手	상대방
	ダンスの相手をする 댄스의 상대가 되다	
❏ あいとう	[아이또-] 哀悼	애도
❏ あいどく	[아이도꾸] 愛読	애독
❏ あいにく	[아이니꾸] 生憎	하필이면, 공교롭게
	生憎の雨(あめ)で中止(ちゅうし)になる	
	공교로운 비로 중지되다	
❏ あいびき	[아이비끼] 逢引き	밀회, 랑데부
❏ あいま	[아이마] 合間	사이, 틈
❏ あいまい	[아이마이] 曖昧	애매함
❏ あいよう	[아이요-] 愛用	애용
❏ あいらしい	[아이라시-] 愛らしい	사랑스럽다
❏ あいろ	[아이로] 隘路	애로
❏ あう	[아우] 合う	맞다
	ふたつの時計(とけい)が合っている 두 시계가 서로 맞다	
	[아우] 会う	만나다, 당하다
	友達(ともだち)に会う	
❏ あえぐ	[아에구] 喘ぐ	숨을 헐떡이다
	喘ぎながら山(やま)を登(のぼ)って行(い)った	
	숨을 헐떡거리며 산을 올라갔다	
❏ あえて	[아에떼] 敢えて	감히, 굳이
❏ あおい	[아오이] 青い	파랗다
❏ あおがえる	[아오가에루] 青蛙	청개구리
❏ あおぐ	[아오구] 仰ぐ	올려다보다, 우러러보다
❏ あおざめる	[아오자메루] 青ざめる	새파래지다
❏ あおしんごう	[아오싱고-] 青信号	청신호
	↔赤信号(あかしんごう)	

□ あおぞら	[아오조라]	青空　푸른 하늘
□ あおだいしょう	[아오다이쇼-]	青大将　구렁이
□ あおむく	[아오무꾸]	仰向く　위를 올려다보다
	仰向いて空(そら)を見(み)あげる	
	고개를 들어 하늘을 쳐다보다	
□ あかい	[아까이]	赤い　빨갛다
	赤色(あかいろ) 빨간색	
	[아까]	垢　때, 더러움
	垢を落(お)とす 때를 밀다	
□ あがく	[아가꾸]	足掻く　버둥거리다
	＝じたばたする・もがく	
□ あかご	[아까고]	赤子　갓난아기, 아기
□ あかじ	[아까지]	赤字　적자
□ あかす	[아까스]	明かす　밝히다, 지새우다
	山の上で 一夜を 明かす	
	산 위에서 하룻밤을 지새운다	
□ あかちゃん	[아까쨩]	赤ちゃん　아기
□ あかつき	[아까쓰끼]	暁　새벽, 여명
□ あかとんぼ	[아까돔보]	赤とんぼ　고추잠자리
□ あがなう	[아가나우]	購う　사들이다, 구입하다
□ あかぼう	[아까보-]	赤帽　빨간 모자, 포터
□ あかめる	[아까메루]	赤める　붉히다
□ あがめる	[아가메루]	崇める　숭상하다
	師しと崇める 스승으로 우러르다	
□ あかり	[아까리]	明かり　밝은 빛
□ あがる	[아가루]	上がる　오르다　↔おりる
	二階(にかい)に上がる 2층에 올라가다	
□ あかるい	[아까루이]	明るい　밝다, 환하다　↔くらい
□ あかんぼう	[아깜보-]	赤ん坊　아기
□ あき	[아끼]	秋　가을

□ あきす	[아끼스] 空巣	빈 둥지, 빈집
□ あきすねらい	[아끼스네라이] 空巣狙い	빈집털이
□ あきち	[아끼찌] 空地	빈터

近所(きんじょ)の空地で遊(あそ)ぶ 근처의 빈터에서 놀다

□ あきない	[아끼나이] 商い	장사
□ あきばれ	[아끼바레] 秋晴れ	가을의 쾌청한 날씨
□ あきべや	[아끼베야] 空き部屋	빈 방
□ あきめくら	[아끼메꾸라] 明盲	눈뜬 소경, 문맹 文盲
□ あきや	[아끼야] 空家	빈 집
□ あきらか	[아끼라까] 明らか	분명함
□ あきらめる	[아끼라메루] 諦める	단념하다

しかたがないと諦める 어찌할 수 없다고 체념하다

□ あきる	[아끼루] 飽きる	질리다, 싫증나다
□ あきれる	[아끼레루] 呆れる	기막히다

呆れて物(もの)が言(い)えない 기가 막혀 말도 안 나오다

□ あきんど	[아낀도] 商人	상인, 장사꾼
□ あく	[아꾸] 悪	악
□ あくい	[아꾸이] 悪意	악의
□ あくうん	[아꾸웅] 悪運	악운
□ あくえん	[아꾸엥] 悪縁	악연
□ あくしゅ	[아꾸슈] 握手	악수

けんかをやめて握手する 싸움을 그만두고 화해하다

□ あくしゅう	[아꾸슈-] 悪習	악습
□ あくじょ	[아꾸죠] 悪女	악녀
□ あくせい	[아꾸세-] 悪性	악성
□ あくたれ	[아꾸따레] 悪たれ	심한 장난
□ あくとく	[아꾸또꾸] 悪徳	악덕
□ あくにん	[아꾸닝] 悪人	악인
□ あくび	[아꾸비] 欠伸	하품

欠伸をかみころす 하품을 억지로 참다

- あくま [아꾸마] 悪魔 악마
- あくまでも [아꾸마데모] 어디까지나
- あくむ [아꾸무] 悪夢 악몽
  悪夢にうなされる 악몽에 시달리다
- あくやく [아꾸야꾸] 悪役 악역
- あくよう [아꾸요오] 悪用 악용
- あぐら [아구라] 胡座 책상다리로 앉음
  あぐらを組む 책상다리를 하다, 편히 앉다
- あくらつ [아꾸라쓰] 悪辣 악랄함
- あけがた [아께가따] 明け方 새벽녘
- あげく [아게꾸] 挙句 나머지
  迷(まよ)ったあげく父(ちち)に相談(そうだん)する
  망설인 끝에 아버지와 의논하다
- あけくれ [아께구레] 明け暮れ 나날
- あけぼの [아께보노] 曙 새벽, 동틀 녘
- あける [아께루] 開ける 열다 ↔ 閉しめる・閉とじる
- あげる [아게루] 上げる 주다
- あご [아고] 顎 턱
- あこがれる [아꼬가레루] 憬れる 동경하다
  結婚(けっこん)に憬れる年(とし)ごろ 결혼을 동경할 나이
- あさ [아사] 朝 아침
  [아사] 麻 삼, 모시
- あざ [아자] 痣 피부의 반점, 어루러기
- あさい [아사이] 浅い 얕다
  川かわが浅い 강이 얕다
- あさがお [아사가오] 朝顔 나팔꽃
- あさがた [아사가따] 朝方 해뜰 무렵
- あざけり [아자께리] 嘲り 비웃음
- あさせ [아사세] 浅瀬 얕은 여울
- あさつゆ [아사쓰유] 朝露 아침이슬

□ あさって	[아삿떼] (明後日)	모레
□ あさね	[아사네] (朝寝)	아침잠, 늦잠

朝寝をする 늦잠을 자다　朝寝坊(ぼう) 늦잠꾸러기

□ あさはか	[아사하까] (浅はか)	생각이 모자람
□ あさばん	[아사방] (朝晩)	조석으로
□ あさひ	[아사히] (朝日)	아침해
□ あさましい	[아사마시-]	딱하다, 비열하다

おちぶれてあさましい姿(すがた)になる
영락하여 비참한 몰골이 되다

□ あざみ	[아자미]	엉겅퀴
□ あざむく	[아자무꾸] (欺く)	속이다 =だます

ちちをあざむく 아버지를 속이다

□ あさめし	[아사메시] (朝飯)	조반, 아침밥

それを仕上(しあ)げるのは朝飯前だ
그것을 완성하는 것은 식은죽먹기이다

□ あざやか	[아자야까] (鮮やか)	산뜻함, 선명함
□ あさゆう	[아사유-] (朝夕)	늘, 항상
□ あざらし	[아자라시]	바다표범
□ あさり	[아사리]	바지락
□ あざわらう	[아자와라우] (嘲笑う)	비웃다

人(ひと)の失敗(しっぱい)を嘲笑う 남의 실패를 비웃다

□ あし	[아시] (足)	발, 다리
	[아시] (脚)	발, 다리
	[아시] (芦)	갈대
□ あじ	[아지] (味)	맛

スープの味を見(み)る 수프의 맛을 보다

	[아지] (鯵)	전갱이
□ あしあと	[아시아또] (足跡)	발자국
□ あしおと	[아시오또] (足音)	발소리
□ あじさい	[아지사이]	수국 水菊

- あした [아시따] 明日 내일
  =あす・みょうにち ↔ 昨日きのう
  明日は雨あめだろう 내일은 비가 올 것이다
- あしなみ [아시나미] 足並み 보조 歩調
- あしのうら [아시노우라] 足の裏 발바닥
- あしば [아시바] 足場 발판
  がけみちで足場がわるい 벼랑길이라서 발디디기가 나쁘다
- あしぶみ [아시부미] 足踏み 제자리걸음
- あじみ [아지미] 味見 맛보기, 간보기
- あしらう [아시라우] 다루다
  客(きゃく)を上手(じょうず)にあしらう 손님을 잘 다루다
- あじわう [아지와우] 味わう 맛보다
- あす [아스] 明日 내일
- あずかる [아즈까루] 預かる 맡다, 보관하다
- あずき [아즈끼] 小豆 팥
- あずける [아즈께루] 預ける 맡기다
  あの人(ひと)には金(かね)は預けられない
  저 사람에겐 돈은 맡길 수 없다
- あせ [아세] 汗 땀
  汗にまみれる 땀투성이가 되다
- あぜみち [아제미찌] 畦道 논두렁길
- あせも [아세모] 汗疹 땀띠
- あせる [아세루] 焦る 조바심하다
  焦ってしくじる 조급히 굴다 실패하다
- あそこ [아소꼬] 저기, 저쪽
- あそぶ [아소부] 遊ぶ 놀다
  野球(やきゅう)をして遊ぶ 야구를 하며 놀다
- あだ [아다] 仇 원수
  仇討(う)ち 복수, 보복
- あたえる [아따에루] 与える 주다, 내주다

□ あたかも	[아따까모]	恰も	마치, 흡사
□ あたたかい	[아따다까이]	暖かい	따뜻하다

部屋(へや)が少すこしも暖かくない
방이 조금도 따뜻하지 않다

□ あたたまる	[아따다마루]	暖まる	따뜻해지다
□ あたためる	[아따다메루]	暖める	따뜻하게 하다
□ あだっぽい	[아답뽀이]	요염하다 =色いろっぽい	
□ あだな	[아다나]	별명	
□ あたふた	[아따후따]	허둥지둥	
□ あたま	[아따마]	頭	머리
□ あたらしい	[아따라시-]	新しい	새롭다

別(べつ)に新しいこともない 별로 새로운 일도 없다

□ あたり	[아따리]	辺り	부근, 근처
□ あたりまえ	[아따리마에]	当り前	당연

当り前な事ことをしたまでだ 당연한 일을 했을 뿐이다

□ あちこち	[아찌고찌]	여기저기	
□ あちら	[아찌라]	저쪽, 저기	
□ あつい	[아쓰이]	熱い	뜨겁다
	[아쓰이]	暑い	덥다

今日(きょう)はたいへん暑い 오늘은 매우 덥다

	[아쓰이]	厚い	두껍다
□ あっか	[악까]	悪化	악화
□ あつかう	[아쓰까우]	扱う	다루다, 취급하다

書物(しょもつ)をだいじに扱う 책을 소중히 다루다

□ あつかましい	[아쓰까마시-]	厚かましい	뻔뻔하다
□ あつくるしい	[아쓰구루시-]	暑苦しい	무덥다
□ あっけ	[악께]	呆気	어이없어 함

呆気なく敗(やぶ)れる 어이없이 패하다

□ あっさり	[앗싸리]	깨끗이, 말끔히	

あっさり忘れてしまいなさい 깨끗이 잊어버리시오

□ あっち	[앗찌]	저기, 저쪽
□ あっとう	[앗또오] 圧倒	압도
□ あっぱく	[압빠꾸] 圧迫	압박
□ あつまる	[아쓰마루] 集まる	모이다

村民(そんみん)が広場(ひろば)に集まる
부락민이 광장에 모이다

□ あつらえむき	[아쓰라에무끼] 誂え向き	안성맞춤

その仕事(しごと)は老人(ろうじん)にあつらえむきだ
그 일은 노인에게 안성맞춤이다

□ あつらえる	[아쓰라에루] 誂える	장만하다, 맞추다

ドレスを誂える 드레스를 맞추다

□ あつれき	[아쓰레끼] 軋轢	알력
□ あてさき	[아떼사끼] 宛先	수신인의 주소
□ あてど	[아떼도] 当て所	목적지
□ あてな	[아떼나] 宛名	수신인의 이름
□ あてはずれ	[아떼하즈레] 当て外れ	기대가 어긋남

当て外れのボーナス 기대에 어긋난 보너스

□ あと	[아또] 後	뒤, 나중
□ あとかた	[아또가따] 跡形	흔적, 자취
□ あとかたづけ	[아또가따즈께] 後片付け	뒤치다꺼리
□ あとしまつ	[아또시마쓰] 後始末	뒤치다꺼리, 마무리

借金(しゃっきん)の後始末をする 빚의 뒤치다꺼리를 하다

□ あとつぎ	[아또쓰기] 後継ぎ	집안의 대를 이을 사람
□ あとのまつり	[아또노마쓰리] 後の祭	때를 놓침, 행차 후의 나팔

後悔(こうかい)しても後の祭だ 후회해도 이미 때는 늦었다

□ あとまわし	[아또마와시] 後回し	뒤로 미룸

自分(じぶん)のことは後回しにする 자기 일은 뒤로 미루다

□ あとめ	[아또메] 跡目	상속인
□ あな	[아나] 穴	구멍
□ あなぐま	[아나구마] 穴熊	오소리

□ あなた	[아나따] 貴方	당신
□ あなどる	[아나도루] 侮る	깔보다, 넘보다
	小敵(しょうてき)とみて侮るな 약한 적이라고 깔보지 마라	
□ あによめ	[아니요메] 兄嫁	형수
□ あね	[아네] 姉	누나, 누님
□ あのよ	[아노요] あの世	저세상
□ あばく	[아바꾸] 暴く	파헤치다, 폭로하다
	敵(てき)の密書(みっしょ)が暴かれる 적의 밀서가 탄로나다	
□ あばた	[아바따] 곰보	
□ あばれる	[아바레루] 暴れる	난폭하게 굴다
□ あひる	[아히루] 家鴨	집오리
□ あぶない	[아부나이] 危い	위태롭다, 위험하다
	危い感かんじがする 위태로운 느낌이 들다	
□ あぶら	[아부라] 油	식물성 기름
□ あぶらえ	[아부라에] 油絵	유화
□ あぶらげ	[아부라게] 油揚	유부 油腐
□ あぶらっこい	[아부락꼬이] 脂っこい	기름지다
	脂っこいまぐろのきりみ 기름진 다랑어의 살점	
□ あふれる	[아후레루] 溢れる	넘치다
	酒(さけ)がさかずきに溢れる 술이 잔에 넘치다	
□ あぶれる	[아부레루] 실직 失職 하다	
□ あべこべ	[아베꼬베] 반대, 거꾸로	
	百(ひゃく)から一(いち)まであべこべにかぞえる 100에서 1까지 거꾸로 세다	
□ あほう	[아호-] 阿呆	바보, 천치
□ あま	[아마] 尼	여승, 비구니
	[아마] 海女	해녀
□ あまい	[아마이] 甘い	달다
□ あまえる	[아마에루] 응석부리다	
	あまえたことをぬかすな 응석받이 같은 소리 작작해	

□ あまがえる	[아마가에루]	雨蛙	청개구리
□ あまぐ	[아마구]	雨具	우비
□ あまぐも	[아마구모]	雨雲	비구름
□ あます	[아마스]	余す	남기다

一人(ひとり)も余さず 한 사람도 남기지 않고

□ あまだれ	[아마다레]	雨垂れ	낙숫물
□ あまつさえ	[아마쓰사에]		더군다나, 게다가

雨(あめ)なのにあまつさえ風(かぜ)まで吹(ふ)く
비가 오는데 더군다나 바람마저 분다

□ あまねく	[아마네꾸]	普く	널리, 골고루
□ あまのじゃく	[아마노쟈꾸]	天の邪鬼	심술꾸러기
□ あまる	[아마루]	余る	남다

切符(きっぷ)がまだ余っている 표가 아직 남아 있다

□ あみ	[아미]	網	그물
□ あみもの	[아미모노]	編物	편물, 뜨개질
□ あむ	[아무]	編む	뜨다, 짜다, 엮다
□ あめ	[아메]	雨	비
	[아메]	飴	엿
□ あやしい	[아야시-]	怪しい	수상하다

怪しい物音(ものおと) 이상한 소리

□ あやしむ	[아야시무]	怪しむ	수상히 여기다
□ あやす	[아야스]		달래다, 어르다

泣(な)く子(こ)をあやす 우는 아이를 달래다

□ あやつる	[아야쓰루]	操る	조종하다

お人好(ひとよし)を操る 어수룩한 사람을 (뒤에서) 조종하다

□ あやまち	[아야마찌]	過ち	잘못

だれにも過ちはあるものだ 누구에게나 잘못은 있는 법이다

□ あやまり	[아야마리]	誤り	잘못, 실수
	[아야마리]	謝り	사과
□ あやまる	[아야마루]	誤る	실수하다

☐ あやまる	[아야마루] 謝る	사과하다
☐ あやめ	[아야메] 菖蒲	붓꽃
☐ あゆ	[아유] 鮎	은어
☐ あゆみ	[아유미] 歩み	걸음, 보조
☐ あらい	[아라이] 荒い	거칠다
☐ あらいざらい	[아라이자라이] 洗い浚い	깡그리, 몽땅
	あらいざらいぶちまける 죄다 털어놓다	
☐ あらう	[아라우] 洗う	씻다, 빨다
☐ あらかじめ	[아라카지메] 予め	미리
	予め準備(じゅんび)する 미리 준비하다	
☐ あらかた	[아라카따] 粗方	대충, 대략
☐ あらし	[아라시] 嵐	폭풍우
☐ あらすじ	[아라스지] 荒筋	대충 줄거리, 개요
☐ あらそう	[아라소] 争う	다투다, 싸우다
	争って先(さき)に出(で)る 다투어 선두로 나서다	
☐ あらたに	[아라따니] 新たに	새로이
☐ あらためて	[아라따메떼] 改めて	다른 기회에, 새삼스럽게
☐ あらためる	[아라따메루] 改める	고치다
	規則(きそく)を改める 규칙을 고치다	
☐ あらっぽい	[아랍뽀이] 荒っぽい	난폭하다
☐ あらなみ	[아라나미] 荒波	거친 파도
☐ あらまし	[아라마시]	대강, 개요
☐ あられ	[아라레] 霰	싸라기눈
☐ あらわす	[아라와스] 現わす	나타내다
	喜(よろこ)びを顔(かお)に現わす 기쁨을 얼굴에 나타내다	
☐ あらわれる	[아라와레루] 現れる	나타나다
	怒(おこ)るとすぐ顔(かお)に現れる	
	화가 나면 곧 얼굴에 나타난다	
☐ あり	[아리] 蟻	개미
☐ ありあまる	[아리아마루] 有り余る	남아돌다

☐ ありあり	[아리아리]	뚜렷이, 생생하게
☐ ありがたい	[아리가따이] 有難い	고맙다

親切(しんせつ)にしてくれてありがたい
친절하게 해 주어서 고맙다

☐ ありがち	[아리가찌] 有り勝ち	있을 법한, 흔히 있는
☐ ありさま	[아리사마] 有様	모양, 상태
☐ ありのまま	[아리노마마]	있는 그대로

ありのまま(に)話はなす 사실대로 이야기하다

☐ ある	[아루] 有る	있다
	[아루] 或	어떤, 어느

ある女(おんな)のことを思(おも)い出(だ)す
어떤 여자의 일이 생각나다

☐ あるいは	[아루이와] 或は	혹은, 혹시

曇(くもり)あるいは雨(あめ) 흐림 또는 비

☐ あるく	[아루꾸] 歩く	걷다
☐ あれ	[아레]	저것, 그것
☐ あれこれ	[아레꼬레]	이것저것
☐ あわ	[아와] 粟	조, 좁쌀
	[아와] 泡	거품
☐ あわせる	[아와세루] 合わせる	맞추다, 합치다

2枚(まい)の板(いた)を合わせる 두 장의 판자를 합치다

☐ あわただしい	[아와따다시이] 慌しい	어수선하다, 분주하다
☐ あわてふためく	[아와떼후따메꾸] 慌てふためく	쩔쩔매다

家(いえ)が火事(かじ)になって慌てふためく
집에 불이 나서 허둥거리다

☐ あわび	[아와비]	전복
☐ あわれ	[아와레] 哀れ	불쌍함, 가련함
☐ あわれむ	[아와레무] 哀れむ	불쌍히 여기다

彼(かれ)の死(し)を哀れんで泣(な)く
그의 죽음을 불쌍히 여겨서 울다

□ あんうん	[앙웅] 暗雲	암운, 검은 구름
□ あんがい	[앙가이] 案外	뜻밖에도, 예상외에
□ あんき	[앙끼] 暗記	암기
□ あんぐり	[앙구리] 멍하니 입을 딱 벌린 모양	

口(くち)をあんぐりと開(あ)ける 입을 딱 벌리다

□ あんけん	[앙껭] 案件	안건
□ あんこ	[앙꼬] 팥소	
□ あんごう	[앙고-] 暗号	암호
□ あんこく	[앙꼬꾸] 暗黒	암흑
□ あんさつ	[안사쯔] 暗殺	암살
□ あんじ	[안지] 暗示	암시
□ あんしつ	[안시쯔] 暗室	암실
□ あんしん	[안싱] 安心	안심

かれにまかせておけば安心だ 그에게 맡겨 두면 안심이다

□ あんず	[안즈] 杏子	살구
□ あんずる	[안즈루] 案ずる	근심하다, 염려하다

子供(こども)の将来(しょうらい)を案ずる
자식의 장래를 걱정하다

□ あんせい	[안세이] 安静	안정
□ あんぜん	[안젱] 安全	안전
□ あんた	[안따] 당신	
□ あんだ	[안다] 安打	안타
□ あんてい	[안떼-] 安定	안정
□ あんど	[안도] 安堵	안도

安堵の胸(むね)をなでおろす 안도의 한숨을 쉬다

□ あんな	[안나] 저런	
□ あんない	[안나이] 案内	안내
□ あんのじょう	[안노죠-] 案の定	짐작대로 딴은, 과연

案の定あいつのしわざだ 예상한 대로 그 녀석 짓이다

□ あんばい	[암바이] 塩梅	음식의 간, 맛

☐ あんぴ	[암삐] 安否	안부

安否を尋(たず)ねる 안부를 묻다, 문안하다

☐ あんま	[안마] 按摩	안마
☐ あんまり	[암마리] 지나치게, 너무 = あまり	

뒤에 부정어가 오면 그다지, 별로
あんまりひどいじゃないか 너무 심하지 않은가
あんまりうれしそうなかおでもないね
별로 기쁜 얼굴도 아니구나

☐ あんみん	[암밍] 安眠	안면
☐ あんや	[앙야] 暗夜	암야, 어두운 밤
☐ あんよ	[앙요]	걸음마
☐ あんらく	[안라꾸] 安楽	안락

▶ 외래어

☐ アイスクリーム	[아이스쿠리-무] icecream	아이스크림
☐ アイデア	[아이데아] idea	아이디어

いいアイデアを出(だ)す 좋은 아이디어를 내다

☐ アイロニー	[아이로니-] irony	아이러니, 비꼼
☐ アイロン	[아이롱] iron	아이론, 다리미

アイロンをかける 다리미질을 하다

☐ アウトサイダー	[아우또사이다-] outside	아웃사이더
☐ アカシア	[아까시아] acacia	아카시아
☐ アカデミー	[아까데미-] academy	아카데미
☐ アクション	[아꾸숑] action	액션

監督(かんとく)がアクションをつける
감독이 액션을 지시하다

☐ アクセサリー	[아꾸세사리-] accessory	액세서리
☐ アクセル	[아꾸세루] accelerator	액셀

❏ アクセント	[아꾸센또] accent 악센트
❏ アコーデオン	[아꼬-데옹] accordion 아코디언
❏ アジア	[아지아] Asia 아시아
❏ アスパラガス	[아스파라가스] asparagus 아스파라거스
❏ アスファルト	[아스화루또] asphalt 아스팔트
❏ アッピール	[압삐-루] appeal 어필, 감명을 줌
❏ アドバイス	[아도바이스] advice 어드바이스, 조언
	かれにうまくアドバイスしてくれ 그에게 잘 충고해 주게
❏ アトリエ	[아또리에] 프 atelier 아틀리에, 화실
❏ アナウンサー	[아나운사-] announcer 아나운서
❏ アパート	[아빠-또] apartment house 아파트
❏ アフターサービス	[아후따-사-비스] after service 애프터서비스
❏ アフリカ	[아후리까] Africa 아프리카
❏ アベック	[아벡꾸] 프 avec 아베크
❏ アマチュア	[아마쥬아] amateur 아마추어
	=素人 しろうと・アマ ↔ プロフェッショナル
	アマチュアスポーツ 아마추어 스포츠
❏ アメリカ	[아메리까] America 아메리카, 미합중국
❏ アラブ	[아라부] Arab 아랍
❏ アリバイ	[아리바이] alibi 알리바이
❏ アルバイト	[아루바이또] 독 Arbeit 아르바이트 =バイト
❏ アレルギー	[아레루기-] 독 Allergie 알레르기
❏ アンケート	[앙께-또] 프 enquéte 앙게이트
❏ アンコール	[앙꼬-루] 프 encore 앙코르, 재청 再請
❏ アンサンブル	[안산부루] 프 ensemble 앙상블, 조화
❏ アンテナ	[안떼나] antenna 안테나

[い]

- いいあらそい [이-아라소이] 言い争い 말다툼
- いいあらわす [이-아라와스] 言い表わす 말로 나타내다
  英語(えいご)で言い表わす 영어로 표현하다
- いあん [이앙] 慰安 위안
- いいかげん [이-까겡] いい加減 적당함, 알맞음
  ちょうどいい加減の大(おお)きさだ 꼭 알맞은 크기이다
- いいかた [이-까따] 言い方 말투, 말씨
- いいきかせる [이-기까세루] 言い聞かせる 타이르다
  あきらめるように言い聞かせる 단념하도록 타이르다
- いいつける [이-쓰께루] 言い付ける 명령하다, 일러바치다
  先生(せんせい)に言い付ける 선생님께 일러바치다
- いいわけ [이-와께] 言い訳 변명
  頭(あたま)をかいて言い訳をする
  머리를 긁적거리며 변명하다
- いいん [이잉] 委員 위원
- いう [이우] 言う 말하다
  もう一度(いちど)言ってください 다시 한번 말해 주세요
- いえ [이에] 家 집
- いえがら [이에가라] 家柄 가문
  名高(なだか)い家柄 유명한 가문
- いか [이까] 以下 이하 ↔以上 いじょう
  [이까] 오징어
- いがい [이가이] 意外 의외, 뜻밖
  [이가이] 以外 이외
  これ以外の方法(ほうほう)はない 이것 이외의 방법은 없다

☐ いかが	[이까가] 如何	어떻게
	気分(きぶん)はいかがですか 기분은 어떻습니까?	
☐ いがく	[이가꾸] 医学	의학
☐ いかす	[이까스] 生かす	살리다
	もう生かしておけない 이젠 더 이상 살려 둘 수 없다	
☐ いかだ	[이까다] 筏	뗏목
☐ いかめしい	[이까메시-] 厳しい	엄숙하다
☐ いかり	[이까리] 錨	닻
☐ いかん	[이깡] 遺憾	유감
☐ いき	[이끼] 息	숨, 호흡
	息を吐(は)く 숨을 내쉬다	
☐ いぎ	[이기] 意義	의의
☐ いきさつ	[이끼사쓰] 経緯	경위, 자초지종
	事件(じけん)の経緯をはなす 사건의 경위를 이야기하다	
☐ いきどおり	[이끼도-리] 憤り	분노
☐ いきなり	[이끼나리]	갑자기, 불쑥
	いきなり胸(むね)ぐらをとる 갑자기 멱살을 잡다	
☐ いきのね	[이끼노네] 息の根	숨통
☐ いきのこる	[이끼노꼬루] 生き残る	살아남다
☐ いきもの	[이끼모노] 生き物	살아있는 것, 생물
☐ いきる	[이끼루] 生きる	살다, 생존하다
	生きるか死(し)ぬかの問題(もんだい) 사느냐 죽느냐의 문제	
☐ いく	[이꾸] 行く	가다
☐ いくじ	[이꾸지] 育児	육아
☐ いくつ	[이꾸쓰]	몇, 몇 개
☐ いくどうおん	[이꾸도-옹] 異口同音	이구동성
☐ いくら	[이꾸라]	얼마, 제아무리
	そのはいくらですか 그건 얼마입니까?	
	いくら言(い)っても 아무리 말해도	
☐ いけ	[이께] 池	연못

□ いけない	[이께나이] 바람직하지 않다, 좋지 않다
	あいつがいけないんだ 저 녀석이 나쁜 거야
□ いけばな	[이께바나] 生け花 꽃꽂이
□ いけん	[이껭] 意見 의견
	[이껭] 異見 이견, 다른 의견
□ いげん	[이겡] 威厳 위엄
□ いご	[이고] 囲碁 바둑 =碁 ご
	[이고] 以後 이후, 앞으로
□ いこく	[이꼬꾸] 異国 이국, 다른 나라
□ いざかや	[이자까야] 居酒屋 선술집
□ いさぎよい	[이사기요이] 潔い 미련없이 깨끗함, 떳떳함
	潔い態度(たいど) 떳떳한 태도
□ いざこざ	[이자꼬자] 분규, 갈등
	いざこざが起(お)こる 분쟁이 일어나다
□ いささか	[이사사까] 些か 조금, 약간
□ いさましい	[이사마시-] 勇ましい 용감하다
□ いさめる	[이사메루] 諫める 타이르다, 간하다
	死(し)をもって諫める 죽음으로써 간하다
□ いざり	[이자리] 앉은뱅이
□ いさん	[이상] 遺産 유산
□ いし	[이시] 石 돌
	[이시] 意志 의지
	[이시] 医師 의사 = 医者 いしゃ
□ いじ	[이지] 意地 고집, 근성
	意地がわるい 심술궂다, 성미가 나쁘다
□ いしがき	[이시가끼] 石垣 돌담
□ いしき	[이시끼] 意識 의식
□ いしころ	[이시꼬로] 石ころ 돌멩이, 잔돌
□ いしだい	[이시다이] 石鯛 돌돔
□ いしだん	[이시당] 石段 돌계단

☐ いしばし	[이시바시] 石橋 돌다리	
	石橋も叩(たた)いて渡(わた)る 돌다리도 두드리고 건너다	
☐ いしぶみ	[이시부미] 碑 비석, 비문	
☐ いじめる	[이지메루] 苛める 괴롭히다	
	動物(どうぶつ)を苛めてはいけない	
	동물을 학대해서는 안 된다	
☐ いしゃ	[이샤] 医者 의사	
☐ いしょ	[이쇼] 遺書 유서	
☐ いしょう	[이쇼-] 衣装 의상	
☐ いじょう	[이죠-] 以上 이상	
	[이죠-] 異常 이상	
☐ いじらしい	[이지라시-] 애처롭다, 가련하다	
☐ いじわる	[이지와루] 意地悪 심술쟁이	
	意地悪な性格(せいかく) 심술궂은 성격	
☐ いす	[이스] 椅子 의자	
☐ いずみ	[이즈미] 泉 샘, 샘물	
☐ いずれ	[이즈레] 조만간, 언젠가	
	いずれ明(あき)らかになるだろう 언젠가 밝혀질 테지	
☐ いせい	[이세-] 異性 이성	
☐ いせえび	[이세에비] 伊勢えび 왕새우	
☐ いぜん	[이젱] 以前 이전 ↔ 以後 いご	
☐ いそ	[이소] 磯 둔치, 해변	
☐ いそがしい	[이소가시-] 忙しい 바쁘다	
	目(め)が回(まわ)るほど忙しい 눈이 핑핑 돌 정도로 바쁘다	
☐ いそぐ	[이소구] 急ぐ 서두르다	
	完成(かんせい)を急ぐ 완성을 서두르다	
☐ いぞく	[이조꾸] 遺族 유족	
☐ いた	[이따] 板 널빤지, 판자	
☐ いたい	[이따이] 痛い 아프다	
	のどが腫(は)れて痛い 목구멍이 부어서 아프다	

- □ いだい [이다이] 偉大 위대함
- □ いたがる [이따가루] 痛がる 아파하다
- □ いたく [이따꾸] 委託 위탁
- □ いたずら [이따즈라] 悪戲 못된 장난
  悪戲をする元気(げんき)もない 장난을 칠 기운도 없다
- □ いたずらに [이따즈라니] 徒に 헛되이
  徒にに日(ひ)を送(おく)る 헛되이 세월을 보내다
- □ いただき [이따다끼] 頂き 꼭대기
- □ いただく [이따다꾸] 戴く 머리에 이다, 받다
- □ いたち [이따치] 족제비
- □ いたば [이따바] 板場 요리사
- □ いたむ [이따무] 痛む 아프다
  傷(きず)がずきずき痛む 상처가 욱신거리다
- □ いためる [이따메루] 炒める 기름에 볶다, 지지다
- □ いたるところ [이따루도꼬로] 至る所 도처, 온갖 곳
- □ いたわる [이따와루] 労る 노고를 치하하다
- □ いち [이찌] 位置 위치
  [이찌] 一 일, 하나
- □ いちおう [이찌오-] 一応 일단
- □ いちがつ [이찌가쓰] 一月 1월
- □ いちぎょう [이찌교-] 一行 한 줄
- □ いちご [이찌고] 苺 딸기
- □ いちず [이찌즈] 一途 외곬으로
- □ いちだいじ [이찌다이지] 一大事 큰 일
- □ いちだん [이찌당] 一段 한 단, 더욱
  一段と美(うつく)しくなった 한층 아름다워졌다
- □ いちど [이찌도] 一度 한 번
- □ いちどう [이찌도-] 一同 일동
- □ いちにちおき [이찌니찌오끼] 一日置き 하루건너
- □ いちねん [이찌넹] 一念 일념

□ いちば	[이찌바] 市場	시장
□ いちはやく	[이찌하야꾸] 逸早く	재빨리
□ いちばん	[이찌방] 一番	1등, 가장
	一番列車(れっしゃ) 첫 열차	
	ことしになっていちばん寒(さむ)い 올해 들어 가장 춥다	
□ いちぶ	[이찌부] 一部	일부
□ いちまい	[이찌마이] 一枚	한 장
□ いちみ	[이찌미] 一味	일당, 한 패거리
□ いちめん	[이찌멩] 一面	온통, 전면
□ いちもくさん	[이찌모꾸상] 一目散	걸음아 나 살려라, 쏜살같이
	一目散に逃(に)げる 쏜살같이 도망치다	
□ いちりゅう	[이찌류-] 一流	일류
□ いちょう	[이죠-] 胃腸	위장
□ いちりん	[이찌링] 一輪	꽃 한 송이
□ いつ	[이쓰]	언제, 어느 때
□ いつか	[이쓰까]	언젠가
□ いっきに	[익끼니] 一気に	단숨에
	一気に書(か)き上(あ)げる 단숨에 써내다	
□ いっこう	[익꼬-] 一向	전혀, 조금도
	一向知(し)らない 통 모르다	
□ いっさい	[잇사이] 一切	일체, 모두
□ いつしか	[이쓰시까]	어느덧, 어느새
□ いっしゅ	[잇슈] 一種	일종
□ いっしょ	[잇쇼] 一緒	함께, 더불어
	一緒に生活(せいかつ)する 함께(같이) 생활하다	
□ いっしょう	[잇쇼-] 一生	일생, 평생
□ いっしょうけんめい	[잇쇼-껨메-] 一生懸命	매우 열심히 함
	一生懸命に勉強(べんきょう)する 열심히 공부하다	
□ いっすんぼうし	[잇슴보-시] 一寸法師	난쟁이
□ いっせいに	[잇세-니] 一斉に	일제히

□ いっそ	[잇소] 차라리, 오히려	
	いっそ死(し)んでしまいたい 차라리 죽어버리고 싶다	
□ いっそう	[잇소-] 一層 더욱, 더한층	
□ いったい	[잇따이] 一体 일체, 도대체	
	政財界(せいざいかい)一体となって 재정계가 일체가 되어	
	いったいどうするつもりか 도대체 어떻게 할 작정이냐?	
□ いっち	[잇찌] 一致 일치	
□ いっちょうら	[잇쬬-라] 一張羅 단 한 벌뿐인 나들이옷	
□ いってい	[잇떼이] 一定 일정	
□ いっぱい	[입빠이] 一杯 한 잔, 한 그릇, 가득, 잔뜩	
	コップ一杯の水(みず) 컵 한 잔의 물	
	喜(よろこ)びで胸(むね)がいっぱいになる	
	기쁨으로 가슴이 가득 차다	
□ いっぽう	[입뽀-] 一方 한 방향, 한편	
	その道(みち)は一方通行(つうこう)だ	
	그 길은 일방통행이다	
	学(まな)ぶ一方アルバイトをする	
	배우는 한편 아르바이트를 한다	
□ いつまで	[이쓰마데] 언제까지	
□ いつも	[이쓰모] 언제나	
□ いでん	[이뎅] 遺伝 유전	
□ いと	[이또] 糸 실	
	[이또] 意図 의도	
□ いど	[이도] 井戸 우물	
□ いどう	[이도-] 移動 이동	
□ いとこ	[이또꼬] 従兄弟 사촌	
□ いときりば	[이또끼리바] 糸切り歯 송곳니	
□ いとぐち	[이또구찌] 糸口 단서, 실마리	
□ いとなむ	[이또나무] 営む 영위하다	
	社会生活(しゃかいせいかつ)を営む 사회생활을 영위하다	

□ いとま	[이또마] 暇	짬, 틈, 여가

寝(ね)るいとまもない 잠잘 틈도 없다

□ いどむ	[이도무] 挑む	도전하다
□ いない	[이나이] 以内	이내 ↔以外 いがい
□ いなか	[이나까] 田舎	시골
□ いなかっぺ	[이나깝뻬] 田舎っぺ	시골뜨기
□ いなご	[이나고]	메뚜기
□ いなづま	[이나즈마] 稲妻	번개
□ いなびかり	[이나비까리] 稲光	번갯불
□ いにん	[이닝] 委任	위임
□ いぬ	[이누] 犬	개

彼(かれ)は犬死(じ)にしたのではない
그는 개죽음을 한 것이 아니다

□ いね	[이네] 稲	벼
□ いねむり	[이네무리] 居眠り	앉아서 졸다
□ いのしし	[이노시시] 猪	산돼지
□ いのち	[이노찌] 命	목숨, 생명

命の恩人(おんじん) 생명의 은인

□ いのちびろい	[이노찌비로이] 命拾い	구사일생
□ いのる	[이노루] 祈る	빌다

御成功(ごせいこう)を祈ります 성공하시기를 빕니다

□ いばら	[이바라] 茨	가시나무
□ いばる	[이바루] 威張る	으스대다, 뽐내다
□ いはん	[이항] 違反	위반
□ いびき	[이비끼] 鼾	코고는 소리

いびきをかく 코를 골다

□ いへん	[이헹] 異変	이변
□ いぼ	[이보] 疣	사마귀
□ いま	[이마] 今	지금, 현재
	[이마] 居間	거실

☐ いまいましい	[이마이마시-]	忌忌しい	지긋지긋하다
☐ いまがた	[이마가따]	今方	방금
☐ いまごろ	[이마고로]	今頃	지금쯤
☐ いまさら	[이마사라]	今更	이제 와서, 새삼스럽게

今更始はじまったことではない
이제 새삼 시작된 일이 아니다

☐ いまじぶん	[이마지붕]	今時分	지금쯤
☐ いましめる	[이마시메루]	戒める	훈계하다
☐ いまだ	[이마다]	未だ	아직
☐ いまや	[이마야]	今や	바야흐로
☐ いみ	[이미]	意味	의미, 뜻
☐ いみん	[이밍]	移民	이민
☐ いむ	[이무]	忌む	꺼리다, 기피하다

忌むべき風習(ふうしゅう) 기해야 할 풍습

☐ いも	[이모]	芋	감자・고구마・토란 따위의 총칭
☐ いもうと	[이모-또]	妹	여동생 ↔ 弟 おとうと
☐ いもり	[이모리]		거머리
☐ いや	[이야]	嫌	싫음
☐ いやがる	[이야가루]	嫌がる	싫어하다

勉強(べんきょう)を嫌がる 공부를 싫어하다

☐ いやけ	[이야께]	嫌気	싫증
☐ いやしい	[이야시-]	卑しい	천하다

卑しい職業(しょくぎょう) 천한 직업

☐ いやらしい	[이야라시-]	嫌らしい	징그럽다

女性(じょせい)を見(み)る目付(めつ)きが嫌らしい
여성을 보는 눈초리가 징그럽다

☐ いよいよ	[이요이요]		드디어, 마침내

いよいよ明日(あす)完成(かんせい)だ 드디어 내일 완성이다

☐ いらい	[이라이]	以来	이래
☐ いらい	[이라이]	依頼	의뢰

- いらいら [이라이라] 애가 탊, 초조함
  時間(じかん)がなくていらいらする
  시간이 없어서 안절부절못하다
- いりぐち [이리구찌] 入り口 입구
- いりひ [이리히] 入り日 지는 해
- いりむこ [이리무꼬] 入り婿 데릴사위
- いる [이루] 居る 있다
  [이루] 射る 쏘다
  矢(や)を射る 화살을 쏘다
  [이루] 要る 필요하다, 소용되다
  要らぬ告(つ)げ口(ぐち) 불필요한 고자질
- いるか [이루까] 海豚 돌고래
- いれずみ [이레즈미] 入れ墨 문신 文身
- いれば [이레바] 入れ歯 틀니
- いれもの [이레모노] 入れ物 그릇, 용기
  入れ物だけ立派(りっぱ)で, 中(なか)は貧弱(ひんじゃく)だ
  용기만 근사하고 속은 빈약하다
- いれる [이레루] 入れる 넣다
  たらいに湯(ゆ)を入れる 대야에 더운물을 담다
- いろ [이로] 色 색, 빛깔
- いろいろ [이로이로] 色色 여러 가지
  いろいろお世話(せわ)になりました
  여러 모로 신세졌습니다
- いろう [이로-] 慰労 위로
- いろがみ [이로가미] 色紙 색종이
- いろけ [이로께] 色気 성적매력
  色気のある女(おんな) 성적 매력이 있는 여자
- いろどる [이로도루] 彩る 물들이다, 채색하다
  夕日(ゆうひ)に赤(あか)く彩られた空(そら)
  석양에 붉게 물든 하늘

□ いろめがね	[이로메가네]	色眼鏡	색안경

色眼鏡で見(み)る 색안경을 쓰고 보다, 편견을 가지고 보다

□ いろん	[이롱]	異論	이론
□ いろな	[이론나]	色んな	여러 가지
□ いわ	[이와]	岩	바위
□ いわう	[이와우]	祝う	축하하다

合格(ごうかく)を祝う 합격을 축하하다

□ いわし	[이와시]	鰯	정어리
□ いわば	[이와바]	言わば	말하자면, 이를테면
□ いわゆる	[이와유루]	所謂	이른 바, 소위

これがいわゆるハイビジョンだ 이것이 이른바 하이비전이다

□ いわんや	[이왕야]	況んや	하물며

大人(おとな)でさえむずかしい、いわんや子供(こども)においてをや 어른도 어렵거늘 하물며 어린아이에게 있어서랴

□ いんが	[잉가]	因果	인과, 원인과 결과
□ いんさつ	[인사쯔]	印刷	인쇄
□ いんしょう	[인쇼오]	印象	인상
□ いんせい	[인세이]	陰性	음성
□ いんそつ	[인소쯔]	引率	인솔
□ いんちき	[인찌끼]		엉터리, 가짜

そんなのはいんちきに決(き)まっている
그러한 것은 속임수임에 틀림없다

□ いんちょう	[인쬬-]	院長	원장
□ いんとく	[인또꾸]	隠匿	은닉

犯人(はんにん)を隠匿する 범인을 은닉하다

□ いんぼう	[인보-]	陰謀	음모
□ いんめつ	[인메쯔]	湮滅	인멸
□ いんよう	[잉요-]	引用	인용
□ いんらん	[인랑]	淫乱	음란
□ いんりょく	[인료꾸]	引力	인력

▶ 외래어

- **イギリス** [이기리스] 포 Inglez_ 영국
- **イタリア** [이따리아] Italia_ 이탈리아
- **イデオロギー** [이데오로기-] 독 Ideologie_ 이데올로기
- **イニシャル** [이니샤루] initial_ 이니셜
  イニシャルのぬい取りがあるハンカチ
  이니셜을 수놓은 손수건
- **イメージ** [이메-지] image_ 이미지
- **イヤリング** [이야링구] earring_ 이어링, 귀걸이
- **インスタント** [인스딴또] instant_ 인스턴트, 즉석의
  インスタント食品(しょくひん) 즉석 식품
- **インタビュー** [인따뷰-] interview_ 인터뷰
- **インターン** [인따-ㄴ] intern_ 인턴
- **インテリ** [인떼리] 러 intelligentsiya_ 인텔리
  インテリくさい 인텔리인 듯하다
- **インテリア** [인떼리아] interior_ 인테리어
- **インフレ** [인후레] inflation_ 인플레이션 ↔ デフレ

[う]

- うえ [우에] 上 위, 상부 上部 ↔下 した
- うえきばち [우에끼바찌] 植木鉢 화분
- うえる [우에루] 植える 초목을 심다
  庭(にわ)に木(き)を植える 정원에 나무를 심다
- うお [우오] 魚 물고기, 어류 魚類 =さかな
  생물 용어로는 うお이지만, 일반적으로는 さかな로 쓰는 경우가 많음. 원래는 요리한 것을 さかな, 날것은 うお라 했음
- うがい [우가이] 양치질
- うかがう [우까가우] 伺う 듣다, 찾아뵙다
  ご意見(いけん)をうかがいたいのですが
  의견을 듣고 싶습니다만
  人(ひと)の色(かおいろ)をうかがう 남의 안색을 살피다
- うかつ [우까쓰] 迂闊 경솔하고 멍청함
- うかぶ [우까부] 浮ぶ 물에 뜨다, 눈에 떠오르다
  雲(くも)が浮ぶ 구름이 뜨다
- うかべる [우까베루] 浮べる 물에 띄우다
- うきぐも [우끼구모] 浮雲 뜬구름
- うきよ [우끼요] 浮世 뜬세상
- うく [우꾸] 浮く 뜨다, 들뜨다
  水(みず)に浮かないで沈(しず)む 물에 뜨지 않고 가라앉다
- うぐいす [우구이스] 鶯 휘파람새
- うけあい [우께아이] 請合い 보증
- うけいれる [우께이레루] 受け入れる 받아들이다
  民主主義(みんしゅしゅぎ)を受け入れる
  민주주의를 받아들이다

- うけおい [우께오이] 請負 청부, 도급
- うけつけ [우께쓰께] 受付 접수처
- うけとりにん [우께도리닝] 受取人 수취인
- うけとる [우께또루] 受け取る 받다
  電報(でんぽう)はまだ受け取っていない
  전보는 아직 받지 않았다
- うけもつ [우께모쓰] 受け持つ 맡다, 담당하다
  1年(いちねん)2組(にくみ)を受け持つ
  1학년 2반을 담임하다
- うける [우께루] 受ける 받다
- うごかす [우고까스] 動かす 움직이다
- うごく [우고꾸] 動く 움직이다
  雲(くも)が動く 구름이 움직이다
- うごめく [우고메꾸] 꿈틀거리다
- うさぎ [우사기] 兎 토끼
- うし [우시] 牛 소
- うじ [우지] 蛆 구더기
- うしなう [우시나우] 失う 잃다, 잃어버리다 =なくす
  財(ざいさん)をすっかり失う 재산을 모두 잃다
- うしろ [우시로] 後ろ 뒤, 뒤쪽
- うしろぐらい [우시로구라이] 後ろ暗い 떳떳치 못하다
- うしろすがた [우시로스가따] 後ろ姿 뒷모습
- うす [우스] 臼 절구
- うすい [우스이] 薄い 얇다, 연하다
  薄い紙(かみ) 얇은 종이
- うすうす [우스우스] 薄薄 어렴풋이
- うすぐらい [우스구라이] 薄暗い 어둠침침하다
- うすげしょう [우스게쇼-] 薄化粧 엷은 화장
  ↔厚化粧 あつげしょう)
- うすっぺら [우습뻬라] 薄っぺら 얄팍함

- うずまき [우즈마끼] 渦巻き 소용돌이
- うずまる [우즈마루] 埋まる 파묻히다
- うずめる [우즈메루] 埋める 파묻다
  死体(したい)を埋める 시체를 묻다
- うずら [우즈라] 鶉 메추라기
- うすらさむい [우스라사무이] 薄ら寒い 으스스 춥다
- うそ [우소] 嘘 거짓말
  嘘を吐(つ)く 거짓말을 하다
- うそつき [우소쓰끼] 嘘吐き 거짓말쟁이
- うた [우따] 歌 노래
  歌を歌(うた)う 노래를 부르다
- うたう [우따우] 歌う 노래하다
- うたがう [우따가우] 疑う 의심하다
  君(きみ)を疑うわけではない 자네를 의심하는 것은 아니다
- うたがわしい [우따가와시이] 疑わしい 의심스럽다
- うち [우찌] 内 안, 내부, 속
- うちあける [우찌아께루] 打ち明ける 숨김없이 털어놓다
  身(み)の上(うえ)を打ち明ける 신상 이야기를 털어놓다
- うちあわせ [우찌아와세] 打ち合わせ 타협, 협의
- うちがわ [우찌가와] 内側 안쪽
- うちき [우찌끼] 内気 내성적
  内気な人(ひと) 내성적인 사람
- うちきる [우찌끼루] 打ち切る 중단하다
- うちけす [우찌께스] 打ち消す 부정하다
- うちやぶる [우찌야부루] 打ち破る 타파하다
- うちゅう [우쮸-] 宇宙 우주
- うちょうてん [우쬬-뗑] 有頂天 너무 기뻐서 어쩔 줄 모름
  試験(しけん)に合格(ごうかく)して有頂天になる
  시험에 합격하여 기뻐 어쩔 줄 모르다
- うちわ [우찌와] 団扇 부채

□ うつ	[우쓰] 打つ	치다, 두드리다
□ うっかり	[욱까리]	깜빡, 무심코

うっかり本心(ほんしん)をしゃべってしまう
무심코 본마음을 말해버리다

□ うつくしい	[우쓰꾸시-] 美しい	아름답다 ↔ みにくい
□ うつす	[우쓰스] 移す	옮기다

本棚(ほんだな)を移す 책장을 옮기다

	[우쓰스] 写す	베끼다, 찍다

本(ほん)を写す 책을 베끼다

□ うったえる	[웃따에루] 訴える	호소하다, 고소하다

世論(せろん)に訴える 여론에 호소하다

□ うってつけ	[웃떼쓰께] 打って付け	안성맞춤
□ うっとうしい	[웃또오시-]	기분이 개운치 않다, 음울하다
□ うっとり	[웃또리]	황홀한 모양

名曲(めいきょく)にうっとりする 명곡에 황홀해지다

□ うつむく	[우쓰무꾸] 俯く	고개를 숙이다
□ うつらうつら	[우쓰라우쓰라]	꾸벅꾸벅
□ うつる	[우쓰루] 移る	옮기다, 이동하다
	[우쓰루] 映る	비치다
□ うで	[우데] 腕	팔, 솜씨
□ うできき	[우데기끼] 腕利き	솜씨능력이 뛰어난 사람
□ うでぐみ	[우데구미] 腕組み	팔짱
□ うでどけい	[우데도께이] 腕時計	손목시계
□ うでまえ	[우데마에] 腕前	솜씨, 기량

腕前を見(み)せる 솜씨를 보이다

□ うでわ	[우데와] 腕輪	팔찌
□ うてん	[우뗑] 雨天	비오는 날씨
□ うどん	[우동]	일본식 가락국수
□ うなぎ	[우나기] 鰻	뱀장어
□ うなじ	[우나지] 項	목덜미

❏ うなずく	[우나즈꾸]	頷く	고개를 끄덕이다

軽(かる)く頷く 가볍게 고개를 끄덕이다

❏ うなだれる	[우나다레루]		고개를 떨어뜨리다
❏ うなる	[우나루]	唸る	신음소리를 내다

傷(きず)の痛(いた)みで唸る 상처의 통증으로 끙끙거리다

❏ うぬぼれる	[우누보레루]	自惚れる	자부하다, 자만하다

天才(てんさい)だと自惚れる 천재라고 자부하다

❏ うのみ	[우노미]	鵜呑み	통째로 삼킴
❏ うばう	[우바우]	奪う	빼앗다, 강탈함
❏ うぶ	[우부]	初	갓 낳은 때 그대로의, 순진함
❏ うま	[우마]	馬	말
❏ うまい	[우마이]	美味い	맛이 있다 =おいしい

うまい料理(りょうり) 맛있는 요리

	[우마이]		잘 한다, 솜씨가 좋다
❏ うまれ	[우마레]	生れ	태생
❏ うまれつき	[우마레쓰끼]	生まれつき	타고난, 선천적인
❏ うまれる	[우마레루]	生まれる	태어나다, 출생하다

生まれて初(はじ)めて見(み)る 태어나서 처음 보다

❏ うみ	[우미]	海	바다
	[우미]	膿	고름
❏ うみべ	[우미베]	海辺	바닷가
❏ うむ	[우무]	生む	낳다

男(おとこ)の子(こ)を生む 사내아이를 낳다

❏ うめ	[우메]	梅	매화나무
❏ うめあわせ	[우메아와세]	埋合せ	벌충, 보충
❏ うめる	[우메루]	埋める	묻다, 메우다
❏ うやまう	[우야마우]	敬う	존경 공경 하다

師(し)を敬う 스승을 존경하다

❏ うようよ	[우요우요]		우글우글
❏ うら	[우라]	裏	뒤, 뒤편, 뒤쪽

☐ うらがき	[우라가끼]	裏書	이서	
☐ うらがわ	[우라가와]	裏側	뒤쪽	
☐ うらぎる	[우라기루]	裏切る	배반하다	

味方(みかた)を裏切る 자기편을 배신하다

☐ うらじ	[우라지]	裏地	의복의 안감	
☐ うらづけ	[우라즈께]	裏付け	뒷받침	
☐ うらどおり	[우라도-리]	裏通り	뒷골목	
☐ うらない	[우라나이]	占い	점, 점쟁이	
☐ うらなう	[우라나우]	占う	점치다	

運勢(うんせい)を占う 운수를 점치다

☐ うらにわ	[우라니와]	裏庭	뒤뜰	
☐ うらむ	[우라무]	恨む	원망하다	
☐ うらめしい	[우라메시-]	恨めしい	원망스럽다	
☐ うらやましい	[우라야마시-]	羨ましい	부럽다	

うらやましいと思(おも)わない 부럽다고 생각지 않다

☐ うらやむ	[우라야무]	羨む	부러워하다	
☐ うららか	[우라라까]	麗らか	화창함	
☐ うり	[우리]	瓜	참외	
☐ うりあげ	[우리아게]	売上げ	매상	
☐ うりきれ	[우리끼레]	売切れ	매진	

特売品(とくばいひん)は売切れです
특매품은 매진되었습니다

☐ うりこ	[우리꼬]	売り子	판매원	
☐ うりて	[우리떼]	売り手	파는 사람	
☐ うりば	[우리바]	売り場	매장	
☐ うりもの	[우리모노]	売り物	매물, 파는 물건	
☐ うる	[우루]	売る	팔다	

家(いえ)を売る 집을 팔다

☐ うるさい	[우루사이]		시끄럽다, 귀찮다, 성가시다

うるさくつきまとう 귀찮게 따라다니다

☐ うれしい	[우레시-] 嬉しい 기쁘다	
	合格(ごうかく)して嬉しい 합격해서 기쁘다	
☐ うれしがる	[우레시가루] 嬉しがる 기뻐하다	
☐ うれっこ	[우렉꼬] 売れっ子 인기인	
☐ うれる	[우레루] 熟れる 과일 따위가 익다, 무르익다	
	よく熟れたかき 잘 익은 감	
	[우레루] 売れる 팔리다	
	飛(と)ぶように売れる商品(しょうひん)	
	날개 돋친 듯이 팔리는 상품	
☐ うろこ	[우로꼬] 鱗 비늘	
☐ うろたえる	[우로따에루] 허둥대다	
☐ うろつく	[우로쓰꾸] 떠돌다, 방황하다	
☐ うわぎ	[우와기] 上着 겉옷, 저고리 ↔ 下着 したぎ	
☐ うわごと	[우와고또] うわ言 헛소리	
☐ うわさ	[우와사] 噂 소문, 평판	
	人(ひと)のうわさをする 남의 이야기를 하다	
☐ うわのそら	[우와노소라] 上の空 건성	
☐ うわべ	[우와베] 上辺 겉, 표면	
☐ うわやく	[우와야꾸] 上役 상관, 상사	
☐ うんえい	[웅에-] 運営 운영	
☐ うんが	[웅가] 運河 운하	
☐ うんこう	[웅꼬-] 運行 운행	
☐ うんざり	[운자리] 지긋지긋함, 싫증남	
	見(み)ただけでもううんざりする	
	보기만 해도 이미 싫증난다(지긋지긋하다)	
☐ うんしゅう	[운슈-] 雲集 구름처럼 모여듦	
☐ うんそう	[운소-] 運送 운송	
☐ うんちん	[운찡] 運賃 운임	
☐ うんてん	[운뗑] 運転 운전	
☐ うんてんしゅ	[운뗑슈] 運転手 운전사	

☐ うんと	[운또] 아주, 잔뜩 わたしよりうんと賢(かしこ)い 나보다 훨씬 똑똑하다
☐ うんどう	[운도-] 運動 운동
☐ うんぱん	[운빵] 運搬 운반
☐ うんめい	[운메-] 運命 운명
☐ うんゆ	[웅유] 運輸 운수
☐ うんよう	[웅요-] 運用 운용

▶ 외래어

☐ ウイスキー	[위스끼-] (whiskey) 위스키
☐ ウインク	[윙꾸] (wink) 윙크
☐ ウインドー	[윈도-] (window) 윈도우, 창문
☐ ウーマン	[우-만] (woman) 우먼
☐ ウエーター	[웨-따-] (waiter) 웨이터, 급사
☐ ウエートレス	[웨-또레스] (waitress) 웨이트리스, 여급
☐ ウエディング	[웨딩구] (wedding) 웨딩, 결혼

〔え〕

□ え	[에]	絵	그림
	絵を描(か)く 그림을 그리다		
□ えいえん	[에-엥]	永遠	영원
□ えいが	[에-가]	栄華	영화
	[에-가]	映画	영화
	映画を見(み)に行(い)く 영화를 보러 가다		
□ えいきゅう	[에-뀨-]	永久	영구, 영원
□ えいきょう	[에-꾜-]	影響	영향
	影響が強(つよ)い 영향이 크다		
□ えいぎょう	[에-교-]	営業	영업
□ えいご	[에이고]	英語	영어
□ えいこく	[에이꼬꾸]	英国	영국
□ えいさい	[에이사이]	英才	영재
□ えいじゅう	[에이쥬-]	永住	영주
□ えいせい	[에-세-]	衛生	위생
	[에-세-]	衛星	위성
	サッカーを衛星中継(ちゅうけい)する		
	축구를 위성중계를 하다		
□ えいぞう	[에-조-]	映像	영상
□ えいぞく	[에-조꾸]	永続	영속
□ えいち	[에-찌]	叡智	예지
□ えいびん	[에-빙]	鋭敏	예민
	鋭敏に反応(はんのう)する 예민하게 반응하다		
□ えいぶん	[에-붕]	英文	영문
□ えいみん	[에-밍]	永眠	영면

□ えいやく	[에-야꾸] 英訳	영역
□ えいゆう	[에-유-] 英雄	영웅
□ えいよう	[에-요-] 栄養	영양
	栄養を主(しゅ)とした料理(りょうり) 영양을 주로 한 요리	
□ えいり	[에-리] 鋭利	예리
	[에-리] 営利	영리
□ えがお	[에가오] 笑顔	웃음을 띤 얼굴
	笑顔をたやさない人(ひと) 웃음을 잃지 않는 사람	
□ えがく	[에가꾸] 描く	그리다
□ えき	[에끼] 駅	철도역
□ えきいん	[에끼잉] 駅員	역무원
□ えきしゃ	[에끼샤] 駅舎	역사
	[에끼샤] 易者	점장이
□ えきたい	[에끼따이] 液体	액체
□ えきちょう	[에끼쬬-] 駅長	역장
□ えきまえ	[에끼마에] 駅前	역전, 역 앞
□ えくぼ	[에꾸보]	보조개, 볼우물
	えくぼのある顔(かお) 보조개가 있는 얼굴	
□ えこじ	[에꼬지]	옹고집
□ えさ	[에사] 餌	먹이, 사료
□ えじき	[에지끼] 餌食	먹이, 희생물
□ えしゃく	[에샤꾸] 会釈	고개를 끄덕이며 하는 인사
	軽(かる)く会釈する 가볍게 인사하다	
□ えだ	[에다] 枝	나뭇가지
□ えたい	[에따이] 得体	정체
	得体が知(し)れない 정체를[본성을] 알 수 없다	
□ えだみち	[에다미찌] 枝道	샛길, 기로
□ えとく	[에또꾸] 会得	터득
	味(あじ)つけのこつを会得する 조리법의 요령을 터득하다	
□ えのぐ	[에노구] 絵具	그림물감

□ えはがき	[에하가끼]	絵葉書	그림엽서
□ えび	[에비]	새우	
□ えほん	[에홍]	絵本	그림책
□ えら	[에라]	鰓	물고기의 아가미
□ えらい	[에라이]	偉い	훌륭하다, 위대하다
	偉い学者(がくしゃ) 훌륭한 학자		
□ えらぶ	[에라부]	選ぶ	고르다
	委員(いいん)に選ばれる 위원으로 뽑히다		
□ えり	[에리]	襟	깃, 옷깃
□ えりくび	[에리꾸비]	襟首	목덜미
□ えりぬく	[에리누꾸]	選り抜く	가려뽑다, 골라내다
□ えりまき	[에리마끼]	襟巻き	목도리
□ えんがわ	[엥가와]	縁側	마루
□ えんき	[엥끼]	延期	연기
□ えんぎ	[엥기]	演技	연기
□ えんきり	[엥끼리]	縁切り	인연을 끊음
□ えんぐみ	[엥구미]	縁組み	결연 結縁
□ えんげい	[엥게-]	園芸	원예
□ えんげき	[엥게끼]	演劇	연극
□ えんこ	[엥꼬]	縁故	연고
	[엥꼬] 차가 고장나 움직이지 못함		
□ えんしゅつ	[엔슈쓰]	演出	연출
□ えんしょう	[엔쇼-]	炎症	염증
□ えんせい	[엔세-]	遠征	원정
	[엔세-]	厭世	염세
□ えんぜつ	[엔제쓰]	演説	연설
□ えんそう	[엔소-]	演奏	연주
□ えんそく	[엔소꾸]	遠足	소풍
	あさっての遠足が楽(たの)しみだ 모레의 소풍이 기다려진다		
□ えんだん	[엔당]	縁談	혼담 婚談

□ えんちゃく	[엔짜꾸] 延着	연착
□ えんちょう	[엔쬬-] 延長	연장
□ えんてい	[엔떼-] 園丁	정원사
□ えんどう	[엔도-] 沿道	연도, 길가
□ えんとつ	[엔또쓰] 煙突	굴뚝
□ えんぴつ	[엠삐쓰] 鉛筆	연필
□ えんぽう	[엠뽀-] 遠方	먼 곳

遠方に家(いえ)が見(み)える 멀리 집이 보이다

□ えんまん	[엠망] 円満	원만
□ えんめつ	[엠메쓰] 煙滅	인멸
□ えんよう	[엥요-] 遠洋	원양
□ えんりょ	[엔료] 遠慮	사양, 겸손

あまり遠慮するな 너무 사양하지 말게
誰(だれ)にも遠慮しない 아무에게도 거리끼지 않다

▶ 외래어

□ エアポート	[에아뽀-또] airport	공항
□ エアメール	[에아메-루] airmail	에어메일, 항공우편
□ エキストラ	[에끼스또라] extra	엑스트라
□ エゴイズム	[에고이즈무] egoism	에고이즘, 이기주의
□ エコノミー	[에꼬노미-] economy	이코노미
□ エスカレーター	[에스까레-따-] escalator	에스컬레이터
□ エスコート	[에스꼬-또] escort	에스코트, 호위
□ エッセイ	[엣세이] essay	에세이, 수필
□ エチケット	[에치껫또] etiquette	에티켓

パーティーでのエチケット 파티에서의 에티켓

□ エピソード	[에삐소-도] episode	에피소드
□ エピローグ	[에삐로-구] epilogue	에필로그

- ❏ エプロン   [에쁘롱] apron   에이프런
- ❏ エメラルド   [에메라루도] Emerald   에메랄드
- ❏ エリート   [에리-또] elite   엘리트
- ❏ エレガンス   [에레간스] elegance   엘레강스, 우아함
- ❏ エレベーター   [에레베-따-] elevator   엘리베이터
- ❏ エンジニア   [엔지니아] engineer   엔지니어, 기술자
- ❏ エンジン   [엔징] engine   엔진

　　　　　　　　　　エンジンがかける 엔진이 걸리다

[お]

- おい　　　　　　[오이] 甥　조카, 생질
- おいかける　　　[오이까께루] 追いかける　쫓아가다
  犯人(はんにん)を追いかける 범인을 뒤쫓다(추적하다)
- おいこし　　　　[오이꼬시] 追越し　추월, 앞지름
- おいしげる　　　[오이시게루] 生い茂る　초목이 무성하다
  うっそうと生い茂った森(もり) 울창하게 우거진 숲
- おいそれと　　　[오이소레또] 호락호락
- おいつめる　　　[오이쓰메루] 追い詰める　몰아넣다, 추궁하다
- おいてきぼり　　[오이떼기보리] 置いてきぼり　따돌림
  置いてきぼりをくう 따돌림을 당하다
- おいる　　　　　[오이루] 老いる　늙다
  老いた父母(ふぼ) 늙은 부모
- おう　　　　　　[오우] 負う　짊어지다, 업다
  　　　　　　　　[오우] 追う　쫓다, 따르다
- おうい　　　　　[오-이] 王位　왕위
- おうえん　　　　[오-엥] 応援　응원
- おうか　　　　　[오-까] 謳歌　구가
- おうかん　　　　[오-깡] 王冠　왕관
- おうぎ　　　　　[오-기] 扇　부채
- おうきゅう　　　[오-뀨-] 応急　응급
- おうこく　　　　[오-꼬꾸] 王国　왕국
- おうごん　　　　[오-공] 黄金　황금
  黄金万能主義(ばんのうしゅぎ) 황금만능주의
- おうざ　　　　　[오-자] 王座　왕좌
- おうさま　　　　[오-사마] 王様　임금님

☐ おうじ	[오-지]	王子	왕자
☐ おうしゅう	[오-슈-]	押収	압수
☐ おうしん	[오-싱]	往診	왕진
☐ おうじる	[오-지루]	応じる	응하다

けんかに応じてはいけません 싸움에 응해서는 안 됩니다

☐ おうせい	[오-세-]	旺盛	왕성
☐ おうぞく	[오-조꾸]	王族	왕족
☐ おうだん	[오-당]	横断	횡단, 가로지름
☐ おうちゃく	[오-짜꾸]	横着	뻔뻔스러움, 무례함

横着なことを言いう 뻔뻔스러운 말을 하다

☐ おうと	[오-또]	嘔吐	구토
☐ おうねん	[오-넹]	往年	왕년, 지난 날
☐ おうふく	[오-후꾸]	往復	왕복
☐ おうへい	[오-헤이]	横柄	거만함

横柄な口(くち)のきき方(かた) 거만스러운 말투

☐ おうらい	[오-라이]	往来	왕래
☐ おえつ	[오에쓰]	嗚咽	오열, 흐느낌
☐ おおあたり	[오-아따리]	大当り	크게 들어맞음

おれの予想(よそう)が大当りだ 내 예상이 바로 들어맞았어

☐ おおい	[오-이]	多い	많다
☐ おおがかり	[오-가까리]	大掛り	대규모
☐ おおかた	[오-까따]	大方	대략, 대충
☐ おおかみ	[오-까미]	狼	늑대
☐ おおきい	[오-끼-]	大きい	크다

幅(はば)が大きい 폭이 크다

☐ おおぎょう	[오-교-]	大仰	호들갑스러운 모양

大仰なしぐさ 과장된 행동, 허풍을 떠는 몸짓

☐ おおぐち	[오-구찌]	大口	호언장담
☐ おおげさ	[오-게사]	大袈裟	과장됨, 허풍

大袈裟に言(い)う 과장해서 말하다

☐ おおぜい	[오-제이] 大勢	많은 사람

人(ひと)が大勢集(あつ)まった 사람이 많이 모였다

☐ おおどおり	[오-도-리] 大通り	큰 길
☐ おおっぴら	[오옵삐라] 大っぴら	공공연함

大っぴらな態度(たいど) 서슴지 않는 태도

☐ おおまじめ	[오-마지메] 大真面目	매우 진지함
☐ おおよそ	[오-요소] 大凡	대략
☐ おか	[오까] 丘	언덕
☐ おかしい	[오까시-]	이상하다, 우습다

おかしい話はなしで笑(わら)わせる
우스운(재미있는) 이야기로 웃기다

☐ おかね	[오까네] お金	돈, 금전
☐ おがむ	[오가무] 拝む	절하다, 배례하다

日(ひ)の出(で)を拝む 해돋이를 배례하다

☐ おき	[오끼] 沖	먼바다
☐ おきて	[오끼떼] 掟	규정, 규칙
☐ おぎなう	[오기나우] 補う	보충하다, 메우다

赤字(あかじ)を補う 적자를 메우다

☐ おきる	[오끼루] 起きる	일어나다
☐ おく	[오꾸] 置く	두다, 놓다

ここに置いてください 여기에 두세요

	[오꾸] 億	억
☐ おくがい	[오꾸가이] 屋外	옥외
☐ おくさま	[오꾸사마] 奥様	마님
☐ おくさん	[오꾸상] 奥さん	아주머니
☐ おくじょう	[오꾸죠-] 屋上	옥상
☐ おくち	[오꾸찌] 奥地	오지, 두메

アフリカ奥地の探検(たんけん) 아프리카 오지의 탐험

☐ おくない	[오꾸나이] 屋内	옥내, 집 안
☐ おくば	[오꾸바] 奥歯	어금니

□ おくびょう	[오꾸뵤-] 臆病	겁이 많음, 겁쟁이
	臆病で暗(くら)がりを怖(こわ)がる	
	겁이 많아 어둠을 무서워하다	
□ おくゆかしい	[오꾸유까시-]	그윽하고 고상하다
□ おくる	[오꾸루] 送る	보내다
	[오꾸루] 贈る	선사하다
□ おくれる	[오꾸레루] 遅れる	시간에 늦다
	汽車(きしゃ)に遅れる 기차(시간)에 늦다	
□ おけ	[오께] 桶	통, 나무통
□ おこたる	[오꼬따루] 怠る	게으름피우다
□ おこなう	[오꼬나우] 行う	행하다, 하다
	指示(しじ)どおりに行った 지시대로 했다	
□ おこりっぽい	[오꼬립뽀이] 怒りっぽい	툭하면 화내다
□ おこる	[오꼬루] 怒る	화내다, 성내다
□ おさえる	[오사에루] 押さえる	누르다
□ おさない	[오사나이] 幼い	어리다
□ おさめる	[오사메루] 納める	납부하다
□ おし	[오시] 唖	벙어리
□ おじ	[오지] 伯父	백부, 큰아버지
	[오지] 叔父	숙부, 작은아버지
□ おしい	[오시-] 惜しい	아깝다
	1分1秒(いっぷんいちびょう)も惜しい 1분 1초도 아깝다	
□ おじいさん	[오지-상]	할아버지
□ おしいれ	[오시이레] 押入れ	벽장
□ おしうり	[오시우리] 押売り	강매
□ おしえご	[오시에고] 教え子	제자
□ おじぎ	[오지기]	머리를 숙여 절함
	お客(きゃく)さんにおじぎをする 손님한테 절을 하다	
□ おじさん	[오지상]	아저씨
□ おしすすめる	[오시스스메루] 推し進める	밀고 나가다

□ おしつける	[오시쓰께루] (押し付ける)	강요하다, 억누르다

ぐいぐいと相手(あいて)を壁(かべ)に押し付ける
상대를 힘차게 벽에 밀어붙이다

□ おしっこ	[오식꼬]	오줌, 소변 유아의
□ おしどり	[오시도리]	원앙새
□ おしはかる	[오시하까루] (推し量る)	헤아리다, 추측하다
□ おしまい	[오시마이]	끝, 마지막

人間(にんげん)もああなっちゃもうおしまいだ
사람도 저 지경이 되면 이제 끝장이다

□ おしゃべり	[오샤베리]	수다스러움, 수다쟁이
□ おしゃれ	[오샤레] (お洒落)	멋을 냄, 멋쟁이
□ おしよせる	[오시요세루] (押し寄せる)	몰려들다, 쳐들어오다
□ おしろい	[오시로이] (白粉)	가루분
□ おす	[오스] (押す)	밀다, 누르다
□ おずおず	[오즈오즈]	겁이 나서 머뭇거리는 모양

おずおずと質問(しつもん)に答(こた)える
머뭇머뭇 질문에 대답하다

□ おせじ	[오세지] (お世辞)	아첨의 말
□ おせっかい	[오섹까이] (お節介)	참견

余計(よけい)なおせっかいだ
쓸데없는 참견 말게(네가 참견할 일이 아니다)

□ おそい	[오소이] (遅い)	늦다, 더디다

テンポが遅い 템포가 느리다

□ おそらく	[오소라꾸] (恐らく)	아마, 필경
□ おそるべき	[오소루베끼] (恐るべき)	무서운, 가공할

恐るべき殺人事件(さつじんじけん) 가공할 살인 사건

□ おそれおおい	[오소레오-이] (恐れ多い)	송구하다, 황공하다
□ おそれる	[오소레루] (恐れる)	두려워하다
□ おそろしい	[오소로시-] (恐ろしい)	무섭다

恐ろしい話(はなし)をする 무서운 이야기를 하다

☐ おだてる	[오다떼루] 煽てる	추켜세우다, 부추기다
	いくら煽てても引(ひ)き受(う)けない	
	아무리 치켜올려도 떠맡지 않는다	
☐ おたまじゃくし	[오따마자꾸시]	올챙이
☐ おちいる	[오찌이루] 陥る	빠지다, 함락되다
☐ おちつき	[오찌쓰끼] 落着き	침착성
☐ おちど	[오찌도] 落度	잘못, 실수
☐ おちぶれる	[오찌부레루] 落ちぶれる	영락하다, 망하다
☐ おちる	[오찌루] 落ちる	떨어지다
☐ おっかない	[옥까나이]	무섭다, 두렵다
☐ おっくう	[옥꾸-] 億劫	마음이 내키지 않고 귀찮음
	ロ(くち)をきくのも億劫だ 말하기조차 귀찮다	
☐ おっちょこちょい	[옷쵸꼬쵸이]	덜렁이
☐ おっと	[옷또] 夫	남편
☐ おっぱい	[옵빠이]	젖통
☐ おっぱらう	[옵빠라우] 追っ払う	쫓아버리다, 몰아내다
☐ おつまみ	[오쓰마미]	술안주
☐ おつり	[오쓰리]	거스름돈
☐ おでき	[오데끼] お出来	부스럼, 종기
☐ おてんば	[오뗌바]	말괄량이
☐ おと	[오또] 音	소리
☐ おとうさん	[오또-상] お父さん	아버지
☐ おとうと	[오또-또] 弟	남동생
☐ おどおど	[오도오도]	잔뜩 겁먹은 상태
☐ おとぎばなし	[오또기바나시] お伽噺	옛날이야기, 동화
☐ おとこ	[오또꼬] 男	사나이, 남자
☐ おとさた	[오또사따] 音沙汰	소식, 기별
	音沙汰がない 소식이 없다	
☐ おとしあな	[오또시아나] 落し穴	함정
☐ おとしもの	[오또시모노] 落し物	분실물

□ おとす	[오또스] 落とす	떨어뜨리다
□ おとずれる	[오또즈레루] 訪れる	찾다, 방문하다

20年(にじゅうねん)ぶりに故郷(こきょう)を訪れる
20년 만에 고향을 방문하다

□ おととい	[오또또이] 一昨日	그저께
□ おととし	[오또또시] 一昨年	재작년
□ おとな	[오또나] 大人	어른, 성인
□ おとなしい	[오또나시-]	얌전하다

お宅(たく)のお嬢(じょう)さんはおとなしいですね
댁의 따님은 얌전하군요

□ おとめ	[오또메] 乙女	소녀, 처녀
□ おどりこ	[오도리꼬] 踊り子	무희, 舞姫
□ おどりば	[오도리바] 踊り場	무도장
□ おとる	[오또루] 劣る	뒤떨어지다

品質(ひんしつ)が劣る 품질이 뒤떨어지다

□ おどる	[오도루] 踊る	춤추다
□ おどろく	[오도로꾸] 驚く	놀라다
□ おなじ	[오나지] 同じ	같음, 동일함

年(とし)は同じなのに背(せ)が高(たか)い
나이는 같은데도 키가 크다

□ おなじく	[오나지꾸] 同じく	마찬가지로
□ おに	[오니] 鬼	귀신, 도깨비
□ おにごっこ	[오니곡꼬] 鬼ごっこ	술래잡기
□ おね	[오네] 尾根	산등성이
□ おの	[오노] 斧	도끼
□ おのおの	[오노오노] 各各	각자, 제각기
□ おのずから	[오노즈까라] 自ずから	스스로, 저절로

自ずから頭(あたま)が下(さ)がる 저절로 머리가 숙여지다

□ おば	[오바] 伯母	백모, 큰어머니
	[오바] 叔母	숙모, 작은어머니

☐ おばあさん	[오바-상]	お祖母さん	할머니
☐ おばさん	[오바상]		아주머니
☐ おび	[오비]	帯	띠, 허리띠
☐ おびただしい	[오비타다시-]	夥しい	수가 엄청나다, 매우 많다

おびただしい人(ひと)が集(あつ)まる
엄청나게 많은 사람이 모이다

☐ おひとよし	[오히또요시]	お人好し	호인, 어수룩한 사람

お人好しですぐだまされる 사람이 좋아 쉽게 속아넘어가다

☐ おびやかす	[오비야까스]	脅かす	위협하다
☐ おべっか	[오벡까]		아부, 아첨
☐ おぼえる	[오보에루]	覚える	느끼다, 기억하다

疲(つか)れを覚える 피로를 느끼다
よく覚えている 잘 기억하고 있다

☐ おぼれる	[오보레루]	溺れる	물에 빠지다
☐ おまけに	[오마께니]		더더군다나, 게다가

寒(さむ)いのにおまけに風(かぜ)まで吹(ふ)く
추운데 더더군다나 바람까지 불다

☐ おまわり	[오마와리]	お巡り	순경, 경관
☐ おむつ	[오무쓰]		기저귀
☐ おめおめ	[오메오메]		뻔뻔스럽게, 염치없이
☐ おめでたい	[오메데따이]	お目出度い	경사스럽다

おめでたい日(ひ) 경사스런 날

☐ おもい	[오모이]	重い	무겁다
☐ おもいがけない	[오모이가께나이]	思いがけない	뜻밖이다, 의외로

それは実(じつ)に思いがけないことだ
그것은 참으로 뜻밖의 일이다

☐ おもいきり	[오모이끼리]	思い切り	단념, 마음껏
☐ おもいつき	[오모이쓰끼]	思い付き	착상
☐ おもいで	[오모이데]	思い出	추억

幼(おさな)いころの思い出 어릴 적의 추억

☐ おもいやり	[오모이야리] 思いやり 동정	
	思いやりのない人(ひと) 남을 생각할 줄 모르는 사람	
☐ おもう	[오모-] 思う 생각하다	
☐ おもかげ	[오모까게] 面影 모습	
☐ おもしろい	[오모시로-] 面白い 재미있다	
	よく面白い冗談(じょうだん)をいう人(ひと)	
	우스운 농담을 잘 하는 사람	
☐ おもちゃ	[오모쨔] 장난감, 완구	
☐ おもて	[오모떼] 表 거죽, 표면, 바깥쪽	
☐ おもてむき	[오모떼무끼] 表向き 표면상	
☐ おもに	[오모니] 主に 주로	
	夜(よる)は主にテレビを見(み)ている	
	밤에는 주로 TV를 보고 있다	
☐ おもむろに	[오모무로니] 徐に 천천히	
☐ おもわず	[오모와즈] 思わず 자기도 모르게	
☐ おもんじる	[오몬지루] 重んじる 중요시하다, 존중하다	
☐ おや	[오야] 親 어버이, 부모	
☐ おやこ	[오야꼬] 親子 부모와 자식	
☐ おやしい	[오야시-] 이상하다, 수상하다	
☐ おやつ	[오야쓰] 간식 間食	
☐ おやぶん	[오야붕] 親分 두목, 보스	
☐ おやゆび	[오야유비] 親指 엄지손가락	
☐ およぐ	[오요구] 泳ぐ 헤엄치다	
	人(ひと)ごみの中(なか)を泳ぐ 인파 속을 헤쳐 나가다	
☐ およそ	[오요소] 凡そ 대체로, 대략	
☐ およばずながら	[오요바즈나가라] 及ばずながら 미흡하지만	
☐ および	[오요비] 及び 및, 그리고	
☐ およぶ	[오요부] 及ぶ 미치다, 이르다	
	わたしなどは足元(あしもと)にも及ばない	
	나 따위는 발밑에도 못 미친다	

☐ おりあしく	[오리아시꾸] 折り悪しく	하필이면, 공교롭게

彼(かれ)は折り悪しくわたしの留守(るす)に訪(たず)ねてきた 그는 하필이면 내가 부재중에 찾아왔었다

☐ おりから	[오리까라] 折から	때마침
☐ おりる	[오리루] 降りる	내리다

飛行機(ひこうき)が降りる 비행기가 내려오다

☐ おる	[오루] 折る	꺾다, 굽히다

筆(ふで)を折る 붓을 꺾다, 집필을 그만두다
色紙(いろがみ)で鶴(つる)を折る 색종이로 두루미를 접다

☐ おれる	[오레루] 折れる	부러지다, 꺾이다
☐ おろおろ	[오로오로]	근심하며 당황하는 모양
☐ おろす	[오로스] 下ろす	내리다, 내리게 하다
☐ おろそか	[오로소까] 疎か	소홀함

練習(れんしゅう)を疎かにする 연습을 소홀히 하다

☐ おわる	[오와루] 終る	끝나다

仕事(しごと)が終る 일이 끝나다

☐ おん	[옹] 恩	은혜

恩を受(う)ける 은혜를 입다

☐ おんがく	[옹가꾸] 音楽	음악
☐ おんしつ	[온시쓰] 温室	온실
☐ おんしょう	[온쇼-] 温床	온상
☐ おんじん	[온징] 恩人	은인
☐ おんせん	[온셍] 温泉	온천
☐ おんだん	[온당] 温暖	온난
☐ おんど	[온도] 温度	온도

温度が高(たか)い 온도가 높다

☐ おんどり	[온도리]	수탉
☐ おんな	[온나] 女	여자 ↔ 男 おとこ
☐ おんぶ	[옴부]	어부바

赤(あか)ん坊(ぼう)をおんぶする 아기를 업다

▶ 외래어

- オアシス　　　[오아시스] (oasis)　오아시스
- オーダー　　　[오-다-] (order)　오더, 주문
- オーナー　　　[오-나-] (owner)　오너, 소유자
- オーバー　　　[오-바-] (over)　오버, 외투
- オープン　　　[오-뿐] (open)　오픈
- オールドミス　[오-루도미스] (old miss)　노처녀
- オフィス　　　[오휘스] (office)　오피스, 사무실

　　　　　　　オフィスオートメーション (office automation)
　　　　　　　오피스 오토메이션, 사무자동화
　　　　　　　オフィスレディー (office일 office lady)
　　　　　　　여사무원 = OLオーエル・オフィスガール

- オペラ　　　　[오뻬라] (opera)　오페라, 가극
- オランダ　　　[오란다] (포 Olanda, Holland)　네덜란드
- オリオン　　　[오리옹] (Orion)　오리온, 별자리의 하나
- オリジナル　　[오리지나루] (original)　오리지널, 독창적

　　　　　　　オリジナルなところがない 독창적인 면이 없다

- オリンピック　[오림삑꾸] (Olympic)　올림픽

고유어 숫자

일본어	발음	한국어
一(ひと)つ	[히또쯔]	하나
二(ふた)つ	[후따쯔]	둘
三(みっ)つ	[밋쯔]	셋
四(よっ)つ	[욧쯔]	넷
五(いつ)つ	[이쯔쯔]	다섯
六(むっ)つ	[뭇쯔]	여섯
七(なな)つ	[나나쯔]	일곱
八(やっ)つ	[얏쯔]	여덟
九(ここの)つ	[고꼬노쯔]	아홉
十(とお)	[도-]	열
いくつ	[이꾸쯔]	몇 개

월을 나타내는 단어

일본어	발음	한국어
一月(いちがつ)	[이찌가쯔]	1월
二月(にがつ)	[니가쯔]	2월
三月(さんがつ)	[상가쯔]	3월
四月(しがつ)	[시가쯔]	4월
五月(ごがつ)	[고가쯔]	5월
六月(ろくがつ)	[로꾸가쯔]	6월
七月(しちがつ)	[시찌가쯔]	7월
八月(はちがつ)	[하찌가쯔]	8월
九月(くがつ)	[구가쯔]	9월
十月(じゅうがつ)	[쥬-가쯔]	10월
十一月(じゅういちがつ)	[쥬-이찌가쯔]	11월
十二月(じゅうにがつ)	[쥬-니가쯔]	12월

요일을 나타내는 단어

일본어	발음	한국어
日曜日(にちようび)	[니찌요-비]	일요일
月曜日(げつようび)	[게쯔요-비]	월요일
火曜日(かようび)	[카요-비]	화요일
水曜日(すいようび)	[스이요-비]	수요일
木曜日(もくようび)	[모꾸요-비]	목요일
金曜日(きんようび)	[깅요-비]	금요일
土曜日(どようび)	[도요-비]	토요일

〔か行〕

〔か〕

□ か	[가] 蚊 모기	
	蚊が泣(な)くような声(こえ)	
	모기가 우는 듯한 소리(조그만 목소리)	
□ かい	[가이] 貝 조개, 조가비	
	[가이] 甲斐 보람, 효과	
	骨(ほね)を折(お)った甲斐がない 고생한 보람이 없다	
□ がいあく	[가이아꾸] 害悪 해악	
□ かいいれる	[가이이레루] 買い入れる 사들이다	
	最新(さいしん)の機械(きかい)を買い入れる	
	최신 기계를 사들이다	
□ かいいん	[가이잉] 会員 회원	
□ かいえん	[가이엥] 開演 개연	
□ かいか	[가이까] 開花 개화	
	[가이까] 階下 아래층	
□ かいが	[가이가] 絵画 회화, 그림	
□ がいか	[가이까] 外貨 외화	
□ かいがい	[가이가이] 海外 해외	
□ かいかく	[가이까꾸] 改革 개혁	
□ かいかつ	[가이까쓰] 快活 쾌활함	
□ かいかぶる	[가이카부루] 買い被る 과대평가하다	
	彼(かれ)はわたしの力(ちから)を買い被っている	
	그는 내 힘을 과대평가하고 있다	
□ かいがら	[가이가라] 貝殻 조개껍질	
□ かいかん	[가이깡] 快感 쾌감	
	快感を味(あじ)わう 쾌감을 맛보다	

□ かいかん	[가이깡] 怪漢	괴한
□ かいがん	[가이강] 海岸	해안, 바닷가
□ がいかん	[가이깡] 外観	외관, 겉보기
□ かいき	[가이끼] 怪奇	괴기
	[가이끼] 回帰	회기
□ かいぎ	[가이기] 会議	회의
□ かいきゅう	[가이뀨-] 階級	계급
□ かいきょう	[가이꾜-] 海峡	해협
□ かいぎょう	[가이교-] 開業	개업
□ かいきん	[가이낑] 皆勤	개근 ↔ 欠席 けっせき
□ がいきん	[가이낑] 外勤	외근 ↔ 内勤 ないきん
□ かいぐん	[가이궁] 海軍	해군
□ かいけい	[가이께-] 会計	회계
□ かいけつ	[가이께쓰] 解決	해결

問題(もんだい)の解決をせまる 문제의 해결을 촉구하다

□ かいけん	[가이껭] 会見	회견
□ かいこ	[가이꼬] 解雇	해고
□ かいこう	[가이꼬-] 開港	개항
□ かいごう	[가이고-] 会合	회합
□ がいこう	[가이꼬-] 外交	외교
□ がいこく	[가이꼬꾸] 外国	외국
□ がいこつ	[가이꼬쓰] 骸骨	해골
□ かいこん	[가이꽁] 開墾	개간
□ かいさい	[가이사이] 開催	개최

開催が危(あや)ぶまれる 개최가 될지 의심스럽다

□ かいさつぐち	[가이사쓰구찌] 改札口	개찰구
□ かいさん	[가이상] 解散	해산
□ かいし	[가이시] 開始	개시
□ かいしめる	[가이시메루] 買い占める	매점하다

株(かぶ)を買い占める 주식을 매점하다

☐ かいしゃ	[가이샤]	会社	회사
☐ かいしゃく	[가이샤꾸]	解釈	해석
☐ かいしゅう	[가이슈-]	回収	회수
☐ かいじゅう	[가이쥬-]	怪獣	괴수
☐ がいしゅつ	[가이슈쓰]	外出	외출

外出禁止(きんし) 외출 금지

☐ かいしゅん	[가이슝]	回春	회춘
☐ かいじょ	[가이죠]	解除	해제
☐ かいしょう	[가이쇼-]	解消	해소
☐ かいじょう	[가이죠-]	海上	해상 ↔ 陸上 りくじょう
	[가이죠-]	開場	개장
☐ がいしん	[가이싱]	外信	외신
☐ がいじん	[가이징]	外人	외국인 ↔ 邦人 ほうじん
☐ かいすいよく	[가이스이요꾸]	海水浴	해수욕
☐ かいせい	[가이세-]	改正	개정

規則(きそく)を改正する 규칙을 개정하다

☐ かいせつ	[가이세쓰]	解説	해설
	[가이세쓰]	開設	개설
☐ かいせん	[가이셍]	海戦	해전
☐ がいせん	[가이셍]	凱旋	개선
☐ かいぜん	[가이젱]	改善	개선
☐ かいぞく	[가이조꾸]	海賊	해적
☐ かいたく	[가이따꾸]	開拓	개척
☐ かいだん	[가이당]	階段	계단, 층계

階段をかけ上(あ)がる 계단을 뛰어올라가다

☐ かいだん	[가이당]	会談	회담
☐ がいちゅう	[가이쭈-]	害虫	해충
☐ かいちょう	[가이쬬-]	会長	회장
☐ かいつう	[가이쓰-]	開通	개통

トンネルの開通をいそぐ 터널의 개통을 서두르다

□ かいて	[가이떼] 買い手	사는 사람
	ようやく買い手がついた 간신히 살 사람이 나섰다	
□ かいてい	[가이떼-] 改定	개정
□ かいてき	[가이떼끼] 快適	쾌적
□ かいてん	[가이뗑] 回転	회전
	[가이뗑] 開店	개점 ↔閉店 へいてん
□ かいとう	[가이또-] 解答	해답
	[가이또-] 回答	회답
□ かいどう	[가이도-] 街道	가도
□ がいとう	[가이또-] 外套	외투, 오버
□ かいどく	[가이도꾸] 解毒	해독
	[가이도꾸] 解読	해독
□ かいにゅう	[가이뉴-] 介入	개입
□ がいねん	[가이넹] 概念	개념
□ かいはつ	[가이하쓰] 開発	개발
□ かいばつ	[가이바쓰] 海抜	해발
□ かいひ	[가이히] 会費	회비
□ かいひょう	[가이효-] 開票	개표
	[가이효-] 解氷	해빙
□ がいぶ	[가이부] 外部	외부
□ かいふく	[가이후꾸] 回復	회복
	健康(けんこう)が回復する 건강이 회복되다	
□ かいぶつ	[가이부쓰] 怪物	괴물
□ がいぶん	[가이붕] 外聞	세상소문
□ かいへん	[가이헹] 改編	개편
□ かいほう	[가이호-] 介抱	병구완, 간호
	病人(びょうにん)を手厚(てあつ)く介抱する	
	병자를 극진히 간호하다	
	[가이호-] 解放	해방
	[가이호-] 快方	병의 차도

☐ かいほう	[가이호-]	開放	개방
☐ かいぼう	[가이보-]	解剖	해부, 부검
☐ がいぼう	[가이보-]	外貌	외모
☐ かいめい	[가이메-]	解明	해명
☐ かいめつ	[가이메쓰]	潰滅	궤멸
☐ がいめん	[가이멩]	外面	외면
☐ かいもく	[가이모꾸]	皆目	전혀, 도무지

皆目見当(けんとう)がつかない 도무지 짐작이 가지 않다

☐ かいもの	[가이모노]	買い物	장보기, 쇼핑
☐ かいやく	[가이야꾸]	解約	해약
☐ がいゆう	[가이유-]	外遊	외유
☐ かいらく	[가이라꾸]	快楽	쾌락
☐ かいらん	[가이랑]	回覧	회람
☐ かいりき	[가이리끼]	怪力	괴력
☐ かいりょう	[가이료-]	改良	개량
☐ かいわ	[가이와]	会話	회화

英会話(えいかいわ)を勉強(べんきょう)する
영어회화를 공부하다

☐ かう　　　[가우] 買う　사다
テレビを買う 텔레비전을 사다
　　　　　　[가우] 飼う　기르다, 사육하다
犬(いぬ)を飼う 개를 기르다

☐ かえって　[가엣떼] 却って　오히려
もうけようとしてかえって損(そん)をした
돈을 벌려다가 오히려 손해를 보았다

☐ かえりみる　[가에리미루] 顧みる　뒤돌아보다, 돌이켜보다
顧みて恥(はじ)るところがない
되돌아보아도 부끄러울 것이 없다

☐ かえる　　[가에루] 蛙　개구리
雨(あま)ガエル 청개구리

☐ かえる	[가에루] 帰る	돌아가다
	訪問客(ほうもんきゃく)が帰った 방문객으로 돌아갔다	
	[가에루] 変える	바꾸다
	位置(いち)を変える 위치를 바꾸다	
☐ かお	[가오] 顔	얼굴, 낯
☐ かおく	[가오꾸] 家屋	가옥
☐ かおつき	[가오쓰끼] 顔付き	얼굴모양
☐ かおなじみ	[가오나지미] 顔馴染み	잘 아는 사이
	顔馴染みの客(きゃく) 낯익은 손님	
☐ がか	[가까] 画家	화가
☐ かがい	[가가이] 加害	가해
☐ かかえる	[가까에루] 抱える	안다, 껴안다
☐ かかく	[가까꾸] 価格	가격, 값
☐ かがく	[가가꾸] 化学	화학
	[가가꾸] 科学	과학
☐ かかし	[가까시] 案山子	허수아비
☐ かかと	[가까또] 踵	발뒤꿈치
☐ かがみ	[가가미] 鏡	거울
☐ かがめる	[가가메루] 屈める	구부리다, 굽히다
☐ かがやく	[가가야꾸] 輝く	빛나다
	朝日(あさひ)が輝く 아침 해가 빛나다	
☐ かかり	[가까리] 係	담당, 계(係)
☐ かかりちょう	[가까리쬬-] 係長	계장
☐ かかる	[가까루] 掛かる	걸리다, 대들다
	時間(じかん)がかかる 시간이 걸리다	
	お金(かね)がかかる 돈이 들다	
☐ かかわらず	[가까와라즈] …에도 불구하고, 상관없이	
	雨天(うてん)にもかかわらずでかける 우천인데도 외출하다	
☐ かき	[가끼] 柿	감 나무
	[가끼] 垣	울타리

☐ かき	[가끼]	굴 조개
☐ かぎ	[가기] 鍵	열쇠, 키이
☐ かきいれる	[가끼이레루] 書き入れる	써넣다, 적어넣다

用紙(ようし)に書き入れる 용지에 기입하다

☐ かきとめ	[가끼또메] 書留	등기우편
☐ かきなおす	[가끼나오스] 書き直す	고쳐쓰다, 다시 쓰다
☐ かきね	[가끼네] 垣根	울타리
☐ かきまぜる	[가끼마제루] 掻き交ぜる	뒤섞다

砂(すな)とセメントを掻き交ぜる 모래와 시멘트를 뒤섞다

☐ かく	[가꾸] 書く	글을 쓰다, 적다
	[가꾸] 掻く	긁다
☐ かぐ	[가구] 嗅ぐ	냄새맡다

においを嗅ぐ 냄새를 맡다

	[가구] 家具	가구
☐ がくい	[가꾸이] 学位	학위
☐ がくいん	[가꾸잉] 学院	학원
☐ がくえん	[가꾸엥] 学園	학원
☐ がくげいかい	[가꾸게-까이] 学芸会	학예회
☐ かくげん	[가꾸겡] 格言	격언
☐ かくご	[가꾸고] 覚悟	각오
☐ がくし	[가꾸시] 学資	학자, 학비
	[가꾸시] 学士	학사
☐ かくしご	[가꾸시고] 隠し子	사생아
☐ かくじつ	[가꾸지쓰] 確実	확실

確実な証拠(しょうこ) 확실한 증거

☐ がくしゃ	[가꾸샤] 学者	학자
☐ がくしゅう	[가꾸슈-] 学習	학습
☐ がくじゅつ	[가꾸쥬쓰] 学術	학술
☐ かくしん	[가꾸싱] 確信	확신
	[가꾸싱] 核心	핵심

□ かくしん	[가꾸싱]	革新	혁신
□ かくす	[가꾸스]	隠す	숨기다, 감추다

金を 本の 中に 隠す

돈을 책 속에 숨기다

□ がくせい	[가꾸세-]	学生	학생
□ がくせつ	[가꾸세쓰]	学説	학설
□ かくだい	[가꾸다이]	拡大	확대
□ かくだん	[가꾸당]	格段	각별히

格段に目立(めだ)つ 각별히 눈에 띄다

□ かくちょう	[가꾸쬬-]	拡張	확장
□ かくてい	[가꾸떼-]	確定	확정
□ かくど	[가꾸도]	角度	각도
□ かくとう	[가꾸또-]	確答	확답
□ かくとく	[가꾸또꾸]	獲得	획득
□ がくねん	[가꾸넹]	学年	학년
□ がくひ	[가꾸히]	学費	학비
□ がくぶち	[가꾸부찌]	額縁	액자
□ かくべつ	[가꾸베쓰]	格別	각별함

格別なニュースはない 특별한 뉴스는 없다

□ かくほ	[가꾸호]	確保	확보
□ かくめい	[가꾸메-]	革命	혁명
□ がくめん	[가꾸멩]	額面	액면

額面価格(がくめんかかく)의 준말

額面5万(ごまんえん)の株券(かぶけん)

액면(액면가격) 5만 엔의 주권

□ がくもん	[가꾸몽]	学問	학문
□ がくようひん	[가꾸요-힝]	学用品	학용품
□ かくらん	[가꾸랑]	撹乱	교란
□ かくりつ	[가꾸리쓰]	確立	확립
□ かくりつ	[가꾸리쓰]	確率	확률

□ がくれき	[가꾸레끼]	学歴	학력
□ かくれる	[가꾸레루]	隠れる	숨다

ベッドの下(した)に隠れる 침대 밑에 숨다

□ かくれんぼう	[가꾸렘보-]	隠れん坊	숨바꼭질, 술래잡기
□ かくん	[가꿍]	家訓	가훈
□ かけ	[가께]	賭	내기, 도박
□ かげ	[가게]	影	그림자
	[가게]	陰	그늘
□ がけ	[가께]	崖	벼랑, 절벽
□ かけあし	[가께아시]	駆足	구보, 달음박질

駆足が早(はや)い 달음박질이 빠르다

□ かけい	[가께-]	佳景	가경
□ かけい	[가께-]	家計	가계
□ かけおち	[가께오찌]	駆落ち	사랑의 도피

彼女(かのじょ)は恋人(こいびと)と駆落ちした
그녀는 애인과 사랑의 도피를 하였다

□ かげき	[가게끼]	歌劇	가극
□ かげぐち	[가게구찌]	陰口	험담
□ かけざん	[가께장]	掛け算	곱셈
□ かけず	[가께즈]	掛図	괘도
□ かけつ	[가께쓰]	可決	가결
□ かけっこ	[가껙꼬]	駆けっこ	달리기, 경주
□ かけひき	[가께히끼]	駆引き	흥정

駆引きの上手(じょうず)な人(ひと) 흥정을 잘 하는 사람

□ かげぼうし	[가게보-시]	影法師	사람의 그림자
□ かけもの	[가께모노]	掛け物	족자
□ かける	[가께루]	掛ける	걸다, 잠그다

競馬(けいば)にお金(かね)をかける 경마에 돈을 걸다
壁(かべ)に額縁(がくぶち)をかける 벽에 액자를 걸다
鍵(かぎ)をかける 열쇠를 담그다

☐ かける	[가께루] 欠ける	이지러지다, 결여되다
☐ かげろう	[가게로-] 陽炎	아지랑이
☐ かげん	[가겡] 加減	정도, 상태

お風呂(ふろ)の加減を見(み)る
목욕물의 온도가 알맞은지 보다

☐ かこ	[가꼬] 過去	과거
☐ かご	[가고] 籠	바구니
☐ かこう	[가꼬-] 加工	가공
☐ かこむ	[가꼬무] 囲む	둘러싸다

テーブルを囲んで談笑(だんしょう)する
테이블을 둘러싸고 담소하다

☐ かさ	[가사] 笠	삿갓
	[가사] 傘	우산, 양산

傘を差(さ)す 우산을 쓰다

	[가사] 嵩	부피, 분량

手荷物(てにもつ)の嵩 수하물의 부피

☐ かさかさ	[가사까사]	까치까칠
☐ かざぐるま	[가자구루마] 風車	풍차, 팔랑개비
☐ かささぎ	[가사사기] 鵲	까치
☐ かさねて	[가사네떼] 重ねて	거듭, 재차
☐ かさねる	[가사네루] 重ねる	겹치다, 거듭하다

左右(さゆう)の手(て)を重ねる 좌우의 손을 포개다
失敗(しっぱい)を重ねる 실패를 되풀이하다

☐ かざり	[가자리] 飾り	장식, 꾸밈
☐ かざりもの	[가자리모노] 飾り物	장식물
☐ かざる	[가자루] 飾る	꾸미다, 장식하다

部屋(へや)を飾る 방을 꾸미다

☐ かざん	[가장] 火山	화산
☐ かし	[가시] 樫	떡갈나무
	[가시] 河岸	강변, 해안

- かし [가시] 菓子 과자
- かじ [가지] 舵 배의 키
- かじ [가지] 火事 화재, 불
  火事用心(ようじん) 불조심
- かしきり [가시끼리] 貸切り 전세, 대절
  貸切りバス 전세버스
- かしこい [가시꼬이] 賢い 현명하다
- かしだし [가시다시] 貸出し 대출
- かしつ [가시쓰] 過失 과실, 잘못
- がしつ [가시쓰] 画室 화실, 아틀리에
- かしや [가시야] 貸屋 셋집
- かしゅ [가슈] 歌手 가수
- かじょう [가죠-] 過剰 과잉
- がじょう [가죠-] 牙城 아성
- かしらもじ [가시라모지] 頭文字 머리글자, 이니셜
- かじる [가지루] 갉아먹다
  りんごをかじる 사과를 베어먹다
- かす [가스] 貸す 빌려주다
  家(いえ)を貸してもらう 집을 빌리다
  [가스] 滓 찌꺼기, 앙금
- かず [가즈] 数 수
  数を数(かぞ)える 수를 헤아리다
- かすみ [가스미] 霞 봄안개
- かすむ [가스무] 霞む 안개가 끼다, 희미하게 보이다
- かぜ [가제] 風 바람
  風(かぜ)が吹(ふ)く 바람이 불다
  [가제] 風邪 감기, 고뿔
  風(かぜ)を引(ひ)く 감기에 걸리다
- かぜい [가제-] 課税 과세
- かせき [가세끼] 化石 화석

□ かせぐ	[가세구] 稼ぐ	벌다
	共稼(ともかせ)ぎ 맞벌이	
□ かせつ	[가세쓰] 架設	가설
□ かそう	[가소-] 火葬	화장
□ かぞえどし	[가조에도시] 数え年	낳은 해를 한 살로 치는 나이
□ かぞえる	[가조에루] 数える	세다, 헤아리다
	人数(にんずう)を数える 인원수를 세다	
□ かぞく	[가조꾸] 家族	가족
□ かた	[가따] 肩	어깨
□ かたい	[가따이] 固い	단단하다, 딱딱하다
	↔ 柔(やわら)かい, もろい	
	石(いし)は固い 돌은 단단하다	
□ かたいじ	[가따이지] 片意地	외고집
□ かたいなか	[가따이나까] 片田舎	시골, 두메, 벽촌
□ かたがき	[가따가끼] 肩書き	직함
□ かたがた	[가따가따]	겸하여, 아울러
□ かたがわ	[가따가와] 片側	한쪽, 측면
□ かたき	[가따끼] 敵	원수, 경쟁상대
□ かたぎ	[가따기] 気質	기질, 기풍
	[가따기] 堅気	고지식한 성질
□ かたきうち	[가따끼우찌] 敵討ち	복수, 보복
□ かたぐち	[가따구찌] 肩口	어깻죽지
□ かたぐるま	[가따구루마] 肩車	목말
□ かたこい	[가따꼬이] 片恋	짝사랑 = 片想 かたおもい
□ かたこと	[가따고또] 片言	서투른 말씨
□ かたち	[가따찌] 形	모양, 형상
□ かたづける	[가따즈께루] 片付ける	치우다, 정리하다
	机(つくえ)の上(うえ)を片付ける 책상 위를 정돈하다	
□ かたつむり	[가따쓰무리]	달팽이
□ かたて	[가따떼] 片手	한 손

☐ かたとき	[가따도끼]	片時 _ 잠시, 한시
☐ かたどる	[가따도루]	象る _ 본뜨다
	船(ふね)を象った建物(たてもの) 배를 본뜬 건물	
☐ かたな	[가따나]	刀 _ 칼
☐ かたなし	[가따나시]	形無し _ 형편 면목 없이 됨
☐ かたはし	[가따하시]	片端 _ 한쪽 끝
☐ かたほう	[가따호-]	片方 _ 한 쪽
☐ かたまり	[가따마리]	塊 _ 덩어리
☐ かたまる	[가따마루]	固まる _ 굳어지다, 단단해지다
	コンクリートの基礎(きそ)が固まる	
	콘크리트 기초가 굳어지다	
☐ かたみ	[가따미]	形見 _ 유물
	[가따미]	肩身 _ 면목, 체면
☐ かたみち	[가따미찌]	片道 _ 편도, 일방
☐ かたむく	[가따무꾸]	傾く _ 기울어지다
☐ かたむける	[가따무께루]	傾ける _ 기울이다
	心配(しんぱい)そうに首(くび)を傾ける	
	걱정스런 듯이 고개를 기울이다	
☐ かため	[가따메]	片目 _ 한쪽 눈
☐ かためる	[가따메루]	固める _ 굳히다
☐ かたよる	[가따요루]	偏る _ 한쪽으로 기울어지다
	思想(しそう)が左(ひだり)に偏る	
	사상이 좌로 기울다, 좌경하다	
☐ かたりて	[가따리떼]	語り手 _ 말하는 사람
☐ かたる	[가따루]	語る _ 말하다, 이야기하다
	語って聞(き)かせる 이야기하여 들려주다	
☐ かたわ	[가따와]	片輪 _ 불구자, 병신
☐ かたわら	[가따와라]	傍 _ 곁, 옆, 한편
☐ かち	[가찌]	価値 _ 가치, 값어치
☐ かちく	[가찌꾸]	家畜 _ 가축

□ **がちゃん**	[가쨩] 쨍그랑	

がちゃんと皿(さら)が割(わ)れた
쨍그랑하고 접시가 깨졌다

□ **かちょう**	[가쬬-] 課長 과장
□ **がちょう**	[가쬬-] 鵞鳥 거위
□ **かつ**	[가쓰] 勝つ 이기다, 승리하다

戦(たたか)いに勝つ 싸움에 이기다

[가쓰] 且つ 또한, 그리고

歌(うた)い且つ舞(ま)う 노래하며 또 춤추다

□ **がっか**	[각까] 学科 학과
□ **がっかり**	[각까리] 낙심천만하는 모양

給料(きゅうりょう)が上(あ)がらずがっかりする
급료가 오르지 않아 낙담하다

□ **かっき**	[각끼] 活気 활기
□ **がっき**	[각끼] 学期 학기
	[각끼] 楽器 악기
□ **がっきゅう**	[각뀨-] 学級 학급
□ **かっきり**	[각끼리] 수량・시간 등에 우수리가 없이 딱 들어맞는 모양, 꼭, 정확히, 딱 =きっかり

9時(くじ)かっきりに会(あ)おう 아홉 시 정각에 만나자

□ **かつぐ**	[가쓰구] 担ぐ 메다, 짊어지다
□ **がっくり**	[각꾸리] 갑자기 부러지거나 기가 꺾이는 모양
□ **かっけ**	[각께] 脚気 각기
□ **かっけつ**	[각께쓰] 喀血 각혈, 객혈
□ **かっこ**	[각꼬] 括弧 괄호

括弧でくくる 괄호로 묶다 括弧をとる 괄호를 풀다

[각꼬] 確固 확고함

□ **かっこう**	[각꼬-] 恰好 모양, 꼴
□ **がっこう**	[각꼬-] 学校 학교
□ **かっこく**	[각꼬꾸] 各国 각국

☐ かっさい	[갓사이]	喝采	갈채
☐ かつじ	[가쓰지]	活字	활자
☐ がっしゅく	[갓슈꾸]	合宿	합숙
☐ がっしょう	[갓쇼-]	合唱	합창
☐ かっちり	[갓찌리]		딱

かっちりと組(く)み合(あ)わせる 꼭 들어맞게 짜다

☐ かつて	[가쓰떼]	嘗て	일찍이, 전에
☐ かってに	[갓떼니]	勝手に	멋대로

自分(じぶん)勝手に遊(あそ)ぶ 제멋대로 놀다

☐ かつどう	[가쓰도-]	活動	활동
☐ かっぱつ	[갑빠쓰]	活発	활발함
☐ かっぷく	[갑뿌꾸]	恰幅	풍채, 몸매
☐ かつもく	[가쓰모꾸]	刮目	괄목
☐ かつやく	[가쓰야꾸]	活躍	활약
☐ かつよう	[가쓰요-]	活用	활용
☐ かつりょく	[가쓰료꾸]	活力	활력
☐ かつら	[가쓰라]		가발 仮髪
☐ かてい	[가떼-]	家庭	가정
	[가떼-]	仮定	가정
	[가떼-]	課程	과정
	[가떼-]	過程	과정
☐ がてら	[가떼라]		~하는 김에, 겸하여

散歩(さんぽ)がてらショッピングをする

산책하는 김에 쇼핑을 하다

☐ かど	[가도]	角	모퉁이, 귀퉁이
	[가도]	門	문, 대문
☐ かどちがい	[가도찌가이]	門違い	착각, 잘못 짚음
☐ かなしい	[가나시-]	悲しい	슬프다

悲しくてなみだがあふれる 슬퍼서 눈물이 넘치다

☐ かなしむ	[가나시무]	悲しむ	슬퍼하다

□ かなた	[가나따] 彼方	저쪽, 저기
□ かなづち	[가나즈찌] 金槌	쇠망치
□ かなでる	[가나데루] 奏でる	연주하다

ギターを奏でる 기타를 연주하다

□ かならず	[가나라즈] 必ず	반드시, 꼭

必ず成功(せいこう)するだろう 반드시 성공할 것이다

□ かなり	[가나리]	제법, 상당히

かなり多(おお)い 꽤 많다

□ かに	[가니] 蟹	게
□ かね	[가네] 鐘	종
□ かねがね	[가네가네]	전부터

おうわさはかねがね承(うけたまわ)っておりました
소문은 진작부터 듣고 있었습니다

□ かねつ	[가네쓰] 過熱	과열
□ かねて	[가네떼]	전부터, 미리
□ かねもうけ	[가네모-께] 金儲け	돈벌이
□ かねもち	[가네모찌] 金持ち	부자, 재산가
□ かねる	[가네루] 兼ねる	겸하다

大(だい)は小(しょう)を兼ねる 큰 것은 작은 것을 겸한다

□ かのう	[가노-] 可能	가능
□ かのじょ	[가노죠] 彼女	그녀, 그 여자
□ かば	[가바] 河馬	하마
□ かばう	[가바우] 庇う	감싸다, 비호하다

仲間(なかま)を庇う 친구를 두둔하다

□ かばん	[가방] 鞄	가방
□ かび	[가비]	곰팡이

かびがはえる 곰팡이가 피다

□ かびくさい	[가비쿠사이] かび臭い	곰팡내나다, 케케묵다
□ かびん	[가빙] 花瓶	화병, 꽃병
□ かぶ	[가부] 株	그루터기

☐ がぶがぶ	[가부가부]		벌컥벌컥, 벌떡벌떡
☐ かぶき	[가부끼]	歌舞伎	일본의 전통 음악극
☐ かぶしき	[가부시끼]	株式	주식
☐ かぶせる	[가부세루]	被せる	씌우다, 덮다

ふたを被せる 뚜껑을 덮다

☐ かぶと	[가부또]	兜	투구
☐ かぶぬし	[가부누시]	株主	주주
☐ かぶる	[가부루]	被る	쓰다

帽子(ぼうし)を被る 모자를 쓰다

☐ かぶん	[가붕]	過分	과분
☐ かべ	[가베]	壁	벽
☐ かへい	[가헤-]	貨幣	화폐
☐ かほうもの	[가호-모노]	果報者	행운아
☐ かぼそい	[가보소이]	か細い	가냘프다, 연약하다
☐ かぼちゃ	[가보쨔]		호박
☐ かま	[가마]	鎌	낫
	[가마]	釜	솥, 가마
☐ がま	[가마]		두꺼비
☐ かまど	[가마도]		아궁이
☐ かまぼこ	[가마보꼬]	蒲鉾	생선묵
☐ がまん	[가망]	我慢	참음, 자제

今日(きょう)一日(いちにち)酒(さけ)を我慢しよう
오늘 하루 술을 참자

☐ かみ	[가미]	紙	종이
	[가미]	神	신
	[가미]	髪	머리카락
☐ かみいれ	[가미이레]	紙入れ	지갑
☐ かみきれ	[가미끼레]	紙切れ	종잇조각
☐ かみくず	[가미구즈]	紙屑	휴지
☐ かみさま	[가미사마]	神様	하느님

☐ かみしめる	[가미시메루] 噛みしめる	힘껏 깨물다, 악물다
☐ かみそり	[가미소리] 剃刀	면도칼
☐ かみなり	[가미나리] 雷	천둥, 우뢰
☐ かみわざ	[가미와자] 神業	신의 조화
☐ かむ	[가무] 噛む	물다, 씹다
	悔(くや)しそうに唇(くちびる)を噛む	
	분한 듯이 입술을 깨물다	
☐ かむ	[가무] 코를 풀다	
	鼻(はな)をかむ 코를 풀다	
☐ かめ	[가메] 亀	거북
	[가메] 瓶	항아리, 독
☐ かめい	[가메-] 仮名	가명
☐ かめん	[가멩] 仮面	가면, 탈
☐ がめん	[가멩] 画面	화면
☐ かも	[가모] 鴨	오리
☐ かもく	[가모꾸] 課目	과목
☐ かもしか	[가모시까] 羚羊	영양
☐ かもつ	[가모쓰] 貨物	화물
☐ かもめ	[가모메] 鴎	갈매기
☐ かもん	[가몽] 家門	가문
☐ かや	[가야] 蚊屋	모기장
☐ かゆ	[가유] 粥	죽
☐ かゆい	[가유이] 痒い	가렵다
	背中(せなか)がかゆい 등이 가렵다	
☐ かよう	[가요-] 通う	다니다
	病院(びょういん)に通う 병원에 다니다	
☐ かよう	[가요-] 歌謡	가요
☐ かようび	[가요-비] 火曜日	화요일
☐ がようし	[가요-시] 画用紙	도화지
☐ かよわい	[가요와이] か弱い	가냘프다, 연약하다

☐ から	[가라] 空	텅 비었음, 거짓
	家(いえ)を空にする 집을 비우다	
	[가라] 殻	껍데기, 껍질
☐ がら	[가라] 柄	무늬, 도안
	しぶい柄 수수한 무늬	
	[가라] 柄	몸집, 체격
	柄の小(ちい)さい子(こ) 몸집이 작은 아이	
☐ からい	[가라이] 辛い	맵다
☐ からかう	[가라까우] 놀리다, 조롱하다	
	子供(こども)にからかわれる 어린이에게 놀림당하다	
☐ からから	[가라까라] 껄껄	
☐ がらくた	[가라꾸따] 잡동사니	
☐ からくり	[가라꾸리] 꼭두각시, 조작	
☐ からげんき	[가라겡끼] 空元気	허세, 객기
☐ からし	[가라시] 芥子	겨자
☐ からす	[가라스] 烏	까마귀
☐ からだ	[가라다] 体	몸
☐ からだつき	[가라다쓰끼] 体付き	몸매
☐ からっぽ	[가랍뽀] 空っぽ	텅 빔, 아무 것도 없음
	頭(あたま)が空っぽになる 머리가 텅비다	
☐ からて	[가라떼] 空手	빈손, 맨손, 당수
☐ からねんぶつ	[가라넴부쓰] 空念仏	공염불
☐ からまる	[가라마루] 絡まる	뒤엉키다
	たこいとが電線(でんせん)に絡まる 연실이 전선에 얽히다	
☐ からまわり	[가라마와리] 空回り	헛돌다, 공전 空転
☐ かり	[가리] 雁	기러기
	[가리] 狩り	사냥, 수렵
☐ かりに	[가리니] 仮に	가령
☐ かりぬい	[가리누이] 仮縫い	가봉
☐ かりゅう	[가류–] 下流	하류

☐ かりゅうど	[가류-도] 狩人	사냥꾼
☐ かりる	[가리루] 借りる	꾸다, 빌리다
	友達(ともだち)に金(かね)を借りる 친구에게 돈을 빌리다	
☐ かる	[가루] 刈る	베다
☐ かるい	[가루이] 軽い	가볍다
	紙(かみ)は石(いし)より軽い 종이는 돌보다 가볍다	
☐ かるがる	[가루가루] 軽々	아주 가볍게, 거뜬히
☐ かるわざ	[가루와자] 軽業	곡예
☐ かれ	[가레] 彼	그, 그 사람
☐ かれい	[가레-]	가자미
☐ かれき	[가레끼] 枯れ木	고목, 마른 나무
☐ かれこれ	[가레꼬레]	대충, 이러쿵저러쿵
	かれこれ言(い)い訳(わけ)多(おお)い	
	이러쿵저러쿵 변명이 많다	
☐ かれは	[가레하] 枯葉	고엽, 마른 잎
☐ かれら	[가레라] 彼等	그들, 그 사람들
☐ かれる	[가레루] 枯れる	초목이 시들다
	木(き)が枯れる 나무가 시들다	
☐ かわ	[가와] 川	내, 개천
	[가와] 皮	껍질, 가죽
	[가와] 革	가죽
☐ かわいい	[가와이-]	귀엽다, 사랑스럽다
☐ かわいそう	[가와이소-]	불쌍한 모양
	いかにもかわいそうに見(み)える 자못 불쌍하게 보이다	
☐ かわいらしい	[가와이라시-]	귀엽다, 사랑스러운
☐ かわうそ	[가와우소]	수달
☐ かわかす	[가와까스] 乾かす	말리다, 건조시키다
☐ かわく	[가와꾸] 乾く	마르다
	喉(のど)が乾く 목이 마르다	
☐ かわせ	[가와세] 為替	환 換

☐ かわべ	[가와베]	川辺	냇가, 강변
☐ かわら	[가와라]	瓦	기와
	[가와라]	河原	강가의 모래밭
☐ かわり	[가와리]	代り	대리, 대신

父(ちち)の代りとして出席(しゅっせき)する
아버지의 대리로서 출석하다

☐ かわりもの	[가와리모노]	変り者	괴짜
☐ かわる	[가와루]	代わる	대신하다, 바꾸다
☐ かわるがわる	[가와루가와루]	代わる代わる	번갈아 가며, 교대로

二人(ふたり)でかわるがわる運転(うんてん)する
둘이서 번갈아 운전하다

☐ がん	[강]	癌	암
	[강]	雁	기러기
☐ かんか	[강까]	感化	감화
☐ がんか	[강까]	眼科	안과
☐ かんがい	[강가이]	感慨	감개
☐ かんがえる	[강가에루]	考える	생각하다

結婚問題(けっこんもんだい)を考える 결혼 문제를 생각하다

☐ かんかく	[강까꾸]	感覚	감각
☐ かんき	[강끼]	歓喜	환희
☐ かんきゃく	[강까꾸]	観客	관객
☐ かんきょう	[강꾜-]	環境	환경
☐ かんきり	[강끼리]	缶切り	깡통따개
☐ かんきん	[강낑]	監禁	감금
☐ がんぐ	[강구]	玩具	완구, 장난감
☐ かんけい	[강께-]	関係	관계
☐ かんげい	[강게-]	歓迎	환영
☐ かんげき	[강게끼]	感激	감격
☐ かんけつ	[강께쓰]	完結	완결
☐ かんけん	[강껭]	関鍵	관건

□ かんこ	[캉꼬] 歓呼	환호
□ がんこ	[강꼬] 頑固	완고함
□ かんこう	[캉꼬-] 観光	관광
	[캉꼬-] 慣行	관행
□ かんこく	[캉꼬꾸] 韓国	한국
□ かんごく	[캉고꾸] 監獄	감옥, 교도소
□ かんごふ	[캉고후] 看護婦	간호사
□ かんさつ	[칸사쯔] 観察	관찰
□ かんし	[칸시] 監視	감시
□ かんじ	[칸지] 感じ	느낌, 감각

指先(ゆびさき)の感じが無(な)くなる
손가락 끝의 감각이 둔해지다

□ かんじ	[칸지] 漢字	한자
□ がんじつ	[간지쯔] 元日	설날, 1월1일
□ かんしゃ	[칸샤] 感謝	감사
□ かんじゃ	[칸쟈] 患者	환자
□ かんしゅう	[칸슈-] 慣習	관습, 버릇
□ かんしょう	[칸쇼-] 鑑賞	감상
	[칸쇼-] 干渉	간섭

誰(だれ)の干渉も受(う)けたくない
그 누구의 간섭도 받고 싶지 않다

□ かんじょう	[칸죠-] 感情	감정
□ かんじょう	[칸죠-] 勘定	계산, 셈

指(ゆび)を折(お)って勘定する 손가락을 꼽아 셈하다
勘定書(がき) 계산서

□ がんしょう	[간쇼-] 岩礁	암초
□ かんしん	[칸싱] 感心	감탄, 기특함

彼(かれ)の博識(はくしき)には感心させられる
그의 박식에는 감탄하게 된다
幼(おさな)いのに感心な子(こ)だ 어린데도 기특한 아이다

☐ かんしん	[간싱]	関心	관심
☐ かんじる	[간지루]	感じる	느끼다
	母(はは)の愛(あい)を感じる 어머니의 사랑을 느끼다		
☐ かんせい	[간세-]	完成	완성
☐ かんぜい	[간제이]	関税	관세
☐ かんせつ	[간세쓰]	間接	간접 ↔ 直接 ちょくせつ
☐ かんせつえん	[간세쓰엥]	関節炎	관절염
☐ かんぜん	[간젱]	完全	완전
☐ がんそ	[간소]	元祖	원조
☐ かんそう	[간소-]	観相	관상
	[간소-]	感想	감상
	[간소-]	乾燥	건조
☐ かんぞう	[간조-]	肝臓	간장
☐ かんそく	[간소꾸]	観測	관측
☐ かんたい	[간따이]	艦隊	함대
☐ かんだい	[간다이]	寛大	관대함
☐ かんだかい	[간다까이]	甲高い	새되다, 목소리가 날카롭고 드높다
	女(おんな)の甲高い悲鳴(ひめい) 여자의 새된 비명		
☐ かんたん	[간땅]	簡単	간단
	[간땅]	感嘆	감탄
☐ かんだんけい	[간당께-]	寒暖計	온도계
☐ かんちがい	[간찌가이]	勘違い	착각
	何(なに)か勘違いをしているんじゃないか		
	뭔가 착각하고 있는 게 아니냐?		
☐ かんつう	[간쓰-]	貫通	관통
	[간쓰-]	姦通	간통
☐ かんづめ	[간즈메]	缶詰	통조림
☐ かんてい	[간떼-]	鑑定	감정
☐ かんてん	[간뗑]	観点	관점

□ かんどう	[간도-] 感動	감동
□ かんどう	[간도-] 勘当	인연을 끊음, 의절

なみだを呑(の)んで勘当する 눈물을 머금고 의절하다

□ かんとく	[간또꾸] 監督	감독
□ かんにん	[간닝] 堪忍	용서, 참고 견딤

ならぬ堪忍するが堪忍

참기 어려운 것을 참아내는 것이 참다운 인내

悪(わる)かったわ, 堪忍してね 잘못했어, 용서해 줘

□ かんぬき	[간누끼] 閂	빗장
□ かんねん	[간넹] 観念	각오, 단념, 관념
□ かんのう	[간노-] 感応	감응
	[간노-] 官能	관능
□ かんのん	[간농] 観音	관음, 관세음
□ かんぱ	[감빠] 看破	간파
□ かんぱい	[감빠이] 乾杯	건배, 축배
□ がんばる	[감바루] 頑張る	버티다, 계속 노력하다

試験(しけん)に受(う)かるよう頑張る

시험에 합격할 수 있도록 끝까지 노력하다

□ かんばん	[감방] 看板	간판
□ かんぱん	[감빵] 甲板	갑판
□ かんびょう	[감뵤오] 看病	간병
□ かんぶん	[감붕] 漢文	한문
□ かんぺき	[감뻬끼] 完璧	완벽
□ かんべん	[감벵] 勘弁	용서

どうか勘弁してください 부디 용서해 주십시오

□ かんぼう	[감보-] 漢方	한방
	[감보-] 観望	관망
□ がんもく	[감모꾸] 眼目	안목
□ かんもん	[감몽] 関門	관문
□ かんよう	[강요-] 慣用	관용

❑ がんらい	[간라이] 元来	원래
❑ かんり	[간리] 管理	관리
❑ かんり	[간리] 官吏	관리, 공무원
❑ かんりゅう	[간류-] 寒流	한류
❑ かんれい	[간레-] 慣例	관례
❑ かんろく	[간로꾸] 貫禄	관록

▶ 외래어

❑ カー	[카-] car	카, 차
❑ ガーゼ	[가-제] gauze	가제
❑ カーテン	[카-뗑] curtain	커튼

カーテンを引(ひ)く 커튼을 치다

❑ ガーデン	[가-뎅] garden	가든, 정원
❑ カード	[카-도] card	카드

クレジットカード(credit card) 신용카드
キャッシュカード(cash card) 현금카드

❑ カーニバル	[카-니바루] carnival	카니발, 사육제
❑ カーブ	[카-부] curve	커브, 곡선
❑ カーペット	[카-뻿또] carpet	카펫, 양탄자
❑ ガール	[가-루] girl	걸, 소녀
❑ ガイド	[가이도] guide	가이드, 안내인
❑ ガウン	[가웅] gown	가운
❑ カウンター	[카운따-] counter	카운터
❑ カクテル	[카꾸떼루] cocktail	칵테일
❑ カジノ	[카지노] casino	카지노
❑ カジュアル	[카쥬아루] casual	캐주얼, 손쉽게 입을 수 있음
❑ ガス	[가스] gas	가스

水素(すいそ)ガス 수소 가스

□ カステラ	[카스떼라] (포 castella)_ 카스텔라
□ カセット	[카셋또] (cassette)_ 카세트
□ カタログ	[카따로구] (catalog)_ 카탈로그
□ カップ	[캅뿌] (cup)_ 컵, 손잡이가 달린 찻잔
	半(はん)カップの醬油(しょうゆ)を入(い)れる
	반 컵의 간장을 넣다
□ カップル	[캅뿌루] (couple)_ 커플, 한 쌍
□ カテゴリー	[카떼고리-] (독 Kategorie)_ 카테고리, 범주
□ カトリック	[카또릭꾸] (Catholic)_ 가톨릭, 천주교
□ カナダ	[카나다] (Canada)_ 캐나다
□ カナリヤ	[카나리야] (canaria)_ 카나리아
□ カネーション	[카네-숑] (carnation)_ 카네이션
□ カバー	[카바-] (cover)_ 커버, 뚜껑
□ カフェー	[까훼-] (프 café)_ 카페
□ カプセル	[카뿌세루] (capsule)_ 캡슐
□ ガム	[가무] (gum)_ 검, 「チューインガム」의 준말
□ カメラ	[카메라] (camera)_ 카메라, 사진기
□ カメレオン	[카메레옹] (chameleon)_ 카멜레온
□ カラー	[카라-] (collar)_ 컬러, 색채
□ カラット	[카랏또] (carat)_ 캐럿
□ カリカチュア	[카리까츄아] (caricature)_ 캐리커처
□ カルシウム	[카루시우무] (calcium)_ 칼슘
□ カルテ	[카루떼] (독 Karte)_ 카르테, 진료기록
□ カレンダー	[카렌다-] (calendar)_ 캘린더, 달력
□ カロリー	[카로리-] (calorie)_ 칼로리 열량의 단위)
□ カンガルー	[캉가루-] (kangaroo)_ 캥거루
□ カンナ	[칸나] (canna)_ 칸나
□ カンニング	[칸닝구] (cunning)_ 커닝
	カンニングペーパー 커닝페이퍼
□ カンバス	[캄바스] (canvas)_ 캔버스, 화폭

[き]

- き [기] 木 나무, 수목
  木を植(う)える 나무를 심다
- きあつ [기아쓰] 気圧 기압
- きあん [기앙] 起案 기안
- きい [기이] 奇異 기이
- きいっぽん [기입뽕] 生一本 순수하기 짝이 없음
  生一本な性質(せいしつ) 올곧은 성질
- きいろい [기이로이] 黄色い 노랗다
  嘴(くちばし)が黄色い 부리가 노랗다
- ぎいん [기잉] 議員 의원
- きえつ [기에쓰] 喜悦 희열
- きえる [기에루] 消える 꺼지다, 스러지다
  たき火(び)が消える 모닥불이 꺼지다
- きえん [기엥] 気炎 기염, 기세
- きおく [기오꾸] 記憶 기억
- きおくれ [기오꾸레] 気後れ 주눅, 기가 죽음
  気後れしてうまく話(はな)せない
  주눅이 들어서 말이 잘 안나온다
- きおん [기옹] 気温 기온
- きか [기까] 帰化 귀화
- きが [기가] 飢餓 기아, 굶주림
- きかい [기까이] 機械 기계
  [기까이] 機会 기회
  [기까이] 奇怪 기괴
- ぎかい [기까이] 議会 의회

☐ きがえる	[기가에루] 着替える	옷을 갈아입다
☐ きがかり	[기가까리] 気掛り	염려, 근심

試験(しけん)の結果(けっか)が気掛りだ
시험의 결과가 걱정스럽다

☐ きかく	[기까꾸] 規格	규격
☐ きかん	[기깡] 期間	기간
	[기깡] 機関	기관
	[기깡] 帰還	귀환
☐ きがん	[기강] 奇岩	기암
	[기강] 祈願	기원
☐ きき	[기끼] 危機	위기
☐ ききて	[기끼떼] 聞き手	듣는 사람
☐ ききめ	[기끼메] 利き目	효과, 효험

いくら注意(ちゅうい)をしても利き目がない
아무리 타일러도 소용이 없다

☐ きぎょう	[기교-] 企業	기업
☐ ぎきょく	[기교꾸] 戯曲	희곡
☐ ききん	[기낑] 基金	기금
	[기낑] 飢饉	기근
☐ きく	[기꾸] 聞く	듣다, 묻다

説明(せつめい)を聞く 설명을 듣다
交番(こうばん)で道(みち)を聞く 파출소에서 길을 묻다

	[기꾸] 利く	효과가 있다, 듣다

頭痛(ずつう)によく利く薬(くすり) 두통에 잘 듣는 약

	[기꾸] 菊	국화
☐ きぐ	[기구] 器具	기구
☐ ぎくり	[기꾸리]	놀라서 움찔하는 모양

不意(ふい)をつかれてぎくりとする 허를 찔려서 움찔하다

☐ きけつ	[기께쓰] 既決	기결
☐ きけん	[기껭] 危険	위험

☐ きげん	[기겡]	気嫌	기분, 비위
	機嫌が悪(わる)い 기분이 안 좋다		
	機嫌を取(と)る 비위를 맞추다		
☐ きげん	[기겡]	紀元	기원
☐ きこう	[기꼬-]	気候	기후
	[기꼬-]	起工	기공
	[기꼬-]	寄港	기항
	[기꼬-]	帰港	귀항
	[기꼬-]	機構	기구
	[기꼬-]	寄稿	기고
☐ ぎこう	[기꼬-]	技巧	기교
☐ きこえる	[기꼬에루]	聞える	들리다
	呼(よ)べば聞えるところに 부르면 들리는 곳에		
☐ きこん	[기꽁]	既婚	기혼
☐ きさい	[기사이]	鬼才	귀재
	[기사이]	記載	기재
☐ ぎざぎざ	[기자기자]	꺼칠꺼칠한 모양	
☐ きざし	[기자시]	兆	조짐, 징조
	インフレの兆が見(み)える 인플레의 조짐이 보이다		
☐ きざわり	[기자와리]	気障り	비위에 거슬림
	何(なに)かにつけて気障りなことを言(い)う		
	뭔가 있을 때마다 비위에 거슬리는 말을 하다		
☐ きし	[기시]	岸	물가
☐ きじ	[기지]	雉	꿩
	[기지]	記事	기사
	[기지]	生地	옷감, 천
	ドレスの生地を裁断(さいだん)する 드레스 감을 재단하다		
☐ ぎし	[기시]	技師	기사
☐ ぎしき	[기시끼]	儀式	의식
☐ きじつ	[기지쓰]	期日	기일

□ きしむ	[기시무] (軋む)	삐걱거리다

床(ゆか)が軋む 마루가 삐걱거리다

□ きしゃ	[기샤] (汽車)	기차
	[기샤] (記者)	기자
□ きしゅ	[기슈] (旗手)	기수
□ きしゅう	[기슈-] (奇襲)	기습
□ きしゅくしゃ	[기슈꾸샤] (寄宿舎)	기숙사
□ ぎじゅつ	[기쥬쓰] (技術)	기술
□ きじゅん	[기쥼] (基準)	기준
□ きしょう	[기쇼-] (気性)	성깔, 기질

興奮(こうふん)しやすい気性 흥분하기 쉬운 기질

	[기쇼-] (気象)	기상
	[기쇼-] (起床)	기상
□ きじょう	[기죠-] (気丈)	다부짐

気丈な娘(むすめ) 당찬 아가씨

□ きず	[기즈] (傷)	상처

傷が痛(いた)む 상처가 아프다

□ きすう	[기스-] (奇数)	기수, 홀수
□ きずく	[기즈꾸] (築く)	쌓다, 구축하다

土手(どて)を築く 둑을 쌓다

□ きずな	[기즈나] (絆)	고삐, 인연
□ きずもの	[기즈모노] (傷物)	흠이 있는 것
□ きせいちゅう	[기세-쮸-] (寄生虫)	기생충
□ きせいふく	[기세-후꾸] (既製服)	기성복
□ きせき	[기세끼] (奇跡)	기적
□ きせつ	[기세쓰] (季節)	계절
□ きせる	[기세루] (着せる)	옷을 입히다

子供(こども)に服(ふく)を着せる 아이에게 옷을 입히다

□ きせん	[기셍] (汽船)	기선
□ きそ	[기소] (基礎)	기초

☐ きそ	[기소] 起訴	기소
☐ きぞう	[기조-] 寄贈	기증, 증정
☐ ぎそう	[기소-] 偽装	위장
☐ きそく	[기소꾸] 規則	규칙
	規則を守(まも)る	규칙을 지키다
☐ ぎそく	[기소꾸] 義足	의족
☐ きた	[기따] 北	북, 북쪽 ↔ 南 みなみ
☐ きたい	[기따이] 期待	기대
☐ きたえる	[기따에루] 鍛える	단련하다
	腕(うで)を鍛えようとする	솜씨를 연마하려고 하다
☐ きたく	[기따꾸] 寄託	기탁
☐ きだて	[기다떼] 気立て	마음씨
	気立てはよいが気がきかない	심지는 착하나 재치가 없다
☐ きたない	[기따나이] 汚い	더럽다
☐ きたん	[기땅] 忌憚	기탄
☐ きだん	[기당] 気団	기단
☐ きち	[기찌] 基地	기지
	[기찌] 機智	기지, 재치
☐ きちがい	[기찌가이] 気違い	미치광이
☐ きちむ	[기찌무] 吉夢	길몽
☐ きちょうひん	[기쬬-힝] 貴重品	귀중품
☐ きちょうめん	[기쬬-멩] 几帳面	착실하고 꼼꼼한 모양
	日記(にっき)を几帳面につける	일기를 꼬박꼬박 쓰다
☐ きちんと	[기찐또]	제대로, 정확하게
	きちんと片付(かたづ)ける	말끔히 정리하다
☐ きつえん	[기쓰엥] 喫煙	흡연, 끽연 ↔ 禁煙 きんえん
☐ きっかり	[긱까리]	꼭, 딱
☐ きづく	[기즈꾸] 気付く	눈치채다, 깨닫다
	自分(じぶん)の欠点(けってん)に気付く	
	자기의 결점을 깨닫다	

- きっさてん [킷사뗑] 喫茶店 다방
- ぎっしり [깃시리] 잔뜩, 가득
- きって [깃떼] 切手 우표
  手紙(てがみ)に切手を貼(は)る 편지에 우표를 붙이다
- きっと [깃또] 반드시, 틀림없이
  彼(かれ)はきっと成功(せいこう)だろう
  그는 틀림없이 성공할 것이다
- きつね [기쓰네] 狐 여우
- きっぱり [깁빠리] 딱 잘라
  きっぱり断(ことわ)る 딱 잘라 거절하다
- きっぷ [깁뿌] 切符 표, 티켓
- きてい [깁떼-] 規定 규정
  [기떼-] 既定 기정
- きてき [기떼끼] 汽笛 기적
- きどう [기도-] 軌道 궤도
- きとく [기도꾸] 危篤 위독
- きどる [기도루] 気取る 뽐내다
  気取った言(い)い方(かた)をする 젠체하는 말씨를 쓰다
- きながに [기나가니] 気長に 느긋하게
- きにいる [기니이루] 気に入る 마음에 들다
- きにゅう [기뉴-] 記入 기입
- きぬ [기누] 絹 비단, 명주
- きねん [기넹] 記念 기념
- きのう [기노-] 昨日 어제
  [기노-] 機能 기능
- ぎのう [기노-] 技能 기능
- きのこ [기노꼬] 茸 버섯
- きのどく [기노도꾸] 気の毒 딱함, 가엾음
  持(も)ち合(あ)わせがなくてお気の毒さま
  안됐군요, 가진 돈이 없어서(드릴 수 없어요)

☐ きのり	[기노리] 気乗り 마음이 내킴	
	気乗りがしない 마음이 내키지 않다	
☐ きば	[기바] 牙 짐승의 어금니	
	[기바] 騎馬 기마	
☐ きはく	[기하꾸] 気魄 기백	
☐ きはだ	[기하다] 木肌 나무껍질	
☐ きばつ	[기바쓰] 奇抜 기발함	
☐ きばらし	[기바라시] 気晴らし 기분전환	
	気晴らしに散歩(さんぽ)に行(い)く	
	기분 전환을 위해 산책을 가다	
☐ きばん	[기방] 基盤 기반	
☐ きひ	[기히] 忌避 기피	
☐ きび	[기비] 黍 수수	
☐ きびきび	[기비끼비] 팔팔하고 시원스러운 모양	
☐ きびしい	[기비시-] 厳しい 엄하다	
	厳しいとりしまり 엄중한 단속	
☐ きふ	[기후] 寄付 기부	
☐ きぶつ	[기부쓰] 器物 기물	
☐ きぶん	[기붕] 気分 기분	
☐ きぼ	[기보] 規模 규모	
☐ きぼう	[기보-] 希望 희망	
☐ きほん	[기홍] 基本 기본	
☐ きまえ	[기마에] 気前 시원스런 성미, 특히 돈이나 물건을 선선히 내놓는 기질	
	さっぱりした気前の男(おとこ) 시원스런 기질의 사나이	
☐ きまぐれ	[기마구레] 気紛れ 변덕	
☐ きまずい	[기마즈이] 気まずい 서먹서먹하다	
☐ きまま	[기마마] 気侭 제멋대로 굴다	
	気随(きずい)気侭をする 마음 내키는 대로 하다	
☐ きまりもんく	[기마리몽꾸] 決まり文句 틀에 박힌 말	

□ きまる	[기마루]	決まる	정해지다, 결정되다
□ ぎまん	[기망]	欺瞞	기만
□ きみ	[기미]	君	자네, 너
□ きみわるい	[기미와루이]	気味悪い	어쩐지 기분이 나쁘다

気味悪い笑(わら)い 기분 나쁜 웃음

□ きみつ	[기미쓰]	機密	기밀
□ きみょう	[기묘-]	奇妙	기묘
□ ぎむ	[기무]	義務	의무
□ きむずかしい	[기무즈까시-]	気むずかしい	성미가 까다롭다
□ きめる	[기메루]	決める	정하다, 결정하다

場所(ばしょ)と時間(じかん)を決める

장소와 시간을 정하다

□ きも	[기모]	肝	간, 간장 肝臓
□ きもち	[기모찌]	気持ち	기분

気持ちのよい朝(あさ) 기분이 좋은 아침

□ きもったま	[기못따마]	肝っ玉	간덩이, 배짱
□ きもの	[기모노]	着物	옷, 특히 일본옷
□ ぎもん	[기몽]	疑問	의문
□ きゃく	[갸꾸]	客	손님, 객

客に呼(よ)ばれる 손으로 초대되다

□ きゃくあつかい	[갸꾸아쓰까이]	客扱い	손님접대, 접객
□ ぎゃくこうか	[갸꾸고-까]	逆効果	역효과
□ きゃくしつ	[갸꾸시쓰]	客室	객실
□ きゃくしゃ	[갸꾸샤]	客車	객차
□ ぎゃくせつ	[갸꾸세쓰]	逆説	역설
□ きゃくせん	[갸꾸셍]	客船	객선
□ きゃくせんび	[갸꾸셈비]	脚線美	각선미
□ ぎゃくたい	[갸꾸따이]	虐待	학대
□ ぎゃくてん	[갸꾸뗑]	逆転	역전
□ きゃくほん	[갸꾸홍]	脚本	각본

- きゃくま [갸꾸마] 客間 객실, 응접실
- ぎゃくもどり [갸꾸모도리] 逆戻り 제자리로 되돌아감
- ぎゃくりゅう [갸꾸류-] 逆流 역류
- きゃっか [각까] 却下 각하
- きゃっかんてき [각깐떼끼] 客観的 객관적 ↔ 主観的 しゅかんてき
- きゃっこう [각꼬-] 脚光 각광
- きゅうえん [큐-엥] 救援 구원
- きゅうか [큐-까] 休暇 휴가
  休暇を取(と)る 휴가를 얻다
- きゅうぎょう [큐-교-] 休業 휴업
- きゅうくつ [큐-꾸쓰] 窮屈 답답함, 갑갑함
  窮屈な服(ふく) 꼭 끼는 옷
- きゅうけいしょ [큐-께-쇼] 休憩所 휴게소
- きゅうけつき [큐-께쓰끼] 吸血鬼 흡혈귀
- きゅうこう [큐-꼬-] 急行 급행
- きゅうこん [큐-꽁] 求婚 구혼
- きゅうしき [큐-시끼] 旧式 구식 ↔ 新式 しんしき
- きゅうじつ [큐-지쓰] 休日 휴일
- きゅうしゅう [큐-슈-] 吸収 흡수
- きゅうしょ [큐-쇼] 急所 급소
- きゅうじょ [큐-죠] 救助 구조
- きゅうす [큐-스] 急須 찻주전자
- きゅうしん [큐-싱] 休診 휴진
- きゅうせい [큐-세-] 急性 급성
- きゅうせいしゅ [큐-세-슈] 救世主 구세주
- きゅうせん [큐-셍] 休戦 휴전
- きゅうそく [큐-소꾸] 休息 휴식
- きゅうち [큐-찌] 窮地 궁지
  窮地においこまれる 궁지에 몰리다
- きゅうてい [큐-떼-] 宮廷 궁정

- きゅうでん [규-뎅] 急電 급전
- きゅうでん [규-뎅] 宮殿 궁전
- きゅうに [규-니] 急に 갑자기

子供(こども)が急に家(うち)に帰(かえ)りたがる
아이가 갑자기 집에 가고 싶어하다

- ぎゅうにく [규-니꾸] 牛肉 쇠고기
- ぎゅうにゅう [규-뉴-] 牛乳 우유
- きゅうば [규-바] 急場 급한 고비

急場をしのぐ 위기를 넘기다

- きゅうへん [규-헹] 急変 급변
- きゅうめい [규-메-] 糾明 규명
- きゅうやく [규-야꾸] 旧約 구약
- きゅうゆう [규-유-] 級友 급우
- きゅうよう [규-요-] 急用 급한 일, 급한 용무

急用で上京(じょうきょう)する 급한 일로 상경하다

- きゅうり [규-리] 胡瓜 오이
- きゅうりょう [규-료-] 給料 급료
- きよう [기요-] 器用 잔재주가 있음

手先(てさき)の器用な人(ひと) 손재주가 있는 사람

- きょう [교-] 今日 오늘
- きょうい [교-이] 驚異 경이, 놀라움
- きょういく [교-이꾸] 教育 교육
- きょういん [교-잉] 教員 교원
- きょうか [교-까] 強化 강화
- きょうかしょ [교-까쇼] 教科書 교과서
- きょうかい [교-까이] 教会 교회
- [교-까이] 境界 경계
- きょうがく [교-가꾸] 共学 공학

男女(だんじょ)共学 남녀공학

- きょうがく [교-가꾸] 驚愕 경악

☐ きょうかつ	[교-까쓰]	恐喝	공갈
☐ きょうかん	[교-깡]	共感	공감
☐ きょうぎ	[교-기]	競技	경기
☐ ぎょうぎ	[교-기]	行儀	예의범절, 행실

行儀がよい 예절이 바르다　行儀がわるい 버릇이 없다

☐ きょうきゅう	[교-뀨-]	供給	공급
☐ きょうくん	[교-꿍]	教訓	교훈
☐ きょうこう	[교-꼬-]	恐慌	공황
☐ きょうし	[교-시]	教師	교사
☐ ぎょうじ	[교-지]	行事	행사
☐ きょうしつ	[교-시쓰]	教室	교실
☐ きょうじゅ	[교-쥬]	教授	교수
☐ きょうしゅく	[교-슈꾸]	恐縮	죄송함, 송구함

恐縮ですが、タバコの火(ひ)をお貸(か)しください
죄송합니다만, 담뱃불을 빌려 주십시오

☐ きょうしょう	[교-쇼-]	協商	협상
☐ きょうじん	[교-징]	狂人	광인, 미친 사람
☐ きょうせい	[교-세-]	矯正	교정
	[교-세-]	強制	강제
☐ ぎょうせい	[교-세-]	行政	행정
☐ きょうそう	[교-소-]	競争	경쟁
	[교-소-]	競走	경주
☐ きょうだい	[교-다이]	兄弟	형제
	[교-다이]	鏡台	경대
☐ きょうちょう	[교-쬬-]	強調	강조
☐ きょうつう	[교-쓰-]	共通	공통
☐ きょうてい	[교-떼-]	協定	협정
☐ ぎょうてん	[교-뗑]	仰天	놀라 자빠짐, 몹시 놀람

値段(ねだん)の高(たか)さに仰天する
값이 비싼 데 입이 딱 벌어지다

きょうどう	[교-도-]	共同	공동
きょうばい	[교-바이]	競売	경매
きょうはく	[교-하꾸]	脅迫	협박
きょうはん	[교-항]	共犯	공범
きょうふ	[교-후]	恐怖	공포
きょうぼう	[교-보-]	共謀	공모
きょうみ	[교-미]	興味	흥미

興味が涌(わ)く 흥미가 솟다　興味をそそる 흥미를 돋우다
興味をそがれる 흥미가 없어지다

ぎょうむ	[교-무]	業務	업무
きょうめい	[교-메-]	共鳴	공명
きょうよう	[교-요-]	共用	공용
	[교-요-]	強要	강요
きょうらん	[교-랑]	狂乱	광란
きょうり	[교-리]	教理	교리
きょうりゅう	[교-류-]	恐竜	공룡
きょうりょく	[교-료꾸]	協力	협력
ぎょうれつ	[교-레쓰]	行列	행렬
きょうれん	[교-렝]	教練	교련
きょうわこく	[교-와꼬꾸]	共和国	공화국
きょえい	[교에-]	虚栄	허영
きょか	[교까]	許可	허가
きょがく	[교가꾸]	巨額	거액
きょぎ	[교기]	虚偽	허위
ぎょぎょう	[교교-]	漁業	어업
きょくげい	[교꾸게-]	曲芸	곡예

曲芸師し 곡예사　曲芸飛行(ひこう) 곡예비행

きょくげんてき	[교꾸겐떼끼]	極限的	극한적
ぎょくせき	[교꾸세끼]	玉石	옥석
きょくせんび	[교꾸셈비]	曲線美	곡선미

- きょくたん [교꾸땅] 極端 극단
- きょくち [교꾸찌] 局地 국지
- きょくど [교꾸도] 極度 극도
  極度に緊張(きんちょう)する 극도로 긴장하다
- きょくめん [교꾸멩] 局面 국면
- きょくもく [교꾸모꾸] 曲目 곡목
- ぎょこう [교꼬-] 漁港 어항
- きょしょう [교쇼-] 巨匠 거장
- きょじん [교징] 巨人 거인 =ジャイアント
  政界(せいかい)の巨人 정계의 거인
- きょせい [교세-] 巨星 거성
- きょぜつ [교제쓰] 拒絶 거절
- ぎょせん [교셍] 漁船 어선
- ぎょそん [교송] 漁村 어촌
- きょどう [교도-] 挙動 거동
- きょねん [교넹] 去年 작년
  去年の今(いま)ごろ 작년 이맘때
- ぎょふ [교후] 漁夫 어부
- きょぼく [교보꾸] 巨木 거목, 큰 나무
- きょむ [교무] 虚無 허무
- きょり [교리] 距離 거리
  距離が縮(ちぢ)まる 거리가 좁혀지다
- きょりゅうみん [교류-밍] 居留民 거류민
- ぎょろぎょろ [교로교로] 큰 눈을 기분 나쁘게 굴리는 모양
  大(おお)きな目玉(めだま)をぎょろぎょろさせる
  큰 눈망울을 뒤룩거리다
- きらう [기라우] 嫌う 싫어하다
  外出(がいしゅつ)を嫌う 외출을 싫어하다
- ぎらぎら [기라기라] 눈부시게 빛나는 모양
  日(ひ)がぎらぎらと照(て)りつける 해가 쨍쨍 내리쬐다

□ きらく	[기라꾸] 気楽	마음편함, 홀가분함
	気楽な人(ひと)だ 속 편한 사람이다	
□ きらめく	[기라메꾸] 빛나다, 번쩍이다	
□ きり	[기리] 霧	안개
	[기리] 錐	송곳
□ ぎり	[기리] 義理	의리
□ きりかぶ	[기리까부] 切り株	그루터기
□ ぎりぎり	[기리기리] 빠듯한 상태	
	時間(じかん)ぎりぎりのところで間(ま)に合(あ)う	
	간신히 시간에 대다	
□ きりぎりす	[기리기리스] 여치	
□ きりさめ	[기리사메] 霧雨	이슬비
□ きりつ	[기리쓰] 起立	기립, 일어섬
□ きりつ	[기리쓰] 規律	규율
□ きりつける	[기리쓰께루] 切り付ける	칼로 치려고 대들다
	暗闇(くらやみ)の中(なか)で切り付けられた	
	어둠 속에서 칼부림을 당했다	
□ きりぬき	[기리누끼] 切り抜き	오려낸 것
□ きりょう	[기료-] 器量	여자의 용모, 재능과 기량
□ きりょく	[기료꾸] 気力	기력
□ きりん	[기링] 麒麟	기린
□ きる	[기루] 着る	옷을 입다
	洋服(ようふく)を着る 옷을 입다	
	[기루] 切る	자르다, 베다
	りんごを二(ふた)つに切る 사과를 두 개로 자르다	
□ きれい	[기레-] 곱다, 아름답다, 깨끗하다	
	きれいな花(はな)が咲(さ)いている 예쁜 꽃이 피어 있다	
	部屋(へや)をきれいに掃除(そうじ)する	
	방을 깨끗이 청소하다	
□ きろく	[기로꾸] 記録	기록

き

☐ きわめて	[기와메떼] 極めて	지극히

極めて重大(じゅうだい)な事実(じじつ) 극히 중대한 사실

☐ きんえん	[깅엥] 禁煙	금연 ↔ 喫煙 きつえん
☐ きんぎょばち	[깅교바찌] 金魚鉢	어항
☐ きんこ	[깅꼬] 金庫	금고
☐ ぎんこう	[깅꼬-] 銀行	은행
☐ きんし	[긴시] 禁止	금지
	[긴시] 近視	근시
☐ きんしゅ	[긴슈] 禁酒	금주
☐ きんじょ	[긴죠] 近所	근처
☐ きんじる	[긴지루] 禁じる	금지하다

外出(がいしゅつ)を禁じる 외출을 금하다

☐ きんせい	[긴세-] 近世	근세
☐ きんせん	[긴셍] 金銭	금전
☐ きんぞく	[긴조꾸] 金属	금속
☐ きんだい	[긴다이] 近代	근대
☐ きんたま	[긴따마] 金玉	불알
☐ きんちょう	[긴쬬-] 緊張	긴장

緊張が高(たか)まる 긴장이 고조되다

☐ きんにく	[긴니꾸] 筋肉	근육
☐ きんねん	[긴넹] 近年	근년, 근래
☐ きんぴん	[김삥] 金品	금품
☐ きんべん	[김벵] 勤勉	근면, 부지런함
☐ ぎんまく	[김마꾸] 銀幕	은막, 스크린
☐ ぎんみ	[김미] 吟味	음미

材料(ざいりょう)を吟味する 재료를 잘 조사하다

☐ きんみつ	[김미쓰] 緊密	긴밀함
☐ きんもつ	[김모쓰] 禁物	금물
☐ きんゆう	[깅유-] 金融	금융
☐ きんようび	[깅요-비] 金曜日	금요일

- □ きんよく [깅요꾸] (禁欲) 금욕
- □ きんらい [긴라이] (近来) 근래
- □ きんろう [긴로오] (勤労) 근로

▶ 외래어

- □ キー [키-] (key) 키, 열쇠
- □ キス [키스] (kiss) 키스, 입맞춤
  はじめてキスをまだ忘(わす)れない
  첫키스를 아직도 잊을 수 없다
- □ キセル [키세루] (캄 khsier) 담뱃대
- □ ギター [기따-] (guitar) 기타
- □ キチン [키찡] (kitchen) 키친, 주방
- □ キプス [키뿌스] (독 Gips) 깁스, 석고붕대
- □ キャスト [캬스또] (cast) 캐스트, 배역
  豪華(ごうか)キャスト 호화 캐스트
- □ キャバレー [캬바레-] (프 cabaret) 카바레
- □ キャビネット [캬비넷또] (cabinet) 캐비닛
- □ キャベツ [캬베쓰] (cabbage) 양배추
- □ キャラバン [캬라방] (caravan) 카라반, 대상(隊商)
- □ キャラメル [캬라메루] (caramel) 캐러멜
- □ ギャラリー [캬라리-] (gallery) 갤러리, 화랑
- □ キャンプ [캄뿌] (camp) 캠프
  キャンプファイヤー (campfire) 캠프파이어
  キャンプむら (camp村) 캠프촌
- □ キャンペーン [캄뻬-ㅇ] (campaign) 캠페인
- □ キューバ [큐-바] (Cuba) 쿠바
- □ キューピット [큐-삣또] (Cupid) 큐피드
- □ ギリシア [기리시아] (Greece) 그리스

[く]

- ぐあい　　　　　[구아이] 具合　형편, 상태
  午後(ごご)なら具合がよろしいのですが
  오후라면 형편이 괜찮겠습니다만
- くい　　　　　　[구이] 杭　말뚝
- くいき　　　　　[구이끼] 区域　구역
- くいしんぼう　　[구이심보-] 食いしん坊　먹보, 걸신들린 사람
- くいちがう　　　[구이찌가우] 食い違う　어긋나다, 엇갈리다
  目的(もくてき)が結果(けっか)と食い違う
  목적이 결과와 어긋나다
- くいる　　　　　[구이루] 悔いる　뉘우치다
  いまさら悔いても仕方(しかた)がない
  이제 와서 후회해도 소용이 없다
- くう　　　　　　[구-] 食う　먹다
- くうかん　　　　[구-깡] 空間　공간
- くうき　　　　　[구-끼] 空気　공기
- くうぐん　　　　[구-궁] 空軍　공군
- くうこう　　　　[구-꼬-] 空港　공항
- くうしゅう　　　[구-슈-] 空襲　공습
- ぐうすう　　　　[구-스-] 偶数　우수, 짝수 ↔ 奇数 きすう
- くうせき　　　　[구-세끼] 空席　빈자리
- ぐうぜん　　　　[구-젱] 偶然　우연
  この事故(じこ)は偶然ではない 이 사고는 우연한 일이 아니다
- くうそう　　　　[구-소-] 空想　공상
- ぐうぞう　　　　[구-조-] 偶像　우상
- くうてん　　　　[구-뗑] 空転　공전, 헛돎

- □ くうはく [구-하꾸] 空白 공백
- □ ぐうはつ [구-하쓰] 偶発 우발
- □ ぐうわ [구-와] 寓話 우화
- □ くおん [구옹] 久遠 구원, 영원
  久遠の理想(りそう) 구원의 이상
- □ くがく [구가꾸] 苦学 고학
- □ くかん [구깡] 区間 구간
- □ くき [구끼] 茎 나무의 줄기
- □ くぎ [구기] 釘 못
- □ くぎょう [구교-] 苦行 고행
- □ くぎる [구기루] 区切る 구분하다, 일단락을 짓다
  一(ひと)まず話(はなし)を区切る 일단 이야기를 매듭짓다
- □ くぐる [구구루] 潜る 빠져나가다, 잠수하다
  門(もん)を潜る (몸을 구부리고) 문을 빠져나가다
- □ くさ [구사] 草 풀
- □ くさい [구사이] 臭い 고약한 냄새가 나다, 구리다
- □ くさいろ [구사이로] 草色 초록색
- □ くさばな [구사바나] 草花 화초
- □ くさはら [구사하라] 草原 초원
- □ くさむら [구사무라] 叢 풀숲
- □ くさり [구사리] 鎖 쇠사슬
- □ くさる [구사루] 腐る 썩다, 부패하다
  腐ったにおい 썩은 냄새
- □ くされえん [구사레엥] 腐れ縁 나쁜 인연, 악연
- □ くし [구시] 櫛 빗
  [구시] 串 꼬챙이, 꼬치
- □ くじ [구지] 제비, 추첨
  くじを引(ひ)く 제비를 뽑다
- □ くじく [구지꾸] 挫く 삐다, 접질리다 =捻挫 ねんざ する
  足首(あしくび)を挫く 발목을 삐다

☐ くじゃく	[구쟈꾸] 孔雀	공작새
☐ くしゃくしゃ	[구샤꾸샤]	쭈글쭈글, 꼬깃꼬깃
☐ くしゃみ	[구샤미]	재채기
☐ くしょう	[구쇼-] 苦笑	쓴웃음

思(おも)わず苦笑する 저도 모르게 쓴웃음을 짓다

☐ くじょう	[구죠-] 苦情	불평, 불만

苦情が出(で)る 불평이 나오다
苦情を訴(うった)える 불만을 호소하다

☐ くじら	[구지라] 鯨	고래
☐ くしん	[구싱] 苦心	고심, 고생
☐ ぐずぐず	[구즈구즈]	우물우물, 우물쭈물
☐ くすぐる	[구스구루] 擽る	간질이다

わきの下(した)をくすぐる 겨드랑 밑을 간질이다

☐ くずす	[구즈스] 崩す	무너뜨리다
☐ ぐずつく	[구즈쓰꾸]	꾸물대다
☐ くすぶる	[구스부루]	그을다
☐ くすり	[구스리] 薬	약

薬を飲(の)む 약을 먹다

☐ くすりや	[구스리야] 薬屋	약국
☐ くずれる	[구즈레루] 崩れる	무너지다
☐ くせ	[구세] 癖	버릇, 습관

つめをかむ癖 손톱을 깨무는 버릇

☐ くせもの	[구세모노] 曲者	수상한 놈
☐ くそ	[구소] 糞	똥, 대변
☐ ぐたいてき	[구따이떼끼] 具体的	구체적
☐ くだく	[구다꾸] 砕く	부수다, 깨다
☐ くたくた	[구다꾸따]	피곤해서 녹초가 됨
☐ くだける	[구다께루] 砕ける	부서지다, 깨지다

白(しろ)い波頭(なみがしら)が砕ける
흰 파도 머리가 부서지다

□ くださる	[구다사루] (下さる)	주시다

先生(せんせい)の下さった本ほん 선생님이 주신 책

□ くたばる	[구따바루]	뻗다, 죽다
□ くたびれる	[구따비레루]	지치다, 낡아빠지다

気(き)をつかってすっかりくたびれた
신경을 썼더니 아주 지쳤다

□ くだもの	[구다모노] (果物)	과일
□ くだらない	[구다라나이]	시시하다, 하찮다

くだらないことにくよくよするな
쓸데없는 일에 끙끙 앓지 마라

□ くだりざか	[구다리자까]	내리막길
□ くだる	[구다루] (下る)	내려가다
□ くち	[구찌] (口)	입, 아가리
□ ぐち	[구찌] (愚痴)	푸념

愚痴をこぼす 푸념을 늘어놓다

□ くちいれ	[구찌이레] (口入れ)	말참견
□ くちぐせ	[구찌구세] (口癖)	입버릇
□ くちごたえ	[구찌고따에] (口答え)	말대꾸
□ くちごもる	[구찌고모루] (口籠る)	우물거리다

気(き)が小ちいさいので人前(ひとまえ)で口籠る
소심하여 남 앞에서 말을 우물거리다

□ くちずさむ	[구찌즈사무] (口ずさむ)	읊조리다, 흥얼거리다
□ くちすっぱく	[구찌습빠꾸] (口酸っぱく)	입이 닳도록
□ くちつき	[구찌쓰끼] (口付き)	입모습
□ くちどめ	[구찌도메] (口止め)	입막음
□ くちなめずり	[구찌나메즈리] (口なめずり)	입맛을 다심
□ くちばし	[구찌바시] (嘴)	새의 부리
□ くちばしる	[구찌바시루] (口走る)	무의식중에 말하다

余計(よけい)な事(こと)を口走る
쓸데없는 말을 무심코 지껄이다

☐ くちびる	[구찌비루]	唇	입술
☐ くちぶえ	[구찌부에]	口笛	휘파람
☐ くちべた	[구찌베따]	口下手	말주변이 없음

口下手でなかなか意(い)が通(つう)じない
말주변이 없어서 좀체 뜻이 통하지 않다

☐ くちべに	[구찌베니]	口紅	입술연지, 루주
☐ くちゃくちゃ	[구쨔구쨔]		몹시 구겨진 모양
☐ くちょう	[구쬬-]	口調	어조, 말투
☐ くちる	[구찌루]	朽ちる	나무 따위가 썩다

柱(はしら)が朽ちかけていた 기둥이 썩기 시작하고 있었다

☐ くつ	[구쓰]	靴	구두, 신발
☐ くつう	[구쓰-]	苦痛	고통
☐ くつがえす	[구쓰가에스]	覆す	뒤집어엎다 =ひっくりかえす

手(て)のひらを覆す 손바닥을 뒤집다

☐ くつした	[구쓰시따]	靴下	양말
☐ くつじょく	[구쓰조꾸]	屈辱	굴욕
☐ ぐっすり	[굿스리]		깊이 잠든 모양, 푹
☐ くっせつ	[굿세쓰]	屈折	굴절
☐ くったく	[굿따꾸]	屈託	꺼림칙하게 여겨져 근심함
☐ ぐったり	[굿따리]		지쳐서 축 늘어진 모양
☐ くっつく	[굿쓰꾸]		달라붙다

岩(いわ)には貝(かい)がたくさんくっついていた
바위에는 조개가 많이 달라붙어 있었다

☐ くっつける	[굿쓰께루]		갖다 붙이다
☐ ぐっと	[굿또]		힘주어 단숨에 하는 모양, 쑥, 홱
☐ くつや	[구쓰야]	靴屋	양화점, 구둣가게
☐ くつろぐ	[구쓰로구]	寛ぐ	편히 지내다

温泉(おんせん)へ行(い)って寛ぐ 온천에 가서 느긋하게 쉬다

☐ くつわ	[구쓰와]		재갈
☐ くどい	[구도이]		끈덕지다

- くどく [구도꾸] 口説く 설득하다
- くどくどしい [구도꾸도시-] 장황하다, 번거롭다
  - くどくどしい弁解(べんかい) 구구한 변명
- くなん [구낭] 苦難 고난
- くに [구니] 国 나라
- ぐにゃぐにゃ [구냐구냐] 탄력이 하나도 없는 모양, 흐물흐물
- くぬぎ [구누기] 櫟 상수리나무
- くねくね [꾸네꾸네] 구불구불
- くのう [구노-] 苦悩 고뇌
- くび [구비] 首 목, 모가지
- くびかざり [구비가자리] 首飾り 목걸이
- くびすじ [구비스지] 首筋 목덜미
- くびったけ [구빗따께] 首っ丈 홀딱 반해 버림
  - 彼女(かのじょ)に首っ丈だ 그녀에게 홀딱 반했다
- くびまき [구비마끼] 首巻き 목도리
- くびわ [구비와] 首輪 목걸이
- くふう [구후-] 工夫 고안함, 연구함
  - 工夫の果(は)てに 궁리 끝에
- くぶん [구붕] 区分 구분
- くべつ [구베쓰] 区別 구별
- くぼむ [구보무] 窪む 움푹 들어가다
  - 疲(つか)れて窪んだ目(め) 피곤해서 쏙 들어간 눈
- くま [구마] 熊 곰
- くまで [구마데] 熊手 갈퀴
- くみあい [구미아이] 組合 조합
- くみあわせ [구미아와세] 組合わせ 짝지음, 짜맞춤
  - 色(いろ)の組合わせを考(かんが)える 색의 배합을 생각하다
- くみたて [구미따떼] 組立て 조립
- くむ [구무] 汲む 푸다, 퍼올리다
- くめん [구멩] 工面 돈마련

❏ くも	[구모] 雲	구름
	[구모] 蜘蛛	거미
	蜘蛛の巣(す) 거미줄	
❏ くもる	[구모루] 曇る	흐리다, 흐려지다
❏ くやしい	[구야시-] 悔しい	분하다, 억울하다
	あんなやつにばかにされて悔しい	
	저런 놈에게 멸시당해서 억울하다	
❏ くやしまぎれ	[구야시마기레] 悔し紛れ	홧김에
	悔し紛れにあたり散(ち)らす 홧김에 마구 화풀이하다	
❏ くら	[구라] 鞍	안장
❏ くらい	[구라이] 暗い	어둡다
	[구라이] 位	지위, 계급
❏ ぐらぐら	[구라구라] 흔들흔들, 근들근들	
❏ くらげ	[구라게] 水母	해파리
❏ くらす	[구라스] 暮らす	살다, 하루를 보내다
	こんな金(かね)では暮らしていけない	
	이런 돈으로는 살아갈 수 없다	
❏ ぐらつく	[구라쓰꾸] 흔들리다, 동요하다	
	決心(けっしん)がぐらつく 결심이 흔들리다	
❏ くらべる	[구라베루] 比べる	비교하다
	例年(れいねん)に比べて寒(さむ)い 예년에 비해서 춥다	
❏ くらやみ	[구라야미] 暗闇	어둠
❏ くり	[구리] 栗	밤, 밤색
❏ くりかえす	[구리까에스] 繰り返す	되풀이하다
	何度(なんど)も繰り返して言(い)った	
	몇 번이고 되풀이해서 말했다	
❏ くる	[구루] 来る	오다
❏ ぐる	[구루] 共謀	공모하다, 한 패가 되다
❏ くるう	[구루-] 狂う	미치다, 뒤틀리다
	犬(いぬ)が狂ったようにほえる 개가 미친 듯이 짖다	

- ぐるぐる　　　　[구루구루] 빙글빙글
- くるしい　　　　[구루시-] (苦しい) 괴롭다
- くるしむ　　　　[구루시무] (苦しむ) 괴로워하다
  その日(ひ)その日(ひ)の生活(せいかつ)に苦しむ
  그날그날의 생활에 고생하다
- くるしめる　　　[구리시메루] (苦しめる) 괴롭히다
- くるぶし　　　　[구루부시] (踝) 복사뼈
- くるま　　　　　[구루마] (車) 차, 수레
- くるみ　　　　　[구루미] (胡桃) 호도
- くるめる　　　　[구루메루] 하나로 뭉뚱그리다
  全部(ぜんぶ)くるめておいくらになりますか
  전부 합쳐서 얼마가 됩니까?
- くれぐれ　　　　[구레구레] 부디, 제발
- くれない　　　　[구레나이] (紅) 주홍색
- くれる　　　　　[구레루] (暮れる) 저물다, 해가 지다
  日(ひ)がとっぷり暮れる 해가 완전히 지다
  [구레루] 주다
- くろい　　　　　[구로이] (黒い) 검다, 까맣다
- くろう　　　　　[구로-] (苦労) 고생, 노고
  苦労して仕上(しあ)げる 고생하여 완성하다
  ご苦労さま 수고하였습니다, 수고하십니다
- くろじ　　　　　[구로지] (黒字) 흑자 ↔ 赤字(あかじ)
- くろまく　　　　[구로마꾸] (黒幕) 흑막
- くろんぼう　　　[구롬보] (黒ん坊) 검둥이
- くわ　　　　　　[구와] (鍬) 괭이
  　　　　　　　　[구와] (桑) 뽕나무
- くわえる　　　　[구와에루] (加える) 보태다, 가하다
  甘味(あまみ)を加える 단맛을 가하다
- くわしい　　　　[구와시-] (詳しい) 상세하다, 소상하다
  事件(じけん)の詳しい内容(ないよう) 사건의 상세한 내용

- ぐんか [궁까] 軍歌 군가
- ぐんかん [궁깡] 軍艦 군함
- ぐんき [궁끼] 軍紀 군기
- ぐんこう [궁꼬-] 軍港 군항
- くんじ [군지] 訓示 훈시
  部下(ぶか)に訓示を垂(た)れる 부하에게 훈시를 내리다
- ぐんじ [군지] 軍事 군사
- くんしゅ [군슈] 君主 군주
- ぐんしゅう [군슈-] 群衆 군중
  群衆が押(お)し寄(よ)せる 군중이 밀려오다
- ぐんしゅく [군슈꾸] 軍縮 군축 ↔ 軍拡 ぐんかく
- くんしょう [군쇼-] 勲章 훈장
- ぐんじん [군징] 軍人 군인
- ぐんせい [군세-] 軍政 군정
- ぐんぞう [군조-] 群像 군상
- ぐんぞく [군조꾸] 軍属 군속
- ぐんたい [군따이] 軍隊 군대
- ぐんだん [군당] 軍団 군단
- ぐんと [군또] 힘껏, 꾹, 홱, 뚝 =ぐっと
  ぐんと引(ひ)っぱる 확 잡아당기다
- ぐんとう [군또-] 群島 군도
- ぐんび [굼비] 軍備 군비
- ぐんぶ [굼부] 軍部 군부
- ぐんぷく [굼뿌꾸] 軍服 군복
- ぐんぼう [굼보-] 軍帽 군모
- ぐんぽう [굼뽀-] 軍法 군법
- ぐんよう [궁요-] 軍用 군용
- くんりん [군링] 君臨 군림
- くんれん [군렝] 訓練 훈련
  訓練を受(う)ける 훈련을 받다

▶ 외래어

- クイーン [쿠이-ㅇ] queen _ 퀸, 여왕
- クイズ [쿠이즈] quiz _ 퀴즈
- クーポン [쿠-뽕] 프 coupon _ 쿠폰
- クッキング [쿡낑구] cooking _ 요리
- クッション [쿳숑] cushion _ 쿠션
- グッドバイ [굿도바이] good-bye _ 굿바이, 안녕
- クライマックス [쿠라이막꾸스] climax _ 클라이맥스
- グラウンド [구라운도] ground _ 그라운드, 경기장
- クラクション [쿠라쿠숑] klaxon _ 크랙션
- クラシック [쿠라식꾸] classic _ 클래식, 고전
- クラス [쿠라스] class _ 클래스, 학급
- グラス [구라스] glass _ 글라스, 유리컵
- クラブ [쿠라부] club _ 클럽
- グラフ [구라후] graph _ 그래프, 도표
- グラフィック [구라휙꾸] graphic _ 그래픽
- グラム [구라무] 프 gramme _ 그램
- クラリネット [쿠라리넷또] clarinet _ 클라리넷
- グランプリ [구랑뿌리] 프 grand prix _ 그랑프리
- クリーニング [쿠리-닝구] cleaning _ 클리닝
- クリーム [쿠리-무] cream _ 크림
- グリーン [구리-ㅇ] green _ 그린, 녹색
- クリスマス [쿠리스마스] Christmas _ 크리스마스
- クリニック [쿠리닉꾸] clinic _ 클리닉, 진료소
- グリル [구리루] grill _ 그릴, 간이양식점
- グループ [구루-뿌] group _ 그룹
- クレヨン [쿠레용] 프 crayon _ 크레용
- クローバ [쿠로-바] clover _ 클로버, 토끼풀

[け]

☐ け	[게] (毛)	털

髪(かみ)の毛が薄(うす)い 머리털 적다

☐ けいい	[게-이] (経緯)	경위
☐ けいえい	[게-에-] (経営)	경영
☐ けいか	[게-까] (経過)	경과
☐ けいかい	[게-까이] (警戒)	경계
	[게-까이] (軽快)	경쾌함

軽快な足(あし)どり 경쾌한 발걸음

☐ けいかく	[게-까꾸] (計画)	계획 =プラン

計画を立(た)てる 계획을 세우다

☐ けいかん	[게-깡] (警官)	경찰관
☐ けいき	[게-끼] (景気)	경기

景気が上向(うわむ)く 경기가 호전되다

	[게-끼] (契機)	계기
	[게-끼] (刑期)	형기
☐ けいけん	[게-껭] (経験)	경험
☐ けいこ	[게-꼬] (稽古)	연습, 레슨

弟子(でし)に稽古をつける 제자에게 연습을 시키다

☐ けいご	[게-고] (敬語)	경어
	[게-고] (警護)	경호
☐ けいこう	[게-꼬-] (傾向)	경향
☐ けいこく	[게-꼬꾸] (警告)	경고
☐ けいざい	[게-자이] (経済)	경제

家(いえ)の経済が苦(くる)しい 집안 경제가 어렵다

☐ けいさつ	[게-사쓰] (警察)	경찰

☐ けいさん	[게-상] (計算)	계산
☐ けいじ	[게-지] (刑事)	형사
	[게-지] (掲示)	게시

今週(こんしゅう)の目標(もくひょう)を掲示する
금주의 목표를 게시하다

☐ けいしき	[게-시끼] (形式)	형식
☐ げいしゃ	[게-샤] (芸者)	기생
☐ げいじゅつ	[게-쥬쓰] (芸術)	예술
☐ けいしょう	[게-쇼-] (継承)	계승
☐ けいず	[게-즈] (系図)	계도
☐ けいせい	[게-세-] (形成)	형성
☐ けいぞく	[게-조꾸] (継続)	계속
☐ けいそつ	[게-소쓰] (軽率)	경솔함

軽率な行動(こうどう)をつつしみなさい
경솔한 행동을 삼가시오

☐ けいたい	[게-따이] (形態)	형태
☐ けいたい	[게-따이] (携帯)	휴대
☐ けいてき	[게-떼끼] (警笛)	경적
☐ けいと	[게-또] (毛糸)	털실
☐ けいとう	[게-또-] (系統)	계통
☐ げいのう	[게-노-] (芸能)	예능

芸能番組(ばんぐみ) 연예 프로그램

☐ けいば	[게-바] (競馬)	경마
☐ けいばつ	[게-바쓰] (刑罰)	형벌
☐ けいひ	[게-히] (経費)	경비
☐ けいび	[게-비] (警備)	경비
☐ けいべつ	[게-베쓰] (軽蔑)	경멸

軽蔑の眼差(まなざし) 경멸의 눈초리

☐ けいほう	[게-호-] (刑法)	형법
☐ けいむしょ	[게-무쇼] (刑務所)	교도소

- ☐ けいもう [계-모-] 啓蒙 계몽
- ☐ けいやく [게-야꾸] 契約 계약
  契約を結(むす)ぶ 계약을 맺다
  契約を破(やぶ)る 계약을 깨다
- ☐ けいゆ [게-유] 経由 경유
- ☐ けいり [게-리] 経理 경리
- ☐ けいりゃく [게-랴꾸] 計略 계략
- ☐ けいりん [게-링] 競輪 경륜
- ☐ けいれい [게-레-] 敬礼 경례
- ☐ けいれき [게-레끼] 経歴 경력
- ☐ けいれん [게-렝] 痙攣 경련
- ☐ けいろ [게-로] 経路 경로
- ☐ けいろう [게-로-] 敬老 경로
- ☐ けが [게가] 怪我 부상, 다치다
  交通事故(こうつうじこ)で怪我をする 교통사고로 다치다
- ☐ げか [게까] 外科 외과
- ☐ けがす [게가스] 汚す 더럽히다
  家名(かめい)を汚す 가문의 명예를 더럽히다
- ☐ けがわ [게가와] 毛皮 모피, 털가죽
- ☐ げき [게끼] 劇 극, 연극
- ☐ げきさっか [게끼삭까] 劇作家 극작가
- ☐ げきじょう [게끼죠-] 劇場 극장
- ☐ げきたい [게끼따이] 撃退 격퇴
- ☐ げきちん [게끼찡] 撃沈 격침
- ☐ げきてき [게끼떼끼] 劇的 극적
- ☐ げきれい [게끼레-] 激励 격려
- ☐ げこ [게꼬] 下戸 술을 못 마시는 사람 ↔ 上戸 じょうこ
- ☐ げこう [게꼬-] 下校 하교 ↔ 登校 とうこう
- ☐ けさ [게사] 今朝 오늘아침
  今朝は遅(おそ)いね 오늘 아침은 늦는군

□ げさん	[게상] 下山	하산 ↔ 登山 とざん
□ けしいん	[게시잉] 消印	소인, 스탬프
□ けしき	[게시끼] 景色	경치, 풍경
	のどかな春(はる)の景色 화창한 봄 풍경	
□ けしゴム	[게시고무] 消ゴム	지우개
□ げしゃ	[게샤] 下車	하차 ↔ 乗車 じょうしゃ
□ げしゅく	[게슈꾸] 下宿	하숙
□ げじゅん	[게중] 下旬	하순
□ けしょう	[게쇼-] 化粧	화장
□ けす	[게스] 消す	끄다, 지우다
	火(ひ)を消す 불을 끄다	
□ げすい	[게스이] 下水	하수 ↔ 上水 じょうすい
□ けずる	[게즈루] 削る	깎다, 삭제하다
□ げた	[게따] 下駄	나막신
□ けだかい	[게다까이] 気高い	품격이 높다, 고상하다
	育(そだ)ちが良(よ)いとどことなく気高いところがある	
	좋은 환경에서 자라면 어딘지 기품이 있어 보인다	
□ けたたましい	[게다따마시-]	요란하다, 소란하다
□ けたちがい	[게따찌가이] 桁違い	단수가 틀리다
	計算(けいさん)に桁違いがあった	
	계산에서 자리의 착오가 있었다	
□ けち	[게찌] 吝	인색함, 다라움
	吝ん坊(ぼう) 구두쇠, 노랑이	
□ けつあつ	[게쓰아쓰] 血圧	혈압
□ けつえき	[게쓰에끼] 血液	혈액
□ けつえん	[게쓰엥] 血縁	혈연, 혈육
□ けっか	[겍까] 結果	결과
	いい結果が出(で)る 좋은 결과가 나오다	
□ けっかく	[겍까꾸] 結核	결핵
□ けっかん	[겍깡] 血管	혈관

☐ けっかん	[겍깡] 欠陥	결함
☐ げっかん	[겍깡] 月刊	월간
☐ けっき	[겍끼] 血気	혈기, 객기
☐ けっきゅう	[겍뀨-] 血球	혈구
☐ げっきゅう	[겍뀨-] 月給	월급
	月給取(と)り 월급쟁이	
☐ けっきょく	[겍꾜꾸] 結局	결국
☐ けっきん	[겍낑] 欠勤	결근
☐ げっけい	[겍께-] 月経	월경
☐ げっけいかん	[겍께-깡] 月桂冠	월계관
☐ けっこう	[겍꼬-] 結構	훌륭함, 좋음, 충분함
	結構な贈(おく)り物(もの) 훌륭한 선물	
	もう結構です 이제 충분합니다	
	[겍꼬-] 欠航	결항
☐ けつごう	[게쓰고-] 結合	결합
☐ けっこん	[겍꽁] 結婚	결혼
☐ けっさい	[겟사이] 決裁	결재
☐ けっさく	[겟사꾸] 傑作	걸작
☐ けっさん	[겟상] 決算	결산
☐ けつじつ	[게쓰지쓰] 結実	결실
☐ けっして	[겟시떼] 決して	결코, 절대로
	決して不自然(ふしぜん)ではない 결코 부자연스럽지는 않다	
☐ けっしてき	[겟시떼끼] 決死的	결사적
☐ けつじょ	[게쓰죠] 欠如	결여
☐ けっしょう	[겟쇼-] 決勝	결승
☐ けっしょく	[겟쇼꾸] 血色	혈색
☐ けっしん	[겟싱] 決心	결심
	決心がぐらつく 결심이 흔들리다 決心がつく 결심이 서다	
☐ けっせき	[겟세끼] 欠席	결석
☐ けっせん	[겟셍] 決戦	결전

☐ けっせん	[겟셍] 血戦	혈전
☐ けつぞく	[게쓰조꾸] 血族	혈족
☐ けつだん	[게쓰당] 決断	결단

決断が早(はや)い 결단이 빠르다

☐ けってい	[겟떼-] 決定	결정
☐ けってん	[겟뗑] 欠点	결점
☐ けっとう	[겟또-] 血統	혈통
	[겟또-] 決闘	결투
	[겟또-] 血糖	혈당
☐ けつにく	[게쓰니꾸] 血肉	혈육
☐ げっぷ	[겝뿌] 月賦	월부
☐ けっぺき	[겝뻬끼] 潔癖	결벽

彼(かれ)は潔癖だからそんな金(かね)は受(う)け取(と)らないだろう 그는 결백하니까 그런 돈은 받지 않을 것이다

☐ けつぼう	[게쓰보-] 欠乏	결핍
☐ けつまつ	[게쓰마쓰] 結末	결말
☐ げつまつ	[게쓰마쓰] 月末	월말
☐ げつようび	[게쓰요-비] 月曜日	월요일
☐ けつれつ	[게쓰레쓰] 決裂	결렬

交渉(こうしょう)が決裂する 교섭이 결렬되다

☐ けつろん	[게쓰롱] 結論	결론
☐ げどく	[게도꾸] 解毒	해독
☐ けなす	[게나스] 貶す	헐뜯다
☐ けなみ	[게나미] 毛並み	혈통, 출신성분
☐ げにん	[게닝] 下人	하인
☐ けねん	[게넹] 懸念	염려, 괘념
☐ けはい	[게하이] 気配	기색, 낌새

秋(あき)の気配がしのびよる 가을 기운이 살며시 다가오다

☐ けびょう	[게뵤-] 仮病	꾀병

仮病をつかう 꾀병을 부리다

☐ げひん	[게힝]	下品 인품이 천박함 ↔ 上品 じょうひん
	下品な言葉遣(ことばづか)い 상스러운 말씨	
☐ けむり	[게무리]	煙 연기
☐ けもの	[게모노]	獣 짐승
☐ けやき	[게야끼]	느티나무
☐ けらい	[게라이]	家来 가신 家臣
☐ げらく	[게라꾸]	下落 하락
☐ げらげら	[게라게라]	입을 크게 벌리고 웃는 모양, 껄껄
☐ げり	[게리]	下痢 설사
☐ ける	[게루]	蹴る 걷어차다
	ボールを蹴る 공을 차다	
☐ けわしい	[게와시-]	険しい 험하다
☐ けんい	[겡이]	権威 권위
☐ げんいん	[겡잉]	原因 원인
	原因と結果(けっか) 원인과 결과	
☐ げんいん	[겡잉]	減員 감원
☐ げんえい	[겡에-]	幻影 환영
☐ けんえき	[겡에끼]	検疫 검역
☐ げんえき	[겡에끼]	現役 현역
☐ けんえつ	[겡에쓰]	検閲 검열
☐ けんお	[겡오]	嫌悪 혐오
	本能的(ほんのうてき)に蛇(へび)を嫌悪する	
	본능적으로 뱀을 혐오하다	
☐ けんか	[겡까]	喧嘩 싸움, 다툼
	喧嘩を仕掛(しか)ける 싸움을 걸다	
☐ げんか	[겡까]	原価 원가
☐ けんかい	[겡까이]	見解 견해
☐ げんかい	[겡까이]	限界 한계
☐ けんがく	[겡가꾸]	見学 견학
☐ げんかく	[겡까꾸]	厳格 엄격

☐ げんかん	[겡깡]	玄関	현관
☐ けんぎ	[겡기]	嫌疑	혐의
☐ げんき	[겡끼]	元気	원기, 기력

元気を出(だ)す 기운을 내다　元気がつく 기운이 나다
お元気ですか 안녕하세요?

☐ けんきゅう	[겡뀨-]	研究	연구
☐ げんきゅう	[겡뀨-]	言及	언급
☐ けんきょ	[겡꾜]	謙虚	겸허
☐ けんきん	[겡낑]	献金	헌금
☐ げんきん	[겡낑]	現金	현금
☐ けんご	[겡고]	堅固	견고
☐ げんご	[겡고]	言語	언어
☐ けんこう	[겡꼬-]	健康	건강

健康が衰(おとろ)える 건강이 나빠지다

☐ げんこう	[겡꼬-]	原稿	원고
☐ けんこく	[겡꼬꾸]	建国	건국
☐ げんこつ	[겡꼬쓰]	拳骨	주먹
☐ けんさ	[겐사]	検査	검사
☐ げんざい	[겐자이]	現在	현재
☐ げんさく	[겐사꾸]	原作	원작
☐ けんさつ	[겐사쓰]	検察	검찰
☐ けんじ	[겐지]	検事	검사
☐ げんし	[겐시]	原子	원자
☐ げんしじん	[겐시징]	原始人	원시인
☐ げんじつ	[겐지쓰]	現実	현실
☐ げんしゅ	[겐슈]	厳守	엄수

出勤時間(しゅっきんじかん)厳守 출근시간 엄수

☐ けんしゅう	[겐슈-]	見習	견습
☐ けんしゅう	[겐슈-]	研修	연수
☐ けんしゅつ	[겐슈쓰]	検出	검출

☐ けんじゅつ	[겐쥬쓰]	劍術	검술
☐ げんしょ	[겐쇼]	原書	원서
☐ げんしょう	[겐쇼-]	現象	현상
☐ げんしょく	[겐쇼꾸]	原色	원색
☐ けんせい	[겐세-]	牽制	견제

ランナーを牽制する 주자를 견제하다

☐ けんせつ	[겐세쓰]	建設	건설
☐ けんぜん	[겐젱]	健全	건전
☐ げんぞう	[겐조-]	幻像	환상
☐ げんそく	[겐소꾸]	原則	원칙
☐ けんそん	[겐송]	謙遜	겸손
☐ けんたい	[겐따이]	倦怠	권태
☐ げんたい	[겐따이]	原隊	원대
☐ げんだい	[겐다이]	現代	현대
☐ げんち	[겐찌]	言質	언질
☐ けんちく	[겐찌꾸]	建築	건축
☐ げんてい	[겐떼-]	限定	한정
☐ けんとう	[겐또-]	見当	짐작, 어림

どうも見当がつかない 아무래도 짐작이 가지 않는다

☐ けんどう	[겐도-]	劍道	검도
☐ げんなま	[겐나마]	現生	현금
☐ けんなん	[겐낭]	險難	험난함
☐ げんば	[겜바]	現場	현장
☐ けんばん	[겜방]	鍵盤	건반
☐ けんぶつ	[겜부쓰]	見物	구경

観光地(かんこうち)を見物して回(まわ)る
관광지를 구경하며 다니다

☐ けんぶん	[겜붕]	見聞	견문
☐ けんぺい	[겜뻬-]	憲兵	헌병
☐ けんぽう	[겜뽀-]	憲法	헌법

☐ けんぼく	[겜보꾸] 原木	원목
☐ げんまい	[겜마이] 玄米	현미
☐ けんめい	[겜메-] 賢明	현명

そうした方(ほう)が賢明だ 그렇게 하는 편이 현명하다

☐ げんめつ	[겜메쓰] 幻滅	환멸
☐ げんゆ	[겡유] 原油	원유
☐ けんり	[겐리] 権利	권리
☐ げんり	[겐리] 原理	원리
☐ げんりょう	[겐료-] 原料	원료
☐ けんりょく	[겐료꾸] 権力	권력

権力を握(にぎ)る 권력을 잡다

☐ げんろう	[겐로-] 元老	원로
☐ げんろん	[겐롱] 言論	언론
☐ げんわく	[겡와꾸] 眩惑	현혹

外見(がいけん)で眩惑される 외관에 현혹되다

▶ 외래어

☐ ケーキ	[케-끼] cake	케이크
☐ ケース	[케-스] case	케이스
☐ ケーブルカー	[케-부루까-] cable car	케이블카
☐ ゲーム	[게-무] game	게임, 시합
☐ ゲスト	[게스또] guest	게스트, 손님 ↔ ホスト
☐ ケチャップ	[게챱뿌] ketchup	케첩
☐ ゲリラ	[게리라] 〚ス guerrilla〛	게릴라, 유격대

ゲリラ戦(せん) 게릴라전

〔こ〕

☐ こい	[고이] 鯉	잉어
	[고이] 恋	사랑

恋をささやく 사랑을 속삭이다

[고이] 濃い 진하다, 짙다 ↔ 薄 うすい

味(あじ)が濃い 맛이 진하다

☐ こいし	[고이시] 小石	잔돌, 자갈
☐ こいしい	[고이시-] 恋しい	그립다

昔(むかし)を恋しく思(おも)う 옛날을 그리워하다

☐ こいつ	[고이쓰]	이놈, 이 녀석
☐ こいぬ	[고이누] 小犬	강아지
☐ こいびと	[고이비또] 恋人	연인
☐ こいぶみ	[고이부미] 恋文	연애편지
☐ こうあん	[고-앙] 考案	고안
☐ こうい	[고-이] 行為	행위
	[고-이] 好意	호의
☐ ごうい	[고-이] 合意	합의
☐ こういってん	[고-잇뗑] 紅一点	홍일점
☐ こうう	[고-우] 降雨	강우
☐ ごうう	[고-우] 豪雨	호우
☐ こううん	[고-웅] 幸運	행운

幸運に恵(めぐ)まれる 행운을 만나다

☐ こうえい	[고-에-] 後裔	후예
☐ こうえん	[고-엥] 講演	강연
	[고-엥] 公園	공원
	[고-엥] 公演	공연

132

□ ごうおん	[고-옹]	轟音	굉음
□ こうか	[고-까]	効果	효과
	[고-까]	高価	고가, 비싼 값 ↔低下 ていか
	[고-까]	降下	강하
□ ごうか	[고-까]	豪華	호화
□ こうかい	[고-까이]	公開	공개
	[고-까이]	後悔	후회

いくら後悔しても追(お)い着(つ)かない
아무리 후회해도 소용없다

	[고-까이]	航海	항해
□ こうがい	[고-가이]	郊外	교외
	[고-가이]	公害	공해
□ ごうがい	[고-가이]	号外	호외
□ こうがく	[고-가꾸]	工学	공학
□ ごうかく	[고-까꾸]	合格	합격
□ こうかん	[고-깡]	交換	교환
□ こうぎ	[고-기]	講義	강의
	[고-기]	抗議	항의
□ こうきあつ	[고-끼아쓰]	高気圧	고기압
□ こうきしん	[고-끼싱]	好奇心	호기심

好奇心にかられる 호기심이 일어나다

□ こうきゅう	[고-뀨-]	高級	고급
	[고-꾜-]	好況	호황
□ こうぎょう	[고-교-]	工業	공업
	[고-꾜-]	興行	흥행
□ こうきょうがく	[고-꾜-가꾸]	交響楽	교향악
□ こうくう	[고-꾸-]	航空	항공
□ こうぐん	[고-궁]	行軍	행군
□ こうけい	[고-께-]	光景	광경
□ ごうけい	[고-께-]	合計	합계

☐ ごうけつ	[고-께쓰] 豪傑	호걸
☐ こうげん	[고-겡] 高原	고원
	[고-겡] 広言	큰소리, 호언장담 =大口 おおぐち

広言を吐(は)く 큰소리를 치다, 호언장담을 하다

☐ こうご	[고-고] 交互	번갈아
☐ こうこう	[고-꼬-] 孝行	효도
☐ こうこく	[고-꼬꾸] 広告	광고

新聞(しんぶん)に広告を出(だ)す 신문에 광고를 내다

☐ こうこつ	[고-꼬쓰] 恍惚	황홀
☐ こうさ	[고-사] 考査	고사
☐ こうさい	[고-사이] 交際	교제
	[고-사이] 光彩	광채
☐ こうさく	[고-사꾸] 耕作	경작
	[고-사꾸] 工作	공작
☐ こうさつ	[고-사쓰] 考察	고찰
☐ こうさん	[고-상] 降参	항복

白旗(しらはた)をかかげて降参する 백기를 들고 항복하다

☐ こうざん	[고-장] 鉱山	광산
☐ こうし	[고-시] 子牛	송아지
	[고-시] 孝子	효자
	[고-시] 講師	강사
	[고-시] 考試	고시
☐ こうじ	[고-지] 工事	공사
☐ こうしき	[고-시끼] 公式	공식
☐ こうしつ	[고-시쓰] 皇室	황실
☐ こうじつ	[고-지쓰] 口実	구실

口実をあたえる 구실을 주다

☐ こうしゅう	[고-슈-] 講習	강습
	[고-슈-] 公衆	공중
☐ こうしょう	[고-쇼-] 公証	공증

☐ こうしょう	[고-쇼-]	交渉	교섭
☐ こうじょう	[고-죠-]	向上	향상

生活(せいかつ)水準(すいじゅん)の向上 생활 수준의 향상

	[고-죠-]	工場	공장
☐ ごうじょう	[고-죠-]	強情	고집이 셈
☐ こうしょく	[고-쇼꾸]	公職	공직
	[고-쇼꾸]	好色	호색
☐ こうしん	[고-싱]	行進	행진
	[고-싱]	更新	갱신

免許証(めんきょしょう)の更新 면허증 갱신

☐ こうしんじょ	[고-신죠]	興信所	흥신소
☐ こうすい	[고-스이]	香水	향수
☐ こうずい	[고-즈이]	洪水	홍수
☐ こうせい	[고-세-]	構成	구성
	[고-세-]	後世	후세
	[고-세-]	校正	교정
	[고-세-]	更生	갱생
☐ こうせき	[고-세끼]	功績	공적
☐ こうせん	[고-셍]	光線	광선
☐ こうそう	[고-소-]	高層	고층

高層ビル 고층빌딩

	[고-소-]	構想	구상
☐ こうぞう	[고-조-]	構造	구조
☐ こうそく	[고-소꾸]	拘束	구속
	[고-소꾸]	高速	고속
☐ こうたい	[고-따이]	交替	교대, 교체

世代(せだい)の交替 세대의 교체

☐ こうたく	[고-따꾸]	光沢	광택 =つや

光沢を出(だ)す 광택을 내다

☐ こうちゃ	[고-쨔]	紅茶	홍차

- こうちょう [고-쬬-] 校長 교장
- こうつう [고-쓰-] 交通 교통
- こうつごう [고-쓰고-] 好都合 형편 사정이 좋음, 알맞음
  万事(ばんじ)好都合に運(はこ)ぶ 만사가 잘되어 가다
- こうてい [고-떼-] 肯定 긍정 ↔否定 ひてい
  [고-떼-] 校庭 교정
  [고-떼-] 皇帝 황제
- こうてつ [고-떼쓰] 更迭 경질
  長官(ちょうかん)を更迭する 장관을 경질하다
  [고-떼쓰] 鋼鉄 강철
- こうど [고-도] 高度 고도
- こうとう [고-또-] 高等 고등
- こうどう [고-도-] 講堂 강당
- ごうとう [고-또-] 強盗 강도
  強盗が入(はい)る 강도가 들다
  強盗をはたらく 강도질을 하다
- ごうどう [고-도-] 合同 합동
- こうない [고-나이] 港内 항내
  [고-나이] 構内 구내
- こうにゅう [고-뉴-] 購入 구입
- こうにん [고-닝] 公認 공인
- こうねつ [고-네쓰] 高熱 고열
- こうねんき [고-넹끼] 更年期 갱년기
- こうのとり [고-노도리] 鸛 황새
- こうば [고-바] 工場 공장
- こうはい [고-하이] 後輩 후배 ↔先輩 せんぱい
- こうばい [고-바이] 勾配 경사, 기울기
  屋根(やね)の勾配 지붕의 기울기
  [고-바이] 購買 구매
- こうばん [고-방] 交番 파출소, 지서

☐ こうひょう	[고-효-]	公表	공표
	[고-효-]	好評	호평
☐ こうふく	[고-후꾸]	幸福	행복
	[고-후꾸]	降伏	항복
☐ こうぶつ	[고-부쓰]	好物	즐기는 음식
	好物の菓子(かし) 좋아하는 과자		
☐ こうふん	[고-훙]	興奮	흥분
☐ こうへい	[고-헤-]	公平	공평
☐ こうほ	[고-호]	候補	후보
☐ こうぼう	[고-보-]	興亡	흥망
☐ こうみょう	[고-묘-]	巧妙	교묘
	巧妙な手口(てぐち) 교묘한 수법		
	[고-묘-]	光明	광명
☐ こうもく	[고-모꾸]	項目	항목
☐ こうもん	[고-몽]	校門	교문
	[고-몽]	肛門	항문
☐ ごうもん	[고-몽]	拷問	고문
☐ こうや	[고-야]	広野	광야, 넓은 들
☐ こうよう	[고-요-]	公用	공용
☐ こうら	[고-라]	甲羅	거북 등의 등딱지
☐ こうり	[고-리]	行李	고리짝
☐ ごうりてき	[고-리떼끼]	合理的	합리적
	合理的に仕事(しごと)をする 합리적으로 일을 하다		
☐ こうりつ	[고-리쓰]	公立	공립 ↔私立 しりつ
☐ こうりゃく	[고-랴꾸]	攻略	공략
☐ こうりゅう	[고-류-]	交流	교류
☐ こうりょ	[고-료]	考慮	고려
☐ こうりょく	[고-료꾸]	効力	효력
☐ ごうれい	[고-레-]	号令	호령
☐ こうわん	[고-왕]	港湾	항만

☐ こえ	[고에] 声	목소리
☐ こえる	[고에루] 越える	넘다
	峠(とうげ)を越える 고개를 넘다	
☐ こおり	[고-리] 氷	얼음
☐ こおる	[고-루] 凍る	얼다
	池(いけ)の水(みず)が凍る 연못의 물이 얼다	
☐ こおろぎ	[고-로기]	귀뚜라미
☐ ごかい	[고까이] 誤解	오해
	誤解を招(まね)く 오해를 사다	
	誤解を解(と)く 오해를 풀다	
	誤解を受(う)ける 오해를 받다	
☐ ごがく	[고가꾸] 語学	어학
☐ こがたな	[고가따나] 小刀	작은 칼, 나이프
☐ こがねむし	[고가네무시] 黄金虫	풍뎅이
☐ こがら	[고가라] 小柄	몸집이 작음
☐ こがらし	[고가라시] 木枯し	초겨울의 찬바람
☐ こぎって	[고깃떼] 小切手	수표
☐ ごきぶり	[고끼부리]	바퀴벌레
☐ こきゃく	[고갸꾸] 顧客	고객
☐ こきゅう	[고뀨-] 呼吸	호흡
	[고꾸우] 古宮	고궁
☐ こぎれい	[고기레-]	깔끔함, 말쑥함
☐ こぐ	[고구] 漕ぐ	노를 젓다
	ボートを漕ぐ 보트를 젓다	
☐ ごく	[고꾸] 極く	극히, 매우
☐ こくう	[고꾸-] 虚空	허공
☐ こくおう	[고꾸오-] 国王	국왕
☐ こくご	[고꾸고] 国語	국어
☐ こくさい	[고꾸사이] 国際	국제
☐ こくさん	[고꾸상] 国産	국산

☐ こくし	[고꾸시]	国史	국사
☐ こくじ	[고꾸지]	告示	고시
☐ こくじん	[고꾸징]	黒人	흑인
☐ こくせき	[고꾸세끼]	国籍	국적
☐ こくそう	[고꾸소-]	穀倉	곡창
☐ こくど	[고꾸도]	国土	국토
☐ こくない	[고꾸나이]	国内	국내 ↔ 国外 こくがい
☐ こくなん	[고꾸낭]	国難	국난
☐ こくはつ	[고꾸하쓰]	告発	고발
	内部(ないぶ)告発 내부 고발		
☐ こくばん	[고꾸방]	黒板	흑판, 칠판
☐ こくふく	[고꾸후꾸]	克服	극복
☐ こくぶん	[고꾸붕]	国文	국문
☐ こくべつ	[고꾸베쓰]	告別	고별
☐ こくほう	[고꾸호-]	国宝	국보
	[고꾸호-]	国法	국법
☐ こくぼう	[고꾸보-]	国防	국방
☐ こくみん	[고꾸밍]	国民	국민
☐ こくもつ	[고꾸모쓰]	穀物	곡물
☐ こくゆう	[고꾸유-]	国有	국유
☐ ごくらく	[고꾸라꾸]	極楽	극락
☐ こくりつ	[고꾸리쓰]	国立	국립 ↔ 私立 しりつ
☐ こくりょく	[고꾸료꾸]	国力	국력
☐ こけ	[고께]	苔	이끼
☐ こげる	[고게루]	焦げる	눋다, 타서 까맣게 되다
	きつね色(いろ)に焦げる 노르께하게 눋다		
☐ ここ	[고꼬]		이곳, 여기
☐ ごご	[고고]	午後	오후
☐ こごと	[고고또]	小言	잔소리
	がみがみと小言をいう 시끄럽게 잔소리를 하다		

- こころ [고꼬로] 心 마음
- こころあたり [고꼬로아따리] 心当り 짐작
  心当りをさがしてみる 짐작 가는 데를 찾아보다
- こころがかり [고꼬로가까리] 心掛り 염려, 걱정
- こころがけ [고꼬로가께] 心掛け 마음가짐
- こころがまえ [고꼬로가마에] 心構え 각오, 마음의 준비
  ふだんの心構え 평소의 마음가짐
- こころがわり [고꼬로가와리] 心変り 변심, 변덕
- こころざす [고꼬로자스] 志す 뜻하다, 뜻을 두다
- こころづかい [고꼬로즈까이] 心遣い 배려, 심려
  いろいろとお心遣いをいただきまして
  여러 모로 배려를 해주셔서
- こころづよい [고꼬로즈요이] 心強い 마음 든든하다
- こころね [고꼬로네] 心根 마음씨
- こころのこり [고꼬로노꼬리] 心残り 미련
- こころぼそい [고꼬로보소이] 心細い 허전하다, 불안하다
  この船(ふね)は小(ちい)さくて心細い
  이 배는 작아서 마음이 안 놓인다
- こころもち [고꼬로모찌] 心持ち 기분, 느낌
- こころよい [고꼬로요이] 快い 상쾌하다
  快く承諾(しょうだく)する 기분 좋게 승낙하다
- ここん [고꽁] 古今 고금
- こさん [고상] 古参 고참
- こし [고시] 腰 허리
- こじ [고지] 孤児 고아
  [고지] 誇示 과시
  武力(ぶりょく)を誇示する 무력을 과시하다
- こしかけ [고시까께] 腰掛け 걸상
- こじき [고지끼] 乞食 거지
- こしぬけ [고시누께] 腰抜け 겁쟁이

□ こじゅうと	[고쥬-또] 小姑	시누
□ こしょう	[고쇼-] 故障	고장
	[고쇼-] 胡椒	후추
□ こしらえる	[고시라에루] 拵える	만들다, 마련하다

身代(しんだい)を拵える 재산을 만들다
資金(しきん)を拵える 자금을 마련하다

□ こじん	[고징] 個人	개인
	[고징] 故人	고인, 죽은 사람
□ こする	[고스루] 擦る	문지르다, 비비다

手(て)を擦る 손을 비비다

□ こせい	[고세-] 個性	개성
□ こせき	[고세끼] 戸籍	호적
□ こぜに	[고제니] 小銭	잔돈
□ ごぜん	[고젱] 午前	오전 ↔午後 ごご
□ こそこそ	[고소꼬소]	몰래 하는 모양
□ こそどろ	[고소도로] 泥どろ	좀도둑
□ こそばゆい	[고소바유이]	근질근질하다, 간지럽다
	=くすぐったい	
□ こたい	[고따이] 個体	고체
□ こだい	[고다이] 古代	고대
□ こたえる	[고따에루] 答える	대답하다

先生(せんせい)の問(と)いかけに答える
선생님의 물음에 대답하다

□ こだち	[고다찌] 木立	나무숲
□ こだま	[고다마] 木霊	메아리, 산울림
□ ごちそう	[고찌소-] 御馳走	진수성찬

ごちそうさまでした 잘 먹었습니다

□ こちょう	[고쬬-] 誇張	과장
□ こちら	[고찌라]	이쪽, 이곳
□ こつ	[고쓰]	요령

☐ こっか	[곡까] 国家	국가
☐ こづかい	[고즈까이] 小遣い	용돈
☐ こっき	[곡끼] 国旗	국기
☐ こっきょう	[곡꾜-] 国境	국경
☐ こっけい	[곡께-] 滑稽	익살스러움

彼(かれ)は滑稽なことをよく言(い)う
그는 익살스러운 말을 잘 한다

☐ こつこつ	[고쓰꼬쓰]	꾸준히 노력하는 모양

こつこつと勉強(べんきょう)する 꾸준히 공부하다

☐ ごつごつ	[고쓰고쓰]	울퉁불퉁
☐ こつぜん	[고쓰젠] 忽然	홀연히
☐ こっそり	[곳소리]	몰래, 살짝

こっそり(と)盗(ぬす)み出(だ)す 몰래 훔쳐내다

☐ こづつみ	[고즈쓰미] 小包	소포
☐ こっとうひん	[곳또-힝] 骨董品	골동품
☐ こっぱみじん	[곱빠미징]	산산조각
☐ こつばん	[고쓰방] 骨盤	골반
☐ こてい	[고떼-] 固定	고정
☐ こてこて	[고떼고떼]	짙게 칠한 모양, 더덕더덕
☐ こてん	[고뗑] 古典	고전
☐ ことう	[고또-] 孤島	고도
☐ こどく	[고도꾸] 孤独	고독
☐ ことごとく	[고또고또꾸] 悉く	모조리, 몽땅

ことごとく失敗(しっぱい)に終(お)わる
모조리 실패로 끝나다

☐ ことさら	[고또사라] 殊更	유난히
☐ ことし	[고또시] 今年	금년, 올해
☐ ことづて	[고또즈떼] 言伝	전갈, 전언
☐ ことに	[고또니] 殊に	특히

殊に優(すぐ)れている 특히 뛰어나다

❏ ことのほか	[고또노호까] 殊の外	의외로, 더한층
❏ ことば	[고또바] 言葉	말
	言葉付(つ)き 말투	
❏ こども	[고도모] 子供	아이, 어린아이
❏ ことり	[고또리] 小鳥	작은 새
❏ ことわざ	[고또와자] 諺	속담
❏ ことわる	[고또와루] 断る	거절하다, 미리 알리다
	あっさりと断ることにした 깨끗이 거절하기로 했다	
❏ こな	[고나] 粉	가루, 분말
❏ こにもつ	[고니모쓰] 小荷物	작은 짐
❏ ごにん	[고닝] 誤認	오인
❏ このは	[고노하] 木の葉	나뭇잎
❏ このまま	[고노마마]	이대로
	このままぐっすり眠(ねむ)りたい	
	이대로 푹 자고 싶다	
❏ このむ	[고노무] 好む	좋아하다, 즐기다
❏ こばむ	[고바무] 拒む	거부하다
	申(もう)し出(で)を拒みかねる 요청을 거절하기 어렵다	
❏ ごはん	[고항] 御飯	밥
❏ ごびゅう	[고뷰-] 誤謬	오류
❏ こびりつく	[고비리쓰꾸]	달라붙다
❏ こぶ	[고부] 瘤	혹
❏ ごふくや	[고후꾸야] 呉服屋	포목점
❏ ごぶさた	[고부사따] 御無沙汰	오랫동안 격조함
	御無沙汰でした 격조했습니다	
❏ こぶし	[고부시] 拳	주먹
❏ こぶん	[고붕] 子分	부하, 똘마니
❏ こべつ	[고베쓰] 個別	개별
❏ ごぼう	[고보-] 牛蒡	우엉
❏ こぼく	[고보꾸] 古木	고목

- こぼす [고보스] 零す 엎지르다
  酒(さけ)を零す 술을 엎지르다
- こぼれる [고보레루] 零れる 넘쳐흐르다
- こま [고마] 팽이
- ごま [고마] 胡麻 참깨
- こまいぬ [고마이누] 狛犬 해태
- こまかい [고마까이] 細かい 잘다, 매우 작다, 상세하다
  細かく砕(くだ)く 잘게 부수다
  細かい事情(じじょう) 자세한 사정
- ごまかす [고마까스] 속이다
  人(ひと)をごまかして金(かね)を奪(うば)う
  남을 속여서 돈을 빼앗다
- ごまごま [고마고마] 자질구레한 모양
- こまる [고마루] 困る 곤란하다, 난처하다
  返事(へんじ)に困る 답변하기에 어려움을 겪다
  子供(こども)に泣(な)かれて困る 아이가 울어서 난처하다
- ごみ [고미] 塵 쓰레기, 먼지
- こむ [고무] 混む 붐비다
  電車(でんしゃ)が混む 전차가 붐비다
- こむすめ [고무스메] 小娘 계집아이
- こめかみ [고메까미] 관자놀이
- こめつぶ [고메쓰부] 米粒 쌀알
- こもりうた [고모리우따] 子守歌 자장가
  子守歌を歌(うた)って子供(こども)を寝(ね)つかせる
  자장가를 불러서 아이를 재우다
- こや [고야] 小屋 오두막집
- こゆび [고유비] 小指 새끼손가락
- こよみ [고요미] 暦 달력
- こらえる [고라에루] 堪える 참다, 견디다
  痛(いた)みを堪える 아픔을 참다

☐ ごらく	[고라꾸] 娯楽	오락
☐ こらしめる	[고라시메루] 懲らしめる	징계하다, 혼내주다

いたずらっ子(こ)を懲らしめる 장난꾸러기를 혼내주다

☐ こりくつ	[고리꾸쓰] 小理屈	그럴싸한 핑계
☐ ごりごり	[고리고리]	지긋지긋함
☐ こりつ	[고리쓰] 孤立	고립
☐ これ	[고레]	이것, 이
☐ これほど	[고레호도] これ程	이렇게까지, 이렇듯
☐ ころがる	[고로가루] 転がる	구르다, 넘어지다
☐ ころす	[고로스] 殺す	죽이다

殺さば殺せ 죽이려면 죽여라

☐ ころぶ	[고로부] 転ぶ	자빠지다
☐ ころも	[고로모] 衣	옷, 의복
☐ こわい	[고와이] 恐い	무섭다, 두렵다

恐くなって口(くち)もきけない 두려워서 입도 못 열다

☐ こわがる	[고와가루] 恐がる	두려워하다
☐ こわごわ	[고와고와] 恐恐	두려워하는 모양
☐ こわれる	[고와레루] 壊れる	부서지다, 깨지다

壊れれやすい杯(さかずき) 깨지기 쉬운 잔

☐ こんいろ	[공] 紺色	감색
☐ こんがらかる	[공가라까루]	뒤얽히다

こんがらかった結(むす)び目(め) 헝클어진 매듭

☐ こんかん	[공깡] 根幹	근간
☐ こんき	[공끼] 根気	끈기
☐ こんきょ	[공꾜] 根拠	근거
☐ こんげつ	[공게쓰] 今月	이달
☐ こんご	[공고] 今後	앞으로

今後もよろしくお願(ねが)いします
앞으로도 잘 부탁드립니다

☐ こんごう	[공고-] 混合	혼합

☐ こんざつ	[곤자쓰]	混雑	혼잡

交通(こうつう)の混雑を緩和(かんわ)する
교통의 혼잡을 완화하다

☐ こんじき	[곤지끼]	金色	금빛
☐ こんしゅう	[곤슈-]	今週	금주, 이번 주
☐ こんじょう	[곤죠-]	根性	근성
☐ こんせん	[곤셍]	混線	혼선
☐ こんだてひょう	[곤다떼효-]	献立表	메뉴판
☐ こんたん	[곤땅]	魂胆	속셈, 책략

何(なに)か魂胆があるにちがいない
무언가 꿍꿍이속이 있음에 틀림이 없다

☐ こんちゅう	[곤쮸-]	昆虫	곤충
☐ こんど	[곤도]	今度	이번, 금번
☐ こんどう	[곤도-]	混同	혼동
☐ こんなん	[곤낭]	困難	곤란
☐ こんにち	[곤니찌]	今日	오늘
☐ こんにゃく	[곤냐꾸]		곤약
☐ こんねん	[곤넹]	今年	금년
☐ こんばん	[곰방]	今晩	오늘밤
☐ こんぶ	[곰부]	昆布	다시마
☐ こんぼう	[곰보-]	棍棒	곤봉
☐ こんもり	[곰모리]		나무들이 울창한 모양

こんもり茂(しげ)った木(き) 빽빽하게 우거진 나무

☐ こんや	[공야]	今夜	오늘밤
☐ こんやく	[공야꾸]	婚約	약혼
☐ こんよう	[공요-]	混用	혼용
☐ こんらん	[곤랑]	混乱	혼란
☐ こんりゅう	[곤류-]	建立	건립
☐ こんろ	[곤로]	焜炉	풍로
☐ こんわく	[공와꾸]	困惑	곤혹

▶ 외래어

- コアラ　　　　[코아라] koala　코알라
- コイン　　　　[코잉] coin　코인, 동전
  自動販売機(じどうはんばいき)にコインを入(い)れる
  자동판매기에 코인을 넣다
- コース　　　　[코-스] course　코스
- コーチ　　　　[코-찌] coach　코치
- コート　　　　[코-또] coat　코트, 외투
- コーナー　　　[코-나-] corner　코너, 귀퉁이
- コーヒー　　　[코-히-] coffee　커피
  コーヒーを飲(の)む 커피를 마시다
- コーラス　　　[코-라스] chorus　코러스, 합창
- コーラン　　　[코-랑] Koran　코란, 회교의 성전
- ココナツ　　　[코꼬나쓰] coconut　코코넛
- ゴシップ　　　[고십뿌] gossip　가십, 소문
- コスト　　　　[코스또] cost　코스트, 원가
- コスモス　　　[코스모스] cosmos　코스모스
- コック　　　　[콕꾸] 네 kok　쿡, 요리사
  　　　　　　　[콕꾸] cock　콕, 마개
- コップ　　　　[콥뿌] 네 kop　컵
- コブラ　　　　[코부라] cobra　코브라, 독사
- コミッション　[코밋숑] commission　커미션, 구문
- コミュニケーション　[코뮤니께-숑] communication　커뮤니케이션
- ゴム　　　　　[고무] 네 gom　고무
  消(けし)ゴム 지우개
- コメディー　　[코메디-] comedy　코미디, 희극
- ゴリラ　　　　[고리라] gorilla　고릴라
- コルセット　　[코루셋또] corset　코르셋, 여자의 양장 속옷

- コレクション [코레꾸숑] collection 컬렉션, 수집
- コレラ [코레라] 네 cholera 콜레라
- コンクリート [콩꾸리-또] concrete 콘크리트
- コンサート [콘사-또] concert 콘서트
- コンサイス [콘사이스] concise 소형사전
- コンサルタント [콘사루딴또] consultant 컨설턴트, 상담역
- コンソメ [콘소메] 프 consommé 콩소메, 맑은 수프
- コンダクター [콘다꾸따-] conductor 콘닥터, 지휘자
- コンディション [콘디숑] condition 컨디션
- コンテスト [콘떼스또] contest 콘테스트, 경연대회

美人(びじん)コンテスト 미인콘테스트

- コント [콘또] 프 conte 콩트
- コントロール [콘또로-루] control 컨트롤
- コンパクト [콤빠꾸또] compact 콤팩트
- コンパニー [콤빠니-] company 컴퍼니, 회사
- コンビ [콤비] combination 콤비, 짝
- コンピューター [콤쀼-따-] computer 컴퓨터
- コンプレックス [콤쁘렉꾸스] complex 콤플렉스

コンプレックスに陥(おちい)る 콤플렉스에 빠지다

[さ行]

[さ]

□ さいあく	[사이아꾸]	最悪	최악

最悪の結果(けっか) 최악의 결과

□ ざいあく	[자이아꾸]	罪悪	죄악
□ さいう	[사이우]	細雨	이슬비, 가랑비
□ さいえん	[사이엥]	才媛	재원
□ さいかい	[사이까이]	再開	재개
	[사이까이]	再会	재회
□ さいがい	[사이가이]	災害	재해
□ ざいかい	[자이까이]	財界	재계
□ ざいがく	[자이가꾸]	在学	재학
□ さいき	[사이끼]	再起	재기
□ さいきん	[사이낑]	最近	최근 =近頃 ちかごろ

最近ではざらにある 근래에 와서는 얼마든지 있다

	[사이낑]	細菌	세균
□ さいくん	[사이꿍]	細君	남의 아내
□ さいけつ	[사이께쓰]	採血	채혈
□ さいげつ	[사이게쓰]	歳月	세월
□ さいけん	[사이껭]	債権	채권
	[사이껭]	再建	재건
□ さいご	[사이고]	最後	최후 ↔ 最初 さいしょ

最後の切(き)り札(ふだ) 마지막으로 쓰는 비상 수단

□ さいこう	[사이꼬-]	最高	최고
□ ざいこ	[자이꼬]	在庫	재고
□ さいこん	[사이꽁]	再婚	재혼
□ ざいさん	[자이상]	財産	재산

- さいし [사이시] 妻子 처자
- さいしゅう [사이슈-] 最終 최종
- [사이슈-] 採集 채집
- 昆虫(こんちゅう)採集 곤충 채집
- ざいじゅう [자이쥬-] 在住 거주
- さいしょ [사이쇼] 最初 최초
- 最初から最後(さいご)まで 처음부터 끝까지
- さいしょう [사이쇼-] 最少 최소
- さいじょう [사이죠-] 最上 최상
- さいしょく [사이쇼꾸] 菜食 채식
- ざいしょく [자이쇼꾸] 在職 재직
- さいしん [사이싱] 最新 최신
- さいせい [사이세-] 再生 재생
- ざいせい [자이세-] 財政 재정
- さいぜん [사이젱] 最善 최선
- さいそく [사이소꾸] 催促 재촉, 독촉
- 催促がましい事(こと)を言(い)う
- 재촉하는 것 같은(투의) 말을 하다
- さいだい [사이다이] 最大 최대
- ざいたく [자이따꾸] 在宅 집에 있음
- ざいだん [자이당] 財団 재단
- さいちゅう [사이쮸-] 最中 한창인 때
- 審議(しんぎ)している最中だ 한창 심의하고 있는 중이다
- さいてい [사이떼-] 最低 최저
- さいなん [사이낭] 災難 재난
- ざいにん [자이닝] 罪人 죄인
- さいのう [사이노-] 才能 재능
- さいばい [사이바이] 栽培 재배
- ざいばつ [자이바쓰] 財閥 재벌
- さいばん [사이방] 裁判 재판

□ さいふ	[사이후] 財布 돈지갑	
	財布をすられる 돈지갑을 소매치기당하다	
□ さいぼう	[사이보-] 細胞 세포	
□ さいみんじゅつ	[사이민쥬쯔] 催眠術 최면술	
□ ざいもく	[자이모꾸] 材木 재목	
□ さいよう	[사이요-] 採用 채용	
□ ざいらい	[자이라이] 在来 재래	
□ ざいりょう	[자이료-] 材料 재료	
□ ざいりょく	[자이료꾸] 財力 재력	
□ さいわい	[사이와이] 幸い 다행, 요행	
	不幸中(ふこうちゅう)の幸い 불행 중 다행	
□ さえぎる	[사에기루] 遮る 가로막다, 가리다	
	カーテンで光(ひかり)を遮る 커튼으로 빛을 가리다	
□ さえずる	[사에즈루] 囀る 새가 지저귀다, 지껄이다	
	囀るカナリヤ 지저귀는 카나리아	
□ さお	[사오] 竿 작대기, 장대	
□ さか	[사까] 坂 언덕, 고개	
□ さかさま	[사까사마] 逆様 거꾸로 매달린 상태	
	ポスターを逆様にはる 포스터를 거꾸로 붙이다	
□ さがす	[사가스] 捜す 찾다	
	犯人(はんにん)を捜す 범인을 찾다	
	[사가스] 探す 뒤지다	
□ さかずき	[사까즈끼] 杯 술잔	
□ さかだい	[사까다이] 酒代 술값	
□ さかだち	[사까다찌] 逆立ち 물구나무서기	
□ さかな	[사까나] 魚 물고기	
□ さかのぼる	[사까노보루] 遡る 거슬러 올라가다	
	川(かわ)を遡る 강을 거슬러 올라가다	
□ さかみち	[사까미찌] 坂道 언덕길, 비탈길	
□ さかや	[사까야] 酒屋 술집	

□ さからう	[사까라우] 逆らう	거스르다, 거역하다
	流(なが)れに逆らって櫓(ろ)を漕(こ)ぐ	
	강을 거슬러서 노를 젓다	
□ さき	[사끼] 先	선두, 앞, 끝
□ さぎ	[사기] 詐欺	사기
□ さきごろ	[사끼고로] 先頃	일전, 요전
□ さきだつ	[사끼다쓰] 先立つ	앞서다
	人(ひと)に先立ってはたらく 남보다 솔선해서 일하다	
□ さきに	[사끼니] 先に	먼저, 앞서
□ さきばらい	[사끼바라이] 先払い	선불
□ さきぶれ	[사끼부레] 先触れ	예고
□ さきほど	[사끼호도] 先程	아까, 조금 전
□ さぎょう	[사교-] 作業	작업
□ さく	[사꾸] 咲く	꽃이 피다
	桜(さくら)の花(はな)が咲く 벚꽃이 피다	
□ さくご	[사꾸고] 錯誤	착오
□ さくじつ	[사꾸지쓰] 昨日	어제, 어저께
□ さくしゃ	[사꾸샤] 作者	작자
□ さくじょ	[사꾸죠] 削除	삭제
□ さくせい	[사꾸세-] 作成	작성
□ さくせん	[사꾸셍] 作戦	작전
□ さくねん	[사꾸넹] 昨年	작년
□ さくばん	[사꾸방] 昨晩	어젯밤
□ さくひん	[사꾸힝] 作品	작품
□ さくぶん	[사꾸붕] 作文	작문
□ さくや	[사꾸야] 昨夜	어젯밤
□ さくら	[사꾸라] 桜	벚꽃
□ さくりゃく	[사꾸랴꾸] 策略	책략
□ さぐる	[사구루] 探る	뒤지다
	手探(てさぐ)りで探る 손짐작으로 더듬어 찾다	

ざくろ	[자꾸로] 石榴	석류
さけ	[사께] 酒	술
	[사께] 鮭	연어
さげすむ	[사게스무] 蔑む	멸시하다

田舎者(いなかもの)と蔑(さげす)まれる
시골뜨기라고 멸시당하다

さけぶ	[사께부] 叫ぶ	외치다, 소리치다
さける	[사께루] 避ける	피하다

人目(ひとめ)を避ける 남의 눈을 피하다

	[사께루] 裂ける	찢어지다, 터지다

二(ふた)つに裂ける 둘로 찢어지다

ざこ	[자꼬] 雑魚	송사리
ささえる	[사사에루] 支える	떠받치다, 지탱하다

つっかい棒(ぼう)で柱(はしら)を支える
버팀목으로 기둥을 떠받치다

ささげる	[사사게루] 捧げる	바치다
さざなみ	[사자나미] さざ波	잔물결
ささやく	[사사야꾸] 囁く	속삭이다

耳(みみ)もとで囁く 귓전에 대고 속삭이다

さざれ	[사자레]	잔돌, 조약돌
さじ	[사지] 匙	숟가락, 스푼
さしあげる	[사시아게루] 差し上げる	들어올리다, 드리다
さしあたり	[사시아따리] 差し当り	당장, 당분간

差し当り生活(せいかつ)には困(こま)らない
당장은 생활에 곤란받지 않는다

さしおさえ	[사시오사에] 差押さえ	차압
ざしき	[자시끼] 座敷	객실
さしず	[사시즈] 指図	지시, 지휘
さしだしにん	[사시다시닝] 差出人	발신인
さしつかえ	[사시쓰까에] 差し支え	지장

- さしづめ [사시즈메] 우선, 결국
- さしみ [사시미] (刺身) 생선회
- さしょう [사쇼-] (査証) 사증, 비자
- さす [사스] 指す 가리키다
  時計(とけい)が1時(いちじ)を指す 시계가 1시를 가리키다
  [사스] 刺す 찌르다
  胸(むね)を刺す言葉(ことば) 가슴을 찌르는 말
- さすが [사스가] (流石) 과연, 딴은
- さすらい [사스라이] 방랑, 유랑
- ざせき [자세끼] (座席) 좌석
- ざせつ [자세쓰] (挫折) 좌절
- さそう [사소우] 誘う 꾀다, 유혹하다
  保険(ほけん)に誘う 보험을 권유하다
- さだまる [사다마루] 定まる 정해지다
- さだめし [사다메시] (定めし) 필경
- さだめる [사다메루] 定める 정하다
  目標(もくひょう)を定める 목표를 정하다
- ざだんかい [자당까이] (座談会) 좌담회
- さつえい [사쓰에-] (撮影) 촬영
- ざつおん [자쓰옹] (雑音) 잡음
- さっか [삭까] (作家) 작가
- さつがい [사쓰가이] (殺害) 살해
- さっかく [삭까꾸] (錯覚) 착각
- さっき [삭끼] 아까, 조금 전
  さっきはごめんなさい 아까는 미안했어요
- さっきょく [삭꾜꾸] (作曲) 작곡
- ざっくばらん [작꾸바랑] 탁 터놓고
  ざっくばらんに話(はな)し合(あ)う
  사실대로 까놓고 이야기하다
- ざっけん [작껭] (雑犬) 잡견, 똥개

□ さっさと	[삿사또]	척척
	さっさと歩(ある)け 빨랑빨랑 걸어라	
	さっさと処理(しょり)する 척척 처리하다	
□ ざっし	[잣시] 雑誌	잡지
□ さつじん	[사쯔징] 殺人	살인
□ さっする	[삿스루] 察する	헤아리다, 짐작하다, 살피다
	胸中(きょうちゅう)を察する 흉중을 헤아리다	
□ ざっそう	[잣소-] 雑草	잡초
□ さっそく	[삿소꾸] 早速	당장, 즉시
	早速お送(おく)りします 즉시 보내드리겠습니다	
□ さつたば	[사쯔다바] 札束	지폐뭉치
□ ざつだん	[자쯔당] 雑談	잡담
□ さっとう	[삿또-] 殺到	쇄도
□ ざつねん	[자쯔넹] 雑念	잡념
□ さっぱり	[삽빠리]	산뜻한 모양, 전혀
	さっぱりした身(み)なり 산뜻한 옷차림	
	むずかしくてさっぱりわからない 어려워서 도무지 모르다	
□ ざっぴ	[잡삐] 雑費	잡비
□ さつまいも	[사쯔마이모]	고구마
□ さて	[사떼]	가만있자, 막상
□ さとう	[사또-] 砂糖	설탕
□ さとごころ	[사또고꼬로] 里心	친정생각
□ さとる	[사또루] 悟る	깨닫다
	世(よ)の無常(むじょう)を悟る 세상의 무상함을 깨닫다	
□ さながら	[사나가라]	마치, 영락없이
□ さなぎ	[사나기] 蛹	번데기
□ さば	[사바] 鯖	고등어
□ さばく	[사바꾸] 砂漠	사막
□ さびしい	[사비시-] 淋しい	쓸쓸하다, 허전하다
	秋(あき)はさびしい 가을은 쓸쓸하다	

□ さびる	[사비루] 錆びる	녹슬다
□ ざぶとん	[자부똥] 座布団	방석
□ さべつ	[사베쓰] 差別	차별
□ さほう	[사호-] 作法	예의범절
□ さほど	[사호도]	과히, 그리
□ さまざま	[사마자마] 様々	여러 가지, 가지각색

世界(せかい)には様々な人種(じんしゅ)がいる
세계에는 가지각색의 인종이 있다

□ さまたげる	[사마따게루] 妨げる	방해하다, 지장을 주다
□ さまよう	[사마요-] さ迷う	헤매다, 떠돌다

さまよう羊(ひつじ)の群(むれ) 길 잃은 양떼

□ さむい	[사무이] 寒い	춥다, 차다
□ さめ	[사메] 鮫	상어
□ さめる	[사메루] 冷める	식다

野球熱(やきゅうねつ)が冷める 야구 열기가 식다

□ さもしい	[사모시-]	치사하다
□ さゆう	[사유-] 左右	좌우
□ さよう	[사요-] 作用	작용
□ さようなら	[사요-나라]	안녕, 굿바이
□ さらあらい	[사라아라이] 皿洗い	접시닦기
□ さらう	[사라우] 攫う	낚아채다

財布(さいふ)をさらって逃(に)げる 지갑을 채어 달아나다

□ ざらざら	[자라자라]	거칠거칠
□ ざりがに	[자리가니]	가재
□ さる	[사루] 猿	원숭이
	[사루] 去る	떠나다, 사라지다

風(かぜ)とともに去る 바람과 함께 사라지다

□ ざる	[자루] 笊	소쿠리
□ さるすべり	[사루스베리] 百日紅	백일홍
□ さるまね	[사루마네] 猿真似	덮어놓고 흉내를 냄

☐ さわぐ	[사와구] 騒ぐ	떠들다, 시끄럽게 하다

子供(こども)たちが騒ぐ 아이들이 떠들다

☐ さわやか	[사와야까] 爽やか	상쾌함

気分(きぶん)が爽やかだ 기분이 상쾌하다

☐ さわる	[사와루] 触る	만지다, 손을 대다

展示品(てんじひん)には触らないでください
전시품에는 손을 대지(만지지) 마세오

☐ さんか	[상까] 参加	참가
☐ さんかく	[상까꾸] 三角	삼각
☐ さんがく	[상가꾸] 山岳	산악
☐ ざんぎょう	[장교-] 残業	잔업
☐ ざんきん	[장낑] 残金	잔금
☐ ざんげ	[장게] 懺悔	참회
☐ さんこうしょ	[상꼬-쇼] 参考書	참고서
☐ ざんこく	[장꼬꾸] 残酷	잔혹
☐ さんざん	[산장]	마구, 호되게

夜(よる)までさんざん仕事(しごと)させる
밤까지 호되게 일을 시키다

☐ さんしゅつ	[산슈쓰] 算出	산출
☐ さんすいが	[산스이가] 山水画	산수화
☐ さんせい	[산세-] 賛成	찬성 ↔ 反対 はんたい
☐ さんそ	[산소] 酸素	산소
☐ さんそう	[산소-] 山荘	산장
☐ さんぞく	[산조꾸] 山賊	산적
☐ さんだん	[산당] 算段	방법을 생각해 냄, 변통

やりくり算段 주변성, 두름성

☐ さんち	[산찌] 産地	산지
☐ ざんにん	[잔닝] 残忍	잔인함
☐ ざんねん	[잔넹] 残念	분함, 억울함

残念ながらやめます 유감스러우나 그만둡니다

❏ さんばし	[삼바시] 桟橋	선창, 부두
❏ さんぱつ	[삼빠쓰] 散髪	이발
❏ さんびか	[삼비까] 讃美歌	찬송가
❏ さんぷく	[삼뿌꾸] 山腹	산허리
❏ さんぶつ	[삼부쓰] 産物	산물
❏ さんぽ	[삼뽀] 散歩	산책

公園(こうえん)を散歩する 공원을 산책하다

❏ さんみゃく	[삼먀꾸] 山脈	산맥
❏ さんや	[상야] 山野	산야
❏ さんりゅう	[산류-] 三流	삼류
❏ さんりん	[산링] 山林	산림

▶ 외래어

❏ サーカス	[사-까스] circus	서커스
❏ サークル	[사-꾸루] circle	서클, 동호회
❏ サービス	[사-비스] service	서비스

そのデパートはサービスがよい
그 백화점은 서비스가 좋다

❏ サイクル	[사이꾸루] cycle	사이클, 주파수
❏ サイズ	[사이즈] size	사이즈, 치수

サイズが合(あ)わない 사이즈가 안 맞다

❏ サイダー	[사이다-] cider	사이다
❏ サイド	[사이도] side	사이드, 옆, 측면
❏ サイレン	[사이렝] siren	사이렌

正午(しょうご)のサイレンが鳴(な)った
정오의 사이렌이 울렸다

❏ サイン	[사잉] sign	사인, 서명

監督(かんとく)のサイン 감독의 사인

- サウスポー [사우스뽀ー] southpaw 왼손잡이
- サウナ [사우나] sauna 사우나
  - サウナを楽(たの)しむ 사우나를 즐기다

- サスペンス [사스뻰스] suspense 서스펜스
- サッシュ [삿슈] sash 세시, 창문틀
- サナトリウム [사나또리우무] sanatorium 요양소
- サボタージュ [사보따ー쥬] 프 sabotage 파업
- サボテン [사보뗑] 스 sapoten 사보텐, 선인장
- サボる [사보루] saboる 사보타지하다
  - 仕事(しごと)をサボる 직무를 게을리 하다
  - 授業(じゅぎょう)をサボる 수업을 빼먹다

- サラダ [사라다] salad 샐러드
- サラリーマン [사라리ー망] salaried man 샐러리맨
- サロン [사롱] 프 salon 살롱
- サンキュウ [상큐ー] thank you 땡큐, 고마워요
- サングラス [상구라스] sunglasses 선글라스
  - サングラスをかける 선글라스를 끼다

- サンダル [산다루] sandal 샌들
- サンドイッチ [산도잇찌] sandwich 샌드위치
- サンプル [삼뿌루] sample 샘플, 견본
  - 新薬(しんやく)のサンプル 신약의 샘플

[し]

- しあい [시아이] 試合 시합
  試合に出(で)る 시합에 나가다
- じあい [지아이] 慈愛 자애
- しあげる [시아게루] 仕上げる 완성시키다, 마무리하다
  一日(いちにち)で仕上げる 하루에 끝내다
- しあさって [시아삿떼] 明明後日 글피
- しあわせ [시아와세] 幸せ 행복
  幸せな生活(せいかつ) 행복한 생활
- しあん [시앙] 思案 궁리
- しい [시-] 思惟 사유, 사고
- じい [지-] 示威 시위, 데모
  [지-] 自慰 자위
  これで満足(まんぞく)だと自慰する
  이로써 만족이라고 자위하다
- しいく [시-꾸] 飼育 사육
- しいて [시-떼] 強いて 억지로
  しいて欲(ほ)しくもない 굳이 갖고 싶지도 않다
- しいる [시-루] 強いる 강요하다
  娘(むすめ)に結婚(けっこん)を強いる
  딸에게 결혼을 억지로 강요하다
- しえん [시엥] 支援 지원
- しお [시오] 塩 소금
- しおからい [시오까라이] 塩辛い 짜다
  塩辛いみそ汁(しる) 짠 된장국
- しおけ [시오께] 塩気 소금기, 염분

☐ しおしお	[시오시오]	풀죽은 모양, 맥없이
☐ しおみず	[시오미즈] 塩水	소금물
☐ しおらしい	[시오라시-]	귀엽고 기특하다
☐ しおれる	[시오레루] 萎れる	시들다
	花(はな)がしおれる 꽃이 시들다	
☐ しか	[시까] 鹿	사슴
☐ じが	[지가] 自我	자아
☐ しかい	[시까이] 司会	사회
☐ しがい	[시가이] 死骸	시체
	[시가이] 市街	시가
☐ じがい	[지가이] 自害	자해
☐ しかえし	[시까에시] 仕返し	보복
	いつか仕返ししてやるぞ 언젠가 복수해 줄 테다	
☐ しかく	[시까꾸] 資格	자격
	[시까꾸] 視覚	시각
	[시까꾸] 四角	사각
	[시까꾸] 死角	사각
☐ しかけ	[시까께] 仕掛け	장치, 속임수
☐ しかし	[시까시]	그러나, 하지만
☐ しかた	[시까따] 仕方	수단, 방도
	勉強(べんきょう)の仕方がわるい 공부하는 방법이 나쁘다	
☐ しかめる	[시까메루]	낯을 찌푸리다
	余(あま)りの痛(いた)さに顔(かお)をしかめる	
	너무 아픈 나머지 얼굴을 찡그리다	
☐ しかも	[시까모]	게다가, 더구나
☐ しからば	[시까라바] 然らば	그렇다면
☐ しかる	[시까루] 叱る	꾸짖다, 야단치다
	息子(むすこ)を叱る 아들을 꾸짖다	
☐ しがん	[시강] 志願	지원
☐ じかん	[지깡] 時間	시간

□ しき	[시끼] 士気	사기
	[시끼] 指揮	지휘
	[시끼] 四季	사계절
□ しぎ	[시기] 鴫	도요새
□ じき	[지끼] 時期	시기

時期がくればわかる 때가 오면 안다

□ しきい	[시끼-] 敷居	문턱, 문지방
□ しきさい	[시끼사이] 色彩	색채
□ しきそ	[시끼소] 色素	색소
□ じきに	[지끼니] 直に	곧, 바로

直に帰(かえ)るから待(ま)っていなさい
곧 돌아오겠으니 기다리세요

□ しきべつ	[시끼베쓰] 識別	식별
□ しきもう	[시끼모-] 色盲	색맹
□ しきもの	[시끼모노] 敷物	깔개
□ しきゅう	[시뀨-] 子宮	자궁
	[시뀨-] 至急	지급

至急おいでください 급히 와 주십시오

	[시뀨-] 支給	지급
□ じぎょう	[지교-] 事業	사업
□ しきり	[시끼리] 仕切り	칸막이
□ しきりに	[시끼리니] 頻りに	연달아, 자꾸만

しきりにベルが鳴(な)る 계속해서 벨이 울리다

□ しきん	[시낑] 資金	자금
□ しく	[시꾸] 敷く	깔다, 펴다

砂(すな)を敷く 모래를 깔다　ふとんを敷く 이불을 펴다

□ しぐさ	[시구사] 仕草	처사, 행위

少女(しょうじょ)のような仕草 소녀와 같은 동작

□ しくしく	[시꾸시꾸]	코를 훌쩍이며 우는 모양

しくしくと泣(な)く 훌쩍훌쩍 울다

☐ しくじる	[시꾸지루]	실수하다
	試験(しけん)をしくじる 시험을 그르치다	
☐ しけい	[시께-] 死刑	사형
☐ しげき	[시게끼] 刺激	자극
	[시게끼] 史劇	사극
☐ しげしげ	[시게시게]	뻔질나게
☐ じけつ	[지께쓰] 自決	자결
☐ しげる	[시게루] 茂る	무성하다
	草(くさ)が茂る 풀이 무성하다	
☐ しけん	[시껭] 試験	시험
☐ しげん	[시겡] 資源	자원
☐ じけん	[지껭] 事件	사건
☐ じげん	[지겡] 次元	차원
☐ じこ	[지꼬] 事故	사고
	交通(こうつう)事故を起(お)こす 교통사고를 내다	
	[지꼬] 自己	자기
	自己自信(じしん) 자기자신	
☐ しこう	[시꼬-] 施行	시행
	[시꼬-] 思考	사고
	[시꼬-] 施工	시공
	[시꼬-] 嗜好	기호
☐ じこう	[지꼬-] 事項	사항
☐ しごく	[시고꾸] 至極	지극히
☐ じこく	[지꼬꾸] 時刻	시각, 때
☐ じごく	[지고꾸] 地獄	지옥
☐ しごと	[시고또] 仕事	일, 업무
	さあ, 仕事を始(はじ)めよう 자, 일을 시작하자	
☐ しこり	[시꼬리]	응어리
	しこりが取(と)れる 응어리가 풀리다	
☐ じさ	[지사] 時差	시차

☐ しさく	[시사꾸] 思索	사색
	[시사꾸] 施策	시책
☐ じさつ	[지사쯔] 自殺	자살
☐ じさんきん	[지상낑] 持参金	지참금
☐ しし	[시시] 獅子	사자, 라이온
☐ しじ	[시지] 支持	지지
	[시지] 指示	지시
☐ じじつ	[지지쯔] 事実	사실

事実を語(かた)る 사실을 말하다

☐ ししゃ	[시샤] 支社	지사
	[시샤] 試写	시사
☐ じしゃく	[지샤꾸] 磁石	자석
☐ じしゅ	[지슈] 自主	자주
	[지슈] 自首	자수
☐ ししゅう	[시슈-] 刺繍	자수
☐ しじゅう	[시쥬-] 始終	줄곧, 끊임없이
☐ じしゅう	[지슈-] 自習	자습
☐ ししゅつ	[시슈쯔] 支出	지출 ↔収入 しゅにゅう
☐ ししゅんき	[시슝끼] 思春期	사춘기
☐ じしょ	[지쇼] 辞書	사전
☐ じじょ	[지죠] 次女	차녀 ↔長女 ちょうじょ
☐ ししょう	[시쇼-] 師匠	스승
☐ しじょう	[시죠-] 試乗	시승
☐ じじょう	[지죠-] 事情	사정

事情があって欠席(けっせき)する 사정이 있어 결석하다

☐ じしょく	[지쇼꾸] 辞職	사직
☐ しじん	[시징] 詩人	시인
☐ じしん	[지싱] 地震	지진
	[지싱] 自信	자신
	[지싱] 自身	자신

❏ しずか	[시즈까] 静か	조용함
	皆(みな)さん、静かにしてください 여러분, 조용히 하세요	
❏ しずく	[시즈꾸] 雫	물방울
❏ しずまる	[시즈마루] 静まる	조용해지다, 진정되다
❏ しずむ	[시즈무] 沈む	가라앉다
	船(ふね)が沈む 배가 가라앉다	
	太陽(たいよう)が西(にし)に沈む 해가 서쪽으로 지다	
❏ しずめる	[시즈메루] 沈める	가라앉히다
❏ せい	[세-] 姿勢	자세
	[세-] 詩聖	시성
❏ じせい	[지세-] 自制	자제
	[지세-] 自生	자생
	[지세-] 自省	자성
❏ しせいじ	[시세-지] 私生児	사생아
❏ しせつ	[시세쓰] 施設	시설
❏ じせつ	[지세쓰] 時節	시절
❏ しせん	[시셍] 視線	시선
❏ しぜん	[시젱] 自然	자연
	自然を愛(あい)する 자연을 사랑하다	
❏ じぜん	[지젱] 慈善	자선
❏ しそう	[시소-] 思想	사상
	[시소-] 試走	시주
❏ じぞく	[지조꾸] 持続	지속
❏ しそん	[시송] 子孫	자손
❏ した	[시따] 下	아래, 밑
	[시따] 舌	혀, 혓바닥
	二枚舌(にまいじた) 앞뒤가 다른 말, 일구이언	
❏ したい	[시따이] 姿態	자태
❏ しだいに	[시다이니] 次第に	차츰, 점차 =だんだん
	次第におちつかなくなる 점점 안절부절못하게 되다	

- じだい [지다이] 時代 시대
- じたい [지따이] 事態 사태
- したう [시따우] 慕う 사모하다, 그리워하다
  ふるさとを慕う 고향을 그리워하다
- したうけ [시따우께] 下請け 하청
- したうち [시따우찌] 舌打ち 혀를 참
- したがう [시따가우] 従う 따르다
  忠告(ちゅうこく)に従う 충고에 따르다
- したがって [시따갓떼] 従って 따라서, 그러므로
- したぎ [시따기] 下着 속옷, 내의 ↔上着 うわぎ
- したく [시따꾸] 支度 준비, 채비
  出掛(でか)ける支度をする 나갈 준비를 하다
- じたく [지따꾸] 自宅 자택
- したごころ [시따고꼬로] 下心 속셈, 본심
  下心が見(み)えすく 저의가 드러나 보이다
- したじ [시따지] 下地 밑바탕
- したしい [시따시-] 親しい 친하다
- したじき [시따지끼] 下敷き 물건 밑에 까는 것, 책받침
- したしらべ [시따시라베] 下調べ 예비조사
  ロケ現場(げんば)を下調べする 로케 현장을 미리 답사하다
- したたかもの [시따따까모노] 強か者 만만치 않은 자
- したたる [시따따루] 滴る 방울져 떨어지다
- したつづみ [시따쓰즈미] 舌鼓 입맛을 다심
  舌鼓を打(う)つ (너무 맛이 있어) 입맛을 다시다
- じたばた [지따바따] 버둥거리는 모양
- したやく [시따야꾸] 下役 하급관리
- じち [지찌] 自治 자치
- しちめんちょう [시찌멘쬬-] 七面鳥 칠면조
- しちや [시찌야] 質屋 전당포
- しちょう [시쪼-] 市長 시장

- しちょう [시쬬-] 視聴 시청
- じちょう [지쬬-] 次長 차장
- しちょく [시쬬꾸] 司直 사직
- じっか [직까] 実家 친정 ↔ 婚家 こんか
  離婚(りこん)して実家に帰(かえ)る
  이혼하고 친정으로 돌아가다
- しっかり [식까리] 견고한 모양, 똑똑히
  ドアをしっかり閉(し)める 문을 튼튼하게 잠그다
- しっき [식끼] 湿気 습기
- しつぎょう [시쓰교-] 失業 실업
- じつぎょう [지쓰교-] 実業 실업
- じっくり [직꾸리] 곰곰이, 차분히
  もう一度(いちど)じっくり考(かんが)えてみよう
  다시 한 번 곰곰이 생각해보자
- しっけい [식께-] 失敬 실례
  失敬な事(こと)を言(い)う 무례한 말을 하다
- しつげん [시쓰겡] 失言 실언
- じつげん [지쓰겡] 実現 실현
- じっけん [직껭] 実験 실험
- しつこい [시쓰꼬이] 끈질기다, 집요하다
  しつこくねだる 끈질기게 조르다
- しっこう [식꼬-] 執行 집행
- じっこう [직꼬-] 実行 실행
- じっさい [짓사이] 実際 실제
  理論(りろん)と実際 이론과 실제
- じっし [짓시] 実施 실시
- じっしゅう [짓슈-] 実習 실습
- じつじょう [지쓰죠-] 実情 실정
- じっせき [짓세끼] 実績 실적
- じっせん [짓셍] 実践 실천

☐ しっそ	[싯소]	質素	검소
	質素な服装(ふくそう)をする 검소한 복장을 하다		
☐ しっそう	[싯소-]	疾走	질주
	[싯소-]	失踪	실종
☐ しった	[싯따]	叱咤	질타
☐ じったい	[짓따이]	実態	실태
☐ しっと	[싯또]	嫉妬	질투
	夫(おっと)の愛人(あいじん)に嫉妬する		
	남편의 정부를 질투하다		
☐ しつど	[시쓰도]	湿度	습도
☐ しっとう	[싯또-]	執刀	집도
☐ しっとり	[싯또리]	촉촉이, 함초롬히	
☐ じつに	[지쓰니]	実に	실로, 참으로
	実に美(うつく)しいですね 참으로 아름답군요		
☐ しっぱい	[십빠이]	失敗	실패
	失敗を重(かさ)ねる 실패를 거듭하다		
☐ しっぴつ	[십삐쓰]	執筆	집필
☐ しっぷ	[십뿌]	湿布	찜질
☐ しっぽ	[십뽀]	尻尾	짐승의 꼬리
☐ しつぼう	[시쓰보-]	失望	실망
☐ しっぽり	[십뽀리]	흠뻑 젖은 모양	
☐ しつめい	[시쓰메-]	失明	실명
☐ しつもん	[시쓰몽]	質問	질문
☐ しつよう	[시쓰요-]	執拗	집요함
☐ じつよう	[지쓰요-]	実用	실용
☐ じつりょく	[지쓰료꾸]	実力	실력
☐ しつれい	[시쓰레-]	失礼	실례
	これで失礼いたします 이만 실례하겠습니다		
☐ しつれん	[시쓰렝]	失恋	실연
☐ じつわ	[지쓰와]	実話	실화

□ してい	[시떼-]	指定	지정
□ しでかす	[시데까스]		저지르다, 해버리다

何(なに)をしでかすかわからないので心配(しんぱい)だ
무엇을 저지를지 몰라 걱정이다

□ してき	[시떼끼]	指摘	지적
□ してん	[시뗑]	支店	지점
□ じてん	[지뗑]	辞典	사전
□ じてんしゃ	[지뗀샤]	自転車	자전거
□ しどう	[시도-]	指導	지도
□ じどう	[지도-]	児童	아동
	[지도-]	自動	자동
□ しとしと	[시또시또]		비 따위가 조용히 내리는 모양, 부슬부슬

雨(あめ)が一日中(いちにちじゅう)しとしとと降(ふ)る
비가 종일 부슬부슬 내린다

□ しどろもどろ	[시도로모도로]		횡설수설

しどろもどろな答(こた)え 횡설수설하는 대답

□ しない	[시나이]	市内	시내
□ しなぎれ	[시나기레]	品切れ	품절
□ しなびる	[시나비루]	萎びる	시들다

野菜(やさい)が萎びる 채소가 시들다

□ しなもの	[시나모노]	品物	물건, 물품
□ しにものぐるい	[시니모노구루이]	死物狂	필사적, 결사적
□ しにん	[시닝]	死人	죽은 사람
□ しぬ	[시누]	死ぬ	죽다

死(し)ぬか生(い)きるか 죽느냐 사느냐

□ しののめ	[시노노메]	黎明	여명, 새벽
□ しのぶ	[시노부]	忍ぶ	남이 모르게 하다
	[시노부]	偲ぶ	그리워하다

母(はは)の面影(おもかげ)を偲ぶ 어머니의 모습을 그리다

□ しはい	[시하이]	支配	지배

- しばい [시바이] 芝居 연극
- しばしば [시바시바] 종종, 누차
- じはく [지하꾸] 自白 자백
- しばたく [시바따꾸] 눈을 깜빡거리다
- しばふ [시바후] 芝生 잔디밭

芝生に入(はい)らないでください
잔디밭에 들어가지 마십시오

- しはらう [시하라우] 支払う 지불하다
- しばらく [시바라꾸] 暫く 잠시, 잠깐
- しばる [시바루] 縛る 묶다

犬(いぬ)をくいに縛る 개를 말뚝에 붙들어 매다

- しはん [시항] 師範 사범
- [시항] 市販 시판
- じばん [지방] 地盤 지반
- じひ [지히] 慈悲 자비
- じびき [지비끼] 字引き 옥편
- じひょう [지효-] 辞表 사표
- じびょう [지뵤-] 持病 지병
- しびれる [시비레루] 痺れる 저리다, 마비되다
- しぶい [시부이] 渋い 떫다

このかきは渋い 이 감은 떫다

- しぶき [시부끼] 飛沫 물보라
- しぶしぶ [시부시부] 마지못해

しぶしぶ承知(しょうち)する 마지못해 승낙하다

- じぶん [지붕] 自分 자기, 자신
- じべた [지베따] 地べた 땅바닥
- しぼ [시보] 思慕 사모
- しほう [시호-] 四方 사방
- [시호-] 司法 사법
- しぼう [시보-] 死亡 사망

□ しぼう	[시보-] 脂肪 _ 지방
□ しぼむ	[시보무] 萎む _ 시들다
□ しぼる	[시보루] 絞る _ 쥐어짜다
	てぬぐい(ぞうきん)を絞る 수건을(걸레를) 짜다
□ しほん	[시홍] 資本 _ 자본
□ しま	[시마] 島 _ 섬
	[시마] 縞 _ 줄무늬
□ しまい	[시마이] 姉妹 _ 자매
□ しまう	[시마우] 終う _ 끝나다, 챙기다
	仕事(しごと)が早(はや)く終ったら寄(よ)ってみよう
	일이 일찍 끝나면 들러보자
□ しまうま	[시마우마] 縞馬 _ 얼룩말
□ しまつしょ	[시마쓰쇼] 始末書 _ 시말서
□ しまった	[시맛따] 아차, 아뿔싸
	しまった、約束(やくそく)の時間(じかん)が過(す)ぎた
	아차, 약속 시간이 지났다
□ じまん	[지망] 自慢 _ 자랑
	のど自慢(じまん) 노래자랑
□ じみ	[지미] 地味 _ 빛깔이 수수함 ↔ 派手 はで
□ しみじみ	[시미지미] 절실히
□ しみったれ	[시밋따레] 노랑이, 구두쇠
□ しみる	[시미루] 染みる _ 스며들다, 배다
	インクが染みる紙(かみ) 잉크가 번지는 종이
□ しみん	[시밍] 市民 _ 시민
□ じむしょ	[지무쇼] 事務所 _ 사무실
□ しめい	[시메-] 使命 _ 사명
	[시메-] 指名 _ 지명
□ しめきり	[시메끼리] 締切り _ 마감
	締切りがせまっている 마감이 임박하다
□ じめじめ	[지메지메] 축축함

- しめす [시메스] 示す 나타내다
- じめつ [지메쓰] 自滅 자멸
- しめっぽい [시멥뽀이] 눅눅하다, 축축하다
- しめる [시메루] 占める 차지하다
  - [시메루] 締める 조이다, 매다
  - [시메루] 閉める 닫다
- しも [시모] 霜 서리
- しもやけ [시모야께] 霜焼け 동상
- しもん [시몽] 指紋 지문
  - [시몽] 諮問 자문
- しや [시야] 視野 시야
- しゃいん [샤잉] 社員 사원
- しゃおく [샤오꾸] 社屋 사옥
- しゃかい [샤까이] 社会 사회
- じゃがいも [쟈가이모] じゃが芋 감자
- しゃがむ [샤가무] 쪼그리고 앉다
  - しゃがんで話(はなし)を聞(き)く
  - 쪼그리고 앉아 이야기를 듣다
- しゃくし [샤꾸시] 杓子 국자
- じゃぐち [쟈꾸찌] 蛇口 수도꼭지
- じゃくてん [쨔꾸뗑] 弱点 약점
- しゃくど [샤꾸도] 尺度 척도
- しゃくはち [샤꾸하찌] 尺八 퉁소
- しゃくほう [샤꾸호-] 釈放 석방
- しゃくや [샤꾸야] 借家 셋집
- しゃくよう [샤꾸요-] 借用 차용
- しゃげき [샤게끼] 射撃 사격
- じゃけん [쟈껭] 邪慳 매정하고 무자비함
  - そうじゃけんにするもんじゃない
  - 그렇게 매정하게 대하는 것이 아니야

☐ しゃこ	[샤꼬]	車庫 차고
☐ しゃこう	[샤꼬-]	社交 사교
☐ しゃしょう	[샤쇼-]	車掌 차장
☐ しゃしん	[샤싱]	写真 사진

写真を撮(と)る 사진을 찍다　写真を写(うつ)す 사진을 박다

☐ じゃすい	[쟈스이]	邪推 그릇된 짐작

邪推深(ぶか)い人(ひと) (그릇된) 의심이 많은 사람

☐ しゃせいが	[샤세-가]	写生画 사생화
☐ しゃそう	[샤소-]	車窓 차창
☐ しゃだん	[샤당]	遮断 차단
☐ じゃっかん	[쟉깡]	若干 약간
☐ しゃっきん	[샥낑]	借金 빚, 돈을 꿈
☐ しゃっくり	[샥꾸리]	딸꾹질
☐ しゃどう	[샤도-]	車道 차도 ↔ 歩道 ほどう
☐ しゃない	[샤나이]	社内 사내
☐ しゃべる	[샤베루]	喋る 지껄이다

よけいなことをしゃべる 쓸데없는 말을 지껄이다

☐ じゃま	[쟈마]	邪魔 방해, 장애

仕事(しごと)の邪魔をする 일을 방해하다

☐ しゃめん	[샤멩]	斜面 사면
☐ しゃよう	[샤요-]	社用 사용
	[샤요-]	斜陽 사양
☐ しゃり	[샤리]	舎利 사리
☐ じゃり	[쟈리]	砂利 자갈
☐ しゃりん	[샤링]	車輪 수레바퀴
☐ しゃれ	[샤레]	洒落 익살, 멋을 부림

しゃれを飛(とば)す 익살을 떨다
おしゃれをして出(で)かける 멋을 부리고 외출하다

☐ しゆう	[시유-]	私有 사유 ↔ 国有 こくゆう
☐ じゆう	[지유-]	自由 자유

☐ しゅうあく	[슈-아꾸]	醜悪	추악
☐ しゅうい	[슈-이]	周囲	주위
☐ じゅうい	[쥬-이]	獣医	수의
☐ しゅうかい	[슈-까이]	集会	집회
☐ しゅうかく	[슈-까꾸]	収穫	수확
☐ しゅうがく	[슈-가꾸]	就学	취학
	[슈-가꾸]	修学	수학

修学旅行(りょこう)を行(い)く 수학여행을 가다

☐ しゅうかん	[슈-깡]	習慣	습관
	[슈-깡]	週刊	주간
	[슈-깡]	週間	주일, 주간
☐ しゅうきょう	[슈-쿄-]	宗教	종교
☐ しゅうきん	[슈-낑]	集金	수금
☐ じゅうげき	[쥬-게끼]	銃撃	총격
☐ しゅうけつ	[슈-께쓰]	終結	종결
☐ じゅうけつ	[쥬-께쓰]	充血	충혈
☐ じゅうご	[쥬-고]	銃後	후방
☐ しゅうごう	[슈-고-]	集合	집합 ↔ 解散 かいさん

集合時間(じかん) 집합 시간

☐ しゅうさい	[슈-사이]	秀才	수재
☐ しゅうさく	[슈-사꾸]	習作	습작
☐ じゅうし	[쥬-시]	重視	중시
☐ じゅうじ	[쥬-지]	従事	종사
☐ じゅうじか	[쥬-지까]	十字架	십자가
☐ じゅうしまつ	[쥬-시마쓰]	十姉妹	십자매
☐ しゅうじょ	[슈-죠]	修女	수녀
☐ じゅうしょ	[쥬-쇼]	住所	주소
☐ じゅうしょう	[쥬-쇼-]	重傷	중상
☐ しゅうしょく	[슈-쇼꾸]	就職	취직
☐ しゅうせい	[슈-세-]	終生	평생

- しゅうせい [슈-세-] 習性 습성
- じゅうせき [쥬-세끼] 重責 중책
- しゅうせん [슈-셍] 終戦 종전
- しゅうたい [슈-따이] 醜態 추태
- じゅうだい [쥬-다이] 重大 중대

重大なあやまちをおかす 중대한 과오를 범하다

- しゅうたいせい [슈-따이세-] 集大成 집대성
- じゅうたく [쥬-따꾸] 住宅 주택
- しゅうだん [슈-당] 集団 집단
- じゅうたん [쥬-땅] 絨毯 융단, 카펫
- しゅうちゅう [슈-쮸-] 集中 집중
- しゅうてん [슈-뗑] 終点 종점
- じゅうでん [쥬-뎅] 充電 충전
- しゅうと [슈-또] 舅 시아버지, 장인
  [슈-또] 姑 시어머니, 장모
- じゅうどう [쥬-도-] 柔道 유도
- しゅうとく [슈-또꾸] 習得 습득
- じゅうなん [쥬-낭] 柔軟 유연함
- しゅうにゅう [슈-뉴-] 収入 수입
- じゅうはちばん [쥬-하찌방] 十八番 가장 뛰어난 장기

彼(かれ)の十八番は歌(うた)です
그의 뛰어난 장기는 노래입니다

- じゅうぶん [쥬-붕] 充分 충분
- しゅうまつ [슈-마쓰] 週末 주말
- じゅうみん [쥬-밍] 住民 주민
- じゅうめん [쥬-멩] 渋面 찌푸린 얼굴
- じゅうやく [쥬-야꾸] 重役 이사, 중역
- じゅうよう [쥬-요-] 重要 중요
- しゅうり [슈-리] 修理 수리
- じゅうりょう [쥬-료-] 重量 중량, 무게

☐ じゅうりょく	[쥬-료꾸]	重力	중력
☐ しゅかん	[슈깡]	主観	주관
☐ しゅがん	[슈강]	主眼	주안 점
☐ しゅき	[슈끼]	手記	수기
☐ しゅぎ	[슈기]	主義	주의

民主(みんしゅ)主義 민주주의

☐ しゅぎょう	[슈교-]	修行	수행
☐ じゅぎょう	[쥬교-]	授業	수업
☐ しゅぎょく	[슈교꾸]	珠玉	주옥
☐ しゅくがん	[슈꾸강]	宿願	숙원
☐ じゅくご	[쥬꾸고]	熟語	숙어
☐ しゅくじつ	[슈꾸지쯔]	祝日	축제일
☐ しゅくしゃ	[슈꾸샤]	宿舎	숙사
☐ しゅくじょ	[슈꾸죠]	淑女	숙녀
☐ じゅくする	[쥬꾸스루]	熟する	무르익다

熟した実(み)をもぎ取(と)る 익은 열매를 비틀어 따다

☐ しゅくだい	[슈꾸다이]	宿題	숙제
☐ しゅくちょく	[슈꾸쬬꾸]	宿直	숙직
☐ しゅくてき	[슈꾸떼끼]	宿敵	숙적
☐ しゅくでん	[슈꾸뎅]	祝電	축전
☐ しゅくはい	[슈꾸하이]	祝杯	축배
☐ しゅくぼう	[슈꾸보-]	宿望	숙망
☐ しゅくめい	[슈꾸메-]	宿命	숙명
☐ じゅくれん	[쥬꾸렝]	熟練	숙련

熟練を要(よう)する仕事(しごと) 숙련을 요하는 일

☐ しゅげい	[슈게-]	手芸	수예
☐ しゅけん	[슈껭]	主権	주권
☐ じゅけん	[쥬껭]	受験	수험
☐ しゅご	[슈고]	守護	수호
☐ しゅこう	[슈꼬-]	手工	수공

☐ しゅさい	[슈사이]	主催	주최
☐ しゅし	[슈시]	種子	종자, 씨앗
☐ しゅじゅつ	[슈쥬쓰]	手術	수술

手術を受(う)ける 수술을 받다

☐ しゅしょう	[슈쇼-]	殊勝	기특함
☐ じゅしょう	[쥬쇼-]	受賞	수상
☐ しゅじん	[슈징]	主人	주인
☐ じゅず	[쥬즈]	数珠	염주
☐ しゅぞく	[슈조꾸]	種族	종족
☐ しゅだい	[슈다이]	主題	주제
☐ じゅたい	[쥬따이]	受胎	수태
☐ じゅだく	[쥬다꾸]	受諾	수락
☐ しゅだん	[슈당]	手段	수단

最後(さいご)の手段として 최후의 수단으로서

☐ しゅちょう	[슈쬬-]	主張	주장
☐ しゅつえん	[슈쓰엥]	出演	출연
☐ しゅっきん	[슉낑]	出勤	출근
☐ しゅっけ	[슉께]	出家	출가
☐ しゅっけつ	[슉께쓰]	出血	출혈
☐ しゅつげん	[슈쓰겡]	出現	출현
☐ しゅっこ	[슉꼬]	出庫	출고
☐ じゅつご	[쥬쓰고]	述語	술어
☐ しゅっこう	[슉꼬-]	出航	출항
☐ しゅっこく	[슉꼬꾸]	出国	출국
☐ しゅつごく	[슈쓰고꾸]	出獄	출옥
☐ しゅっさん	[슛상]	出産	출산

無事(ぶじ)に男児(だんじ)を出産する
무사히 남아를 출산하다

☐ しゅっし	[슛시]	出資	출자
☐ しゅつじん	[슈쓰징]	出陣	출진

- しゅっせ [슛세] 出世 출세
- しゅっせい [슛세-] 出生 출생
- しゅっせき [슛세끼] 出席 출석
  出席を取(と)る 출석을 부르다
- しゅっちょう [슛쬬-] 出張 출장
- しゅつどう [슈쓰도-] 出動 출동
- しゅつば [슈쓰바] 出馬 출마
- しゅっぱつ [숩빠쓰] 出発 출발
- しゅっぱん [숩빵] 出帆 출범
- しゅっぱん [숩빵] 出版 출판
- しゅつりょく [슈쓰료꾸] 出力 출력
- しゅと [슈또] 首都 수도
  ソウルは韓国(かんこく)の首都である
  서울은 한국의 수도이다
- しゅどうしゃ [슈도-샤] 主動者 주동자
- じゅどう [쥬도-] 受動 수동 ↔能動 のうどう)
- じゅなん [쥬낭] 受難 수난
- じゅにゅう [쥬뉴-] 授乳 수유
- しゅにん [슈닝] 主任 주임
- しゅのう [슈노-] 首脳 수뇌
- じゅのう [쥬노-] 受納 수납
- しゅはん [슈항] 主犯 주범
- しゅび [슈비] 守備 수비
- しゅふ [슈후] 主婦 주부
- しゅほう [슈호-] 手法 수법
- しゅみ [슈미] 趣味 취미
  切手収集(きってしゅうしゅう)の趣味 우표 수집의 취미
- じゅみょう [쥬묘-] 寿命 수명
- しゅもく [슈모꾸] 種目 종목
- しゅやく [슈야꾸] 主役 주역

☐ じゅよ	[쥬요]	授与	수여
☐ じゅよう	[쥬요-]	需要	수요 ↔供給 きょうきゅう
☐ じゅりつ	[쥬리쓰]	樹立	수립
☐ しゅりゅ	[슈류-]	主流	주류
☐ じゅりょう	[쥬료-]	受領	수령
☐ しゅりょく	[슈료꾸]	主力	주력
☐ しゅるい	[슈루이]	種類	종류
☐ じゅわき	[쥬와끼]	受話器	수화기
☐ しゅわん	[슈왕]	手腕	수완

政治的(せいじてき)な手腕がある 정치적 수완이 있다

☐ じゅんおう	[즁오-]	順応	순응
☐ じゅんかい	[즁까이]	巡回	순회
☐ しゅんかん	[슝깡]	瞬間	순간
☐ じゅんかん	[즁깡]	循環	순환
☐ しゅんぎく	[슝기꾸]	春菊	쑥갓
☐ じゅんぐり	[즁구리]	順繰り	차례로

順繰りに発言(はつげん)する 차례로 발언하다

☐ じゅんけつ	[즁께쓰]	純潔	순결
☐ じゅんさ	[즁사]	巡査	순경
☐ じゅんしゅ	[즁슈]	遵守	준수
☐ しゅんじゅう	[슌쥬-]	春秋	춘추
☐ じゅんじょ	[즁죠]	順序	순서
☐ じゅんじょう	[즁죠-]	純情	순정
☐ じゅんしょく	[즁쇼꾸]	潤色	윤색
☐ じゅんすい	[즁스이]	純粋	순수
☐ じゅんちょう	[즁쬬-]	順調	순조

事(こと)が順調にはこぶ 일이 순조롭게 진행되다

☐ じゅんばん	[즘방]	順番	순번, 차례
☐ じゅんび	[즘비]	準備	준비
☐ じゅんぽう	[즘뽀-]	遵法	준법

☐ じゅんれい	[쥰레-]	巡礼	순례
☐ じょい	[죠이]	女医	여의, 여의사
☐ しよう	[시요-]	仕様	방도, 도리 = 仕方 しかた

解決(かいけつ)の仕様もありそうだ
해결의 방법이 있을 법도 하다

	[시요-]	使用	사용
☐ じょうえい	[죠-에-]	上映	상영
☐ じょうえん	[죠-엥]	上演	상연
☐ しょうか	[쇼-까]	唱歌	창가, 음악
	[쇼-까]	消化	소화
	[쇼-까]	消火	소화
☐ しょうかい	[쇼-까이]	商会	상회, 상점
	[쇼-까이]	紹介	소개
☐ しょうがい	[쇼-가이]	生涯	생애, 일생
	[쇼-가이]	障害	장해

障害を乗(の)り越こえる 장애를 극복하다

☐ しょうがつ	[쇼-가쓰]	正月	정월
☐ しょうがっこう	[쇼-각꼬-]	小学校	초등학교
☐ じょうかん	[죠-깡]	上官	상관, 상사
☐ しょうき	[쇼-끼]	正気	제정신

正気の沙汰(さた)ではない 제정신으로 한 짓이 아니다

☐ じょうき	[죠-끼]	蒸気	증기
☐ じょうぎ	[죠-기]	定規	자
☐ じょうきげん	[죠-끼겡]	上機嫌	기분이 매우 좋음

↔ 不機嫌 ふきげん

上機嫌でうたを歌(うた)う 기분이 썩 좋아 노래를 부르다

☐ じょうきゃく	[죠-까꾸]	乗客	승객
☐ じょうきゅう	[죠-뀨-]	上級	상급
☐ しょうぎょう	[쇼-교-]	商業	상업
☐ じょうきょう	[죠-꾜-]	上京	상경

☐ じょうきょう	[죠-꾜-]	状況	상황
☐ しょうきょくてき	[쇼-꼬꾸떼끼]	消極的	소극적
	↔積極的 せっきょくてき		
☐ しょうきん	[쇼-낑]	賞金	상금
☐ しょうぐん	[쇼-궁]	将軍	장군
☐ じょうげ	[죠-게]	上下	상하
☐ じょうけい	[죠-께-]	情景	정경
☐ しょうけん	[쇼-껭]	証券	증권
☐ じょうけん	[죠-껭]	条件	조건
	条件が合(あ)わない 조건이 맞지 않다		
	条件を付(つ)ける 조건을 붙이다		
☐ しょうこ	[쇼-꼬]	証拠	증거
☐ しょうご	[쇼-고]	正午	정오
☐ じょうご	[죠-고]	上戸	술꾼 ↔下戸 げこ
☐ しょうこう	[쇼-꼬-]	将校	장교
☐ しょうごう	[쇼-고-]	商号	상호
☐ しょうこん	[쇼-꽁]	商魂	상혼
☐ じょうざい	[죠-자이]	錠剤	정제, 알약
☐ しょうじ	[쇼-지]	商事	상사
	[쇼-지]	障子	장지문, 미닫이
☐ しょうじき	[쇼-지끼]	正直	정직
	正直に告白(こくはく)する 정직하게 고백하다		
☐ じょうしき	[죠-시끼]	常識	상식
☐ しょうしゃ	[쇼-샤]	商社	상사
☐ じょうしゃ	[죠-샤]	乗車	승차 ↔下車 げしゃ
☐ じょうじゅ	[죠-쥬]	成就	성취
	目的(もくてき)を成就する 목적을 성취하다		
☐ しょうしゅう	[쇼-슈-]	召集	소집
☐ じょうしゅうはん	[죠-슈-항]	常習犯	상습범
☐ じょうじゅん	[죠-즁]	上旬	상순 ↔下旬 げじゅん

☐ しょうしょう	[쇼-쇼-]	少々	조금, 약간

少々お待(ま)ちください 잠시 기다려 주십시오

☐ しょうじょ	[쇼-죠]	少女	소녀 ↔ 少年 しょうねん
☐ じょうしょう	[죠-쇼-]	上昇	상승
☐ じょうじょう	[죠-죠-]	上上	더할 나위 없이 좋음
☐ しょうじる	[쇼-지루]	生じる	생기다, 돋아나다
☐ しょうしん	[쇼-싱]	昇進	승진
☐ じょうず	[죠-즈]	上手	능숙함, 솜씨가 좋음

日本語(にほんご)がお上手ですね 일본어를 잘하시네요

☐ しょうすう	[쇼-스-]	少数	소수
☐ しょうする	[쇼-스루]	称する	칭하다
☐ じょうせい	[죠-세-]	情勢	정세
☐ しょうせつ	[쇼-세쓰]	小説	소설
☐ しょうぞうが	[쇼-조-가]	肖像画	초상화
☐ しょうたい	[쇼-따이]	正体	정체

正体を現(あらわ)す 정체를 드러내다
正体をつかむ 정체를 파악하다

	[쇼-따이]	招待	초대
☐ じょうたい	[죠-따이]	状態	상태
☐ しょうだく	[쇼-다꾸]	承諾	승낙
☐ じょうたつ	[죠-따쓰]	上達	기능이 향상됨 ↔ 下達 (かたつ)

ピアノが上達した 피아노가 숙달되었다

☐ じょうだん	[죠-당]	冗談	농담

ご冗談でしょう 농담이겠지요

☐ しょうち	[쇼-찌]	承知	알아들음, 승낙함

はい、承知しました 네, 알았습니다
その条件(じょうけん)では承知できない
그 조건으로는 승낙할 수 없다

☐ じょうちょ	[죠-쬬]	情緒	정서
☐ しょうちょう	[쇼-쬬-]	象徴	상징

☐ しょうてん	[쇼–뗑]	商店	상점
☐ じょうてんき	[죠–뗑끼]	上天気	좋은 날씨
☐ じょうど	[죠–도]	浄土	극락, 정토
☐ しょうどう	[쇼–도–]	衝動	충동
☐ じょうとう	[죠–또–]	上等	상등, 훌륭함 ↔ 下等 かとう

80点(はちじってん)取(と)れば上等だ
80점 맞으면 훌륭하다

☐ しょうどく	[쇼–도꾸]	消毒	소독
☐ しょうとつ	[쇼–또쓰]	衝突	충돌
☐ しょうに	[쇼–니]	小児	소아
☐ しょうにん	[쇼–닝]	商人	상인, 장사꾼
	[쇼–닝]	証人	증인
	[쇼–닝]	承認	승인
☐ じょうねつ	[죠–네쓰]	情熱	정열
☐ しょうねん	[쇼–넹]	少年	소년
☐ じょうば	[죠–바]	乗馬	승마
☐ しょうはい	[쇼–하이]	勝敗	승패
☐ しょうばい	[쇼–바이]	商売	장사

商売を始(はじ)める 장사를 시작하다

☐ じょうはつ	[죠–하쓰]	蒸発	증발
☐ しょうひ	[쇼–히]	消費	소비
☐ しょうひん	[쇼–힝]	商品	상품
	[쇼–힝]	賞品	상품
☐ じょうひん	[죠–힝]	上品	고상함, 품위가 있음 ↔ 下品 げひん

上品な趣味(しゅみ) 고상한 취미

☐ しょうぶ	[쇼–부]	勝負	승부
	[쇼–부]	菖蒲	창포
☐ じょうふ	[죠–후]	情婦	정부
☐ じょうぶ	[죠–부]	丈夫	튼튼하다, 건강하다

丈夫で結構(けっこう)だ 건강하여 다행이다

☐ しょうべん	[쇼-벵]	小便	소변
☐ しょうぼう	[쇼-보-]	消防	소방
☐ じょうほう	[죠-호-]	情報	정보
☐ しょうみ	[쇼-미]	正味	알맹이

皮(かわ)が厚(あつ)くて正味はわずかだ
거죽이 두꺼워 알맹이는 얼마 안 된다

☐ じょうみゃく	[죠-먀꾸]	静脈	정맥
☐ しょうめい	[쇼-메-]	正銘	진짜
	[쇼-메-]	照明	조명
☐ しょうめん	[쇼-멩]	正面	정면
☐ しょうもう	[쇼-모-]	消耗	소모
☐ じょうやく	[죠-야꾸]	条約	조약
☐ しょうゆ	[쇼-유]	醤油	간장
☐ しょうよう	[쇼-요-]	商用	상용
☐ じょうよう	[죠-요-]	常用	상용
☐ じょうよく	[죠-요꾸]	情欲	정욕
☐ しょうらい	[쇼-라이]	将来	장래

将来の事(こと)を考(かんが)える 장래의 일을 생각하다

☐ しょうり	[쇼-리]	勝利	승리
☐ しょうりゃく	[쇼-랴꾸]	省略	생략
☐ じょうりく	[죠-리꾸]	上陸	상륙
☐ じょうりゅう	[죠-류-]	上流	상류
☐ しょうれい	[쇼-레-]	奨励	장려
☐ じょうれん	[죠-렝]	常連	단골손님
☐ じょえん	[죠엥]	助演	조연
☐ じょおう	[죠오-]	女王	여왕
☐ じょがい	[죠가이]	除外	제외

この規定(きてい)から未成年者(みせいねんしゃ)は除外する 이 규정에서 미성년자는 제외한다

☐ しょき	[쇼끼]	書記	서기

- じょきょ [죠꾜] 除去 제거
- しょぎょう [쇼교-] 所業 나쁜 소행
- じょきょく [죠꾜꾸] 序曲 서곡
- しょくあたり [쇼꾸아따리] 食中り 식중독
  =食中毒 しょくちゅうどく
- しょくぎょう [쇼꾸교-] 職業 직업
- しょくご [쇼꾸고] 食後 식후
- しょくじ [쇼꾸지] 食事 식사
- しょくだい [쇼꾸다이] 燭台 촛대
- しょくどう [쇼꾸도-] 食堂 식당
  [쇼꾸도-] 食道 식도
- しょくひん [쇼꾸힝] 食品 식품
- しょくぶつ [쇼꾸부쯔] 植物 식물
- しょくもつ [쇼꾸모쯔] 食物 식품, 음식
- しょくよう [쇼꾸요-] 食用 식용
- しょくよく [쇼꾸요꾸] 食欲 식욕
  食欲旺盛(おうせい) 식욕 왕성
  食欲をそそるにおい 식욕을 돋구는 냄새
- しょくりょう [쇼꾸료-] 食糧 식량
- しょくりょうひん [쇼꾸료-힝] 食料品 식료품
- しょげる [쇼게루] 풀이 죽다, 기가 죽다
  大失態(だいしったい)を演(えん)じしょげている
  큰 실수를 하여 기가 죽어 있다
- しょけん [쇼껭] 所見 소견
- じょげん [죠겡] 助言 조언
- じょこう [죠꼬-] 女工 여공
- しょさい [쇼사이] 書斎 서재
- じょさい [죠사이] 如才 빈틈, 소홀함
  如才のない人ひと 빈틈없는(싹싹한) 사람
  お如才もあるまいが 소홀함이 없으시겠지만

☐ しょじひん	[쇼지힝]	所持品	소지품
☐ じょし	[죠시]	女子	여자
	[죠시]	女史	여사
☐ じょじ	[죠지]	女児	여아, 계집아이
☐ じょしゅ	[죠슈]	助手	조수
☐ しょじゅん	[쇼쥰]	初旬	초순
☐ しょじょ	[쇼죠]	処女	처녀
☐ じょじょに	[죠죠니]	徐徐に	서서히, 천천히, 차차, 조금씩

徐徐にに歩あるく 천천히 걷다

徐徐におもしろくなる 차차 재미있어지다

☐ しょしん	[쇼싱]	所信	소신
☐ しょせい	[쇼세-]	処世	처세
☐ じょせい	[죠세-]	女性	여성
☐ しょせん	[쇼셍]	所詮	어차피
☐ しょぞく	[쇼조꾸]	所属	소속
☐ しょたい	[쇼따이]	所帯	세대
☐ しょち	[쇼찌]	処置	처치
☐ しょっちゅう	[숏쮸-]		늘, 언제나

しょっちゅうけんかばかりしている 노상 싸움질만 하고 있다

☐ しょてん	[쇼뗑]	書店	서점
☐ しょぶん	[쇼붕]	処分	처분
☐ しょほ	[쇼호]	初歩	초보
☐ しょほう	[쇼호-]	処方	처방
☐ しょぼしょぼ	[쇼보쇼보]		노쇠하여 기운이 없는 모양
☐ じょまく	[죠마꾸]	除幕	제막
☐ しょめい	[쇼메-]	署名	서명, 사인
☐ じょめい	[죠메-]	除名	제명
☐ しょもつ	[쇼모쯔]	書物	서적, 책

書物をひもとく 책을 펼치다(읽다)

☐ しょや	[쇼야]	初夜	초야, 첫날밤

- じょやく [죠야꾸] 助役 조역
- しょゆう [쇼유-] 所有 소유
- じょゆう [죠유-] 女優 여배우
- しょり [쇼리] 処理 처리
- じょりゅう [죠류-] 女流 여류
- しょるい [쇼루이] 書類 서류
- しょんぼり [숌보리] 멍하니, 쓸쓸히
  しょんぼりと立(た)っている 쓸쓸히 서 있다
- しらが [시라가] 白髪 백발
- しらす [시라스] 知らす 알리다
- じらす [지라스] 焦らす 애태우다, 약올리다
- しらずしらず [시라즈시라즈] 知らず知らず 자기도 모르게
  知らず知らずのうちに眠(ねむ)ってしまった
  어느새 잠들어버렸다
- しらなみ [시라나미] 白波 흰 파도
- しらばくれる [시라바꾸레루] 시치미떼다
- しらべる [시라베루] 調べる 조사하다
  事故(じこ)の原因(げんいん)を調べる
  사고의 원인을 조사하다
- しらみつぶし [시라미쓰부시] 虱つぶし 샅샅이
- しり [시리] 尻 엉덩이
- しりあい [시리아이] 知合い 아는 사람, 친지 =知人 ちじん
  知合いになる 서로 알게 되다
  知合いをたずねる 친지를 찾아가다
- じりき [지리끼] 自力 자력, 자기 힘
- しりごみ [시리고미] 尻込み 뒷걸음질, 꽁무니를 뺌
- じりじり [지리지리] 서서히, 조금씩
- しりぞく [시리조꾸] 退く 물러나다
- しりぞける [시리조께루] 退ける 물리치다
- しりつ [시리쓰] 市立 시립

□ じりつ	[지리쓰] 自立	자립
	[지리쓰] 自律	자율
□ しりぬぐい	[시리누구이] 尻拭い	남의 뒤치다꺼리

友人(ゆうじん)の不始末(ふしまつ)の尻拭いをする
친구가 저지른 잘못의 뒷수습을 하다

□ しりょう	[시료-] 資料	자료
	[시료-] 飼料	사료
□ しりょく	[시료꾸] 視力	시력
□ しる	[시루] 汁	즙, 국물
□ しるし	[시루시] 印	표시, 안표
□ しるべ	[시루베] 標	길잡이, 길안내
□ しれい	[시레-] 指令	지령
□ じれったい	[지렛따이] 焦れったい	안타깝다, 조바심나다

らちがあかなくてじれったい 결말이 나지 않아서 속타다

□ しれん	[시렝] 試練	시련
□ しろ	[시로] 城	성
□ しろい	[시로이] 白い	희다
□ しろうと	[시로-또] 素人	아마추어, 비전문가 = アマ
	↔玄人 くろうと, プロ	
□ じろりと	[지로리또]	힐끗
□ しわ	[시와] 皺	주름, 구김살
□ しわざ	[시와자] 仕業	소행, 짓

それは間違(まちが)いなく彼(かれ)の仕業だ
그것은 틀림없이 그의 소행이다

□ しわむ	[시와무] 皺む	구겨지다, 수름잡히다
□ しん	[싱] 芯	심지, 등심
□ しんあい	[싱아이] 親愛	친애
□ じんいん	[징잉] 人員	인원
□ しんえい	[싱에-] 新鋭	신예
□ しんえん	[싱엥] 深淵	심연, 깊은 못

□ しんか	[싱까]	臣下	신하
	[싱까]	進化	진화
□ じんか	[징까]	人家	인가
□ しんがい	[싱가이]	心外	의외, 뜻밖
□ しんがく	[싱가꾸]	進学	진학
	[싱가꾸]	神学	신학
□ じんかく	[징까꾸]	人格	인격
□ しんがた	[싱가따]	新型	신형
□ しんがり	[싱가리]		맨뒤, 후미

しんがりから二番目(にばんめ)だ 꼴찌에서 두 번째다

□ しんかん	[싱깡]	新刊	신간
□ しんき	[싱끼]	新規	신규
□ しんぎ	[싱기]	神技	신기, 신의 조화
□ しんきょう	[싱꾜-]	心境	심경
□ しんきょく	[싱교꾸]	新曲	신곡
□ しんきろう	[싱끼로-]	蜃気楼	신기루
□ しんこう	[싱꼬-]	真紅	진홍빛
□ しんくう	[싱꾸-]	真空	진공
□ しんぐん	[싱궁]	進軍	진군
□ しんけい	[싱께-]	神経	신경
□ しんけつ	[싱께쓰]	心血	심혈
□ しんけん	[싱껭]	真剣	진지함

人生(じんせい)について真剣に考(かんが)える
인생에 대해 진지하게 생각하다

□ じんけん	[징껭]	人権	인권
□ しんこう	[싱꼬-]	信仰	신앙
	[싱꼬-]	新興	신흥
	[싱꼬-]	侵攻	침공
	[싱꼬-]	進行	진행
□ しんごう	[싱고-]	信号	신호

□ じんこう	[징꼬-] 人工	인공
	[징꼬-] 人口	인구
□ しんこく	[싱꼬꾸] 深刻	심각함

事態(じたい)は深刻だ 사태는 심각하다

□ しんこん	[싱꽁] 新婚	신혼
□ じんざい	[진자이] 人材	인재
□ しんさつ	[신사쓰] 診察	진찰
□ しんし	[신시] 紳士	신사
□ じんじ	[진지] 人事	인사
□ しんしつ	[신시쓰] 寝室	침실
□ しんじつ	[신지쓰] 真実	진실

真実を語(かた)る 진실을 말하다
真実を探(さぐ)る 진실을 캐다

□ しんじゃ	[신쟈] 信者	신자
□ しんじゅ	[신쥬] 真珠	진주
□ じんしゅ	[진슈] 人種	인종
□ しんしゅつ	[신슈쓰] 進出	진출
□ しんじょう	[신죠-] 信条	신조
□ じんじょう	[진죠-] 尋常	보통, 예사로움

このさわぎは尋常ではない 이 소동은 심상치가 않다

□ しんじる	[신지루] 信じる	믿다, 신용하다
□ しんしん	[신싱] 新進	신진
□ しんじん	[신징] 信心	신심, 믿는 마음
	[신징] 新人	신인
□ しんせい	[신세-] 神聖	신성
□ じんせい	[진세-] 人生	인생
□ しんせき	[신세끼] 親戚	친척
□ しんせつ	[신세쓰] 親切	친절

ひとの親切を無(む)にする 남의 친절을 헛되게 하다

□ しんせん	[신셍] 新鮮	신선

☐ しんそう	[신소-]	真相	진상
☐ しんぞう	[신조-]	心臓	심장
☐ じんぞう	[진조-]	人造	인조
☐ じんそく	[진소꾸]	迅速	신속

迅速に行動(こうどう)する 신속히 행동하다

☐ しんたい	[신따이]	身体	신체
	[신따이]	進退	진퇴
☐ しんだい	[신다이]	寝台	침대
☐ じんたい	[진따이]	人体	인체
☐ しんたく	[신따꾸]	信託	신의 계시
☐ しんだん	[신당]	診断	진단
☐ しんちく	[신찌꾸]	新築	신축
☐ しんちゅう	[신쮸-]	心中	심중, 마음 속
☐ しんちょう	[신쬬-]	慎重	신중 ↔ 軽率 けいそつ

慎重な態度(たいど)を取(と)る 신중한 태도를 취하다

	[신쬬-]	身長	신장, 키
☐ じんつう	[진쓰-]	陣痛	진통
☐ じんづうりき	[진즈-리끼]	神通力	신통력
☐ しんでん	[신뎅]	神殿	신전
☐ しんどう	[신도-]	神童	신동
	[신도-]	振動	진동
☐ しんにゅう	[신뉴-]	進入	진입
	[신뉴-]	侵入	침입
☐ しんにん	[신닝]	信任	신임
	[신닝]	新任	신임
☐ しんねん	[신넹]	新年	신년
	[신넹]	信念	신념
☐ しんぱい	[심빠이]	心配	근심, 염려

心配の種(たね) 걱정거리, 두통거리
心配にはおよびません 걱정하실 것은 없습니다

- しんぱん　　　[심빵]　審判　심판
- しんぴ　　　　[심삐]　神秘　신비
- しんぴん　　　[심삥]　新品　신품
- しんぶつ　　　[심부쓰]　神仏　신불
- じんぶつ　　　[짐부쓰]　人物　인물
- しんぶん　　　[심붕]　新聞　신문
- しんぽ　　　　[심뽀]　進歩　진보
- しんぼう　　　[심보-]　辛抱　참다, 인내

長年(ながねん)辛抱した甲斐(かい)があった
오랜 세월 참고 견딘 보람이 있었다

- しんぼく　　　[심보꾸]　親睦　친목
- しんまい　　　[심마이]　新米　풋내기, 신참
- しんみつ　　　[심미쓰]　親密　친밀
- しんみょう　　[심묘-]　神妙　온순하고 얌전함, 기특함
- しんみり　　　[심미리]　차분하게, 조용히

しんみりとクラシックを聞きく　조용히 클래식을 듣다

- じんみん　　　[짐밍]　人民　인민
- しんもん　　　[심몽]　審問　심문
- しんや　　　　[싱야]　深夜　심야, 깊은 밤
- しんゆう　　　[싱유-]　親友　친우
- しんよう　　　[싱요-]　信用　신용
- しんらい　　　[신라이]　信頼　신뢰

信頼するに足(た)る人(ひと)　신뢰할 만한 사람

- しんらつ　　　[신라쓰]　辛辣　신랄
- しんり　　　　[신리]　真理　진리
- しんりゃく　　[신랴꾸]　侵略　침략
- 　　　　　　　[신료꾸]　新緑　신록
- じんりょく　　[진료꾸]　人力　인력
- しんりん　　　[신링]　森林　삼림, 숲
- じんりん　　　[진링]　人倫　인륜

☐ しんるい	[신루이] 親類 친척 =親戚 しんせき	
	遠(とお)くの親類より近(ちか)くの他人(たにん)	
	먼 일가보다 가까운 이웃	
☐ じんるい	[진루이] 人類 인류	
☐ しんろ	[신로] 進路 진로	
☐ しんわ	[싱와] 神話 신화	

▶ 외래어

☐ シーズン	[시-증] season 시즌, 계절	
☐ シーソゲーム	[시-소게-무] seesaw game 시소게임	
☐ シート	[시-또] seat 시트, 좌석	
☐ ジープ	[지-뿌] jeep 지프, 소형 군용차	
☐ シーン	[시-ㅇ] scene 신, 장면	
	セックスシーン 섹스 장면	
☐ シグナル	[시구나루] signal 시그널, 신호기	
☐ シスター	[시스따-] sister 시스터, 자매	
☐ システム	[시스떼무] system 시스템	
☐ ジッパー	[집빠-] zipper 지퍼	
☐ ジプシー	[지뿌시-] gipsy 집시	
☐ ジャーナリズム	[쟈-나리즈무] journalism 저널리즘	
	ジャーナリスト(journalist) 저널리스트	
☐ ジャイアント	[자이안또] giant 자이언트	
☐ ジャガー	[쟈가-] jaguar 재규어, 아메리카표범	
☐ ジャケット	[쟈껫또] jacket 재킷	
☐ シャシー	[샤시-] sash 새시, 창문틀	
☐ ジャスミン	[쟈스밍] jasmine 재스민	
☐ シャツ	[샤쓰] shirt 셔츠	
	ワイシャツを買(か)う 와이셔츠를 사다	

□ ジャッキ	[작끼] jack	잭, 작은 기중기
□ ジャック	[작꾸] jack	자크
□ シャッター	[샷따-] shutter	셔터
□ シャベル	[샤베루] shovel	삽
□ シャボン	[샤봉] 포 sabao	비누
□ ジャム	[쟈무] jam	잼
□ シャワー	[샤와-] shower	샤워

シャワーを浴(あ)びる 샤워를 하다

□ ジャングル	[장구루] jungle	정글, 밀림
□ シャンソン	[산송] 프 chanson	샹송
□ シャンデリア	[산데리아] 프 chandelier	샹들리에
□ ジャンパー	[잠빠-] jumper	점퍼
□ シャンペン	[샴뻰] 프 champagne	샴페인
□ ジャンボ	[잠보] jumbo	점보, 거대함
□ ジャンル	[장루] 프 genre	장르, 종류
□ ジュース	[쥬-스] juice	쥬스
□ ジュニア	[쥬니아] junior	주니어, 연소자
□ シュミーズ	[슈미-즈] 프 chemise	속치마
□ ショー	[쇼-] show	쇼, 구경거리
□ ショート	[쇼-또] short	쇼트, 짧음
□ シリーズ	[시리-즈] series	시리즈
□ ジレンマ	[지렌마] dilemma	딜레마

ジレンマに陥(おちい)る 딜레마에 빠지다

□ シロップ	[시롭뿌] syrup	시럽
□ シロホン	[시로홍] xylophone	실로폰
□ シングル	[싱구루] single	단일, 독신
□ シンデレラ	[신데레라] Cinderella	신데렐라
□ シンフォニー	[신훠니-] symphony	심포니
□ シンボル	[심보루] symbol	심벌, 상징

し

[す]

- □ す [스] 巣 둥지
  蟻(あり)の巣 개미집　鳥(とり)の巣 새둥지
  巣くう 둥지를 틀다
- □ すあし [스아시] 素足 맨발
- □ ずあん [즈앙] 図案 도안
- □ すいえい [스이에-] 水泳 수영
- □ すいおん [스이옹] 水温 수온
- □ すいか [스이까] 西瓜 수박
- □ すいがら [스이가라] 吸殻 담배꽁초
- □ すいこう [스이꼬-] 遂行 수행
- □ すいさいが [스이사이가] 水彩画 수채화
- □ すいさんぶつ [스이삼부쓰] 水産物 수산물
- □ すいじ [스이지] 炊事 취사
- □ すいじゃく [스이자꾸] 衰弱 쇠약
- □ すいじゅん [스이중] 水準 수준 =レベル
  国民生活(こくみんせいかつ)の水準が上(あ)がる
  국민 생활의 수준이 올라가다
- □ すいじょう [스이죠-] 水上 수상, 물 위
- □ すいしん [스이싱] 推進 추진
- □ すいせい [스이세-] 彗星 혜성
  [스이셍] 推薦 추천
  委員(いいん)に推薦される 위원으로 추천되다
  [스이셍] 水仙 수선화 =ナーシサス
- □ すいそく [스이소꾸] 推測 추측
- □ すいぞくかん [스이조꾸깡] 水族館 수족관

☐ すいちゅう	[스이쮸-]	水中	수중, 물 속
☐ すいちょく	[스이쵸꾸]	垂直	수직
☐ すいてい	[스이떼-]	推定	추정
☐ すいとう	[스이또-]	出納	출납
☐ すいどう	[스이도-]	水道	수도
☐ ずいひつ	[즈이히쓰]	随筆	수필
☐ ずいぶん	[즈이붕]	随分	어지간히, 대단히

ずいぶん暗(くら)いところだ 매우 어두운 곳이다

☐ すいへいせん	[스이헤-셍]	水平線	수평선
☐ すいみん	[스이밍]	睡眠	수면
☐ すいめん	[스이멩]	水面	수면
☐ すいようび	[스이요-비]	水曜日	수요일
☐ すいり	[스이리]	推理	추리

推理小説(しょうせつ)を読(よ)む 추리소설을 읽다

☐ すいりょく	[스이료꾸]	水力	수력
☐ すう	[스-]	数	수, 수효
☐ すう	[스-]	吸う	들이마시다, 빨아들이다

タバコを吸う 담배를 피우다

☐ すうがく	[스-가꾸]	数学	수학
☐ すうき	[스-끼]	数奇	기구함, 불우함
☐ すうじ	[스-지]	数字	숫자
☐ ずうずうしい	[즈-즈-시-]	図図しい	뻔뻔하다

ずうずうしく割(わ)りこんでくる 넉살좋게 끼어들다

☐ ずうたい	[즈-따이]	図体	덩치
☐ すえ	[스에]	末	끝, 미지막
☐ すえずえ	[스에즈에]	末末	내내, 끝내
☐ ずが	[즈가]	図画	도화
☐ すがすがしい	[스가스가시-]		상쾌하다, 산뜻하다

朝(あさ)のすがすがしい空気(くうき)を吸(す)う
아침의 상쾌한 공기를 마시다

❏ すがた	[스가따] 姿	모습, 모양
	病(や)めるアメリカの姿 병든 미국의 모습	
❏ すがら	[스가라] 처음부터 끝까지, 내내	
❏ すがりつく	[스가리쓰꾸] 縋り付く	매달리다, 달라붙다
❏ ずかん	[즈깡] 図鑑	도감
❏ すかんぴん	[스깜삥] 素寒貧	빈털터리
❏ すき	[스끼] 鋤	가래
	[스끼] 好き	좋아함 ↔ 嫌 きらい
	魚(さかな)はお好(す)きですか 생선은 좋아하십니까?	
	[스끼] 隙	틈, 빈틈
❏ すぎ	[스기] 杉	삼나무
❏ すききらい	[스끼키라이] 好き嫌い	좋아함과 싫어함
	食(た)べ物(もの)の好き嫌い 음식을 가림	
❏ すきばら	[스끼바라] 空き腹	공복, 빈속
❏ すきま	[스끼마] 隙間	빈틈
	窓(まど)の隙間から風(かぜ)が入(はい)る	
	창틈으로 바람이 들어오다	
❏ すきやき	[스끼야끼] すき焼き	전골
❏ すぎる	[스기루] 過ぎる	지나가다, 지나다
	森(もり)を過ぎる 숲을 지나가다	
	盛(さか)りを過ぎる 한창때가 지나다	
❏ ずきん	[즈낑] 頭巾	두건
❏ すく	[스꾸] 梳く	머리를 빗다
❏ すぐ	[스구] 直ぐ	즉시, 곧
❏ すくいぬし	[스꾸이누시] 救い主	구세주
❏ すくう	[스꾸-] 救う	구하다, 도와주다
❏ すくすく	[스꾸스꾸] 쑥쑥, 무럭무럭	
❏ すくない	[스꾸나이] 少ない	적다 ↔ 多 おおい
	少なく見積(みつ)もっても10万円(じゅうまんえん)にはなる 적게 어림해도 10만 엔은 된다	

- **すくなからず** [스꾸나까라즈] 少なからず 적잖이
- **すくなくとも** [스꾸나꾸또모] 少なくとも 적어도
- **すくみあがる** [스꾸미아가루] 竦み上がる 무서워서 움츠러지다
- **すぐれる** [스구레루] 優れる 뛰어나다

  優れた技術(ぎじゅつ) 뛰어난 기술

  顔色(かおいろ)が優れない 안색이 좋지 않다

- **すけべえ** [스께베에] 助平 호색한
- **すごい** [스고이] 凄い 대단하다, 무섭다

  すごい目(め)でにらみつける 무서운 눈으로 노려보다

  すごい美人(びじん) 굉장한 미인

  すごいけちだ 지독한 구두쇠다

- **すこし** [스꼬시] 少し 조금, 약간
- **すごす** [스고스] 過す 보내다, 지내다
- **すこぶる** [스꼬부루] 頗る 대단히, 매우
- **すさまじい** [스사마지-] 대단하다, 무시무시하다
- **すし** [스시] 寿司 스시, 초밥
- **すじ** [스지] 筋 줄기, 줄거리
- **すじみち** [스지미찌] 筋道 조리, 순서
- **すじょう** [스죠-] 素姓 혈통, 태생

  素姓はあらそわれないものだ 혈통은 속일 수 없는 것이다

- **すず** [스즈] 鈴 방울
- **すすぐ** [스스구] 濯ぐ 씻다, 헹구다
- **すずしい** [스즈시-] 涼しい 시원하다, 선선하다
- **すすむ** [스스무] 進む 나아가다 ↔ 退(しりぞく)

  行列(ぎょうれつ)が進む 행렬이 전진하다

- **すずめ** [스즈메] 雀 참새

  雀の涙(なみだ) 새발의 피

- **すすめる** [스스메루] 進める 앞으로 나아가다, 진척시키다
- **すずらん** [스즈랑] 鈴蘭 은방울꽃
- **すそ** [스소] 裾 옷자락

- ずたずた [즈따즈따] 갈기갈기, 토막토막
- すだれ [스다레] 簾 발
- すたれる [스따레루] 廃れる 쇠퇴하다, 스러지다
  学生運動(がくせいうんどう)も大分(だいぶ)廃れたようだ
  학생 운동도 거의 한물간 듯하다
- ずつう [즈쓰-] 頭痛 두통
- すっかり [슥까리] 몽땅, 완전히
  お金(かね)をすっかり取(と)られた 돈을 몽땅 빼앗겼다
- すっきり [슥끼리] 세련된 모양, 산뜻한 모양
- すっくと [슥꾸또] 벌떡
- ずっしり [줏시리] 묵직한 느낌
- ずっと [줏또] 쭉, 줄곧
- すっぱい [습빠이] 酸っぱい 시다, 시큼하다 =酸 すい
  酸っぱいみかん 시큼한 귤
- すっぱだか [습빠다까] 素っ裸 맨몸, 알몸뚱이
- すっぱぬく [습빠누꾸] すっぱ抜く 폭로하다
- すっぽり [습뽀리] 몽땅 덮는 모양
- すっぽん [습뽕] 자라
- すで [스데] 素手 맨손
- すてき [스떼끼] 素敵 아주 멋짐, 매우 근사함
  素敵な着物(きもの) 아주 멋진 옷
- すでに [스데니] 既に 이미, 벌써
- すてばち [스떼바찌] 捨て鉢 자포자기 =やけくそ
  捨て鉢な行動(こうどう) 자포자기한 행동
- すてる [스떼루] 捨てる 버리다
- すな [스나] 砂 모래
- すなお [스나오] 素直 순진함, 솔직함
  忠告(ちゅうこく)を素直に聞(き)く 충고를 순순히 듣다
- すなどけい [스나도께-] 砂時計 모래시계
- すなば [스나바] 砂場 모래밭

☐ すなわち	[스나와찌] 即ち	즉, 다름 아닌

これがすなわち政治(せいじ)というものだ
이것이 바로 정치라는 것이다

☐ すね	[스네] 臑	정강이
☐ すねる	[스네루] 拗ねる	삐치다, 토라지다
☐ ずのう	[즈노-] 頭脳	두뇌
☐ すばしこい	[스바시꼬이]	재빠르다
☐ すはだ	[스하다] 素肌	맨몸, 알몸
☐ ずばぬけ	[즈바누께] ずば抜け	빼어남
☐ すばやい	[스바야이] 素早い	재빠르다
☐ すばらしい	[스바라시-]	근사하다, 기막히다

今日(きょう)はすばらしい天気(てんき)だ
오늘은 기막히게 좋은 날씨다

☐ ずぶとい	[즈부또이] 図太い	유들유들하다
☐ ずぶぬれ	[즈부누레] ずぶ濡れ	흠뻑 젖음
☐ すべからく	[스베까라꾸] 須く	모름지기
☐ すべて	[스베떼] 凡て	모두, 전부

仕事(しごと)はすべてかたづけた 작업은 모두 끝냈다

☐ すべなし	[스베나시] 術無し	도리가 없다
☐ すべりだい	[스베리다이] 滑り台	미끄럼틀
☐ すべる	[스베루] 滑る	미끄러지다

手(て)が滑って皿(さら)を落(お)とした
손이 미끄러져 접시를 떨어뜨렸다

☐ ずぼし	[즈보시] 図星	핵심, 급소
☐ すぼむ	[스보무] 窄む	오므라지다, 쇠하다

風船(ふうせん)がすぼむ 풍선이 오므라지다
傷口(きずぐち)がすぼむ 상처가 아물다

☐ すぼめる	[스보메루] 窄める	오므라뜨리다, 움츠리다
☐ ずぼら	[즈보라]	흐리터분함
☐ すまい	[스마이] 住い	주거, 사는 곳

❏ すまない	[스마나이] 미안하다	
	あの人(ひと)にはすまない事(こと)をした	
	저 사람에게는 미안한 짓을 했다	
❏ すみ	[스미] 墨 먹	
	[스미] 炭 숯, 목탄	
	[스미] 隅 귀퉁이, 모퉁이	
❏ すみか	[스미까] 住処 살고 있는 곳, 집	
❏ すみつく	[스미쓰꾸] 住み着く 자리잡고 살다, 정주하다	
	ここに住み着いてから10年(じゅうねん)になる	
	여기에 정주한 지 10년이 되다	
❏ すみっこ	[스믹꼬] 隅っこ 구석	
❏ すみれ	[스미레] 菫 제비꽃	
❏ すむ	[스무] 住む 거주하다, 살다 =居住 きょじゅう する	
	住む家(いえ)をさがす 살집을 구하다	
	[스무] 済む 끝나다, 완료하다	
	試験(しけん)が 시험이 끝나다	
❏ ずめん	[즈멩] 図面 도면	
❏ すもう	[스모-] 相撲 스모, 씨름	
	相撲を取(と)る 스모(씨름)을 하다	
❏ すやすや	[스야스야] 새근새근, 색색	
❏ すらすら	[스라스라] 막힘 없이, 술술	
	フランス語(ご)ですらすらと話(はな)す	
	프랑스어로 술술 말하다	
❏ すらり	[스라리] 날씬한 모양	
❏ すり	[스리] 소매치기	
❏ する	[스루] 하다	
❏ ずるい	[즈루이] 狡い 교활하다	
	ずるそうな目(め)つき 약삭빠른(교활한) 듯한 눈매	
❏ ずるずる	[즈루즈루] 끌리거나 미끄러지는 모양, 질질	
❏ すれすれ	[스레스레] 거의 스칠 정도로 가까운 모양	

❑ すれちがう	[스레찌가우]	擦れ違う 스치듯 지나가다, 엇갈리다

電車(でんしゃ)が擦れ違う 전차가 마주 지나가다
意見(いけん)が擦れ違う 의견이 엇갈리다

❑ すわる	[스와루]	座る 자리에 앉다
❑ すんなり	[슨나리]	날씬하고 매끈한 모양

すんなりと伸(の)びた足(あし) 날씬하게 뻗은 다리

❑ すんぽう	[슴뽀-]	寸法 치수

寸法を計(はか)る 치수를 재다

▶ 외래어

❑ スイス	[스이스]	Switzerland 스위스
❑ スイッチ	[스잇찌]	switch 스위치

スイッチを入(い)れる 스위치를 넣다
スイッチを切(き)る 스위치를 끄다

❑ スーツケース	[스-쓰케-스]	suitcase 슈트케이스, 여행가방
❑ スープ	[스-뿌]	soup 수프
❑ スカート	[스까-또]	skirt 스커트
❑ スカーフ	[스까-후]	scarf 스카프
❑ スカウト	[스까우또]	scout 스카웃, 발탁
❑ スキー	[스끼-]	ski 스키
❑ スキャンダル	[스깐다루]	scandal 스캔들

スキャンダルが広(ひろ)がる 스캔들이 퍼지다

❑ スキン	[스낑]	skin 스킨, 피부
❑ スクール	[스꾸-루]	school 스쿨, 학교
❑ スクラップ	[스꾸랍뿌]	scrap 스크랩
❑ スクリーン	[스꾸리-ㄴ]	screen 스크린, 은막
❑ スケート	[스께-또]	skate 스케이트
❑ スケール	[스께-루]	scale 스케일

☐ スケジュール	[스케쥬-루]	schedule	스케줄

スケジュールを確認(かくにん)する 스케줄을 확인하다

☐ スケッチ	[스켓찌]	sketch	스케치
☐ スコア	[스꼬아]	score	스코어, 득점
☐ スコール	[스꼬-루]	squall	스콜
☐ スコップ	[스꼽뿌] 네 schop		자루가 짧은 삽
☐ スター	[스따-]	star	스타, 인기인
☐ スタイル	[스따이루]	style	스타일

最新流行(さいしんりゅうこう)のスタイル
최신 유행의 스타일

☐ スタジオ	[스따지오]	studio	스튜디오, 촬영소
☐ スタッフ	[스땃후]	staff	스텝, 담당자
☐ スタミナ	[스따미나]	stamina	스태미나, 정력
☐ スタンド	[스딴도]	stand	스탠드, 매장
☐ スタンプ	[스땀뿌]	stamp	스탬프, 소인
☐ スチーム	[스찌-무]	steam	스팀, 증기난방
☐ スチュワーデス	[스쮸와-데스]	stewardess	스튜어디스

彼女(かのじょ)はスチュワーデスです
그녀는 스튜어디스입니다

☐ ステーキ	[스떼-끼]	steak	스테이크, 구운 고기
☐ ステージ	[스떼-지]	stage	스테이지, 무대
☐ ステーション	[스떼-숑]	station	스테이션, 정거장, 역
☐ ステップ	[스뗍뿌]	step	스텝

ステップを踏(ふ)む 스텝을 밟다

☐ ステレオ	[스떼레오]	stereo	스테레오, 입체
☐ ストア	[스또아]	store	스토어, 판매점
☐ ストーブ	[스또-부]	stove	스토브, 난로
☐ ストーリー	[스또-리-]	story	스토리, 이야기
☐ ストップ	[스똡뿌]	stop	스톱, 정지

ノンストップ(non stop) 논스톱, 멈추지 않음

☐ ストライキ	[스또라이끼]	strike	동맹파업
☐ ストライク	[스또라이꾸]	strike	스트라이크
☐ ストリップ	[스또립뿌]	strip	스트립
☐ ストレス	[스또레스]	stress	스트레스

ストレスが溜(た)まる 스트레스가 쌓이다

☐ スパイ	[스빠이]	spy	스파이, 간첩
☐ スパゲッティ	[스빠겟띠]	이 spaghetti	스파게티
☐ スピーカー	[스삐−까−]	speaker	스피커
☐ スピーチ	[스삐−찌]	speech	스피치, 연설
☐ スピード	[스삐−도]	speed	스피드, 속도

猛(もう)スピードで走(はし)る 빠른 속도로 달리다

☐ スプーン	[스뿌−ㅇ]	spoon	스푼, 수저
☐ スプリング	[스뿌링구]	spring	스프링, 용수철
☐ スペイン	[스뻬인]	Spain	스페인
☐ スペース	[스뻬−스]	space	스페이스, 공간
☐ スペシャル	[스뻬샤루]	special	스페셜, 특별
☐ スポーツ	[스뽀−쓰]	sports	스포츠
☐ ズボン	[즈봉]	프 jupon	바지

ズボンをはく 바지를 입다

☐ スポンサー	[스뽄사−]	sponsor	스폰서, 광고주
☐ スポンジ	[스뽄지]	sponge	스펀지, 해면
☐ スマート	[스마−또]	smart	스마트, 말쑥함
☐ スモッグ	[스목구]	smog	스모그
☐ スランプ	[스람뿌]	slump	슬럼프

スランプに陥(おちい)る 슬럼프에 빠지다

☐ スリーブ	[스리−부]	sleeve	슬래브, 소매
☐ スリッパ	[스립빠]	slipper	슬리퍼
☐ スリラー	[스리라−]	thriller	스릴러
☐ スリル	[스리루]	thrill	스릴
☐ スローガン	[스로−강]	slogan	슬로건, 표어

〔せ〕

- □ **せせい** [세 세-] 背 등 =背中 せなか
  背が曲(ま)がる 등이 굽다　背がのびる 키가 자라다
- □ **せい** [세-] 탓, 원인
  失敗(しっぱい)を人(ひと)のせいにする
  실패를 남의 탓으로 돌리다
- □ **せいいき** [세-이끼] 聖域　성역
- □ **せいいっぱい** [세-입빠이] 精一杯　힘껏, 고작
  精一杯努力(どりょく)する 힘껏 노력하다
  子供(こども)たちを食(た)べさせるのが精一杯だ
  아이들을 먹여 살리는 것이 고작이다
- □ **せいうん** [세-웅] 青雲　청운
- □ **せいえき** [세-에끼] 精液　정액
- □ **せいおう** [세-오-] 西欧　서구
- □ **せいか** [세-까] 成果　성과
  [세-까] 生家　생가
- □ **せいかい** [세-까이] 政界　정계
- □ **せいかく** [세-까꾸] 正確　정확
  正確を期(き)する 정확을 기하다
  [세-까꾸] 性格　성격
  明(あか)るい性格 밝은 성격
- □ **せいかつ** [세-까쓰] 生活　생활
- □ **ぜいかん** [제-깡] 税関　세관
- □ **せいき** [세-끼] 世紀　세기
  [세-끼] 性器　성기
- □ **せいぎ** [세-기] 正義　정의

☐ せいきゅう	[세-뀨-]	請求	청구
☐ せいきょう	[세-꾜-]	盛況	성황
☐ ぜいきん	[제-낑]	税金	세금
☐ せいけい	[세-께-]	生計	생계
☐ せいけつ	[세-께쓰]	清潔	청결

清潔な感(かん)じのする女性(じょせい) 청결감을 주는 여자

☐ せいけん	[세-껭]	政権	정권
☐ せいげん	[세-겡]	制限	제한
☐ せいこう	[세-꼬-]	成功	성공

努力(どりょく)は成功の母である 노력은 성공의 어머니이다

☐ せいこう	[세-꼬-]	性交	성교
	[세-꼬-]	精巧	정교
☐ ぜいこみ	[제-꼬미]	税込み	세금을 포함

税込み50万円ごじゅうまんえんの月給(げっきゅう)
세금을 포함하여 50만 엔의 월급

☐ せいさく	[세-사꾸]	政策	정책
	[세-사꾸]	製作	제작
☐ せいさん	[세-상]	清算	청산
	[세-상]	生産	생산
☐ せいし	[세-시]	制止	제지
	[세-시]	生死	생사
	[세-시]	精子	정자
☐ せいじ	[세-지]	政治	정치
☐ せいしき	[세-시끼]	正式	정식
☐ せいしつ	[세-시쓰]	性質	성질
☐ せいじゅく	[세-쥬꾸]	成熟	성숙

成熟した演技(えんぎ)を見(み)せる 성숙한 연기를 보이다

☐ せいしゅん	[세-슝]	青春	청춘
☐ せいしょ	[세-쇼]	聖書	성서
☐ せいじょう	[세-죠-]	正常	정상

- せいしょく [세-쇼꾸] 生殖 생식
- せいしん [세-싱] 精神 정신
- せいじん [세-징] 成人 성인
  - [세-징] 聖人 성인
- せいず [세-즈] 製図 제도
- せいぜい [세-제이] 精々 가능한 한, 기껏
  - せいぜい勉強(べんきょう)してよ 열심히 공부해요
  - 歩(ある)いてもせいぜい十分(じっぷん)ぐらいだ
  - 걸어도 겨우 10분 정도이다
- せいせき [세-세끼] 成績 성적
- せいそう [세-소-] 星霜 성상
- せいぞう [세-조-] 製造 제조
  - [세-종-] 生存 생존
- せいたい [세-따이] 生態 생태
- せいだい [세-다이] 盛大 성대
- ぜいたく [제-따꾸] 贅沢 사치, 낭비
  - ぜいたくを言(い)えばきりがない
  - 사치스런 소리를 하자면 한이 없다
- せいちゅう [세-쮸-] 成虫 성충
- せいちょう [세-쬬-] 成長 성장
- せいと [세-또] 生徒 생도
- せいど [세-도] 制度 제도
- せいとう [세-또-] 正当 정당
  - 目的(もくてき)は必(かなら)ずしも手段(しゅだん)を正当化(か)しない 목적은 반드시 수단을 정당화하지는 않는다
  - [세-또-] 政党 정당
  - [세-또-] 正答 정답
- せいとん [세-똥] 整頓 정돈
- せいねん [세-넹] 青年 청년
  - [세-넹] 成年 성년

□ せいのう	[세-노-] 性能	성능
□ せいばつ	[세-바쓰] 征伐	정벌
□ せいびょう	[세-뵤-] 性病	성병
□ せいふ	[세-후] 政府	정부

新(しん)政府を樹立(じゅりつ)する 신정부를 수립하다

□ せいふく	[세-후꾸] 制服	제복
	[세-후꾸] 征服	정복
□ せいぶつ	[세-부쓰] 生物	생물
□ せいぶん	[세-붕] 成分	성분
□ せいべつ	[세-베쓰] 性別	성별
□ せいみつ	[세-미쓰] 精密	정밀
□ せいめい	[세-메-] 生命	생명
	[세-메-] 声明	성명
	[세-메-] 姓名	성명, 이름
□ せいよく	[세-요꾸] 性欲	성욕
□ せいり	[세-리] 整理	정리
	[세-리] 生理	생리
□ せいりつ	[세-리쓰] 成立	성립

商談(しょうだん)が成立する 상담이 성립되다

□ ぜいりつ	[제-리쓰] 税率	세율
□ せいりょく	[세-료꾸] 勢力	세력
□ せいれつ	[세-레쓰] 整列	정렬
□ せかい	[세까이] 世界	세계
□ せがむ	[세가무]	조르다

おもちゃを買(か)ってくれとせがむ
장난감을 사달라고 조르다

□ せき	[세끼] 咳	기침
□ せき	[세끼] 席	자리, 좌석
□ せきがいせん	[세끼가이셍] 赤外線	적외선
□ せきじゅうじ	[세끼쥬-지] 赤十字	적십자

□ せきしょ	[세끼쇼] 関所	검문소
□ せきぞう	[세끼조-] 石造	석조
□ せきたん	[세끼땅] 石炭	석탄
□ せきつい	[세끼쓰이] 脊椎	척추
□ せきどう	[세끼도-] 赤道	적도
□ せきにん	[세끼닝] 責任	책임

責任を果(は)たす 책임을 다하다
責任を負(お)う 책임을 지다

□ せきのやま	[세끼노야마] 関の山	최대한도, 고작 =せいぜい

彼(かれ)にはこのくらいがせきのやまだ
그에게는 이 정도가 고작이다

□ せきばらい	[세끼바라이] 咳払い	헛기침
□ せきゆ	[세끼유] 石油	석유
□ せきり	[세끼리] 赤痢	이질
□ せけん	[세껭] 世間	세상

あまりにも世間を知(し)らない 너무도 세상을 모른다

□ せだい	[세다이] 世代	세대
□ せたけ	[세따께] 背丈	키, 신장
□ せちがらい	[세찌가라이] 世知辛い	세상살이가 힘들다

世知辛い世(よ)の中(なか) 살아가기 힘든 세상

□ せっかい	[섹까이] 節介	참견, 간섭
□ せっかく	[섹까꾸] 折角	모처럼
□ せっかち	[섹까찌]	성급함

せっかちに結論(けつろん)を出(だ)す 성급하게 결론을 내다

□ せっき	[섹끼] 石器	석기
□ せっきょう	[섹꾜-] 説教	설교
□ ぜっきゅう	[젝뀨-] 絶叫	절규
□ せっきょく	[섹꾜꾸] 積極	적극 ↔消極 しょうきょく
□ せっきん	[섹낑] 接近	접근
□ せっけい	[섹께-] 設計	설계

□ せっけん	[섹껭]	石鹼	비누
□ ぜっこう	[젝꼬-]	絶交	절교
□ せっし	[셋시]	摂氏	섭씨
□ せつじつ	[세쓰지쓰]	切実	절실

切実に願(ねが)う 절실히 바라다

□ せっしゅ	[셋슈]	摂取	섭취
□ せっしょう	[셋쇼-]	殺生	살생
□ せっしょく	[셋쇼꾸]	接触	접촉
□ せっせと	[셋세또]		부지런히

せっせと金(かね)をかせぐ 부지런히 돈을 벌다

□ せつぞく	[세쓰조꾸]	接続	접속
□ せったい	[셋따이]	接待	접대
□ ぜったい	[젯따이]	絶対	절대
□ せつだん	[세쓰당]	切断	절단
□ ぜっちょう	[젯쬬-]	絶頂	절정
□ せってい	[셋떼-]	設定	설정
□ せっとく	[셋또꾸]	説得	설득
□ せつな	[세쓰나]	刹那	찰나
□ せつない	[세쓰나이]	切ない	몸이 괴롭다, 안타깝다

これじゃ切なくて歩あるけない

이래 가지고는 힘들어 못 걷겠다

切なくてなみだがこぼれる 애달파서 눈물이 흐르다

□ せっぱつまる	[셉빠쓰마루]	切羽詰まる	궁지에 몰리다
□ せつび	[세쓰비]	設備	설비
□ せっぷん	[셉뿡]	接吻	입맞춤, 키스
□ ぜっぺき	[젭뻬끼]	絶壁	절벽
□ ぜつぼう	[제쓰보-]	絶望	절망
□ ぜつみょう	[제쓰묘-]	絶妙	절묘
□ せつめい	[세쓰메-]	説明	설명
□ ぜつめい	[제쓰메-]	絶命	절명

□ せつもん	[세쓰몽]	設問	설문
□ せつやく	[세쓰야꾸]	節約	절약
□ せつり	[세쓰리]	摂理	섭리
□ せつりつ	[세쓰리쓰]	設立	설립
□ せとぎわ	[세또기와]	瀬戸際	운명의 갈림길

生(い)きるか死(し)ぬかの瀬戸際である
사느냐 죽느냐의 운명의 갈림길이다

□ せともの	[세또모노]	瀬戸物	도자기
□ せなか	[세나까]	背中	등
□ ぜに	[제니]	銭	엽전, 돈
□ ぜにん	[제닝]	是認	시인
□ せのび	[세노비]	背伸び	발돋움
□ せばめる	[세바메루]	狭める	좁히다
□ ぜひ	[제히]	是非	꼭, 아무쪼록

ぜひにというなら行(い)くことにする
꼭이라고 한다면 가기로 하겠다

□ せびろ	[세비로]	背広	양복
□ せまい	[세마이]	狭い	좁다
□ せまる	[세마루]	迫る	다가오다

死期(しき)が迫ってきた 죽을 때가 다가왔다

□ せみ	[세미]	蝉	매미
□ せむし	[세무시]		꼽추
□ せめて	[세메떼]		최소한, 하다못해, 적어도

せめてパリだけでも見(み)たい
하다못해 파리만이라도 보고 싶다

□ せめよせる	[세메요세루]	攻め寄せる	공략하다, 쳐들어가다
□ せめる	[세메루]	責める	나무라다, 꾸짖다

非行(ひこう)を責める 비행을 꾸짖다

	[세메루]	攻める	공격하다 ↔ 守 まもる

城(しろ)を攻める 성을 공격하다

- せり [세리] 芹 미나리
- せりふ [세리후] 台詞 대사
- せわ [세와] 世話 보살핌, 성가심, 폐

  母(はは)のない子供(こども)を世話している
  어머니 없는 아이를 돌보고 있다
  お世話をかけてすみません 폐를 끼쳐서 미안합니다
- せん [셍] 千 천
- ぜん [젱] 禅 선
- ぜんあく [젱아꾸] 善悪 선악
- せんい [셍이] 繊維 섬유
- せんいん [셍잉] 船員 선원
- ぜんいん [젱잉] 全員 전원
- せんか [셍까] 戦果 전과
- ぜんかしゃ [젱까샤] 前科者 전과자
- せんかい [셍까이] 旋回 선회
- ぜんかい [젱까이] 全快 전쾌, 완쾌

  一日(いちにち)も早(はや)く全快するよう祈(いの)ります
  하루 빨리 완쾌하도록 빕니다
- ぜんがく [젱가꾸] 全額 전액
- せんかん [셍깡] 戦艦 전함
- せんきょ [셍꾜] 選挙 선거
- せんきょう [셍꾜-] 宣教 선교
- せんげつ [셍게쯔] 先月 지난달
- せんげん [셍겡] 宣言 선언
- ぜんご [젱고] 前後 전후, 앞뒤

  前後を見回(みまわ)す 앞뒤를 둘러보다
- せんこう [셍꼬-] 専攻 전공
- せんこう [셍꼬-] 閃光 섬광
- せんこく [셍꼬꾸] 宣告 선고
- ぜんこく [젱꼬꾸] 全国 전국

□ せんざい	[센자이]	洗剤	세제
□ せんし	[센시]	先史	선사
□ せんし	[센시]	戦死	전사
□ せんじつ	[센지쓰]	先日	전날, 요전 날, 일전

先日は失礼(しつれい)しました 일전에는 실례했습니다
先日お目(め)にかかったものです 일전에 만나뵌 사람입니다

□ せんじつめる	[센지쓰메루]	煎じ詰める	바싹 달이다
□ せんしゅ	[센슈]	選手	선수
□ せんしゅう	[센슈-]	先週	지난 주
□ ぜんしゅう	[젠슈-]	全集	전집
□ せんしょく	[센쇼꾸]	染色	염색
□ せんしんこく	[센싱꼬꾸]	先進国	선진국 ↔ 後進国 こうしんこく
□ せんす	[센스]	扇子	접는 부채
□ せんすい	[센스이]	泉水	뜰에 만든 연못
□ せんすいかん	[센스이깡]	潜水艦	잠수함
□ せんせい	[센세-]	先生	선생
□ ぜんせい	[젠세-]	全盛	전성
□ ぜんぜん	[젠젱]	全然	전혀, 전연

全然知(し)らない 전혀 알지 못하다

□ せんぞ	[센조]	先祖	조상, 선조
□ せんそう	[센소-]	戦争	전쟁
□ せんぞく	[센조꾸]	専属	전속
□ ぜんたい	[젠따이]	全体	전체
□ せんたく	[센따꾸]	洗濯	세탁

洗濯物(もの)を干(ほ)す 세탁물을 말리다

□ せんたく	[센따꾸]	選択	선택
□ せんだって	[센닷떼]	先だって	얼마 전에
□ ぜんち	[젠찌]	全治	전치
□ せんちょう	[센쬬-]	船長	선장
□ せんてい	[센떼-]	選定	선정

□ ぜんてい	[젠떼-]	前提	전제
□ せんでん	[센뎅]	宣伝	선전
□ ぜんと	[젠또]	前途	전도, 앞길
□ せんとう	[센또-]	先頭	선두
	[센또-]	戦闘	전투
	[센또-]	銭湯	공중목욕탕

=風呂屋 ふろや・湯屋 ゆや

□ せんどう	[센도-]	煽動	선동
	[센도-]	船頭	뱃사공
□ せんにゅうかん	[센뉴-깡]	先入観	선입감
□ せんにん	[센닝]	仙人	선인, 신선
	[센닝]	選任	선임
□ せんねん	[센넹]	専念	전념
□ ぜんのう	[젠노-]	全能	전능
□ せんばい	[셈바이]	専売	전매
□ せんぱい	[셈빠이]	先輩	선배 ↔ 後輩 こうはい

先輩風(かぜ)を吹(ふ)かす 선배 티를 내다

□ せんばつ	[셈바쓰]	選抜	선발
□ ぜんぱんてき	[젬빤떼끼]	全般的	전반적
□ せんぷ	[셈뿌]	宣布	선포
□ ぜんぶ	[젬부]	全部	전부, 모두

これが全部ですか 이것이 전부입니까?

□ せんぷう	[셈뿌-]	旋風	선풍
□ せんべい	[셈베-]	煎餅	전병, 구운 납작한 과자
□ せんべつ	[셈베쓰]	選別	선별
□ ぜんぺん	[젬뼁]	前編	전편
□ せんぼう	[셈보-]	羨望	선망, 부러움
□ せんぽう	[셈뽀-]	先方	상대방

先方の意向(いこう)を確(たし)かめる
상대편의 의향을 확인하다

□ せんぽう	[셈뽀-]	戦法	전법
□ ぜんぼう	[젬보-]	全貌	전모
□ ぜんぽう	[젬뽀-]	前方	전방
□ ぜんまい	[젬마이]		태엽
□ せんむ	[셈무]	専務	전무
□ せんめい	[셈메-]	鮮明	선명함

去就(きょしゅう)を鮮明にする 거취를 분명히 하다

□ ぜんめつ	[젬메쓰]	全滅	전멸
□ せんめん	[셈멩]	洗面	세면, 세수
□ ぜんめん	[젬멩]	全面	전면
□ せんもん	[셈몽]	専門	전문

彼(かれ)の専門は人類学(じんるいがく)だ
그의 전문은 인류학이다

□ せんゆう	[셍유-]	戦友	전우
□ せんよう	[셍요-]	専用	전용

外国人(がいこくじん)専用の酒場(さかば)
외국인 전용의 술집

□ ぜんよう	[젱요-]	善用	선용
□ ぜんら	[젠라]	全裸	알몸
□ せんりつ	[센리쓰]	旋律	선율, 멜로디
	[센리쓰]	戦慄	전율
□ せんりゃく	[센랴꾸]	戦略	전략

戦略をたてる 전략을 세우다

□ せんりょう	[센료-]	占領	점령
□ ぜんりょく	[젠료꾸]	全力	전력

全力をつくす 전력을 다하다

□ せんれい	[센레-]	洗礼	세례
□ せんれん	[센렝]	洗練	세련

芸(げい)が洗練されている 기예가 세련되어 있다

□ せんろ	[센로]	線路	선로

▶ 외래어

- セーター [세-따-] sweater_ 스웨터
  セーターを編(あ)む 스웨터를 짜다
- セール [세-루] sale_ 세일, 매출
- セールス [세-루스] sales_ 세일즈
  彼(かれ)優(すぐ)れたセールスマンだ
  그는 뛰어난 세일즈맨이다
- セカンド [세간도] second_ 세컨드
- セクシー [세꾸시-] sexy_ 섹시, 성적 性的
- ゼスチュア [제스쥬아] gesture_ 제스처
  ゼスチュアをまじえて話(はな)す 제스처를 섞어서 말하다
- セックス [섹꾸스] sex_ 섹스, 성 性
- セット [셋또] set_ 세트, 한 벌
- セパード [세빠-도] shepherd_ 셰퍼드
- セミナール [세미나-루] 독 Seminar_ 세미나
- セレモニー [세레모니-] ceremony_ 세리머니, 의식
- ゼロ [제로] zero_ 제로, 영
  経営(けいえい)の才能(さいのう)はゼロだ
  경영 재능은 제로다(형편없다)
- センサス [센사스] census_ 센서스, 인구조사
- センス [센스] sense_ 센스, 미묘한 감각
  彼(かれ)はセンスが鈍(にぶ)い 그는 센스가 무디다
- センセーション [센세-숀] sensation_ 센세이션
- センター [센따-] center_ 센터, 중앙
- センチ [센찌] centimeter_ 센티미터의 준말
- センチメンタル [센찌멘따루] sentimental_ 감상적
- ゼントルマン [젠또루망] gentleman_ 젠틀맨, 신사

[そ]

- ぞう　　　　　　[조-] 象　코끼리
  　　　　　　　　象の鼻(はな)は長(なが)い 코끼리 코는 길다
- そうあん　　　　[소-앙] 創案　창안
- そういん　　　　[소-잉] 総員　총원
- ぞういん　　　　[조-잉] 増員　증원
- ぞうお　　　　　[조-] 憎悪　증오
  　　　　　　　　憎悪の目(め)で見(み)る 증오의 눈으로 보다
- そうおん　　　　[소-옹] 騒音　소음
- ぞうか　　　　　[조-까] 増加　증가
  　　　　　　　　[조-까] 造花　조화
- そうかい　　　　[소-까이] 爽快　상쾌함
  　　　　　　　　爽快な山頂(さんちょう)の朝(あさ) 상쾌한 산정의 아침
  　　　　　　　　[소-까이] 総会　총회
- そうがく　　　　[소-가꾸] 総額　총액
- ぞうがく　　　　[조-가꾸] 増額　증액
- そうかん　　　　[소-깡] 送還　송환
- そうぎょう　　　[소-교-] 創業　창업
- そうきん　　　　[소-낑] 送金　송금
- ぞうきん　　　　[조-낑] 雑巾　걸레
  　　　　　　　　床(ゆか)に雑巾をかける 마루에 걸레질을 하다
- そうけ　　　　　[소-께] 宗家　종가, 큰 집
- ぞうげ　　　　　[조-게] 象牙　상아
- そうけい　　　　[소-께-] 総計　총계
- ぞうけい　　　　[조-께-] 造詣　조
  　　　　　　　　文学(ぶんがく)に造詣が深(ふか)い 문학에 조예가 깊다

218

□ ぞうけい	[조-께-] 造形 조형
□ そうげん	[소-겡] 草原 초원
□ そうこ	[소-꼬] 倉庫 창고
□ そうご	[소-고] 相互 상호, 서로
	相互に助(たす)け合(あ)う 서로 돕다
□ そうこう	[소-꼬-] 奏効 주효
□ そうごう	[소-고-] 綜合 종합
□ そうさ	[소-사] 捜査 수사
	捜査網(もう)を敷(し)く 수사망을 펴다
□ ぞうさ	[조-사] 造作 번거로움, 수고로움, 어려움
	何(なん)の造作もなく 아무런 어려움도 없이, 아주 손쉽게
□ そうさい	[소-사이] 相殺 상쇄
□ そうさく	[소-사꾸] 創作 창작
□ そうざん	[소-장] 早産 조산
□ そうじ	[소-지] 掃除 청소
□ そうしき	[소-시끼] 葬式 장례식
□ そうしつ	[소-시쓰] 喪失 상실
□ ぞうしゃ	[조-샤] 増車 증차
□ そうじゅう	[소-쥬-] 操縦 조종
□ そうじゅく	[소-쥬꾸] 早熟 조숙함
	最近(さいきん)の子供(こども)は早熟だ
	최근의 아이들은 조숙하다
□ ぞうしょ	[조-쇼] 蔵書 장서
□ そうしょく	[소-쇼꾸] 装飾 장식
□ ぞうしん	[조-싱] 増進 증진
□ ぞうせい	[조-세-] 造成 조성
□ そうせつ	[소-세쓰] 創設 창설
□ そうぞう	[소-조-] 創造 창조
	創造力(りょく)の豊(ゆた)かなひと 상상력이 풍부한 사람
	[소-조-] 想像 상상

□ そうぞうしい	[소-조-시-]	騒騒しい	시끄럽다, 소란하다

世(よ)の中(なか)が騒騒しくなった 세상이 어수선해졌다

□ そうぞく	[소-조꾸]	相続	상속
□ そうたい	[소-따이]	早退	조퇴
□ ぞうだい	[조-다이]	増大	증대
□ そうだん	[소-당]	相談	상담

身(み)の上(うえ)相談 신상 상담

□ そうち	[소-찌]	装置	장치
□ ぞうてい	[조-떼-]	贈呈	증정
□ そうとう	[소-또-]	相当	상당히
□ そうどう	[소-도-]	騒動	소동
□ そうなん	[소-낭]	遭難	조난
□ ぞうに	[조-니]	雑煮	정월에 먹는 떡국
□ そうば	[소-바]	相場	시세

相場が定(さだ)まらない 시세가 안정되지 않다

□ そうはく	[소-하꾸]	蒼白	창백
□ そうび	[소-비]	装備	장비
□ そうべつかい	[소-베쓰까이]	送別会	송별회
□ ぞうり	[조-리]	草履	짚신, 샌들
□ そうりつ	[소-리쓰]	創立	창립
□ そうりょ	[소-료]	僧侶	승려
□ そうりょく	[소-료꾸]	総力	총력
□ そうわ	[소-와]	挿話	삽화, 에피소드
□ そえる	[소에루]	添える	첨부하다, 곁들이다

手紙(てがみ)を添えて渡(わた)す 편지와 함께 건네주다

□ そがい	[소가이]	疎外	소외
□ そきゅう	[소뀨-]	遡及	소급
□ そくい	[소꾸이]	即位	즉위
□ ぞくご	[조꾸고]	俗語	속어
□ そくざ	[소꾸자]	即座	즉시, 당장

□ そくし	[소꾸시] 即死	즉사
□ ぞくしゅつ	[조꾸슈쓰] 続出	속출
□ そくしん	[소꾸싱] 促進	촉진
□ ぞくする	[조꾸스루] 属する	속하다

バラ科かに属する花(はな) 장미과에 속하는 꽃

□ そくせい	[소꾸세-] 速成	속성
□ ぞくせい	[조꾸세-] 属性	속성
□ ぞくぞく	[조꾸조꾸] 続々	속속, 잇달아

続々と観客(かんきゃく)がつめかける
관객이 잇달아 밀어닥치다

□ そくだん	[소꾸당] 速断	속단
□ ぞくっぽい	[조꿉뽀이] 俗っぽい	속되다, 저속하기 짝이 없다

俗っぽい小説(しょうせつ) 저속한 소설

□ そくてい	[소꾸떼-] 測定	측정
□ そくど	[소꾸도] 速度	속도
□ ぞくに	[조꾸니] 俗に	흔히, 일반적으로

俗に時(とき)は金(かね)なりと言う
흔히 시간은 돈이다라고 한다

□ そくばく	[소꾸바꾸] 束縛	속박
□ そくめん	[소꾸멩] 側面	측면
□ そくりょう	[소꾸료-] 測量	측량
□ そくりょく	[소꾸료꾸] 速力	속력
□ そこ	[소꼬] 底	밑바닥
□ そこく	[소꼬꾸] 祖国	조국
□ そこなう	[소꼬나우] 損う	그르치다, 파손하다

器物(きぶつ)を損う 기물을 파손하다

□ そこぬけ	[소꼬누께] 底抜け	밑빠진, 얼간이
□ そし	[소시] 阻止	저지
□ そしき	[소시끼] 組織	조직
□ そしつ	[소시쓰] 素質	소질

- □ そして [소시떼] 그리고
- □ そしょう [소쇼-] 訴訟 소송
- □ そせい [소세-] 蘇生 소생
- □ そせん [소셍] 祖先 조상, 선조
- □ そそぐ [소소구] 注ぐ 따르다, 쏟아넣다
  - 湯呑(ゆの)みに茶(ちゃ)を注ぐ 찻잔에 차를 따르다
- □ そそっかしい [소속까시-] 조심성이 없이 덜렁대다
- □ そそのかす [소소노까스] 唆す 부추기다, 꼬드기다
  - 人(ひと)を唆して出資(しゅっし)させる
  - 남을 꼬드기어 출자하게 하다
- □ そそりたつ [소소리따쓰] 聳り立つ 우뚝 솟다
- □ そそる [소소루] 돋구다
  - 味覚(みかく)をそそる 미각을 돋구다
- □ そだつ [소다쓰] 育つ 자라다
- □ そだてる [소다떼루] 育てる 키우다
  - 子供(こども)を育てる 아이를 기르다
- □ そちら [소찌라] 그 쪽
- □ そっき [속끼] 速記 속기
- □ そつぎょう [소쓰교-] 卒業 졸업
- □ そっきん [속낑] 側近 측근
- □ そっくり [속꾸리] 몽땅, 꼭 닮음
  - あり金(がね)をそっくり渡(わた)した
  - 가진 돈을 모조리 내 주었다
  - 母親(ははおや)にそっくりだ 어머니를 꼭 닮았다
- □ そっけない [속께나이] 매몰차다
- □ ぞっこん [족꽁] 홀딱
- □ そっせん [솟셍] 率先 솔선
- □ そっち [솟찌] 그 쪽 =そちら
- □ そっちのけ [솟찌노께] そっち除け 뒷전으로 돌림
- □ そっちょく [솟쬬꾸] 率直 솔직함

□ そっと	[솟또] 살며시, 가만히	
	そっとしておいてやろう 가만히 그대로 내버려두자	
□ ぞっと	[좃또] 소름이 오싹	
□ そっぱ	[솝빠] (反っ歯) 뻐드렁니	
□ そで	[소데] (袖) 소매	
□ そと	[소또] (外) 밖, 바깥, 겉	
□ そとづら	[소또즈라] (外面) 외면	
□ そなえる	[소나에루] (備える) 대비하다	
	試験(しけん)に備えて勉強(べんきょう)する	
	시험에 대비하여 공부하다	
□ そなわる	[소나와루] (備わる) 갖추어지다	
□ そのうえ	[소노우에] (その上) 그 위에, 게다가	
□ そのかわり	[소노카와리] (その代り) 그 대신	
□ そのくせ	[소노쿠세] (その癖) 그런데도	
□ そのまま	[소노마마] 그대로	
□ そば	[소바] (側) 곁, 옆	
	[소바] (蕎麦) 메밀국수	
□ そばかす	[소바까스] 주근깨	
□ そびえる	[소비에루] (聳える) 치솟다 =そばだつ	
	雲(くも)の上(うえ)に聳える山々(やまやま)	
	구름 위에 우뚝 솟은 산들	
□ そふ	[소후] (祖父) 조부, 할아버지	
□ そぶり	[소부리] (素振り) 거동, 기색	
□ そぼ	[소보] (祖母) 조모, 할머니	
□ そまつ	[소마쓰] (粗末) 변변치 않음	
	お粗末でした (선물한 물건이) 변변치 못했습니다	
□ そまる	[소마루] (染まる) 물들다	
□ そむく	[소무꾸] (背く) 등지다, 배반하다	
	太陽(たいよう)に背いて立(た)つ 태양을 등지고 서다	
□ そめる	[소메루] (染める) 물들이다, 염색하다	

☐ そよかぜ	[소요카제]	산들바람
☐ そら	[소라] 空	하늘
☐ そらごと	[소라고또] 空言	헛소리
☐ そらぞらしい	[소라조라시-]	새침하다
☐ そらに	[소라니] 空似	남남끼리 얼굴생김새가 닮음
☐ そらみみ	[소라미미] 空耳	헛들음
☐ そらもよう	[소라모요-] 空模様	날씨
☐ そり	[소리]	썰매
☐ そる	[소루] 剃る	깎다

ひげを剃る 수염을 깎다

☐ それ	[소레]	그것
☐ それきり	[소레끼리]	그뿐
☐ それこそ	[소레꼬소]	그야말로
☐ それぞれ	[소레조레]	각자, 각기
☐ それでも	[소레데모]	그래도, 그런데도
☐ それに	[소레니]	게다가, 더욱이

雨(あめ)が降(ふ)る。それに風(かぜ)も吹(ふ)く
비가 온다. 게다가 바람도 분다

☐ そろう	[소로우] 揃う	갖추어지다
☐ そろそろ	[소로소로]	슬슬

そろそろ出(で)かける時間(じかん)です
슬슬 떠날 시간입니다

☐ そろばん	[소로방] 算盤	주판
☐ そわそわ	[소와소와]	안절부절
☐ そんがい	[송가이] 損害	손해 ↔ 利益 りえき
☐ ぞんがい	[종가이] 存外	의외, 예상외

問題(もんだい)は存外やさしかった 문제는 생각보다 쉬웠다

☐ そんけい	[송께-] 尊敬	존경
☐ そんざい	[손자이] 存在	존재
☐ ぞんざい	[존자이]	함부로 함, 소홀함

- そんしつ [손시쓰] 損失 손실
- そんしょく [손쇼꾸] 遜色 손색
- そんだい [손다이] 尊大 거만함, 건방짐

  尊大な態度(たいど) 거만한 태도
- そんちょう [손쬬-] 尊重 존중
- そんな [손나] 그런
- ぞんぶん [좀붕] 存分 마음껏, 실컷

  存分の手腕(しゅわん)を見(み)せる 마음껏 수완을 보여 주다

  思(おも)う存分食(た)べた 실컷 먹었다
- そんりつ [손리쓰] 存立 존립

▶ 외래어

- ソース [소-스] (source) 소스, 출처
- ソーセージ [소-세-지] (sausage) 소시지

  ソーセージを食(た)べる 소시지를 먹다
- ソケット [소껫또] (socket) 소켓
- ソナタ [소나따] 이 sonata 소나타

  冬(ふゆ)のソナタ 겨울 소나타(연가)
- ソファー [소화-] (sofa) 소파
- ソプラノ [소뿌라노] 이 soprano 소프라노
- ソング [송구] (song) 송, 노래

사물·장소·방향을 나타내는 단어

일본어	발음	한국어
これ	[고레]	이것
それ	[소레]	그것
あれ	[아레]	저것
どれ	[도레]	어느 것
ここ	[고꼬]	여기
そこ	[소꼬]	거기
あそこ	[아소꼬]	저기
どこ	[도꼬]	어디
こちら・こっち	[고찌라・곳찌]	이쪽
そちら・そっち	[소찌라・솟찌]	그쪽
あちら・あっち	[아찌라・앗찌]	저쪽
どちら・どっち	[도찌라・돗찌]	어느 쪽

사람을 가리킬 때 쓰이는 단어

일본어	발음	한국어
私(わたくし)	[와따꾸시]	저
私(わたし)	[와따시]	저, 나
僕(ぼく)	[보꾸]	나 (남자)
俺(おれ)	[오레]	나 (남자)
あなた	[아나따]	당신
君(きみ)	[기미]	자네, 너
お前(まえ)	[오마에]	너
さん	[상]	씨, 양
この方(かた)	[고노카따]	이분
その方(かた)	[소노카따]	그분
あの方(かた)	[아노카따]	저분
どの方(かた)	[도노카따]	어느 분
誰(だれ)	[다레]	누구
どなた	[도나따]	어느 분
彼(かれ)	[가레]	그, 그이
彼女(かのじょ)	[가노죠]	그녀

〔た行〕

〔た〕

- たい　　　　　[다이] 鯛　도미
- だいあん　　　[다이앙] 代案　대안
- たいいく　　　[다이이꾸] 体育　체육
- だいいち　　　[다이이찌] 第一　제일, 가장
- たいいん　　　[다이잉] 退院　퇴원 =入院 にゅういん
- 　　　　　　　[다이잉] 隊員　대원
- たいえき　　　[다이에끼] 退役　퇴역
- だいおう　　　[다이오-] 大王　대왕
- たいおん　　　[다이옹] 体温　체온
  - 体温を計(はか)る 체온을 재다
  - 体温が高(たか)い[低(ひく)い] 체온이 높다[낮다]
  - 体温が上(あが)る[下(さが)る] 체온이 오르다[내리다]
- たいか　　　　[다이까] 大家　대가
  - 　　　　　　[다이까] 耐火　내화
  - 　　　　　　[다이까] 退化　퇴화
- たいが　　　　[다이가] 大河　대하
- だいか　　　　[다이까] 代価　대가
  - 代価を払(はら)う 대가를(값을) 치르다
- たいかい　　　[다이까이] 大会　대회
- たいがい　　　[다이가이] 大概　대개, 대략
- たいかく　　　[다이까꾸] 体格　체격
- たいがく　　　[다이가꾸] 退学　퇴학
- だいがく　　　[다이가꾸] 大学　대학
- たいかくせん　[다이까꾸셍] 対角線　대각선
- たいき　　　　[다이끼] 待機　대기

☐ たいぎ	[다이기]	大儀	수고
☐ だいぎし	[다이기시]	代議士	국회의원
☐ だいきぼ	[다이끼보]	大規模	대규모
☐ たいきゃく	[다이꺄꾸]	退却	퇴각
☐ だいきらい	[다이끼라이]	大嫌い	아주 싫음 ↔ 大好 だいすき

ああいうやり方(かた)は大嫌いだ 저런 방식은 아주 싫다

☐ たいきん	[다이낑]	退勤	퇴근
	[다이낑]	大金	큰 돈
☐ だいきん	[다이낑]	代金	대금
☐ だいく	[다이꾸]	大工	목수
☐ たいぐう	[다이구-]	待遇	대우
☐ たいくつ	[다이꾸쓰]	退屈	지루함, 따분함

人生(じんせい)に退屈する 인생에 싫증이 나다

☐ たいけい	[다이께-]	体系	체계
☐ たいけつ	[다이께쓰]	対決	대결
☐ たいけん	[다이껭]	体験	체험
☐ たいこ	[다이꼬]	太鼓	북

太鼓腹(ばら) 올챙이배

☐ たいこう	[다이꼬-]	対抗	대항
☐ だいこん	[다이꽁]	大根	무
☐ たいさ	[다이사]	大差	큰 차
☐ たいざい	[다이자이]	滞在	체재

フランスに滞在する 프랑스에 체재하다

☐ たいさく	[다이사꾸]	対策	대책
☐ たいさん	[다이상]	退散	피해서 물러남
☐ たいし	[다이시]	大志	대지, 큰 뜻
	[다이시]	大使	대사
☐ たいじ	[다이지]	退治	퇴치

病気(びょうき)を退治する 병을 퇴치하다

	[다이지]	胎児	태아

☐ だいじ	[다이지] 大事	큰 일, 소중함, 중요함
	大事を控(ひか)える	큰일을 앞두다
	大事に扱(あつか)う	소중히 다루다
	この点(てん)が大事だ	이 점이 중요하다
☐ たいした	[다이시따] 大した	대단한
	(뒤에 부정어가 따르면) 별, 이렇다 할, 큰	
	大した人出(ひとで)だ	굉장한 인파다
	大した事(こと)にはなるまい	
	큰 일이 되지는 않을 것이다(별 일 없을 것이다)	
☐ たいしつ	[다이시쓰] 体質	체질
☐ たいしゃ	[다이샤] 退社	퇴사 ↔ 出社 しゅっしゃ
☐ たいしゅう	[다이슈-] 大衆	대중
☐ たいじゅう	[다이쥬-] 体重	체중
☐ たいしゅつ	[다이슈쓰] 退出	퇴출
☐ たいしょう	[다이쇼-] 対照	대조
	[다이쇼-] 対象	대상
☐ たいじょう	[다이죠-] 退場	퇴장
☐ だいじょうぶ	[다이죠-부] 大丈夫	괜찮음, 염려 없음
	大丈夫だよ, 心配(しんぱい)はいらないよ	
	괜찮다, 걱정할 것 없다	
☐ たいしょく	[다이쇼꾸] 退職	퇴직
☐ だいじん	[다이징] 大臣	대신, 장관 長官
☐ だいず	[다이즈] 大豆	콩
☐ だいすき	[다이스끼] 大好き	아주 좋아함
	わたしの大好きな俳優(はいゆう)	내가 아주 좋아하는 배우
☐ たいせい	[다이세-] 態勢	태세
	[다이세-] 体制	체제
☐ たいせつ	[다이세쓰] 大切	소중함, 귀중함
	本(ほん)を大切に扱(あつか)う	책을 소중히 다루다
☐ たいせん	[다이셍] 大戦	대전

☐ たいそう	[다이소-]	大層	매우, 대단히
	[다이소-]	体操	체조
☐ だいたい	[다이따이]	大体	대체로 = おおよそ・あらまし
☐ だいたん	[다이땅]	大胆	대담
☐ だいち	[다이찌]	大地	대지, 땅
☐ たいてい	[다이떼-]	大抵	대략, 대충 =おおかた・おおよそ

大抵の事(こと)は知(し)っている 대강의 내용은 알고 있다

☐ たいど	[다이도]	態度	태도
☐ だいとうりょう	[다이또-료-]	大統領	대통령
☐ だいどころ	[다이도꼬로]	台所	부엌, 주방
☐ だいなし	[다이나시]	台無し	엉망이 됨

大雨(おおあめ)で旅行(りょこう)が台無しになった
큰비로 여행이 엉망이 되었다

☐ たいにん	[다이닝]	退任	퇴임
☐ たいのう	[다이노-]	滞納	체납
☐ たいはん	[다이항]	大半	태반, 거지반
☐ たいひ	[다이히]	待避	대피
☐ たいびょう	[다이뵤-]	大病	중병
☐ だいひょう	[다이효-]	代表	대표
☐ だいぶ	[다이부]	大分	어지간히, 꽤

= かなり・よほど・だいぶん

風邪(かぜ)は大分よくなった 감기는 많이 나았다

☐ たいふう	[다이후-]	台風	태풍
☐ だいぶぶん	[다이부붕]	大部分	대부분
☐ たいへん	[다이헹]	大変	큰 일, 굉장함, 대단히

大変だ, 火事(かじ)だ 큰일났다, 불이다
大変失礼(しつれい)致(いた)しました 대단히 실례했습니다

☐ だいべん	[다이벵]	大便	대변, 똥
☐ たいほ	[다이호]	逮捕	체포
☐ たいほう	[다이호-]	大砲	대포

- たいぼう [다이보-] 大望 대망
- [다이보-] 耐乏 내핍
- たいぼく [다이보꾸] 大木 큰 나무
- だいほん [다이홍] 台本 대본
- たいまつ [다이마쓰] 松明 횃불
- たいまん [다이망] 怠慢 태만
- だいめい [다이메-] 題名 제명
- たいめん [다이멩] 体面 체면 ==面目 めんぼく

体面を保(たも)つ 체면을 지키다
体面を重(おも)んずる 체면을 중히 여기다
体面を汚(けが)す 체면을 손상하다

- だいもく [다이모꾸] 題目 제목
- だいやく [다이야꾸] 代役 대역
- たいよう [다이요-] 太陽 태양
- だいようひん [다이요-힝] 代用品 대용품
- だいり [다이리] 代理 대리
- たいりく [다이리꾸] 大陸 대륙
- だいりせき [다이리세끼] 大理石 대리석
- たいりつ [다이리쓰] 対立 대립

対立を避(さ)ける 대립을 피하다

- たいりゅう [다이류-] 滞留 체류
- たいりょう [다이료-] 大量 대량
- たいりょく [다이료꾸] 体力 체력
- たいわ [다이와] 対話 대화

対話が欠(か)けている 대화가 부족하다

- たうえ [다우에] 田植え 모내기
- だえき [다에끼] 唾液 타액, 침
- たえず [다에즈] 絶えず 끊임없이, 줄곧 =いつも

地球(ちきゅう)は絶えず自伝(じでん)している
지구는 끊임없이 자전하고 있다

□ たえる	[다에루] 堪える 참고 견디다 =こらえる	
	不幸(ふこう)に堪える 불행을 참고 견디다	
	[다에루] 絶える 끊어지다, 다 되다	
	供給(きょうきゅう)が絶える 공급이 끊기다	
□ だえんけい	[다엥께-] 楕円形 타원형	
□ たおす	[다오스] 倒す 쓰러뜨리다	
□ たおれる	[다오레루] 倒れる 쓰러지다 =ころぶ	
	台風(たいふう)でへいが倒れる 태풍으로 담이 쓰러지다	
□ たか	[다까] 鷹 매	
□ たかい	[다까이] 高い 높다, 비싸다, 키가 크다	
	高いビル 높은 빌딩 値段(ねだん)が高い 값이 비싸다	
	思(おも)ったより背(せ)が高い 생각보다 키가 크다	
□ だかい	[다까이] 打開 타개	
□ たがいに	[다가이니] 互いに 서로, 피차	
	互いに助(たす)け合(あ)っている 서로 돕고 있다	
□ たがく	[다가꾸] 多額 다액	
□ たかね	[다까네] 高値 비싼 값	
□ たがやす	[다가야스] 耕す 갈다, 경작하다	
□ たから	[다까라] 宝 보물, 보배	
□ たからもの	[다까라모노] 宝物 보물	
□ たき	[다끼] 滝 폭포	
□ たきぎ	[다끼기] 薪 장작, 땔나무	
□ だきしめる	[다끼시메루] 抱き締める 껴안다, 부둥켜안다	
	子(こ)を抱き締めて母親(ははおや)は泣(な)いた	
	자식을 꼭 껴안고 어머니는 울었다	
□ たきび	[다끼비] 焚火 모닥불	
□ たきもの	[다끼모노] 焚き物 땔감	
□ だきょう	[다꾜-] 妥協 타협	
□ たく	[다꾸] 焚く 피우다	
	[다꾸] 炊く 밥을 짓다	

□ だく	[다꾸] 抱く	안다
	赤(あか)ん坊(ぼう)を抱く 아기를 안다	
□ たくあん	[다꾸앙] 沢庵	단무지
□ たぐい	[다구이] 類	같은 무리, 같은 부류
□ たくえつ	[다꾸에쓰] 卓越	탁월
□ たくさん	[다꾸상] 沢山	많음, 충분함
	たくさんの友人(ゆうじん)ができる 많은 친구가 생기다	
	もうたくさんだ 이제 그만 됐다(이것으로 충분하다)	
□ たくじょう	[다꾸죠-] 卓上	탁상
□ だくすい	[다꾸스이] 濁水	탁수
□ たくする	[다꾸스루] 託する	맡기다
□ たくはつ	[다꾸하쓰] 托鉢	탁발
□ たくましい	[다꾸마시-] 逞しい	우람스럽다, 다부지다
	たくましく成長(せいちょう)する 튼튼하게 성장하다	
□ たくみ	[다꾸미] 巧み	솜씨가 능숙함
□ たくらむ	[다꾸라무] 企む	좋지 않은 일을 꾸미다
□ だくりゅう	[다꾸류-] 濁流	탁류
□ たぐる	[다구루] 手繰る	두 손으로 끌어당기다
	綱(つな)を手繰る 밧줄을 끌어당기다	
□ たくわえる	[다꾸와에루] 蓄える	저축하다, 기르다
□ たけ	[다께] 丈	키
	[다께] 竹	대나무
□ だげき	[다게끼] 打撃	타격
□ たけのこ	[다께노꼬] 筍	죽순, 버섯
□ たこ	[다꼬] 凧	연
	[다꼬] 蛸	문어
□ たさつ	[다사쯔] 他殺	타살
□ ださん	[다상] 打算	타산
□ たしか	[다시까] 確か	확실함
	身元(みもと)の確かな人(ひと) 신원이 확실한 사람	

☐ たしかめる	[다시까메루]	確める	확인함
☐ たしなみ	[다시나미]	嗜み	기호
☐ たしなめる	[다시나메루]	嗜める	타이르다
	やさしくたしなめる 좋은 말로 타이르다		
☐ だしぬけ	[다시누께]	出し抜け	불의, 불시
☐ たしょう	[다쇼-]	多少	다소, 약간
☐ たじろぐ	[다지로구]		질려 쩔쩔매다
☐ だしん	[다싱]	打診	타진
☐ たす	[다스]	足す	보태다, 채우다
☐ だす	[다스]	出す	내다, 내놓다
☐ たすう	[다스-]	多数	다수
☐ たすかる	[다스까루]	助かる	살아남다, 구제되다
☐ たすける	[다스께루]	助ける	구조하다, 돕다 = 救 すくう
	おぼれかけている子供(こども)を助ける		
	물에 빠진 아이를 구하다		
☐ たずさえる	[다즈사에루]	携える	지니다, 휴대하다
☐ たずねる	[다즈네루]	尋ねる	찾다, 묻다
	安否(あんぴ)を尋ねる 안부를 묻다		
	方々(ほうぼう)尋ね回(まわ)る 사방을 찾아 헤매다		
☐ だせい	[다세-]	惰性	타성
☐ たそがれ	[다소가레]	黄昏	황혼
☐ だそく	[다소꾸]	蛇足	사족, 군더더기
☐ ただ	[다다]	只	보통, 예사
☐ だだ	[다다]	駄駄	응석, 떼
	だだを捏(こね)る 떼를 쓰다		
☐ ただいま	[다다이마]	只今	방금, 지금
☐ たたかい	[다다까이]	戦い	싸움
☐ たたかう	[다다까우]	戦う	싸우다
☐ たたきうり	[다다끼우리]	叩き売り	투매, 덤핑판매
☐ たたきつける	[다다끼쓰께루]	叩き付ける	때려 부수다

☐ たたく	[다다꾸]	叩く	두드리다

母親(ははおや)はいたずら息子(むすこ)の尻(しり)を叩いた 어머니는 장난꾸러기 아들의 엉덩이를 때렸다

☐ ただごと	[다다고또]	只事	예삿일

いくら考(かんが)えても只事ではない
아무리 생각해도 예삿일은 아니다

☐ ただし	[다다시]	但し	단, 다만
☐ ただしい	[다다시-]	正しい	옳다, 바르다
☐ ただす	[다다스]	正す	바로잡다, 고치다
☐ たたずむ	[다따즈무]	佇む	멈추어서다
☐ ただちに	[다다찌니]	直ちに	즉시, 곧
☐ ただなか	[다다나까]	直中	한복판
☐ ただならぬ	[다다나라누]	徒ならぬ	심상치 않은

ただならぬ顔色(かおいろ) 심상치 않은 안색

☐ ただのり	[다다노리]	只乗り	무임승차
☐ たたみ	[다따미]	畳	일본식 돗자리
☐ たたむ	[다따무]	畳む	접다, 걷어치우다
☐ ただよう	[다다요-]	漂う	떠돌다, 표류하다
☐ ただれる	[다다레루]	爛れる	짓무르다, 문드러지다
☐ たちあい	[다찌아이]	立ち会い	입회
☐ たちあがる	[다찌아가루]	立ち上る	일어서다
☐ たちおうじょう	[다찌오-죠-]	立ち往生	선 채로 꼼짝 못함
☐ たちぎき	[다찌기끼]	立ち聞き	엿들음
☐ たちすくむ	[다찌스꾸무]	立ち竦む	선 채로 움직이지 못함
☐ たちどころに	[다찌도꼬로니]	立ち所に	단숨에, 즉시
☐ たちどまる	[다찌도마루]	立ち止まる	멈추어 서다
☐ たちば	[다찌바]	立場	입장, 처지

立場がなくなる 처지가 난처해지다

☐ たちまち	[다찌마찌]	忽ち	순식간에
☐ たちよる	[다찌요루]	立ち寄る	다가서다, 들르다

☐ だちん	[다찡]	駄賃	심부름값
☐ たつ	[다쓰]	断つ	자르다, 끊다
	[다쓰]	立つ	서다, 일어나다
	[다쓰]	経つ	시간이 지나다
☐ だっかん	[닥깡]	奪還	탈환, 되찾음
☐ たっしゃ	[닷샤]	達者	능숙함, 뛰어남
☐ だっしゅつ	[닷슈쓰]	脱出	탈출
☐ たつじん	[다쓰징]	達人	달인
☐ たっする	[닷스루]	達する	도달하다, 이르다

目標(もくひょう)に達する 목표에 도달하다

☐ だつぜい	[다쓰제이]	脱税	탈세
☐ だっせん	[닷셍]	脱線	탈선
☐ だっそう	[닷소-]	脱走	탈주
☐ たった	[닷따]		겨우, 고작

たったこれだけか 겨우 이것뿐이냐?

☐ だったい	[닷따이]	脱退	탈퇴
☐ たづな	[다즈나]	手綱	고삐
☐ たっぷり	[답뿌리]		듬뿍, 잔뜩

バターをたっぷりぬる 버터를 듬뿍 바르다

☐ だつぼう	[다쓰보-]	脱帽	탈모
☐ だつもう	[다쓰모-]	脱毛	탈모
☐ たて	[다떼]	縦	세로 ↔横 よこ
☐ たてこもる	[다떼꼬모루]	立て籠る	들어박혀 나오지 않다
☐ たてつぼ	[다떼쓰보]	建坪	건물의 건평
☐ たてまえ	[다떼마에]	建て前	상량, 방침 =むねあげ
☐ たてる	[다떼루]	建てる	건물을 짓다, 세우다

ビルを建てる 빌딩을 짓다

☐ だでん	[다뎅]	打電	타전
☐ だとう	[다또-]	妥当	타당
☐ たとえ	[다또에]		설령, 비록

☐ たとえば	[다또에바]	例えば 예를 들면, 이를테면
☐ たどりつく	[다도리쓰꾸]	たどり着く 간신히 도착하다
☐ たな	[다나]	棚 선반, 시렁
☐ たなあげ	[다나아게]	棚上げ 보류

賠償金(ばいしょうきん)の支払(しはら)いは棚上げになった 배상금 지불은 보류되었다

☐ たなびく	[다나비꾸]	안개나 연기 따위가 길게 뻗치다
☐ だに	[다니]	진드기
☐ たにま	[다니마]	谷間 골짜기
☐ たにん	[다닝]	他人 타인, 다른 사람
☐ たね	[다네]	種 씨앗, 원인
☐ たねぎれ	[다네기레]	種切れ 재료가 떨어짐
☐ たねん	[다넹]	他念 다른 생각
☐ たのしい	[다노시-]	楽しい 즐겁다

旅(たび)の楽しい思(おも)い出(で) 여행의 즐거운 추억

☐ たのしむ	[다노시무]	楽しむ 즐기다
☐ たのみ	[다노미]	頼み 부탁, 청
☐ たのむ	[다노무]	頼む 부탁하다
☐ たのもし	[다노모시]	頼母子 계 契
☐ たのもしい	[다노모시-]	頼もしい 믿음직하다

彼(かれ)は頼もしい青年(せいねん)だ
그는 믿음직한 청년이다

☐ たば	[다바]	束 다발, 뭉치
☐ たばこ	[다바꼬]	煙草 담배
☐ たばねる	[다바네루]	束ねる 묶다
☐ たび	[다비]	旅 여행
	[다비]	足袋 일본식 버선
☐ たびかさなる	[다비카사나루]	度重なる 거듭되다
☐ たびさき	[다비사끼]	旅先 행선지, 여행지
☐ たびじ	[다비지]	旅路 나그네길, 여로

☐ たびたつ	[다비다쓰] 旅立つ	여행을 떠나다
☐ たびたび	[다비따비] 度々	여러 번 =しばしば・いくども
	たびたびご迷惑(めいわく)をかけてすみません	
	번번이 폐를 끼쳐서 죄송합니다	
☐ たびびと	[다비비또] 旅人	나그네
☐ たぶらかす	[다부라까스]	속이다
☐ たぶん	[다붕] 多分	아마도, 필경
	明日(あす)までには多分着(つ)くだろう	
	내일까지는 아마 도착할 것이다	
☐ たべもの	[다베모노] 食べ物	음식물
☐ たべる	[다베루] 食べる	먹다
☐ だべん	[다벵] 駄弁	잡담
☐ たほう	[다호-] 他方	그러는 한편
☐ たぼう	[다보-] 多忙	다망
☐ だぼら	[다보라] 駄法螺	허풍
☐ たま	[다마] 玉	옥, 구슬
☐ たまげる	[다마게루] 魂消る	혼쭐나다
☐ たまご	[다마고] 卵	알, 달걀
☐ たましい	[다마시-] 魂	넋, 혼
☐ だます	[다마스] 騙す	속이다, 달래다 =あざむく
	人ひとをだまして金(かね)を取(と)る	
	남을 속여 돈을 빼앗다	
☐ たまたま	[다마따마]	가끔, 우연히
☐ たまつき	[다마쓰끼] 玉突き	당구
☐ たまねぎ	[다마네기] 玉葱	양파
☐ たまらない	[다마라나이]	견딜 수 없다
	頭(あたま)が痛(いた)くてたまらない	
	머리가 아파서 견딜 수 없다	
☐ たまる	[다마루] 溜る	괴다, 쌓이다
☐ だまる	[다마루] 黙る	침묵하다

- たみ　　　　　[다미] 民　백성, 국민
- だめ　　　　　[다메] 駄目　엉망, 안 됨, 허사임
  　　　　　　　努力(どりょく)をしたがだめだった
  　　　　　　　노력을 하였으나 허사였다
  　　　　　　　もっと注意(ちゅうい)しなければだめだ
  　　　　　　　더 주의하지 않으면 안 된다
- ためいき　　　[다메-끼] 溜息　한숨
- ためす　　　　[다메스] 試す　시험하다
- ために　　　　[다메니] 為に　때문에, 위하여
- ためらう　　　[다메라우] 躊躇う　망설이다, 주저하다
- たもつ　　　　[다모쓰] 保つ　보유하다, 유지하다
  　　　　　　　平和(へいわ)を保つ　평화를 유지하다
- たもと　　　　[다모또] 袂　소맷자락
- たやすい　　　[다야스이] 쉽다, 용이하다
- たより　　　　[다요리] 便り　소식
- たよりない　　[다요리나이] 頼り無い　의지할 곳이 없다
- たよる　　　　[다요루] 頼る　의지하다
- たら　　　　　[다라] 鱈　대구
- たらい　　　　[다라이] 대야
- だらく　　　　[다라꾸] 堕落　타락
- だらけ　　　　[다라께] 투성이
  　　　　　　　髪(かみ)がふけだらけだ　머리카락이 비듬투성이다
- たらこ　　　　[다라꼬] 鱈子　명란젓
- だらしない　　[다라시나이] 칠칠치 못하다, 야무지지 못하다
- たりょう　　　[다료-] 多量　다량
- たりる　　　　[다리루] 足りる　족하다, 충분하다
  　　　　　　　1万円(いちまんえん)ほどあれば足りる
  　　　　　　　1만 엔 정도 있으면 족하다
- たる　　　　　[다루] 樽　술통
- だるい　　　　[다루이] 나른하다

□ だるま	[다루마]	達磨	오뚝이
□ たるむ	[다루무]	弛む	느슨해지다
□ だれ	[다레]	誰	누구
□ たれまく	[다레마꾸]	垂れ幕	현수막
□ たれる	[다레루]	垂れる	늘어지다, 드리우다

天井(てんじょう)が垂れる 천장이 처지다

すだれを垂れる 발을 드리우다

□ たわむれる	[다와무레루]	戯れる	희롱거리다, 놀다
□ たわら	[다와라]	俵	쌀가마니
□ だんあん	[당앙]	断案	단안
□ たんい	[당이]	単位	단위
□ たんか	[당까]	担荷	들것, 단가
□ だんかい	[당까이]	段階	단계
□ だんがん	[당강]	弾丸	탄환, 총알
□ たんき	[당끼]	短気	성질이 급함

短気な性格(せいかく) 성급한 성미

□ たんきゅう	[당뀨-]	探求	탐구
□ だんけつ	[당께쓰]	団結	단결
□ たんけん	[당껭]	探検	탐험
□ だんげん	[당겡]	断言	단언
□ たんご	[당고]	単語	단어
□ だんこ	[당꼬]	断固	단호히
□ たんこう	[당꼬-]	炭鉱	탄광
□ だんこう	[당꼬-]	断行	단행

値下(ねさ)げを断行する 가격 인하를 단행하다

□ だんごう	[당고-]	談合	담합
□ だんこん	[당꽁]	男根	남근
□ だんし	[단시]	男子	남자
□ だんじ	[단지]	男児	남아
□ だんじき	[단지끼]	断食	단식

た

□ だんじて	단지떼	断じて	절대로

断じてその地位(ちい)は手(て)に入(い)れる
기필코 그 지위는 차지하다

□ たんじゅん	단쥼	単純	단순
□ たんしょ	단쇼	端緒	단서, 실마리
	단쇼	短所	결점, 단점 ↔ 長所 ちょうしょ
□ だんじょ	단죠	男女	남녀
□ たんじょう	단죠-	誕生	탄생
□ たんじょうび	단죠-비	誕生日	생일

お誕生日、おめでとうございます 생일 축하합니다

□ たんす	단스	箪笥	장롱
□ だんすい	단스이	断水	단수
□ たんせい	단세-	端正	단정
□ だんせい	단세-	男性	남성 ↔ 女性 じょせい
□ だんぜつ	단제쓰	断絶	단절
□ だんぜん	단젱	断然	단연, 결코

断然許(ゆる)さない 결코 용서하지 않다

□ だんそう	단소-	断層	단층
□ たんそく	단소꾸	嘆息	탄식
□ だんたい	단따이	団体	단체
□ だんだん	단당	段々	점점, 차츰

街(まち)がだんだんと復興(ふっこう)する
거리가 차차 부흥하다

□ だんち	단찌	団地	단지
□ たんちょう	단쬬-	丹頂	두루미
	다쬬-	単調	단조로움
□ だんちょう	단쬬-	団長	단장
□ たんてい	단떼-	探偵	탐정
□ だんてい	단떼-	断定	단정
□ たんでん	단뎅	丹田	단전, 배꼽

- たんとう [단또-] 担当 담당
- だんとう [단또-] 暖冬 난동
- たんどく [단도꾸] 単独 단독
- だんどり [단도리] 段取り 일을 진행시키는 순서, 방법
  段取りを付(つ)ける 일의 순서를 미리 정하다
- だんな [단나] 旦那 주인, 나리
- たんなる [단나루] 単なる 단순한
  それは単なる広言(こうげん)ではない
  그것은 단순한 장담은 아니다
- たんにん [단닝] 担任 담임
- たんねん [단넹] 丹念 꼼꼼함, 정성들여서 함
  本(ほん)を丹念に読(よ)む 책을 정성들여 꼼꼼히 읽다
- たんぱくしつ [담빠꾸시쓰] 蛋白質 단백질
- だんぱん [담빵] 談判 담판
- たんぺん [담뻰] 短篇 단편 ↔ 長編 ちょうへん
  [담뽀] 担保 담보
- だんぼう [담보-] 暖房 난방 ↔ 冷房 れいぼう
  暖房のきいた部屋(へや) 난방이 잘 된 방
- たんぽぽ [담뽀뽀] 민들레
- だんまり [담마리] 듬뿍, 많이
- だんめん [담멩] 断面 단면
- たんもの [담모노] 段物 피륙, 옷감
- だんらく [단라꾸] 段落 단락, 일단락
  段落に分(わ)ける 단락으로 나누다
  これで一いち段落だ 이것으로 일단락이 지어졌다
- だんらん [단랑] 団欒 단란함
- だんりゅう [단류-] 暖流 난류
- たんれん [단렝] 鍛練 단련
- だんわ [당와] 談話 담화
  談話を発表(はっぴょう)する 담화를 발표하다

외래어

- ダークホース [다-꾸호-스] dark horse 다크호스, 유망주
- ターミナル [타-미나루] terminal 터미널
- タイガー [타이가-] tiger 타이거, 호랑이
- ダイジェスト [다이제스또] digest 다이제스트, 요약
- タイトル [타이또루] title 타이틀, 표제
- タイトルマッチ [타이또루맛찌] title match 타이틀매치
  ミドル級(きゅう)のタイトルマッチ 미들급의 타이틀매치
- タイミング [타이밍구] timing 타이밍
  タイミングがいい 타이밍이 좋다
  タイミングが合(あ)わない 타이밍이 맞지 않다
- タイヤ [타이야] tire 타이어
- ダイヤ [다이야] dia 다이아몬드
- ダイヤル [다이야루] dial 다이얼
- タキシード [타끼시-도] tuxedo 턱시도
- タクシー [타꾸시-] taxi 택시
  タクシーを拾(ひろ)う 택시를 잡다
- タッチ [탓찌] touch 터치, 닿음
- タフガイ [타후가이] tough guy 터프가이
- ダブル [다부루] double 더블 ↔ シングル single
  ダブルスコア(double score) 더블스코어
- ダム [다무] dam 댐
- トラップ [타랍뿌] 네 trap 트랩
- タレント [타렌또] talent 탤런트
- タワー [타와-] tower 타워, 탑
- タンク [탕꾸] tank 탱크
- ダンス [단스] dance 댄스
- ダンピング [담삥구] dumping 덤핑

[ち]

☐ ち	[치] 血 피 =血液 けつえき	
	血を流(なが)す 피를 흘리다	
☐ ちあん	[치앙] 治安 치안	
☐ ちい	[치-] 地位 지위	
	高(たか)い地位に付(つ)く 높은 지위에 앉다	
☐ ちいき	[치-끼] 地域 지역	
☐ ちいさい	[치-사이] 小さい 작다, 어리다 ↔ 大 おおきい	
	小さく見(み)えた 작게 보였다	
	小さい時分(じぶん)から 어렸을 때부터	
☐ ちえ	[치에] 知恵 지혜, 꾀	
☐ ちえん	[치엥] 遅延 지연	
☐ ちえん	[치엥] 地縁 지연	
☐ ちか	[치까] 地下 지하	
☐ ちかい	[치까이] 近い 가깝다	
☐ ちかう	[치까우] 誓う 맹세하다, 다짐하다	
	神(かみ)にかけて誓う 신을 두고 맹세하다	
☐ ちがう	[치가우] 違う 다르다, 틀리다	
	好(この)みが違う 기호가 다르다	
	答(こた)えが違う 답이 틀리다	
☐ ちかく	[치까꾸] 近く 근처, 가까운 곳	
☐ ちかごろ	[치까고로] 近頃 근래, 요즈음	
☐ ちかづく	[치까즈꾸] 近付く 접근하다, 다가가다	
	船(ふね)が岸壁(がんぺき)に近付く 배가 안벽으로 다가가다	
☐ ちかてつ	[치까떼쓰] 地下鉄 지하철	
☐ ちかみち	[치까미찌] 近道 지름길, 가까운 길	

☐ ちかよる	[치까요루]	近寄る	접근하다
☐ ちから	[치까라]	力	힘
☐ ちからいっぱい	[치까라입빠이]	力一杯	힘껏

力一杯やってみる 힘껏 해보다

☐ ちからもち	[치까라모찌]	力持ち	힘이 센 사람, 장사
☐ ちかん	[치깡]	痴漢	치한
☐ ちきゅう	[치뀨-]	地球	지구
☐ ちぎる	[치기루]	千切る	잘라 떼다, 비틀어 뜯다
☐ ちぎれる	[치기레루]	千切れる	끊기어 떨어지다
☐ ちくおんき	[치꾸옹끼]	蓄音機	축음기
☐ ちくしょう	[치꾸쇼-]	畜生	짐승, 개새끼
☐ ちくちく	[치꾸찌꾸]		콕콕 찌르는 모양
☐ ちぐはぐ	[치구하구]		짝짝이, 뒤죽박죽
☐ ちこく	[치꼬꾸]	遅刻	지각

会社(かいしゃ)に遅刻する 회사에 지각하다

☐ ちしき	[치시끼]	知識	지식
☐ ちしつがく	[치시쓰가꾸]	地質学	지질학
☐ ちじょう	[치죠-]	地上	지상
	[치죠-]	痴情	치정
☐ ちず	[치즈]	地図	지도
☐ ちすじ	[치스지]	血筋	혈통
☐ ちせい	[치세-]	知性	지성
☐ ちたい	[치따이]	地帯	지대
☐ ちち	[치찌]	父	아버지
	[치찌]	乳	젖, 유방
☐ ちちうえ	[치찌우에]	父上	아버님
☐ ちちおや	[치찌오야]	父親	부친
☐ ちちくさい	[치찌구사이]	乳臭い	젖비린내 난다, 유치하다

赤(あか)ちゃんの乳臭いにおい 아기의 젖비린내

☐ ちちくび	[치찌구비]	乳首	젖꼭지

☐ ちぢまる	[치지마루] (縮まる)	오그라들다, 줄어들다
☐ ちぢむ	[치지무] (縮む)	오그라들다
☐ ちぢめる	[치지메루] (縮める)	줄이다, 단축하다, 움츠리다

長ながい文章(ぶんしょう)を縮める 긴 문장을 줄이다

☐ ちつづき	[치쓰즈끼] (血続き)	혈연
☐ ちつじょ	[치쓰죠] (秩序)	질서
☐ ちっそく	[칫소꾸] (窒息)	질식
☐ ちっとも	[칫또모]	조금도, 잠시도 少(すこ)しも

ちっともこわくない 조금도 두렵지 않다

☐ ちてき	[치떼끼] (知的)	지적
☐ ちてん	[치뗑] (地点)	지점
☐ ちどり	[치도리] (千鳥)	물떼새
☐ ちのう	[치노-] (知能)	지능
☐ ちび	[치비]	꼬마
☐ ちぶさ	[치부사] (乳房)	유방
☐ ちほう	[치호-] (地方)	지방
☐ ちまなこ	[치마나꼬] (血眼)	혈안

血眼になってさがす 혈안이 되어 찾다

☐ ちめい	[치메-] (地名)	지명
☐ ちめいしょう	[치메-쇼-] (致命傷)	치명상
☐ ちゃ	[챠] (茶)	차

お茶を飲(の)む 차를 마시다

☐ ちゃいろ	[챠이로] (茶色)	다색, 갈색
☐ ちゃくがん	[챠꾸강] (着眼)	착안
☐ ちゃくしゅ	[챠꾸슈] (着手)	착수
☐ ちゃくせき	[챠꾸세끼] (着席)	착석
☐ ちゃくそう	[챠꾸소-] (着想)	착상
☐ ちゃくちゃく	[챠꾸쨔꾸] (着着)	착착
☐ ちゃくよう	[챠꾸요-] (着用)	착용
☐ ちゃくりく	[챠꾸리꾸] (着陸)	착륙

☐ ちゃっこう	[착꼬-]	着工	착공
☐ ちゃみせ	[챠미세]	茶店	찻집
☐ ちゃわん	[챠왕]	茶碗	밥공기, 찻종
☐ ちゃんと	[챤또]		제대로, 빈틈없이

支度(したく)すでにちゃんとできている
준비는 이미 빈틈없이 되어 있다

☐ ちゃんぽん	[챰뽕]		혼합, 한데 섞음
☐ ちゅうい	[츄-이]	注意	주의
☐ ちゅうおう	[츄-오-]	中央	중앙
☐ ちゅうかい	[츄-까이]	仲介	중개
☐ ちゅうがえり	[츄-가에리]	宙返り	공중제비

みごとに宙返りをする 멋지게 공중제비를 하다

☐ ちゅうがっこう	[츄-각꼬-]	中学校	중학교
☐ ちゅうかん	[츄-깡]	中間	중간
	[츄-깡]	昼間	주간, 대낮
☐ ちゅうけい	[츄-께-]	中継	중계

サッカーを生(なま)中継で見(み)る 축구를 생중계로 보다

☐ ちゅうけん	[츄-껭]	中堅	중견
☐ ちゅうげん	[츄-겡]	忠言	충언
☐ ちゅうこ	[츄-꼬]	中古	중고
☐ ちゅうこく	[츄-꼬꾸]	忠告	충고
☐ ちゅうさい	[츄-사이]	仲裁	중재
☐ ちゅうし	[츄-시]	中止	중지

発売(はつばい)を中止する 발매를 중지하다

☐ ちゅうじつ	[츄-지쯔]	忠実	충실
☐ ちゅうしゃ	[츄-샤]	注射	주사
	[츄-샤]	駐車	주차
☐ ちゅうじゅん	[츄-즁]	中旬	중순
☐ ちゅうしょうが	[츄-쇼-가]	抽象画	추상화
☐ ちゅうしょう	[츄-쇼-]	中傷	중상

☐ ちゅうしょく	[츄-쇼꾸]	昼食	점심
☐ ちゅうしん	[츄-싱]	中心	중심
☐ ちゅうすう	[츄-스-]	中枢	중추
☐ ちゅうせい	[츄-세-]	中世	중세
	[츄-세-]	忠誠	충성
	[츄-세-]	中性	중성
☐ ちゅうぜつ	[츄-제쓰]	中絶	중절
☐ ちゅうせん	[츄-셍]	抽籤	추첨
☐ ちゅうちょ	[츄-쪼]	躊躇	주저, 망설임 = ためらい

躊躇なく行(おこな)う 주저하지 않고 행하다

☐ ちゅうと	[츄-또]	中途	중도
☐ ちゅうどく	[츄-도꾸]	中毒	중독
☐ ちゅうとん	[츄-똥]	駐屯	주둔
☐ ちゅうにゅう	[츄-뉴-]	注入	주입
☐ ちゅうぶ	[츄-부]	中風	중풍
☐ ちゅうもく	[츄-모꾸]	注目	주목

注目を浴(あ)びる 주목을 받다

☐ ちゅうもん	[츄-몽]	注文	주문
☐ ちゅうゆ	[츄-유]	注油	주유
☐ ちょいちょい	[쵸이쬬이]		가끔, 때때로
☐ ちょう	[쵸-]	蝶	나비
☐ ちょうえつ	[쵸-에쓰]	超越	초월
☐ ちょうかい	[쵸-까이]	朝会	조회
☐ ちょうかく	[쵸-까꾸]	聴覚	청각
☐ ちょうかん	[쵸-깡]	朝刊	조간 ↔ 夕刊 ゆうかん
☐ ちょうこく	[쵸-꼬꾸]	彫刻	조각
☐ ちょうさ	[쵸-사]	調査	조사
☐ ちょうし	[쵸-시]	調子	가락, 장단, 태도

バイオリンの調子が狂(くる)っている
바이올린의 음조가 잘못되어 있다

- ちょうじゅ [쵸-쥬] 長寿　장수
- ちょうしゅう [쵸-슈-] 徴収　징수
- ちょうしょ [쵸-쇼] 長所　장점 ↔ 短所 たんしょ
- ちょうじょ [쵸-죠] 長女　장녀, 큰딸 ↔ 長男 ちょうなん
- ちょうしょう [쵸-쇼-] 嘲笑　조소, 비웃음
- ちょうじょう [쵸-죠-] 頂上　정상, 꼭대기
- ちょうしんき [쵸-싱끼] 聴診器　청진기
- ちょうせい [쵸-세-] 調整　조정
- ちょうせん [쵸-셍] 挑戦　도전
- ちょうだい [쵸-다이] 頂戴　윗사람에게 받음, 주세요

  結構(けっこう)なものをちょうだいする 좋은 것을 받다
  おやつをちょうだい 간식을 주세요
- ちょうちん [쵸-찡] 提灯　초롱 불
- ちょうど [쵸-도] 마치, 딱, 정확히

  ちょうど9時(くじ)だ 정각 9시다
- ちょうなん [쵸-낭] 長男　장남
- ちょうば [쵸-바] 帳場　계산대, 카운터
- ちょうへん [쵸-헹] 長編　장편 ↔ 短編 たんぺん
- ちょうぼ [쵸-보] 帳簿　장부
- ちょうめん [쵸-멩] 帳面　장부, 노트
- ちょうやく [쵸-야꾸] 跳躍　도약
- ちょうりゅう [쵸-류-] 潮流　조류
- ちょうわ [쵸-와] 調和　조화
- ちょきん [쵸낑] 貯金　저금
- ちょくせつ [쵸꾸세쯔] 直接　직접 ↔ 間接 かんせつ

  直接差(さ)し上(あ)げる 직접 드리다
- ちょくせん [쵸꾸셍] 直線　직선
- ちょくやく [쵸꾸야꾸] 直訳　직역
- ちょこちょこ [쵸꼬쪼꼬] 종종걸음으로 걷는 모양
- ちょさく [쵸사꾸] 著作　저작

- ちょしょ [쵸쇼] (著書) 저서
- ちょちく [쵸찌꾸] (貯蓄) 저축
- ちょっかん [쵹깡] (直感) 직감
- ちょっと [쵿또] 조금, 약간
  お金(かね)がちょっと足(た)りない 돈이 조금 모자라다
  ちょっと待(ま)ってください 잠깐 기다려 주세요
- ちょっぴり [춉삐리] 조금, 약간
- ちょろちょろ [쵸로쬬로] 물이 졸졸 흐르는 모양
- ちょんぎる [쫑기루] 싹둑 자르다
- ちらす [치라스] (散らす) 흐트러뜨리다
- ちらつく [치라쓰꾸] 눈에 어른거리다
- ちらばる [치라바루] (散らばる) 흩어지다
  兵士(へいし)が四方(しほう)に散らばる
  병사가 사방으로 흩어지다
- ちり [치리] (塵) 먼지, 티끌
  [치리] (地理) 지리
- ちりがみ [치리가미] (塵紙) 휴지
- ちりとり [치리도리] (塵取り) 쓰레받기
- ちりばこ [치리바꼬] (塵箱) 휴지통
- ちる [치루] (散る) 떨어지다, 흩어지다
  枯(か)れ葉(は)が散った 마른 잎이 떨어졌다
  見物人(けんぶつにん)が散る 구경꾼이 흩어지다
- ちんぎん [칭깅] (賃金) 임금, 품삯
- ちんじゅつ [친쥬쓰] (陳述) 진술
- ちんつう [친쓰-] (鎮痛) 진통
- ちんば [침바] (跛) 절름발이
- ちんぴら [침삐라] 꼬마, 조무래기
- ちんぷんかんぷん [침뿡깜뿡] 횡설수설
  ちんぷんかんぷん何(なに)を言(い)っているのかわからない 횡설수설 무슨 말을 하고 있는지 모르겠다

ち

- ちんぼつ [침보쓰] 沈没 침몰
- ちんれつ [친레쓰] 陳列 진열
  宝石(ほうせき)を陳列する 보석을 진열하다

외래어

- チーズ [치-즈] cheese 치즈
- チーム [치-무] team 팀
- チェーン [체-ㄴ] chain 체인
- チェック [첵꾸] check 체크
  赤鉛筆(あかえんぴつ)でチェックする 빨간 연필로 체크하다
- チェロ [체로] 이 cello 첼로
- チキン [치낀] chicken 치킨, 닭고기
- チケット [치껫또] ticket 티켓, 표
- チップ [칩뿌] tip 팁
- チフス [치후스] 독 Typhus 티푸스
- チャート [챠-또] chart 차트
- チャーミング [챠-밍구] charming 차밍, 매혹적
- チャンス [챤스] chance 찬스, 기회
- チャンネル [챤네루] channel 채널
  チャンネルを回(まわ)す 채널을 돌리다(바꾸다)
- チャンピオン [챰삐옹] champion 챔피언
- チューインガム [츄-잉가무] chewing gum 추잉검, 껌
- チューブ [츄-부] tube 튜브
- チューリップ [츄-립뿌] tulip 튤립
- チョーク [쵸-꾸] chalk 초크, 분필
- チョコレート [쵸꼬레-또] chocolate 초콜릿
- チョッキ [쵹끼] jack 조끼
- チョンガー [총가-] 한 총각 총각

〔つ〕

- ついおく [쓰이오꾸] 追憶 추억
  追憶にふける 추억에 잠기다
- ついか [쓰이까] 追加 추가
- ついきゅう [쓰이뀨-] 追求 추구
- ついせき [쓰이세끼] 追跡 추적
- ついたち [쓰이타찌] 一日 초하루
- ついでに [쓰이데니] 하는 김에
  ついでにこれもお願(ねが)いします
  하는 김에 이것도 부탁드립니다
- ついとう [쓰이또-] 追悼 추도
- ついとつ [쓰이또쓰] 追突 추돌
- ついに [쓰이니] 遂に 마침내, 드디어
  ついに成功(せいこう)した 마침내 성공했다
- ついばむ [쓰이바무] 啄む 새가 쪼다
- ついほう [쓰이호-] 追放 추방
- ついやす [쓰이야스] 費やす 쓰다, 소비하다
  2年(にねん)の歳月(さいげつ)を費やす
  2년의 세월을 소비하다
- ついらく [쓰이라꾸] 墜落 추락
- つうか [쓰-까] 通貨 통화
  [쓰-까] 通過 통과
- つうかい [쓰-까이] 痛快 통쾌
  痛快極(きわ)まる 통쾌하기 그지없다
- つうがく [쓰-가꾸] 通学 통학
- つうきん [쓰-낑] 通勤 통근

253

- つうこう [쓰-꼬-] 通行 통행
- つうこく [쓰-꼬꾸] 通告 통고
- つうじる [쓰-지루] 通じる 통하다, 통용되다
  山奥(あまおく)にまでバスが通じている
  산 속까지 버스가 통통하고 있다
- つうしん [쓰-싱] 通信 통신
- つうぞく [쓰-조꾸] 通俗 통속
- つうち [쓰-찌] 通知 통지
- つうちょう [쓰-쬬-] 通帳 통장
- つうねん [쓰-넹] 通念 통념
- つうやく [쓰-야꾸] 通訳 통역
- つうよう [쓰-요-] 通用 통용
- つうろ [쓰-로] 通路 통로
- つうわ [쓰-와] 通話 통화
- つえ [쓰에] 杖 지팡이
- つかう [쓰까우] 使う 쓰다, 사용하다
  コンピューターを使って分析(ぶんせき)する
  컴퓨터를 이용하여 분석하다
- つかえる [쓰까에루] 仕える 섬기다, 시중들다
- つかさどる [스까사도루] 司る 관장하다, 담당하다
- つかつか [쓰까쓰까] 성큼성큼
- つかのま [쓰까노마] 束の間 잠깐 동안, 순간
  束の間も休(やす)む暇(ひま)がない 잠시도 쉴 틈이 없다
- つかまる [쓰까마루] 捕まる 붙잡히다
- つかみあう [쓰까미아우] 掴み合う 마주잡고 싸우다
- つかむ [쓰까무] 掴む 붙잡다
- つかれる [쓰까레루] 疲れる 지치다, 피로하다
  生活(せいかつ)に疲れる 생활에 지치다
- つき [쓰끼] 月 달
- つぎ [쓰기] 次 다음

□ つきあい	[쓰끼아이]	付合い	교제
□ つきあたり	[쓰끼아따리]	突き当り	막다른 곳
□ つきかげ	[쓰끼가게]	月影	달빛
□ つきそい	[쓰끼소이]	付添い	곁에서 시중을 드는 사람
□ つぎつぎ	[쓰기쓰기]	次々	차례차례, 잇달아

事故(じこ)が次々と起(お)こる 사고가 잇달아 일어나다

□ つきとめる	[쓰끼토메루]	突き止める	캐내다, 밝혀내다
□ つきなみ	[쓰끼나미]	月並	지극히 평범함, 진부함
□ つきみ	[쓰끼미]	月見	달구경
□ つきみそう	[쓰끼미소-]	月見草	달맞이꽃
□ つきやぶる	[쓰끼야부루]	突き破る	찢다, 타파하다

ふすまを突き破る 맹장지를 찢다

□ つきよ	[쓰끼요]	月夜	달밤
□ つく	[쓰꾸]	付く	달라붙다, 붙다
	[쓰꾸]	着く	닿다, 도착하다
□ つくえ	[쓰꾸에]	机	책상
□ つくづく	[쓰꾸즈꾸]		곰곰이
□ つぐなう	[쓰구나우]	償う	갚다, 보상하다

損失(そんしつ)を償う 손실을 배상하다

□ つくねんと	[쓰꾸넨또]		우두커니, 쓸쓸히
□ つぐむ	[쓰구무]	噤む	입을 다물다
□ つくりあげる	[쓰꾸리아게루]	作り上げる	만들어내다, 완성하다
□ つくりだす	[쓰꾸리다스]	作り出す	만들어내다
□ つくる	[쓰꾸루]	作る	만들다, 창조하다
□ つくろう	[쓰꾸로-]	繕う	고치다, 수선하다

着物(きもの)のほつれを繕う 옷의 터진 곳을 꿰매다

□ つげぐち	[쓰게구찌]	告げ口	고자질, 밀고
□ つけくわえる	[쓰게쿠와에루]	付け加える	보태다, 덧붙이다
□ つけつけ	[쓰께쓰께]		염치없이, 비위 좋게
□ つけび	[쓰께비]	付け火	방화

- つけもの [쓰께모노] 漬物 야채 절임
- つげる [쓰게루] 告げる 고하다, 알리다
- つごう [쓰고-] 都合 형편, 사정

都合があって行(い)けない 사정이 있어서 못 가다

- つじ [쓰지] 辻 네거리
- つた [쓰따] 담쟁이
- つたえる [쓰따에루] 伝える 전하다
- つたない [쓰따나이] 서툴다, 졸렬하다

細工(さいく)がつたない 세공이 서투르다

- つたわる [쓰따와루] 伝わる 전해지다, 알려지다
- つち [쓰찌] 土 흙
- [쓰찌] 槌 망치
- つちけむり [쓰찌게무리] 土煙 흙먼지
- つつ [쓰쓰] 筒 통
- つつく [쓰쓰꾸] 가볍게 쿡쿡 찌르다
- つづく [쓰즈꾸] 続く 이어지다, 계속되다

果(は)てしなく続く道(みち) 끝없이 이어지는 길

- つづけざま [쓰즈께자마] 続け様 잇달아, 연이어
- つっけんどん [쓱껜동] 突慳貪 퉁명스러운 모양
- つつじ [쓰쓰지] 진달래
- つつしむ [쓰쓰시무] 慎む 삼가다, 조심하다

言動(げんどう)を慎む 언동을 조심하다

酒(さけ)を慎む 술을 삼가다

- つっぱねる [쑵빠네루] 突っぱねる 모질게 뿌리치다
- つっぱる [쑵빠루] 突っぱる 버티다, 지탱하다
- つつむ [쓰쓰무] 包む 싸다, 포장하다

ふろしきで着物(きもの)を包む 보자기로 옷을 싸다

- つど [쓰도] 都度 그 때마다, 매번
- つとめさき [쓰또메사끼] 勤め先 근무처, 직장
- つとめる [쓰또메루] 勤める 근무하다, 힘쓰다

□ つな	[쓰나] 綱	밧줄
□ つなぐ	[쓰나구] 繋ぐ	매다, 묶어놓다
	ボートを岸きしに繋ぐ 보트를 물가에 매어 두다	
□ つなひき	[쓰나히끼] 綱引き	줄다리기
□ つなわたり	[쓰나와따리] 綱渡り	줄타기
□ つねづね	[쓰네즈네] 常々	평소, 언제나
□ つねに	[쓰네니] 常に	항상, 늘
	君(きみ)は常に若々(わかわか)しい	
	자네는 항상 젊음에 넘쳐 있다	
□ つの	[쓰노] 角	짐승의 뿔
□ つば	[쓰바] 唾	침
	つばを吐(は)く 침을 뱉다	
□ つばめ	[쓰바메] 燕	제비
□ つぶ	[쓰부] 粒	낱알
□ つぶさに	[쓰부사니] 具に	자세히, 구체적으로
□ つぶす	[쓰부스] 潰す	뭉개다, 으깨다
□ つぶて	[쓰부떼]	돌팔매
□ つぶやく	[쓰부야꾸] 呟く	중얼거리다
	ぶつぶつ呟く 투덜투덜 중얼거리다(불평을 하다)	
□ つぶれる	[쓰부레루] 潰れる	찌부러지다
□ つべこべ	[쓰베꼬베]	이러쿵저러쿵
□ つぼ	[쓰보] 壷	항아리
□ つぼみ	[쓰보미] 蕾	꽃봉오리
□ つま	[쓰마] 妻	저, 아내
□ つまずく	[쓰마즈꾸] 躓く	발이 걸려 넘어지다
□ つまむ	[쓰마무] 抓む	손가락으로 집다
□ つまらない	[쓰마라나이]	시시하다, 하찮다 =くだらない
	つまらない事(こと)にこだわる 하찮은 일에 신경을 쓰다	
□ つまり	[쓰마리]	결국, 요컨대
□ つみ	[쓰미] 罪	죄

- つみあげる　[쓰미아게루] 積み上げる　쌓아올리다
- つみかさなる　[쓰미카사나루] 積み重なる　겹쳐 쌓이다, 겹치다
- つみきん　[쓰미낑] 積金　적금
- つみたて　[쓰미타떼] 積み立て　적립
- つみほろぼし　[쓰미호로보시] 罪滅ぼし　속죄
- つむ　[쓰무] 摘む　따다, 뜯다

  花(はな)を摘む　꽃을 따다

  [쓰무] 積む　쌓다, 싣다

  経験(けいけん)を積む　경험을 쌓다
- つむじかぜ　[쓰무지카제] つむじ風　회오리바람, 선풍
- つむじまがり　[쓰무지마가리] つむじ曲り　고집불통
- つめ　[쓰메] 爪　손톱과 발톱
- つめきり　[쓰메끼리] 爪切り　손톱깎이
- つめくさ　[쓰메쿠사] 詰草　클로버
- つめたい　[쓰메따이] 冷たい　차다, 냉정하다

  手足(てあし)が冷たい　수족이 차다
- つめる　[쓰메루] 詰める　꽉꽉 채우다
- つもり　[쓰모리] 작정, 예정, 셈

  そんなつもりではなかった　그럴 생각은 아니었다
- つや　[쓰야] 艶　윤기, 광택
- つやつや　[쓰야쓰야] 반들반들, 반질반질
- つゆ　[쓰유] 梅雨　봄장마

  [쓰유] 露　이슬
- つよい　[쓰요이] 強い　세다, 강하다

  彼(かれ)は碁(ご)が強い　그는 바둑이 세다
- つよみ　[쓰요미] 強味　강점
- つらい　[쓰라이] 辛い　괴롭다, 고통스럽다
- つらぬく　[쓰라누꾸] 貫く　꿰뚫다, 관통하다

  意志(いし)を貫く　의지를 관철하다
- つらのかわ　[쓰라노카와] 面の皮　낯짝, 낯가죽

☐ つり	[쓰리] (釣)	낚시질
☐ つりあい	[쓰리아이] (釣合い)	균형, 조화 = 均衡 きんこう)

釣合いを保(たも)つ 균형을 유지하다

☐ つりかわ	[쓰리가와] (吊革)	가죽손잡이
☐ つりざお	[쓰리자오] (釣竿)	낚싯대
☐ つりぶね	[쓰리부네] (釣船)	고기를 잡는 작은 배
☐ つる	[쓰루] (蔓)	덩굴, 연줄
	[쓰루] (鶴)	학, 두루미
☐ つるす	[쓰루스] (吊す)	매달다, 달아매다

干(ほし)がきを吊す 곶감을 매달다

☐ つるつる	[쓰루쓰루]	매끈매끈
☐ つるはし	[쓰루하시] (鶴嘴)	곡괭이
☐ つれ	[쓰레] (連れ)	배우자, 동반자

よい連れに会(あ)って幸福(こうふく)だ
좋은 배우자를 만나 행복하다

☐ つれない	[쓰레나이]	매정하다
☐ つれる	[쓰레루] (連れる)	데리고 가다, 동행하다

多(おお)くの供(とも)を連れていた
많은 수행원을 거느리고 있었다

☐ つわり	[쓰와리] (悪阻)	입덧
☐ つんざく	[쓴자꾸]	세게 찢다, 뚫다

けたたましいサイレンの音(おと)が闇(やみ)をつんざいた
요란한 사이렌 소리가 어둠을 뚫었다

☐ つんぼ	[쓴보] (聾)	귀머거리

▶ 외래어

☐ ツイスト	[쓰이스또] (twist)	트위스트
☐ ツーア	[쓰-아] (tour)	투어, 단기여행

[て]

- □ て [데] 手 손 ↔足 あし
  - 手で押(おさ)える 손으로 누르다
- □ てあし [데아시] 手足 수족
- □ てあて [데아떼] 手当て 수당, 치료, 처치
  - 家族(かぞく)手当て 가족 수당
  - 応急(おうきゅう)手当て 응급 처치
- □ ていあん [데-앙] 提案 제안
- □ ていおう [데-오-] 帝王 제왕
- □ ていか [데-까] 定価 정가
  - [데-까] 低下 저하
- □ ていき [데-끼] 定期 정기
- □ ていきあつ [데-끼아쓰] 低気圧 저기압
- □ ていきょう [데-꾜-] 提供 제공
  - 臓器(ぞうき)を提供する 장기를 제공하다
- □ ていけい [데-께-] 提携 제휴
- □ ていけつあつ [데-게쓰아쓰] 低血圧 저혈압
- □ ていげん [데-겡] 提言 제언
- □ ていこう [데-꼬-] 抵抗 저항
- □ ていこく [데-꼬꾸] 帝国 제국
- □ ていさい [데-사이] 体裁 체제, 외관, 체면
  - 本(ほん)の体裁を整(ととの)える 책의 겉모양을 갖추다
- □ ていし [데-시] 停止 정지
- □ ていじ [데-지] 提示 제시
- □ ていしゃじょう [데-샤죠-] 停車場 정류장
- □ ていしゅ [데-슈] 亭主 주인, 남편

- ☐ ていしゅつ [데-슈쓰] 提出 제출
- ☐ ていしょく [데-쇼꾸] 定食 정식
- ☐ でいすい [데-스이] 泥酔 만취
  - 深酒(ふかざけ)して泥酔する 술을 과음하여 만취하다
- ☐ ていせい [데-세-] 訂正 정정
- ☐ ていせん [데-셍] 停戦 정전
- ☐ ていそう [데-소-] 貞操 정조
- ☐ ていぞく [데-조꾸] 低俗 저속
- ☐ ていたく [데-따꾸] 邸宅 저택
- ☐ ていちゃく [데-쨔꾸] 定着 정착
- ☐ ていでん [데-뎅] 停電 정전
  - 停電で機械(きかい)が止(と)まる 정전으로 기계가 멈추다
- ☐ ていど [데-도] 程度 정도
- ☐ ていねい [데-네이] 丁寧 정중함, 공손함
  - 丁寧なあいさつ 공손한 인사
- ☐ ていねん [데-넹] 停年 정년
- ☐ ていり [데-리] 定理 정리
- ☐ ていれ [데-레] 手入れ 손질, 보살핌
  - 文章(ぶんしょう)を手入れする 문장을 손질하다(다듬다)
- ☐ ておち [데오찌] 手落ち 실수, 부주의
- ☐ でかい [데까이] 속어로서 크다
  - でかい男(おとこ) 엄청나게 큰 사나이
- ☐ てがかり [데가까리] 手掛り 단서
- ☐ でかける [데까께루] 出かける 나가다, 외출하다
- ☐ てかげん [데까겡] 手加減 손어림, 손대중
  - 塩(しお)の入(い)れ方(かた)を手加減する
  - 소금 넣는 양을 어림하여 정하다(손대중으로 소금을 넣다)
- ☐ てがた [데가따] 手形 어음
- ☐ てがみ [데가미] 手紙 편지
  - 手紙を出(だ)す 편지를 부치다

- てがら　　　　　[데가라]　手柄　공로, 공적
- てき　　　　　　[데끼]　敵　적
- てきおう　　　　[데끼오-]　適応　적응
- てきき　　　　　[데키끼]　手利き　수완가
- できごと　　　　[데끼고또]　出来事　사건, 일어난 일
  思(おも)いがけない出来事が起(お)こる
  뜻하지 않은 사건이 일어나다
- できし　　　　　[데끼시]　溺死　익사
- てきする　　　　[데끼스루]　適する　알맞다, 적당하다
- てきちゅう　　　[데끼쮸-]　的中　적중
- てきとう　　　　[데끼또-]　適当　적당
- できもの　　　　[데끼모노]　出来物　종기, 부스럼
- てきよう　　　　[데끼요-]　適用　적용
- できる　　　　　[데끼루]　出来る　할 수 있다
  そんなことは誰(だれ)にでもできる
  그런 일은 누구나 할 수 있다
- てぎれ　　　　　[데기레]　手切れ　인연을 끊음
- できれきん　　　[데기레낑]　手切れ金　위자료
- てぎわ　　　　　[데기와]　手際　솜씨
  手際はざっとこんなものだ 내 솜씨는 대충 이런 것이다
- てくせ　　　　　[데꾸세]　手癖　손버릇
- てくだ　　　　　[데꾸다]　手管　농간
- でぐち　　　　　[데구찌]　出口　출구
- でくのぼう　　　[데꾸노보-]　でくの坊　멍청이
- てくび　　　　　[데꾸비]　手首　손목
- てこ　　　　　　[데꼬]　梃　지레
- てごたえ　　　　[데고따에]　手答え　반응
- てこずる　　　　[데꼬즈루]　애를 먹다
  事件(じけん)の解決(かいけつ)にてこずる
  사건 해결에 혼나다

- でこぼこ [데꼬보꼬] 凸凹 요철, 울퉁불퉁
- てごわい [데고와이] 手強い 벅차다, 상대하기 힘들다
  手強い相手(あいて) 벅찬 상대
- てさげ [데사게] 手提げ 손가방
- でし [데시] 弟子 제자
- てじな [데지나] 手品 마술, 요술
- でしゃばる [데샤바루] 주제넘게 나서다
  できもしないのにでしゃばるな
  할 줄도 모르면서 나서지 마라
- てすうりょう [데스-료-] 手数料 수수료
- てすり [데스리] 手摺り 난간
- でたらめ [데따라메] 出鱈目 엉터리
  でたらめな生活(せいかつ) 되는 대로 하는 생활
  でたらめな値段(ねだん) 엉터리 값
- てちょう [데쬬-] 手帳 수첩
- てつ [데쓰] 鉄 쇠, 철
- てつがく [데쓰가꾸] 哲学 철학
- てっきょう [덱꾜-] 鉄橋 철교
- てっきり [덱끼리] 틀림없이, 꼭
  てっきり合格(ごうかく)すると思(おも)ったのに
  틀림없이 합격하리라 생각했었는데
- てっきん [덱낑] 鉄筋 철근
- てづくり [데즈꾸리] 手作り 손수 만듦
- てっこく [덱꼬꾸] 敵国 적국
- でっちあげる [뎃찌아게루] 날조하다
  この話(はなし)は彼(かれ)ののでっちあげたつくり話(ばなし)だ 이 이야기는 그가 꾸며낸 거짓말이다
- てつづき [데쓰즈끼] 手続き 수속
- てってい [뎃떼-] 徹底 철저
- てつどう [데쓰도-] 鉄道 철도

☐ てっぺん	[뎁뺑]	天辺	맨꼭대기
☐ てっぽう	[뎁뽀-]	鉄砲	총, 소총
☐ ててなしご	[데떼나시고]	父無し子	사생아
☐ てなずける	[데나즈께루]		길들이다
☐ てなれる	[데나레루]	手慣れる	익숙하다
☐ てにもつ	[데니모쓰]	手荷物	수화물
☐ てぬかり	[데누까리]	手抜かり	실수

手抜かりがないように注意(ちゅうい)せよ
실수가 없도록 주의하라

☐ てぬぐい	[데누구이]	手拭い	수건
☐ てのこう	[데노고-]	手の甲	손등
☐ てのひら	[데노히라]	掌	손바닥
☐ てはず	[데하즈]	手筈	준비, 계획
☐ てばやい	[데바야이]	手早い	재빠르다 = すばやい

てばやく後片付(あとかたづ)けをする
재빨리 뒤처리를 하다

☐ てびき	[데비끼]	手引き	안내, 입문서
☐ てぶくろ	[데부꾸로]	手袋	장갑
☐ てぶら	[데부라]	手ぶら	맨손, 빈손
☐ てぶり	[데부리]	手振り	손짓

手振り面白(おも)しろく踊(おど)る
손놀림도 재미있게 춤을 추다

☐ てほん	[데홍]	手本	모범, 본보기
☐ てま	[데마]	手間	품, 수고, 시간
☐ てまどる	[데마도루]	手間取る	품이 들다, 시간이 걸리다

案外(あんがい)仕事(しごと)が手間取った
예상외로 일에 시간이 많이 걸렸다

☐ てまねき	[데마네끼]	手招き	손짓으로 부름
☐ てまめ	[데마메]	手まめ	부지런함, 손재주가 있음
☐ てむかい	[데무까이]	出迎い	마중

□ てむかう	[데무까우]	手向かう	맞서다, 대항하다

親(おや)に手向かうとは何事(なにごと)だ
부모에게 반항하다니 무슨 짓이냐?

□ でもどり	[데모도리]	出戻り	소박데기
□ てら	[데라]	寺	절
□ てらす	[데라스]	照らす	비추다, 밝히다

舞台(ぶたい)を照らす 무대를 비추다

□ てる	[데루]	照る	비치다
□ でる	[데루]	出る	나가다, 나오다
□ てれくさい	[데레꾸사이]	照れ臭い	쑥스럽다, 멋쩍다

ほめられててれくさい 칭찬을 받아 쑥스럽다

□ てれん	[데렝]	手練	농간
□ てんいん	[뎅잉]	店員	점원
□ でんえん	[뎅엥]	田園	전원
□ てんか	[뎅까]	天下	천하
□ てんき	[뎅끼]	天気	날씨

今日(きょう)は天気がよい 오늘은 날씨가 좋다

□ でんき	[뎅끼]	電気	전기
□ てんきん	[뎅낑]	転勤	전근
□ てんけい	[뎅께-]	典型	전형
□ てんけん	[뎅껭]	点検	점검
□ てんごく	[뎅고꾸]	天国	천국
□ てんさい	[덴사이]	天才	천재
□ てんし	[덴시]	天使	천사
□ てんじかい	[덴지까이]	展示会	전시회
□ でんし	[덴시]	電子	전자

電子製品(せいひん)を買(か)う 전자제품을 사다

□ でんしゃ	[덴샤]	電車	전차
□ てんじょう	[덴죠-]	天井	천정
□ でんしんばしら	[덴심바시라]	電信柱	전신주, 전봇대

- でんせつ　　　[덴세쓰] 伝説　전설
- でんせん　　　[덴셍] 電線　전선
　　　　　　　　[덴셍] 伝染　전염
　　　　　　　　はしかが伝染する 홍역이 전염되다
- てんたい　　　[덴따이] 天体　천체
- でんたつ　　　[덴따쓰] 伝達　전달
- てんち　　　　[덴찌] 天地　천지
- でんち　　　　[덴찌] 電池　전지
　　　　　　　　乾(かん)電池を入(い)れ替(か)える 건전지를 갈아끼우다
- てんちょう　　[덴쬬-] 天頂　맨 꼭대기
- でんとう　　　[덴또-] 電灯　전등
　　　　　　　　電灯を付(つ)ける 전등을 켜다
　　　　　　　　[덴또-] 伝統　전통
- でんどう　　　[덴도-] 伝道　전도
- てんにょ　　　[덴뇨] 天女　천녀
- てんねん　　　[덴넹] 天然　천연 ↔ 人工 じんこう)
　　　　　　　　天然果汁(かじゅう)を飲(の)む 천연 과즙을 마시다
- でんぱ　　　　[뎀빠] 電波　전파
- てんぷく　　　[뎀뿌꾸] 転覆　전복
- てんぼう　　　[뎀보-] 展望　전망
- でんぽう　　　[뎀뽀오] 電報　전보
　　　　　　　　電報を打(う)つ 전보를 치다
- てんまく　　　[뎀마꾸] 天幕　천막
- てんめつ　　　[뎀메쓰] 点滅　점멸
- てんもんだい　[뎀몬다이] 天文台　천문대
- でんりゅう　　[덴류-] 電流　전류
- でんりょく　　[덴료꾸] 電力　전력
- でんわ　　　　[뎅와] 電話　전화
　　　　　　　　電話をかける 전화를 걸다
　　　　　　　　電話を切(き)る 전화를 끊다

▶ 외래어

- ディーゼル [디-제루] Diesel 디젤
- ディスカウント [디스가운또] discount 디스카운트, 할인
- データー [데-따-] data 데이터, 자료
  データーを集(あつ)める 데이터를 모으다
- デート [데-또] date 데이트
- テープ [테-뿌] tape 테이프
- テーブル [테-부루] table 테이블
- テーマ [테-마] 독 Tehma・theme 테마, 주제
- デカダン [데까당] 프 décadent 데카당, 퇴폐적
- テクニック [테꾸닉꾸] technic 테크닉
- デザート [데자-또] dessert 디저트, 후식
- デザイン [데자잉] design 디자인
- デスク [데스꾸] desk 책상
- テスト [테스또] test 테스트
- デッサン [뎃상] 프 dessin 데생, 소묘
- テナー [테나-] tenor 테너
- テニス [테니스] tennis 테니스
- デパート [데빠-또] department store 백화점
  デパートで買(か)い物(もの)をする 백화점에서 쇼핑을 하다
- デビュー [데뷰-] 프 début 데뷔, 첫무대
- デモ [데모] demonstration 데모
- デモクラシー [데모꾸라시] democracy 데모크라시
- テラス [테라스] terrace 테라스, 베란다
- デリケート [데리께-또] delicate 델리킷, 섬세함
- テレパシー [테레빠시-] telepathy 텔레파시
- テレビ [테레비] television 텔레비전
- テント [텐또] tent 텐트, 천막

267

[と]

☐ とう	[도-] 問う	묻다, 질문하다 =尋 たずねる
	賛否(さんぴ)を(問う 찬부를 묻다	
☐ どうい	[도-이] 同意	동의
☐ とういつ	[도-이쓰] 統一	통일
☐ どういつ	[도-이쓰] 同一	동일
☐ どういん	[도-잉] 動員	동원
☐ とうか	[도-까] 投下	투하
☐ どうか	[도-까] 同化	동화
☐ とうがらし	[도-가라시] 唐芥子	고추
☐ どうかん	[도-깡] 同感	동감
	私(わたし)もまったく同感です 저도 전적으로 동감입니다	
☐ とうき	[도-끼] 投機	투기
	[도-끼] 登記	등기
☐ どうき	[도-끼] 動機	동기
☐ どうぐ	[도-구] 道具	도구
☐ どうくつ	[도-꾸쓰] 洞窟	동굴
☐ とうげ	[도-게] 峠	산마루, 고개
	熱(ねつ)も峠を越(こ)した 열도 고비를 넘겼다	
☐ とうけい	[도-께-] 統計	통계
☐ とうけつ	[도-께쓰] 凍結	동결
☐ どうこく	[도-꼬꾸] 慟哭	통곡
☐ どうさ	[도-사] 動作	동작
☐ とうざい	[도-자이] 東西	동서
	東西南北(なんぼく)に走(はし)る 동서남북으로 뻗다	
☐ とうさん	[도-상] 倒産	도산

- とうし [도-시] 投資 투자
- とうじ [도-지] 当時 당시
- どうし [도-시] 動詞 동사

  [도-시] 同士 동지, 끼리

  好(す)き合(あ)った同士 서로 좋아한 사이
- どうじ [도-지] 同時 동시
- どうじ [도-지] 童子 동자
- とうじつ [도-지쓰] 当日 당일, 그날
- どうして [도-시떼] 어떻게, 어째서

  どうしてよいかわからない 어떻게 해야 좋을지 모르겠다

  どうしてこんなに遅(おく)れたのですか

  왜 이렇게 늦은 겁니까?
- とうしゅ [도-슈] 投手 투수
- とうしゅく [도-슈꾸] 投宿 투숙
- とうしょ [도-쇼] 島嶼 도서
- とうじょう [도-죠-] 登場 등장
- どうじょう [도-죠-] 同情 동정

  [도-죠-] 道場 도장
- どうせ [도-세] 어차피, 하여간

  どうせしがないサラリーマン 어차피 보잘것없는 월급쟁이
- とうせい [도-세-] 統制 통제
- どうせいあい [도-세-아이] 同性愛 동성애
- とうせん [도-셍] 当選 당선
- とうぜん [도-젱] 当然 당연
- どうぞ [도-조] 아무쪼록, 부디

  どうぞお入(はい)りください 자 들어오십시오
- どうそう [도-소-] 同窓 동창
- どうぞく [도-조꾸] 同族 동족
- とうだい [도-다이] 灯台 등대
- どうたい [도-따이] 動態 동태

- とうちゃく　　　도-짜꾸　到着　도착
- とうちょう　　　도-쬬-　盗聴　도청
- とうてい　　　　도-떼-　到底　도저히
  到底理解(りかい)できない 도저히 이해할 수 없다
- とうとい　　　　도-또이　尊い　귀중하다, 소중하다
- とうとう　　　　도-또-　드디어, 마침내
  とうとう運命(うんめい)の時間(じかん)が來(き)た
  드디어 운명의 시간이 왔다
- どうどう　　　　도-도-　堂堂　당당히
- どうとく　　　　도-또꾸　道徳　도덕
- とうとぶ　　　　도-또부　尊ぶ　공경하다, 존중하다
  老人(ろうじん)を尊ぶ 노인을 공경하다
- どうにか　　　　도-니까　그럭저럭, 겨우겨우
- どうにゅう　　　도-뉴-　導入　도입
- とうにん　　　　도-닝　当人　당자, 본인
- とうねん　　　　도-넹　当年　금년, 당년
- とうばん　　　　도-방　当番　당번
- とうひ　　　　　도-히　逃避　도피
- とうひょう　　　도-효-　投票　투표
- とうふ　　　　　도-후　豆腐　두부
- どうぶつ　　　　도-부쓰　動物　동물
- とうぶん　　　　도-붕　当分　당분간
  当分の間(あいだ)秘密(ひみつ)にする 당분간 비밀로 하다
- とうぼう　　　　도-보-　逃亡　도망
- どうほう　　　　도-호-　同胞　동포
- どうみゃく　　　도-먀꾸　動脈　동맥
- とうみん　　　　도-밍　冬眠　동면
- とうめい　　　　도-메-　透明　투명
  透明なガラス 투명한 유리
- どうめい　　　　도-메-　同盟　동맹

❏ どうも	[도-모] 아무래도, 어쩐지 =なんだか・どことなく	

どうも話(はなし)がおかしい 어쩐지 이야기가 수상하다
*[뒤에 부정어가 따름] 아무리 해도 =どうしても
どうもうまくいかない 아무리 해도 잘 되지 않다
*정말, 대단히
どうもお世話(せわ)になりました 정말 폐가 많았습니다
どうもありがとう 정말 고마워요

❏ とうや	[도-야] 陶冶 도야
❏ どうやら	[도-야라] 그럭저럭, 간신히, 아무래도
❏ とうよう	[도-요-] 東洋 동양 ↔ 西洋(せいよう)
❏ どうよう	[도-요-] 同様 마찬가지

新品(しんぴん)同様の車(くるま) 신품이나 다름없는 자동차

❏ とうらい	[도-라이] 到来 도래
❏ どうり	[도-리] 道理 도리
❏ とうりゅう	[도-류-] 登竜 등룡
❏ どうろ	[도-로] 道路 도로
❏ とうろん	[도-롱] 討論 토론
❏ どうわ	[도-와] 童話 동화
❏ とうわく	[도-와꾸] 当惑 당혹
❏ とお	[도-] 十 열, 열 살
❏ とおい	[도-이] 遠い 멀다

うちは駅(えき)から遠い 집은 역에서 멀다

❏ とおか	[도-까] 十日 초열흘
❏ とおからず	[도-까라즈] 遠からず 머지않아, 불원간
❏ とおざかる	[도-자까루] 遠ざかる 멀어져가다 ↔ ちかづく

危機(きき)が遠ざかる 위기가 사라지다

❏ とおる	[도-루] 通る 지나다, 통하다
❏ とかい	[도까이] 都会 도시, 도회
❏ とかく	[도까꾸] 이러저러, 자칫, 아무튼
❏ とかげ	[도까게] 도마뱀

❏ どかた	[도까따]	土方	막노동, 막벌이꾼
❏ とがめる	[도가메루]	咎める	책망하다, 비난하다
	怠慢(たいまん)を咎める 태만을 책망하다		
❏ とき	[도끼]	時	시간, 때
❏ ときおり	[도끼오리]	時折	때때로, 이따금
❏ ときたま	[도끼따마]	時たま	이따금
❏ ときどき	[도끼도끼]	時々	그때그때, 가끔
❏ どきどき	[도끼도끼]		두근두근
❏ どきょう	[도꾜-]	度胸	배짱, 담력
	度胸のすわった人(ひと) 배짱이 두둑한 사람		
❏ とく	[도꾸]	解く	풀다
❏ とくい	[도꾸이]	得意	자랑스러워하는 모양, 단골
	ほめられるとすぐ得意になる 칭찬받으면 곧 우쭐해진다		
	お得意にサービスする 단골손님에게 서비스하다		
	[도꾸이]	特異	특이
❏ どくさい	[도꾸사이]	独裁	독재
❏ どくしゃ	[도꾸샤]	読者	독자
❏ とくしゅ	[도꾸슈]	特殊	특수
❏ どくしょ	[도꾸쇼]	読書	독서
❏ とくしょく	[도꾸쇼꾸]	特色	특색
❏ どくしん	[도꾸싱]	独身	독신
❏ どくせん	[도꾸셍]	独占	독점
❏ どくそう	[도꾸소-]	独創	독창
❏ とくちょう	[도꾸쬬-]	特徴	특징
❏ とくてい	[도꾸떼-]	特定	특정
❏ どくとく	[도꾸또꾸]	独特	독특
❏ とくに	[도꾸니]	特に	특히, 각별히
	その絵(え)は特に気(き)に入(い)る		
	그 그림은 특히 마음에 든다		
❏ どくはく	[도꾸하꾸]	独白	독백

☐ とくべつ	[도꾸베쓰] 特別	특별
☐ どくほん	[도꾸홍] 読本	독본
☐ どくやく	[도꾸야꾸] 毒薬	독약
☐ とくゆう	[도꾸유-] 特有	특유
☐ どくりつ	[도꾸리쓰] 独立	독립
☐ とげ	[도게] 刺	가시
☐ とけい	[도게-] 時計	시계
☐ とける	[도께루] 溶ける	녹다
☐ とげる	[도게루] 遂げる	이루다

目的(もくてき)を遂げる 목적을 이루다

☐ どこ	[도꼬]	어디, 어느 곳
☐ とこなつ	[도꼬나쓰] 常夏	상하, 늘 여름임
☐ とこや	[도꼬야] 床屋	이발관
☐ ところ	[도꼬로] 所	곳, 데
☐ ところきらわず	[도꼬로기라와즈] 所嫌わず	장소를 가리지 않고
☐ ところどころ	[도꼬로도꼬로] 所々	여기저기, 군데군데
☐ とし	[도시] 年	해, 나이

年を取(と)る 나이를 먹다

	[도시] 都市	도시
☐ とじ	[도지] 途次	가는 도중
☐ とじこめる	[도지꼬메루] 閉じ込める	가두다
☐ としごろ	[도시고로] 年頃	적령, 혼기
☐ としした	[도시시따] 年下	연하
☐ としなみ	[도시나미] 年波	연륜
☐ どしゃぶり	[도샤부리] どしゃ降り	억수, 억수같이 쏟아짐
☐ としょ	[도쇼] 図書	도서, 책
☐ どじょう	[도죠-]	미꾸라지
☐ としより	[도시요리] 年寄り	노인, 늙은이
☐ とじる	[도지루] 閉じる	닫다, 눈을 감다

ドアを閉じる 문을 닫다

- とだな   도다나 (戸棚) 찬장
- とたん   도땅 (途端) 찰나, 바로 그 순간
  家(いえ)を出(で)たとたん、雨(あめ)が降(ふ)り出(だ)した 집을 나서자마자 비가 내리기 시작했다
- どたんば 도땀바 (土壇場) 마지막 고비, 절박한 경우
- とち   도찌 (土地) 토지
- とちゅう 도쮸- (途中) 도중
  途中でやめる 도중에서 그만두다
- どちら   도찌라 어느 쪽, 어느 것
- どっかり 독까리 무거운 물건을 놓는 모양, 털썩
- とっきゅう 독뀨- (特急) 특급
           독뀨- (特級) 특급
- とっきょ 독꾜 (特許) 특허
- とつぐ   도쓰구 (嫁ぐ) 시집가다, 출가하다
- とっこうやく 독꼬-야꾸 (特効薬) 특효약
- とっさ   돗싸 (咄嗟) 눈 깜짝할 사이
  とっさの出来事(できごと) 순식간에 일어난 일
- どっさり 돗싸리 무거운 물건을 내려놓는 모양, 잔뜩
- とっしゅつ 돗슈쓰 (突出) 돌출
- とつじょ 도쓰죠 (突如) 별안간
- とっしん 돗싱 (突進) 돌진
- とつぜん 도쓰젱 (突然) 갑자기
- とつにゅう 도쓰뉴- (突入) 돌입
- とっぴ   돕삐 (突飛) 엉뚱함, 야릇함
- とっぷり 돕뿌리 해가 완전히 저문 상태
- どて   도떼 (土手) 둑, 제방
- とても   도떼모 도저히, 대단히
  一人(ひとり)ではとても食(た)べきれない
  혼자서는 도저히 다 먹을 수 없다
  とてもきれいだ 무척 아름답다

274

☐ とどく	도도꾸	届く	닿다, 도달하다

荷物(にもつ)が届く 짐이 도착하다

☐ とどけいで	도도께-데	届出	신고
☐ とどける	도도께루	届ける	닿게 하다, 신고하다

盗難(とうなん)を警察(けいさつ)に届ける
도난을 경찰에 신고하다

☐ ととのえる	도또노에루	整える	조절하다, 가지런히 하다
☐ とどのつまり	도도노쓰마리		결국은, 최후에는
☐ とどろく	도도로꾸	轟く	울려 퍼지다
☐ となり	도나리	隣	이웃
☐ どなる	도나루	怒鳴る	고함치다
☐ とにかく	도니까꾸		어쨌든, 아무튼

とにかくまちがいない 여하튼 틀림없다

☐ どのみち	도노미찌	どの道	어차피
☐ とばく	도바꾸	賭博	도박, 노름
☐ とばす	도바스	飛ばす	날리다
☐ どはずれ	도하즈레	度外れ	엄청남, 지나침

どはずれに大(おお)きな子(こ) 엄청나게 큰아이

☐ とび	도비		솔개
☐ とびいろ	도비이로	鳶色	다갈색
☐ とびかかる	도비카까루	飛びかかる	덤벼들다, 뛰어들다
☐ とびきり	도비끼리	飛切り	특출함, 월등함
☐ とびこむ	도비꼬무	飛び込む	뛰어들다
☐ とびら	도비라	扉	문짝
☐ とぶ	도부	飛ぶ	날다, 비행하다

とんぼが飛んでいる 잠자리가 날고 있다

☐ どぶ	도부	溝	도랑, 시궁창
☐ とほう	도호-	途方	수단, 방도
☐ どぼく	도보꾸	土木	토목
☐ とぼける	도보께루		시치미 떼다

☐ とぼしい	[도보시-] 乏しい	부족하다

知識(ちしき)が乏しい 지식이 모자라다

☐ とぼとぼ	[도보도보]	힘없이, 터덜터덜
☐ とまる	[도마루] 止まる	멈춰서다
	[도마루] 泊る	묵다, 숙박하다

ホテルに泊る 호텔에 묵다

☐ とみ	[도미] 富	부, 재산
☐ とめる	[도메루] 止める	멈추다, 말리다
☐ とも	[도모] 友	친구, 벗
☐ ともかく	[도모까꾸]	아무튼
☐ ともかせぎ	[도모카세기] 共稼ぎ	맞벌이
☐ ともしび	[도모시비] 灯火	등불
☐ ともだおれ	[도모다오레] 共倒れ	함께 쓰러져 망함
☐ ともだち	[도모다찌] 友達	친구, 벗

友達に会(あ)う 친구를 만나다

☐ ともなう	[도모나우] 伴う	함께 가다, 동반하다
☐ ともに	[도모니] 共に	함께, 더불어
☐ どもる	[도모루] 吃る	말을 더듬다
☐ どようび	[도요-비] 土曜日	토요일
☐ とら	[도라] 虎	호랑이
☐ とらえる	[도라에루] 捕える	잡다, 붙잡다

手(て)を捕えて離(はな)さない 손을 붙들고 놓지 않다

☐ とり	[도리] 鳥	새
☐ とりあえず	[도리아에즈] 取り敢えず	우선 급한 대로

とりあえずお礼(れい)まで 우선 감사 말씀드립니다

☐ とりあつかう	[도리아쓰까우] 取り扱う	다루다, 취급하다
☐ とりえ	[도리에] 取り柄	장점, 쓸모

何(なん)の取り柄もない 아무 쓸모도 없다

☐ とりかえす	[도리까에스] 取り返す	되찾다, 만회하다
☐ とりかえる	[도리까에루] 取り替える	바꾸다, 교환하다

- とりかご [도리가고] 鳥籠 새장, 조롱
- とりかこむ [도리카꼬무] 取り囲む 둘러싸다, 에워싸다
- とりきめる [도리끼메루] 取り決める 정하다
- とりくむ [도리꾸무] 取り組む 맞붙다

  ふたりの男(おとこ)が取り組んでけんかをしていた
  두 남자가 맞붙어서 싸우고 있었다

- とりけす [도리께스] 取消す 취소하다

  予約(よやく)を取消す 예약을 취소하다

- とりこ [도리꼬] 虜 포로
- とりしまる [도리시마루] 取り締まる 단속하다, 다잡다
- とりすがる [도리스가루] 取りすがる 매달리다
- とりだす [도리다스] 取り出す 꺼내다
- とりつけ [도리쓰께] 取り付け 장치, 설치
- とりのぞく [도리노조꾸] 取り除く 없애다, 제거하다
- とりはからい [도리하까라이] 取り計らい 조치, 배려
- とりはだ [도리하다] 鳥肌 소름
- とりひき [도리히끼] 取引き 거래, 흥정

  あの会社(かいしゃ)とは取引きがない
  저 회사와는 거래가 없다

- とりひきさき [도리히끼사끼] 取引き先 거래처
- とりまく [도리마꾸] 取り巻く 둘러싸다

  二人(ふたり)を取り巻く環境(かんきょう)はきびしかった
  두 사람을 에워싼 환경은 냉엄했다

- とりまぜる [도리마제루] 取り混ぜる 뒤섞다, 한데 섞다
- とりめ [도리메] 鳥目 야맹증
- とりもどす [도리모도스] 取り戻す 되찾다
- どりょく [도료꾸] 努力 노력
- とりわけ [도리와께] 특히, 유난히

  彼(かれ)はとりわけ頭(あたま)がいい
  그는 특히 머리가 좋다

❏ とる	도루 取る	쥐다, 잡다, 취하다
	ペンを取る 펜을 잡다　休息(きゅうそく)を取る 휴식을 취하다	
❏ どれ	도레	어느 것, 어떤 것
❏ どれい	도레- 奴隷	노예
❏ どろ	도로 泥	진흙, 흙탕
	泥の中(なか)にはまりこむ 진흙탕 속에 빠지다	
❏ どろどろ	도로도로	질척질척, 흐물흐물
❏ どろぼう	도로보- 泥棒	도둑
	泥棒が入(はい)る 도둑이 들다	
❏ どんぐり	동구리	도토리
❏ どんじゃく	돈쟈꾸 鈍着	개의, 개념
❏ どんぞこ	돈조꼬 どん底	밑바닥, 나락
	どん底の生活(せいかつ) 밑바닥 생활	
❏ とんでもない	돈데모나이	당치 않다
	とんでもないことを言うな 당치 않은 소리 말아라	
❏ どんどん	돈동	잇따르는 모양, 마구
	雨(あめ)がどんどん降(ふ)り出(だ)す	
	비가 점점 내리기 시작하다	
❏ どんな	돈나	어떤, 어떠한
❏ とんび	돔비	솔개
❏ どんぶり	돔부리 덮밥 丼	
	親子(おやこ)どんぶり 닭고기에 계란을 푼 덮밥	
❏ とんぼ	돔보	잠자리
❏ とんま	돔마 頓馬	바보, 얼간이
❏ とんや	동야 問屋	도매상
	呉服(ごふく)問屋 직물 도매상	
❏ どんよく	동요꾸 貪欲	탐욕
	金(かね)に対(たい)して貪欲だ 돈에 대해 탐욕스럽다	

▶ 외래어

- ドア [도아] (door) 도어, (서양식) 문
  回転(かいてん)ドア 회전문
- ドイツ [도이쓰] (독 Deutschland) 도이치, 독일
- トイレ [토이레] (toilet) 화장실, トイレット의 준말
  トイレットペーパー (toilet paper) 화장지
- ドーナツ [도-나쓰] (doughnut) 도넛
- トーナメント [토-나멘또] (tournament) 토너먼트
- ドキュメンタリー [도뀨멘따리-] (documentary) 다큐멘터리
- ドクター [도꾸따-] (doctor) 닥터, 박사, 의사
- トタン [도땅] (포 tutanaga) 함석
- トマト [토마또] (tomato) 토마토
- ドライブ [도라이브] (drive) 드라이브
  ドライブにはうってつけの天気(てんき)
  드라이브하기에는 안성맞춤의 날씨
- ドラゴン [도라공] (dragon) 드래건, 용
- トラック [토락꾸] (track/truck) 트랙/트럭, 화물차
  トラック競技(きょうぎ) 트랙 경기 ↔ フィールド競技
  大型(おおがた)トラック 대형 화물자동차
- トラップ [토랍뿌] (trap) 트랩
- トラブル [토라부루] (trouble) 트러블
  トラブルを起(お)こす 트러블을 일으키다
  エンジンにトラブルが発生(はっせい)する
  엔진에 고장이 발생하다
- ドラマ [도라마] (drama) 드라마
  テレビドラマ 텔레비전 드라마
- トランク [토랑꾸] (trunk) 트렁크
- トランペット [토란뻿또] (trumpet) 트럼펫

- □ トリック　　　[토릭꾸] trick 트릭, 속임수
  　　　　　　　トリックを見破(みやぶ)る 속임수를 간파하다
- □ ドル　　　　　[도루] dollar 달러
- □ トルコ　　　　[토루꼬] Turkey 터키
- □ トレーニング　[토레-닝구] training 트레이닝, 훈련
- □ ドレス　　　　[도레스] dress 드레스, 여성의 정장
- □ トロット　　　[토롯또] trot 트로트
- □ トロフィー　　[토로휘-] trophy 트로피, 우승배
- □ トンネル　　　[톤네루] tunnel 터널
  　　　　　　　海底(かいてい)トンネルをぬける 해저 터널을 빠져나가다

〔な行〕

[な]

- ない [나이] (無い) 없다, ~않다
  部屋(へや)に家具(かぐ)がない 방에 가구가 없다
- ないか [나이까] (内科) 내과 ↔ 外科 げか
- ないがい [나이가이] (内外) 내외
- ないかく [나이까꾸] (内閣) 내각
- ないがしろ [나이가시로] (蔑ろ) 업신여김, 소홀히 함
  親(おや)をないがしろにする 어버이를 소홀히 하다
- ないし [나이시] (乃至) 내지, 또는
- ないじゅ [나이쥬] (内需) 내수
- ないしょ [나이쇼] (内緒) 비밀, 은밀함
  内緒にする 비밀에 부치다
  内緒で打(う)ち明(あ)ける 은밀히 털어놓다
- ないじょ [나이죠] (内助) 내조
- ないしょく [나이쇼꾸] (内職) 부업
  内職に翻訳(ほんやく)をする 내직으로 번역을 하다
- ないぞう [나이조-] (内臓) 내장
- ないてい [나이떼-] (内定) 내정
- ないぶ [나이부] (内部) 내부 ↔ 外部 (がいぶ)
- ないふくやく [나이후꾸야꾸] (内服薬) 내복약
- ないめん [나이멩] (内面) 내면 ↔ 外面 (がいめん)
- ないよう [나이요-] (内容) 내용
  お話(はなし)の内容が確(たし)かに解(わか)りました
  이야기의 내용을 확실하게 알았습니다
- なえぎ [나에기] (苗木) 묘목, 모종나무
- なおさら [나오사라] (尚更) 더더욱, 더한층

- なおざり [나오자리] (等閑) 등한, 소홀
- なおす [나오스] (直す) 고치다, 바로잡다
- なおる [나오루] (直る) 고쳐지다, 바로잡히다
  間違(まちが)いが直る 잘못된 것이 고쳐지다
  [나오루] (治る) 낫다, 치료되다
  病気(びょうき)が治(なお)る 병이 낫다
- なか [나까] (仲) 사이
  夫婦(ふうふ)の仲がいい 부부 관계가 좋다
  [나까] (中) 가운데
- ながい [나가이] (長い) 길다 ↔ 短 みじかい
- ながいき [나가이끼] (長生き) 장수, 오래 살다
- ながいす [나가이스] (長椅子) 긴 의자
- ながぐつ [나가구쓰] (長靴) 장화
- ながしめ [나가시메] (流し目) 추파, 윙크
- なかす [나까스] (泣かす) 울리다
- ながす [나가스] (流す) 흘리다
  血(ち)を流す 피를 흘리다
- ながそで [나가소데] (長袖) 긴소매
- なかたがい [나까다가이] (仲違い) 불화
- ながたらしい [나가따라시-] (長たらしい) 장황스럽다
- なかなおり [나까나오리] (仲直り) 화해
  子供(こども)はすぐ仲直りするものだ
  아이들은 이내 화해하게 마련이다
- なかなか [나까나끼] 제법, 상당히
- なかば [나까바] (半ば) 절반, 중간
  費用(ひよう)の半ばは足代(あしだい)だ
  비용의 절반은 거마비다
- ながびく [나가비꾸] (長引く) 질질 끌다
  討論(とうろん)は長引いて深夜(しんや)におよんだ
  토론은 길어져서 심야에 이르렀다

283

□ なかま	[나까마] 仲間	동료, 동아리
	仲間同士(どうし)であらそう 한패끼리 싸우다	
□ なかみ	[나까미] 中身	알맹이
□ ながめ	[나가메] 長雨	장마
□ ながめる	[나가메루] 眺める	바라보다, 쳐다보다
	夏(なつ)の夜空(よぞら)を眺める 여름의 밤하늘을 쳐다보다	
□ ながや	[나가야] 長屋	연립가옥
□ なかゆび	[나까유비] 中指	가운뎃손가락
□ なかよし	[나까요시] 仲良し	짝꿍, 단짝친구
□ ながれぼし	[나가레보시] 流れ星	유성
□ ながれもの	[나가레모노] 流れ者	떠돌이
□ ながれる	[나가레루] 流れる	흐르다, 흘러가다
□ ながわずらい	[나가와즈라이] 長患い	오랜 병을 앓다
□ なかんずく	[나깐즈꾸] 그 중에서도 특히	
□ なぎ	[나기] 凪	바람이 자고 물결이 잔잔한 모양
□ なきがお	[나끼가오] 泣き顔	울상
□ なきごえ	[나끼고에] 泣き声	울음소리
□ なきごと	[나끼고또] 泣き言	푸념, 넋두리
□ なきつら	[나끼쓰라] 泣き面	울상
□ なきむし	[나끼무시] 泣き虫	울보
□ なく	[나꾸] 泣く	울다
	[나꾸] 鳴く	짐승이 울다
□ なぐさめる	[나구사메루] 慰める	위로하다
	骨折(ほねおり)を慰める 노고를 위로하다	
□ なくなる	[나꾸나루] 無くなる	없어지다
	[나꾸나루] 亡くなる	죽다, 돌아가시다
□ なぐる	[나구루] 殴る	때리다, 치다
□ なげうり	[나게우리] 投売り	투매, 덤핑판매
□ なげかわしい	[나게까와시-] 嘆かわしい	한심하다, 한탄스럽다
	嘆かわしい世(よ)の中(なか) 한심스러운 세태	

□ なげく	[나게꾸] 嘆く	한탄하다, 슬퍼하다
□ なげすてる	[나게스떼루] 投げ捨てる	내던지다, 내버리다
□ なげつける	[나게쓰께루] 投げ付ける	내던지다, 냅다 던지다
□ なげる	[나게루] 投げる	던지다 =ほうる

窓(まど)からみかんを投げてやる 창문에서 귤을 던져 주다

□ なこうど	[나꼬-도] 仲人	결혼중매인
□ なごり	[나고리] 名残	흔적, 자취
□ なごりおしい	[나고리오시-] 名残惜しい	섭섭하다, 아쉽다
□ なさけない	[나사께나이] 情ない	한심하다

なさけない成績(せいせき) 한심스러운 성적

□ なさる	[나사루]	する의 존경어로 「하시다」
□ なし	[나시] 梨	배
□ なじみ	[나지미] 馴染み	잘 아는 사람

昔(むかし)馴染み 옛날부터 잘 아는 사이(사람)

□ なす	[나스] 茄子	가지
□ なぜ	[나제] 何故	왜, 어째서
□ なぞ	[나조] 謎	수수께끼
□ なだ	[나다] 灘	육지에서 멀고 파도가 센 바다
□ なだかい	[나다까이] 名高い	유명하다

建築家(けんちくか)として名高い 건축가로서 유명하다

□ なだれ	[나다레] 雪崩	눈사태
□ なつ	[나쓰] 夏	여름
□ なついん	[나쓰잉] 捺印	날인, 사인
□ なつかしい	[나쓰까시-] 懐かしい	그립다

昔(むかし)が懐かしい 옛날이 그립다

□ なつがれ	[나쓰가레] 夏枯れ	여름철 불경기
□ なつく	[나쓰꾸] 懐く	따르다

人(ひと)になつかない犬(いぬ) 사람을 따르지 않는 개

□ なっとく	[낫또꾸] 納得	납득 = 得心(とくしん)

納得がいく 납득이 가다

な

☐ なつめ	나쓰메 棗 대추	
☐ なつやすみ	나쓰야스미 夏休み 여름방학, 여름휴가	
☐ なでしこ	나데시꼬 撫子 패랭이꽃	
☐ なでる	나데루 撫でる 어루만지다, 쓰다듬다	

頭(あたま)を撫でる 머리를 쓰다듬다

☐ ななつ	나나쓰 七つ 일곱, 일곱 살	
☐ ななめ	나나메 斜め 기울어짐, 경사	
☐ なに	나니 何 무엇	
☐ なにげない	나니게나이 何気ない 아무렇지도 않다	

何気ない言葉(ことば)が相手(あいて)の心(こころ)を傷(きず)つけた 무심코 한 말이 상대편의 마음을 상하게 하였다

☐ なにしろ	나니시로 何しろ 하여튼	
☐ なにとぞ	나니또조 何卒 부디, 제발	
☐ なにもかも	나니모가모 何もかも 모조리	
☐ なによりも	나니요리모 何よりも 무엇보다도	
☐ なのか	나노까 七日 초이레	
☐ なのる	나노루 名乗る 자기의 이름을 대다	

銀行員(ぎんこういん)だと名乗る男(おとこ) 은행원이라고 자칭하는 사나이

☐ なびく	나비꾸 靡く 휘어지다, 쏠리다	
☐ なべ	나베 鍋 냄비	
☐ なべづる	나베즈루 鍋鶴 흑두루미	
☐ なま	나마 生 날 것, 미숙한 것	

生ビールを飲(の)む 생맥주를 마시다

☐ なまあくび	나마아꾸비 生欠伸 선하품	
☐ なまいき	나마이끼 生意気 건방짐	
☐ なまえ	나마에 名前 이름	

名前を付(つ)ける 이름을 짓다

☐ なまがし	나마가시 生菓子 생과자	
☐ なまぐさい	나마구사이 生臭い 비리다	

□ なまけもの	[나마께모노] (怠け者)	게으름뱅이
□ なまける	[나마께루] (怠ける)	게으름피우다
	これからは怠けてはいられない	
	이제부터는 게으름 피우고 있을 수 없다	
□ なまこ	[나마꼬]	해삼
□ なまじっか	[나마직까]	어설프게
□ なまず	[나마즈] (鯰)	메기
□ なまつば	[나마쓰바] (生唾)	군침
□ なまなましい	[나마나마시-] (生生しい)	생생하다, 새롭다
□ なまぬるい	[나마누루이] (生温い)	미적지근하다
□ なまはんか	[나마항까] (生半可)	어설픔, 어중간함
	生半可な知識(ちしき) 어설픈 지식	
□ なまへんじ	[나마헨지] (生返事)	건성으로 하는 대답
□ なまみず	[나마미즈] (生水)	냉수
□ なまめかしい	[나마메까시-]	요염하다
□ なまもの	[나마모노] (生物)	날것, 생것
□ なまやさしい	[나마야사시-] (生易しい)	손쉽다, 간단하다
□ なまり	[나마리] (訛り)	사투리
	[나마리] (鉛)	납
□ なみ	[나미] (波)	파도, 물결
□ なみき	[나미끼] (並木)	가로수
□ なみだ	[나미다] (涙)	눈물
□ なみだぐましい	[나미다구마시-] (涙ぐましい)	눈물겹다
□ なみはずれ	[나미하즈레] (並外れ)	보통 이상인 것
	並外れに大(おお)きい足(あし) 유별나게 큰 발	
□ なめらか	[나메라까] (滑らか)	매끈매끈한 모양
□ なめる	[나메루] (嘗める)	핥다 =ねぶる
	ねこが皿(さら)をなめている 고양이가 접시를 핥고 있다	
□ なや	[나야] (納屋)	헛간, 광
□ なやみ	[나야미] (悩み)	고민, 번민

☐ なやむ	나야무	悩む	괴로워하다

良心(りょうしん)のかしゃくに悩む
양심의 가책에 괴로워하다

☐ ならう	나라우	習う	익히다, 배우다, 연습하다

先生(せんせい)に習う 선생님에게 배우다
テープで歌(うた)を習う 테이프로 노래를 연습하다

☐ ならく	나라꾸	奈落	나락, 밑바닥
☐ ならす	나라스	鳴らす	소리를 내다, 울리다
☐ ならぶ	나라부	並ぶ	한 줄로 서다, 늘어서다
☐ ならべる	나라베루	並べる	늘어놓다, 나란히 하다

店頭(てんとう)に並べる 가게 앞에 죽 늘어놓다

☐ なりきん	나리낑	成金	벼락부자
☐ なりゆき	나리유끼	成行き	되어 가는 형편

今後(こんご)の成行きを見守(みまも)る
앞으로의 경과를 지켜보다

☐ なる	나루	鳴る	울리다, 소리가 나다
	나루	成る	되다
☐ なるほど	나루호도	成程	과연, 딴은

なるほどこの本(ほん)はおもしろい 과연 이 책은 재미있다

☐ なれる	나레루	慣れる	익숙해지다
☐ なわ	나와	縄	새끼, 포승
☐ なわとび	나와도비	縄跳び	줄넘기
☐ なわばり	나와바리	縄張り	세력권
☐ なんかん	낭깡	難関	난관
☐ なんきょく	낭꾜꾸	南極	남극 ↔ 北極 ほっきょく
	낭꾜꾸	難局	난국
☐ なんきんむし	낭낑무시	南京虫	빈대
☐ なんこう	낭꼬-	軟膏	연고
☐ なんじ	난지	難治	난치
☐ なんだか	난다까	何だか	어쩐지, 왠지

□ なんど	[난도] (何度)	몇 번, 여러 번
□ なんとなく	[난또나꾸] (何となく)	어쩐지

何となく体(からだ)がだるい 어쩐지 몸이 나른하다

□ なんなら	[난나라] (何なら)	무엇하면

何ならやめてもいい 무엇하면 그만두어도 좋다

□ なんら	[난라] (何等)	하등, 조금도

なんらの疑問(ぎもん)もない 아무런 의문도 없다

▶ 외래어

□ ナイター	[나이따-] (일 nighter)	야간경기
□ ナイトクラブ	[나이또쿠라부] (nightclub)	나이트클럽
□ ナイフ	[나이후] (knife)	나이프, 작은 칼

フォークとナイフ 포크와 나이프

□ ナイロン	[나이롱] (nylon)	나일론
□ ナプキン	[나푸킹] (napkin)	냅킨
□ ナレーション	[나레-숑] (narration)	내레이션
□ ナレーター	[나레-따-] (narrator)	내레이터, 해설자
□ ナンセンス	[난센스] (nonsense)	난센스

それはまったくのナンセンスだ 그것은 정말 난센스다

□ ナンバー	[남바-] (number)	넘버, 번호

〔に〕

- にあう [니아우] 似合う 어울리다, 잘 맞다
  よく似合うカップル 잘 어울리는 커플
- におい [니오이] 匂い 냄새, 향기
  [니오이] 臭い 악취
- におう [니오-] 匂う 냄새가 나다 =かおる
  梅(うめ)の花(はな)が匂う 매화의 향기가 풍기다
- にがい [니가이] 苦い 쓰다
- にかいだて [니까이다떼] 二階建て 이층집
- にがす [니가스] 逃がす 놓치다, 놓아주다
  犯人(はんにん)を逃がす 범인을 놓치다
  釣(つ)った魚(うお)を逃がしてやる 낚은 물고기를 놓아주다
- にがて [니가떼] 苦手 질색, 잘못함
  おしゃべりな人(ひと)はどうも苦手だ
  수다쟁이는 딱 질색이다
- にがみ [니가미] 苦味 쓴 맛
- にがわらい [니가와라이] 苦笑い 쓴웃음
- にきび [니끼비] 여드름
  にきびをつぶす 여드름을 짜다
- にぎやか [니기야까] 떠들썩함, 번화함
- にぎりしめる [니기리시메루] 握り緊める 꽉 쥐다, 움켜쥐다
- にぎりめし [니기리메시] 握り飯 주먹밥
- にぎる [니기루] 握る 쥐다, 잡다
  切符(きっぷ)を握っている 표를 쥐고 있다
- にく [니꾸] 肉 살, 고기
  牛(ぎゅう)肉 소고기 鶏肉(とり) 닭고기 豚(ぶた)肉 돼지고기

□ にくい	[니꾸이] 憎い	밉다
	坊主(ぼうず)憎けりゃけさまで憎い	
	중이 미우면 가사까지 밉다	
□ にくいれ	[니꾸이레] 肉入れ	인주통
□ にくがん	[니꾸강] 肉眼	육안
□ にくしみ	[니꾸시미] 憎しみ	미움, 증오
□ にくしん	[니꾸싱] 肉親	육친
□ にくせい	[니꾸세-] 肉声	육성
□ にくたい	[니꾸따이] 肉体	육체
□ にくにくしい	[니꾸니꾸시-] 憎々しい	밉살스럽다
□ にくむ	[니꾸무] 憎む	미워하다
	罪(つみ)を憎んで人(ひと)を憎まず	
	죄를 미워하되 사람을 미워하지 않다	
□ にくや	[니꾸야] 肉屋	고깃간, 정육점
□ にくよく	[니꾸요꾸] 肉欲	육욕
□ にくらしい	[니꾸라시-] 憎らしい	밉살스럽다
□ にぐるま	[니구루마] 荷車	짐수레
□ にげる	[니게루] 逃げる	도망치다, 달아나다
□ にこにこ	[니꼬니꼬]	생긋생긋
□ にごる	[니고루] 濁る	탁해지다, 흐려지다
	雨(あめ)で川(かわ)が濁る 비가 와서 강물이 흐리다	
□ にし	[니시] 西	서쪽 ↔ 東(ひがし)
□ にじ	[니지] 虹	무지개
□ にしき	[니시끼] 錦	비단
□ にじむ	[니지무] 滲む	스미다, 번지다
	インクがにじむ 잉크가 번지다	
□ にしん	[니싱] 鰊	청어, 비웃
□ にせもの	[니세모노] 偽物	가짜 ↔ 本物(ほんもの)
	偽物をつかまされる 가짜를 속아서 사다	
□ にそう	[니소-] 尼僧	여승

に

- にたにた [니따니따] 히죽히죽
- にちじょう [니찌죠-] 日常 일상
- にちぼつ [니찌보쯔] 日没 일몰
- にちようび [니찌요-비] 日曜日 일요일
- にちようひん [니찌요-힝] 日用品 일용품
- にっか [닉까] 日課 일과
- にっかん [닉깡] 日刊 일간
- にっき [닉끼] 日記 일기

  日記をつける 일기를 쓰다
- にづくり [니즈꾸리] 荷作り 짐꾸리기
- にっこう [닉꼬-] 日光 일광, 햇빛
- にっこり [닉꼬리] 생긋, 방긋

  なんの意味(いみ)もなくにっこりする

  아무 까닭도 없이 생긋 웃다
- にってい [닛떼-] 日程 일정
- にな [니나] 蜷 다슬기
- になう [니나우] 担う 짊어지다, 메다 = かつぐ

  リュックサックを担う 배낭을 메다
- にのつぎ [니노쓰기] 二の次 뒤로 돌림

  勉強(べんきょう)は二の次にしてあそび回(まわ)る

  공부는 뒤로 미루고 놀러 다니다
- にぶい [니부이] 鈍い 둔하다
- にふだ [니후다] 荷札 꼬리표
- にぶる [니부루] 鈍る 둔해지다

  切(き)れ味(あじ)が鈍る 칼날이 무디어지다
- にべ [니베] 민어
- にほん [니홍] 日本 일본
- にまいじた [니마이지따] 二枚舌 일구이언

  男(おとこ)は二枚舌は使(つか)わない

  남자는 일구이언은 하지 않는다

□ にもつ	[니모쓰]	荷物	짐

他人(たにん)のお荷物になる 남의 짐(부담)이 되다

□ にやにや	[니야니야]	싱글싱글	
□ にゅういん	[뉴-잉]	入院	입원 ↔ 退院 たいいん
□ にゅうがく	[뉴-가꾸]	入学	입학 ↔ 卒業 そつぎょう
□ にゅうきん	[뉴-낑]	入金	입금 ↔ 出金 しゅっきん
□ にゅうこ	[뉴-꼬]	入庫	입고 ↔ 出庫 しゅっこ
□ にゅうこう	[뉴-꼬-]	入港	입항 ↔ 出港 しゅっこう
□ にゅうこく	[뉴-꼬꾸]	入国	입국 ↔ 出国 しゅっこく
□ にゅうさつ	[뉴-사쓰]	入札	입찰
□ にゅうしゃ	[뉴-샤]	入社	입사 ↔ 退社 たいしゃ
□ にゅうしょう	[뉴-쇼-]	入賞	입상
□ にゅうじょう	[뉴-죠-]	入場	입장 ↔ 退場 たいじょう
□ にゅうねん	[뉴-넹]	入念	공을 들임, 꼼꼼하게 함

入念に細工(さいく)をする 정성 들여 세공하다

□ にゅうよう	[뉴-요-]	入用	소용됨, 필요함
□ にゅうりょく	[뉴-료꾸]	入力	입력 ↔ 出力 しゅつりょく
□ にょうぼう	[뇨-보-]	女房	마누라
□ にょろにょろ	[뇨로뇨로]	꿈틀꿈틀	

みみずがにょろにょろ(と)はっている
지렁이가 꿈틀꿈틀 기어가고 있다

□ にら	[니라]	韮	부추
□ にらむ	[니라무]	睨む	노려보다, 쏘아보다

目(め)をむいて相手(あいて)を睨む
눈을 부릅뜨고 상대를 노려보다

□ にる	[니루]	似る	닮다, 비슷하다

似たり寄よったりだ (옛)비슷하다, 우열이 없다

□ にれ	[니레]	楡	느릅나무
□ にわ	[니와]	庭	뜰, 마당

農家(のうか)の庭 농가의 마당

☐ にわかあめ	[니와까아메] 俄か雨	소나기, 갑자기 내리는 비
☐ にわかに	[니와까니] 俄に	갑자기

にわかに空(そら)が曇(くも)る 갑자기 하늘이 흐려지다

☐ にわし	[니와시] 庭師	정원사
☐ にわとり	[니와또리] 鶏	닭
☐ にんき	[닝끼] 人気	인기

テレビの人気番組(ばんぐみ) 텔레비전의 인기 프로

☐ にんき	[닝끼] 任期	임기
☐ にんぎょう	[닝교-] 人形	인형
☐ にんげん	[닝겡] 人間	인간

人間の屑(くず) 인간쓰레기

もっと人間らしく振舞(ふるま)えないのか

좀더 인간답게 굴 수 없겠나

☐ にんしき	[닌시끼] 認識	인식
☐ にんじょう	[닌죠-] 人情	인정
☐ にんじん	[닌징] 人参	당근
☐ にんそう	[닌소-] 人相	인상, 관상

人相のわるい男(おとこ) 인상이 나쁜 사람

人相を見(み)る 관상을 보다

☐ にんたい	[닌따이] 忍耐	인내
☐ にんてい	[닌떼-] 認定	인정

資格(しかく)を認定する 자격을 인정하다

☐ にんにく	[닌니꾸]	마늘
☐ にんぷ	[님뿌] 人夫	인부
☐ にんむ	[님무] 任務	임무

任務を果(は)たす 임무를 다하다

重大(じゅうだい)な任務をおびる 중대한 임무를 띠다

☐ にんめい	[님메-] 任命	임명
☐ にんよう	[닝요-] 任用	임용

▶ 외래어

- ニコチン [니꼬찡] (nicotine) 니코틴
  ニコチンちゅうどく(中毒) 니코틴 중독
  ニコ中(ちゅう)라고 줄여 쓰기도 함
- ニュアンス [뉘안스] (프 nuance) 뉘앙스
  わたしが聞(き)いた話(はなし)とはちょっとニュアンスがちがう 내가 들은 이야기하고는 약간 뉘앙스가 다르다
- ニュース [뉴-스] (news) 뉴스
  ラジオのニュースを聞(き)く 라디오 뉴스를 듣다
- ニンフ [닝후] (nymph) 님프, 요정

[ぬ]

- ぬう　　　　　[누우] 縫う　꿰매다, 바느질하다, 깁다
  ほころびを縫う 터진 데를 깁다
  傷口(きずぐち)を三針(さんはり)縫う
  상처를 세 바늘 꿰매다
- ぬか　　　　　[누까] 糠　쌀겨
- ぬかずく　　　[누까즈꾸] 額付く　조아리다, 절하다
  神前(しんぜん)に額付く 신전에 공손히 절하다
- ぬかよろこび　[누까요로꼬비] 糠喜び　헛된 기쁨
- ぬかり　　　　[누까리] 抜かり　실수, 빠뜨림
  やることに抜かりはない 하는 일에 실수는 없다
- ぬかるみ　　　[누까루미] 泥濘　진창
- ぬく　　　　　[누꾸] 抜く　뽑다, 빼다
  髪(かみ)の毛(け)を抜く 머리카락을 뽑다
- ぬぐ　　　　　[누구] 脱ぐ　벗다
  帽子(ぼうし)[洋服(ようふく)]を脱ぐ 모자[옷]을 벗다
- ぬぐう　　　　[누구-] 拭う　닦다, 씻다
  タオルで顔(かお)を拭う 타월로 얼굴을 닦다
- ぬくみ　　　　[누꾸미] 温み　온기
- ぬくめる　　　[누꾸메루] 温める　데우다, 녹이다
- ぬけがら　　　[누께가라] 抜け殼　빈 껍질, 탈피
- ぬけだす　　　[누께다스] 抜け出す　빠져나오다
- ぬけぬけ　　　[누께누께] 뻔뻔스럽고 태연한 모양
- ぬけめ　　　　[누께메] 抜け目　빈 틈, 허술한 점
  抜け目なく目(め)を配(くば)る 빈틈없이 살피다
- ぬける　　　　[누께루] 抜ける　빠지다

ぬし	[누시] (主)	주인, 임자
	この車(くるま)の主 이 차의 임자(소유자)	
ぬすびと	[누스비또] (盗人)	도둑
ぬすむ	[누스무] (盗む)	훔치다
	金(かね)を盗む 돈을 훔치다	
ぬの	[누노] (布)	직물의 총칭
ぬのぎれ	[누노기레] (布切れ)	헝겊
ぬのじ	[누노지] (布地)	천, 옷감
ぬま	[누마] (沼)	늪
ぬらくら	[누라꾸라]	미끈미끈
	うなぎはぬらくらして捕(と)らえにくい	
	뱀장어는 미끈거려 잡기 힘들다	
ぬる	[누루] (塗る)	칠하다, 바르다
	壁(かべ)を塗る 벽을 바르다	
ぬるい	[누루이] (温い)	미지근하다
	お茶(ちゃ)が温くなった 차가 미지근해졌다	
ぬれぎぬ	[누레기누] (濡れ衣)	누명
	犯罪(はんざい)の濡れ衣を着(き)せられる	
	범죄의 누명을 뒤집어쓰다	
ぬれごと	[누레고또] (濡れ事)	정사(情事)
ぬれねずみ	[누레네즈미] (濡れ鼠)	물에 빠진 생쥐
	にわか雨(あめ)で濡れねずみになる	
	소나기로 물에 빠진 생쥐 꼴이 되다	
ぬれる	[누레루] (濡れる)	젖다
	びっしょり濡れる 흠뻑 젖다	

▶ 외래어

ヌード	[누-도] (nude)	누드

[ね]

- ね　　　　　[네] 뿌리, 근본
　　　　　　深(ふか)く根を張(は)った大木(たいぼく)
　　　　　　깊이 뿌리를 뻗친 큰 나무
- ねあげ　　　[네아게] 値上げ 가격인상 ↔値下 ねさげ
- ねうち　　　[네우찌] 値打ち 값어치, 가치
　　　　　　やってみる値打ちがある 해볼 만한 가치가 있다
- ねえさん　　[네-상] 姉さん 누나, 누님
- ねがう　　　[네가우] 願う 바라다, 원하다
- ねがお　　　[네가오] 寝顔 잠자는 얼굴
- ねかす　　　[네까스] 寝かす 재우다, 쓰러뜨리다
　　　　　　赤(あか)ん坊(ぼう)を寝かす 아기를 재우다
- ねがわくは　[네가와꾸와] 願わくは 바라건대, 부디
- ねぎ　　　　[네기] 葱 파
- ねぎらう　　[네기라우] 수고를 위로하다 =なぐさめる
　　　　　　労(ろう)をねぎらう 노고를 치하하고 위로하다
- ねぎる　　　[네기루] 値切る 값을 깎다
　　　　　　10円(じゅうえん)値切って買かう 10엔 깎아서 사다
- ねぐら　　　[네구라] 塒 새의 둥지, 보금자리
- ねこ　　　　[네꼬] 猫 고양이
　　　　　　猫要(い)らず 쥐약
- ねこそぎ　　[네꼬소기] 根 뿌리째, 몽땅
　　　　　　暴風(ぼうふう)で並木(なみき)がねこそぎになった
　　　　　　폭풍으로 가로수가 뿌리째 뽑혔다
- ねごと　　　[네고또] 寝言 잠꼬대
- ねごろ　　　[네고로] 値頃 적당한 값

ねじ	[네지] 나사	

ねじを回(まわ)す 나사를 돌리다

ねじる	[네지루] 捩る 비틀다, 뒤틀다 =ひねる	

腕(うで)をねじる 팔을 비틀다

ねじろ	[네지로] 根城 근거지, 아지트
ねずみ	[네즈미] 鼠 쥐
ねそべる	[네소베루] 寝そべる 엎드리다

寝そべって本(ほん)を読(よ)む 엎드려 책을 읽다

ねたむ	[네따무] 妬む 질투하다

人(ひと)の幸福(こうふく)を妬んでも仕方(しかた)がない
남의 행복을 시샘해 보았자 별수 없다

ねだる	[네다루] 치근거리다, 졸라대다
ねだん	[네당] 値段 값, 가격

思(おも)ったよりは値段が高(たか)い
생각한 것보다는 값이 비싸다

ねつ	[네쓰] 熱 열
ねつあい	[네쓰아이] 熱愛 열애
ねつえん	[네쓰엥] 熱演 열연
ねっきょう	[넥꾜-] 熱狂 열광
ねっさ	[넷사] 熱砂 열사
ねつじょう	[네쓰죠-] 熱情 열정
ねっしん	[넷싱] 熱心 열심

熱心に働(はたら)く 열심히 일하다

ねつぞう	[네쓰조-] 捏造 날조
ねったい	[넷따이] 熱帯 열대
ねっちゅう	[넷쮸-] 熱中 열중

研究(けんきゅう)に熱中する 연구에 열중하다

ねつびょう	[네쓰뵤-] 熱病 열병
ねつぼう	[네쓰보-] 熱望 열망
ねつりょう	[네쓰료-] 熱量 열량

☐ ねどこ	[네도꼬]	寝床	잠자리, 침상
☐ ねとねと	[네또네또]		끈적끈적
☐ ねばりけ	[네바리께]	粘り気	끈기

粘り気のない米(こめ) 찰기가 없는 쌀

☐ ねばる	[네바루]	粘る	끈덕지게 버티다
☐ ねびき	[네비끼]	値引き	값을 깎음, 깎아줌

在庫品(ざいこひん)を3割(さんわり)値引きで売(う)る
재고품을 3할 싸게 해서 팔다

☐ ねぶそく	[네부소꾸]	寝不足	수면부족
☐ ねぶみ	[네부미]	値踏み	값을 어림함, 평가
☐ ねぼう	[네보-]	寝坊	잠꾸러기
☐ ねほりはほり	[네호리하호리]	根掘り葉堀り	미주알고주알, 꼬치꼬치

ねほりはほり聞(き)き出(だ)す 꼬치꼬치 캐묻다

☐ ねまき	[네마끼]	寝間着	잠옷
☐ ねむい	[네무이]	眠い	졸립다
☐ ねむけ	[네무께]	眠気	졸음
☐ ねむたい	[네무따이]	眠たい	졸리다, 자고 싶다

眠たそうな声(こえ)で答(こた)える
졸리는 듯한 목소리로 대답하다

☐ ねむりぐすり	[네무리구스리]	眠り薬	수면제
☐ ねむる	[네무루]	眠る	자다
☐ ねもと	[네모또]	根元	뿌리께, 근본
☐ ねらう	[네라우]	狙う	겨누다, 노리다

標的(ひょうてき)を狙って射(う)つ 표적을 겨누고 쏘다

☐ ねる	[네루]	寝る	자다, 눕다
☐ ねんいり	[넹이리]	念入り	정성들임, 공들임

念入りに仕上(しあ)げる 정성들여 마무리다

☐ ねんがじょう	[넹가죠-]	年賀状	연하장
☐ ねんかん	[넹깡]	年間	연간

ねんかん	[넹깡] (年鑑)	연감
ねんがん	[넹강] (念願)	염원, 소원
ねんげつ	[넹게쓰] (年月)	연월, 세월
ねんごろ	[넹고로]	정중한 모양, 친밀한 모양

ねんごろにもてなす 정성스레 대접하다

ねんじゅ	[넨쥬] (念珠)	염주
ねんしょう	[넨쇼-] (燃焼)	연소
ねんだい	[넨다이] (年代)	연대
ねんど	[넨도] (年度)	연도
	[넨도] (粘土)	점토, 찰흙
ねんのため	[넨노다메] (念のため)	틀림없겠지만 확인하기 위해, 만약을 위해

念のため, もう一度(いちど)説明(せつめい)する
만약을 위해 다시 한 번 설명하다

ねんぶつ	[넴부쓰] (念仏)	염불
ねんぽう	[넴뽀-] (年俸)	연봉
ねんりょう	[넨료-] (燃料)	연료
ねんれい	[넨레-] (年齢)	연령, 나이

▶ 외래어

ネーム	[네-무] (name)	네임, 이름
ネオンサイン	[네온사잉] (neon sign)	네온사인
ネクタイ	[네꾸따이] (necktie)	넥타이

ネクタイを締(し)める 넥타이를 매다

ネッカチーフ	[넥까찌-후] (neckerchief)	네커치프
ネックレス	[넥꾸레스] (necklace)	네크리스, 목걸이
ネット	[넷또] (net)	네트, 그물
ネットワーク	[넷또와-꾸] (network)	네트워크, 방송망

[の]

- のう 노- 脳 뇌
- のうえん 노-엥 脳炎 뇌염
- のうか 노-까 農家 농가
- のうき 노-끼 納期 납기
  納期が迫(せま)る 납기가 다가오다
  納期を守(まも)る 납기를 지키다
- のうぎょう 노-교- 農業 농업, 농사
- のうこう 노-꼬- 濃厚 농후
- のうさぎ 노-사기 野兎 산토끼
- のうさつ 노-사쓰 悩殺 뇌쇄
- のうさんぶつ 노-삼부쓰 農産物 농산물
- のうしゅっけつ 노-슉께쓰 脳出血 뇌출혈
- のうじょう 노-죠- 農場 농장
- のうぜい 노-제- 納税 납세
  納税の義務(ぎむ)がある 납세의 의무가 있다
- のうそん 노-송 農村 농촌
- のうてん 노-뗑 脳天 정수리
- のうど 노-도 濃度 농도
- のうなし 노-나시 能無し 쓸모없음, 무능함
  あんな能無しに何(なに)ができるか
  저런 무능한 사람이 무슨 일을 하겠는가?
- のうはんき 노-항끼 農繁期 농번기 ↔ 農閑期 のうかんき
- のうひん 노-힝 納品 납품
- のうふ 노-후 納付 납부
- のうみん 노-밍 農民 농민

□ のうり	[노-리] 脳裏	뇌리, 머리 속
□ のうりつ	[노-리쓰] 能率	능률

能率が下(さ)がる 능률이 떨어지다
仕事(しごと)の能率を上(あ)げる 일의 능률을 올리다

□ のうりょう	[노-료-] 納涼	납량
□ のうりょく	[노-료꾸] 能力	능력
□ のがれる	[노가레루] 逃れる	달아나다, 피하다 ↔ つかまる

国外(こくがい)に逃れる 국외로 달아나다
責任(せきにん)を逃れる 책임을 면하다

□ のき	[노끼] 軒	처마

軒下(した) 처마 밑

□ のぎく	[노기꾸] 野菊	들국화
□ のこぎり	[노꼬기리] 鋸	톱
□ のこす	[노꼬스] 残す	남기다, 남겨두다
□ のこらず	[노꼬라즈] 残らず	남김없이, 모조리

知(し)っていることは残らず話(はな)した
알고 있는 것은 죄다 말했다

□ のこる	[노꼬루] 残る	남다, 여분이 생기다
□ のさばる	[노사바루]	건방지게 굴다
□ のじ	[노지] 野路	들길
□ のせる	[노세루] 乗せる	태우다, 싣다
□ のぞく	[노조꾸] 除く	제거하다, 없애다

不純物(ふじゅんぶつ)を除く 불순물을 없애다

	[노조꾸] 覗く	안을 들여다보다

望遠鏡(ぼうえんきょう)で覗く 망원경을 들여다보다

□ のそのそ	[노소노소]	느릿느릿, 어슬렁어슬렁
□ のぞましい	[노조마시-] 望ましい	바람직하다
□ のぞむ	[노조무] 望む	소망하다, 바라다 =願(ねが)う

出世(しゅっせ)を望む 출세를 바라다

□ のたうつ	[노따우쓰]	괴로워서 꿈틀대다

- のっぽ　　　　　　노뽀　키다리
- のど　　　　　　　노도　喉　목, 목구멍
- のどか　　　　　　노도까　長閑　화창한 모양, 한가로운 모양
  のどかに晴(は)れあがった日(ひ)　화창하게 갠 날
- のどじまん　　　　노도지망　のど自慢　노래자랑
- ののしる　　　　　노노시루　罵る　매도하다
- のばす　　　　　　노바스　伸ばす　길게 하다, 펴다
  紐(ひも)をつないで伸ばす　끈을 이어서 늘이다
- のはら　　　　　　노하라　野原　들판
- のびる　　　　　　노비루　伸びる　퍼지다, 자라다
  枝(えだ)が伸びる　가지가 자라다
- のべ　　　　　　　노베　野辺　들판, 벌판
- のべつ　　　　　　노베쓰　쉴새없이, 줄곧
  のべつに食(た)べている　쉴새없이 먹고 있다
- のべつぼ　　　　　노베쓰보　延べ坪　연건평
- のぼせる　　　　　노보세루　흥분하다, 현기증이 나다
- のぼりざか　　　　노보리자까　登り坂　오르막
- のぼる　　　　　　노보루　登る　오르다, 올라가다
  山(やま)に登る　산에 오르다
- のみ　　　　　　　노미　蚤　벼룩
  　　　　　　　　　노미　끌
- のみぐすり　　　　노미구스리　飲み薬　내복약
- のみこみ　　　　　노미꼬미　呑み込み　이해
  呑み込みが早(はや)い　이해가 빠르다
- のみならず　　　　노미나라즈　뿐만 아니라 =ばかりではなく
  だけでなく
- のみもの　　　　　노미모노　飲み物　마실 것, 음료
- のみや　　　　　　노미야　飲み屋　술집
- のむ　　　　　　　노무　飲む　마시다, 복용하다
  　　　　　　　　　노무　呑む　삼키다

- のめのめ [노메노메] 뻔뻔스럽게
- のら [노라] 野良_ 들판, 전답
- のらくら [노라꾸라] 하는 일 없이 빈둥거리는 모양

  のらくらと日ひを送(おく)る 빈둥거리며 날을 보내다
- のり [노리] 海苔_ 김

  [노리] 糊_ 풀

  のりではりつける 풀로 붙이다
- のりあい [노리아이] 乗合い_ 합승
- のりおくれる [노리오꾸레루] 乗り遅れる_ 차, 배 등을 놓치다, 시간이 늦어서 못 타다
- のりかえる [노리까에루] 乗り換える_ 갈아타다, 환승하다

  次(つぎ)の駅(えき)で乗り換えなさい

  다음 역에서 갈아타시오
- のりこえる [노리꼬에루] 乗り越える_ 타고 넘다, 극복하다
- のりば [노리바] 乗り場_ 승차장, 승강장
- のりまき [노리마끼] 海苔巻き_ 김밥
- のりもの [노리모노] 乗り物_ 탈것, 교통기관
- のる [노루] 乗る_ 타다 ↔ 下 おりる

  自動車(じどうしゃ)に乗る 자동차를 타다
- のるかそるか [노루까소루까] 伸るか反るか_ 성공이냐 실패냐 =いちかばちか

  伸るか反るかの大勝負(おおしょうぶ)

  성공하느냐 실패하느냐의 대승부
- のれん [노렝] 暖簾_ 상점 입구에 치는 상호가 든 막
- のろ [노로] 노루
- のろい [노로이] 鈍い_ 느리다, 둔하다 =にぶい

  頭(あたま)の回転(かいてん)が少(すこ)し鈍い

  머리의 회전이 조금 둔하다
- のろう [노로-] 呪う_ 저주하다

  呪われた人生(じんせい) 저주받은 인생

- のろのろ [노로노로] 동작이 굼뜬 모양, 느릿느릿
- のろま [노로마] 鈍間 굼벵이, 아둔함, 미련함 =まぬけ
  のろまな奴(やつ)だ 아둔한 놈이다
- のんき [농끼] 呑気 무사태평
  呑気に暮(くら)す 무사태평하게 살아가다
- のんびり [놈비리] 유유히, 한가로이
  たまには家(うち)でのんびりしたい
  가끔은 집에서 한가롭게 지내고 싶다

▶ 외래어

- ノイローゼ [노이로-제] 독 Neurose 노이로제
- ノースモーキング [노-스모-낑구] non smoking 금연
- ノート [노-또] note 노트, 필기
  ノートと鉛筆(えんぴつ) 노트와 연필
- ノーパーキング [노-파-낑구] no parking 주차금지
- ノーハウ [노-하우] knowhow 노하우, 기술적 비법
- ノーベルしょう [노-베루쇼-] novel賞 노벨상
- ノスタルジア [노스따루지아] nostalgia 향수
- ノック [녹꾸] knock 노크, 두드림
  ノックアウト (knockout) 녹아웃
  ノックダウン (knockdown) 녹다운
- ノルウェー [노루웨-] Norway 노르웨이
- ノンストップ [논스똡뿌] non stop 논스톱
  ノンストップで走(はし)る 논스톱으로 달리다
- ノンフィクション [농휘꾸숑] non fiction 논픽션

〔は行〕

[は]

- □ は   [하] 葉 잎, 잎사귀 =はっぱ
         葉が落(お)ちる 잎이 지다
         [하] 歯 이, 이빨
         歯が生(は)える 이가 나다
- □ ばあい [바아이] 場合 경우, 사정
         わたしの場合、まったく問題(もんだい)がない
         나의 경우 전혀 문제가 없다
- □ はあく [하아꾸] 把握 파악
- □ はい   [하이] 灰 재
- □ ばい   [바이] 倍 곱, 배
- □ はいあがる [하이아가루] 這い上がる 기어오르다
         谷底(たにぞこ)から這い上がる
         골짜기 밑바닥에서 기어오르다
- □ はいいろ [하이이로] 灰色 회색, 잿빛
- □ ばいう [바이우] 梅雨 장마 =つゆ
- □ はいえん [하이엥] 肺炎 폐렴
- □ ばいかい [바이까이] 媒介 매개
- □ ばいきゃく [바이꺄꾸] 売却 매각
- □ はいきゅう [하이뀨-] 配給 배급
- □ はいきょ [하이꾜] 廃虚 폐허
- □ はいぎょう [하이교-] 廃業 폐업
- □ はいけい [하이께-] 背景 배경
         山(やま)を背景に写真(しゃしん)を撮(と)る
         산을 배경으로 사진을 찍다
- □ はいげき [하이게끼] 排撃 배격

- はいご　　　　　[하이고]　背後　배후
- はいごう　　　　[하이고-]　配合　배합
- ばいこく　　　　[바이꼬꾸]　売国　매국
- はいざら　　　　[하이자라]　灰皿　재떨이
- はいし　　　　　[하이시]　廃止　폐지
  - 虚礼(きょれい)を廃止する 허례를 폐지하다
- はいしゃ　　　　[하이샤]　廃車　폐차
  - [하이샤]　歯医者　치과의사
- ばいしゅう　　　[바이슈-]　買収　매수
  - 有権者(ゆうけんしゃ)を買収する 유권자를 매수하다
- はいしゅつ　　　[하이슈쓰]　排出　배출
- はいじょ　　　　[하이죠]　排除　배제
- ばいしょう　　　[바이쇼-]　賠償　배상
- はいじん　　　　[하이징]　廃人　폐인
- はいすい　　　　[하이스이]　排水　배수
- はいせき　　　　[하이세끼]　排斥　배척
- はいせつ　　　　[하이세쓰]　排泄　배설
- はいたつ　　　　[하이따쓰]　配達　배달
  - 郵便(ゆうびん)を配達する 우편을 배달하다
- はいち　　　　　[하이찌]　配置　배치
- ばいてん　　　　[바이뗑]　売店　매점
- はいとう　　　　[하이또-]　配当　배당
  - この株(かぶ)は無(む)配当だ 이 주식은 무배당이다
- ばいどく　　　　[바이도꾸]　梅毒　매독
- ばいばい　　　　[바이바이]　売買　매매
- はいびょう　　　[하이뵤-]　肺病　폐병
- はいふ　　　　　[하이후]　配布　배포
- はいぼう　　　　[하이보-]　敗亡　패망
- はいぼく　　　　[하이보꾸]　敗北　패배
  - 敗北を喫(きっ)する 패배를 당하다

は

☐ はいやく	[하이야꾸]	配役	배역
☐ はいゆう	[하이유-]	俳優	배우
☐ ばいよう	[바이요-]	培養	배양
☐ はいる	[하이루]	入る	들어가다, 들다 ↔ 出でる

応接間(おうせつま)に入る 응접실에 들어가다

☐ はいれつ	[하이레쓰]	配列	배열
☐ はう	[하우]	這う	기다, 붙어서 뻗어가다
☐ はえ	[하에]	蝿	파리
☐ はえる	[하에루]	生える	나다, 생기다

毛(け)が生える 털이 나다

☐ はおる	[하오루]	羽織る	겉옷을 걸쳐 입다
☐ はか	[하까]	墓	묘, 무덤
☐ ばか	[바까]	馬鹿	바보, 멍청이
☐ はかい	[하까이]	破壊	파괴
☐ はがき	[하가끼]	葉書	엽서
☐ はかく	[하까꾸]	破格	파격
☐ はがす	[하가스]	剥がす	벗기다, 떼어 내다

切手(きって)を剥がす 우표를 떼어 내다

☐ はかせ	[하까세]	博士	박사 = はくし
☐ はかどる	[하까도루]	捗る	일이 순조롭게 되어가다

工事(こうじ)がはかどる 공사가 진척되다

☐ はかない	[하까나이]	儚い	허무하다, 덧없다
☐ ばかばかしい	[바까바까시-]	馬鹿馬鹿しい	매우 어리석다
☐ はかまいり	[하까마이리]	墓参り	성묘
☐ はがゆい	[하가유이]	歯痒い	안타깝다, 답답하다

仕事(しごと)がのろくてはがゆい思(おも)いをする
일이 더뎌서 답답함을 느끼다

☐ ばからしい	[바까라시-]	馬鹿らしい	바보스럽다
☐ はかり	[하까리]	秤	저울
☐ はかる	[하까루]	計る	무게를 달다, 길이나 높이를 재다

- はぎしり [하기시리] (歯軋り) 이를 갊
- はきもの [하끼모노] 履き物 신, 신발
- はく [하꾸] 履く 신다 ↔ 脱ぬぐ
  靴(くつ)を穿く 구두를 신다
  [하꾸] 吐く 토하다, 뱉다
  つばを吐く 침을 뱉다
  [하꾸] 掃く 쓸다
  庭(にわ)を掃く 뜰을 쓸다
- はくがい [하꾸가이] 迫害 박해
- はぐき [하구끼] 歯茎 잇몸
- ばくげき [바꾸게끼] 爆撃 폭격
- はくさい [하꾸사이] 白菜 배추
- はくし [하꾸시] 白紙 백지
- はくしゅ [하꾸슈] 拍手 박수
  割われるような拍手 터질 것 같은 박수
- はくじょう [하꾸죠-] 白状 자백
  男(おとこ)らしく白状しなさい 남자답게 자백하시오
  [하꾸죠-] 薄情 박정함, 매정함
- はくじん [하꾸징] 白人 백인
- ばくぜん [바꾸젱] 漠然 막연함
- ばくだい [바꾸다이] 莫大 막대함
- ばくだん [바꾸당] 爆弾 폭탄
- はくち [하꾸찌] 白痴 백치, 천치
- ばくち [바꾸찌] 博打 도박, 노름
  博打を打(う)つ 도박을 하다
- はくちゅう [하꾸쮸-] 白昼 백주, 대낮
- はくちょう [하꾸죠-] 白鳥 백조
- はくば [하꾸바] 白馬 백마
- ばくはつ [바꾸하쓰] 爆発 폭발
- はくぶつかん [하꾸부쓰깡] 博物館 박물관

☐ はくまい	[하꾸마이]	白米	백미
☐ はくらんかい	[하꾸랑까이]	博覧会	박람회

万国(ばんこく)博覧会 만국박람회

☐ ぱくり	[빠꾸리]		입을 크게 벌리고 있는 모양, 덥석
☐ はくりょく	[하꾸료꾸]	迫力	박력
☐ はぐるま	[하구루마]	歯車	톱니바퀴
☐ ばくろ	[바꾸로]	暴露	폭로

スキャンダルを暴露する 스캔들을 폭로하다

☐ はけ	[하께]	刷毛	귀얄, 솔
☐ はげあたま	[하게아따마]	禿頭	대머리
☐ はげしい	[하게시-]	激しい	세차다, 격렬하다

人(ひと)の出入(でい)りが激しい 사람의 출입이 심하다

☐ はげます	[하게마스]	励ます	격려하다
☐ はげむ	[하게무]	励む	힘쓰다

仕事(しごと)に励む 일에 힘쓰다

☐ ばけもの	[바께모노]	化け物	도깨비
☐ はげる	[하게루]	禿げる	머리가 벗어지다
☐ ばける	[바께루]	化ける	둔갑하다

きつねが女(おんな)に化ける 여우가 여자로 둔갑하다

☐ はけん	[하껭]	派遣	파견
☐ はこ	[하꼬]	箱	상자, 궤짝
☐ はこう	[하꼬-]	跛行	파행
☐ はごたえ	[하고따에]	歯答え	음식을 씹는 맛, 반응

柔(やわ)らかすぎて歯答えがない
너무 연해서 씹히는 맛이 없다

☐ はこぶ	[하꼬부]	運ぶ	나르다, 옮기다
☐ はさまる	[하사마루]	挟まる	틈에 끼이다
☐ はさみ	[하사미]	挟	가위
☐ はさむ	[하사무]	挟む	끼이다, 사이에 두다

本(ほん)にしおりを挟む 책에 서표(書標)를 끼우다

☐ はし	[하시]	橋	다리
	[하시]	箸	젓가락
☐ はじ	[하지]	恥	수치, 부끄러움

怠(なま)け者(もの)は一家(いっか)の恥だ
게으름뱅이는 집안의 수치다

☐ はしか	[하시까]	麻疹	홍역
☐ はしくれ	[하시꾸레]	端くれ	토막, 부스러기
☐ はしご	[하시고]	梯子	사다리
☐ はじまる	[하지마루]	始まる	시작되다

試合(しあい)が始まる 시합이 시작되다

☐ はじめ	[하지메]	初め	처음, 시초
☐ はじめて	[하지메떼]	初めて	처음으로, 비로소

初めて知(し)りました 처음으로 알았습니다

☐ はじめる	[하지메루]	始める	시작하다
☐ ばしゃ	[바샤]	馬車	마차
☐ はしゃぐ	[하샤구]		들떠서 떠들어대다

うれしくてはしゃぎ回(まわ)る 기뻐서 떠들어대다

☐ ばしょ	[바쇼]	場所	장소
☐ はしら	[하시라]	柱	기둥
☐ はじらう	[하지라우]	羞じらう	수줍어하다
☐ はしる	[하시루]	走る	달리다
☐ はじる	[하지루]	恥じる	부끄러워하다

天(てん)に恥じる 하늘에 부끄러워하다

☐ はす	[하스]	蓮	연꽃
☐ ばすえ	[바스에]	場末	변두리
☐ はずかしい	[하즈까시-]	恥ずかしい	부끄럽다

こんな事(こと)をしでかして恥ずかしくないのか
이런 일을 저지르고도 부끄럽지 않은가?

☐ はずかしめる	[하즈까시메루]	辱める	욕보이다, 창피를 주다
☐ はずす	[하즈스]	外す	풀다, 떼다

は

❏ はずれる	[하즈레루] 外れる	빗나가다, 벗겨지다

ボタンが外れている 단추가 끌러져 있다
規格(きかく)を外れる 규격에 어긋나다
ねらいが外れる 목표가 빗나가다

❏ はた	[하따] 旗	기, 깃발
❏ はだ	[하다] 肌	살갗, 피부
❏ はだいろ	[하다이로] 肌色	살색
❏ はだか	[하다까] 裸	알몸, 발가숭이

裸になって水(みず)に飛(と)びこむ
알몸이 되어 물에 뛰어들다

❏ はだぎ	[하다기] 肌着	내의, 속옷
❏ はたく	[하따꾸]	떨어내다
❏ はたけ	[하따께] 畑	밭
	[하따께] 畠	밭
❏ はたけちがい	[하따께치가이] 畑違い	전문분야가 다름

畑違いだから自信(じしん)がない
전문 분야가 아니어서 자신이 없다

❏ はだざわり	[하다자와리] 肌触り	촉감

肌触りのよい布地(ぬのじ) 촉감이 좋은 옷감

❏ はだし	[하다시] 跣	맨발
❏ はたして	[하따시떼] 果して	과연, 역시
❏ はたす	[하따스] 果す	이루다, 완수하다

任務(にんむ)を果す 임무를 완수하다
責任(せきにん)を果す 책임을 다하다

❏ はたち	[하따찌] 二十	20, 스무 살
❏ ばたつく	[바따쓰꾸]	버둥대다, 펄럭이다

テントが風(かぜ)でばたつく 텐트가 바람에 펄럭이다

❏ はため	[하따메] 傍目	곁에서 남이 보는 느낌
❏ はためく	[하따메꾸]	펄럭이다
❏ はたらきて	[하따라끼떼] 働き手	한 집안의 기둥, 일꾼

❏ はたらく	[하따라꾸] (働く) 일하다, 작용하다	
	生計(せいけい)のために働いた 생계를 위해 일했다	
	重力(じゅうりょく)が働く 중력이 작용하다	
❏ はたん	[하땅] (破綻) 파탄	
❏ はち	[하찌] (蜂) 벌	
	[하찌] (鉢) 주발, 사발	
❏ ばちあたり	[바찌아따리] (罰当り) 천벌을 받음	
❏ ばちがい	[바찌가이] (場違い) 장소에 어울리지 않음	
	場違いな発言(はつげん)	
	그 자리에 어울리지 않는 엉뚱한 발언	
❏ はちまき	[하찌마끼] (鉢巻き) 머리띠	
❏ はちみつ	[하찌미쓰] (蜂蜜) 벌꿀	
❏ はちゅうるい	[하쮸-루이] (爬虫類) 파충류	
❏ ばつ	[바쓰] (罰) 벌	
	罰を受(う)ける 벌을 받다	
	罰を与(あた)える 벌을 주다	
❏ はつあき	[하쓰아끼] (初秋) 초가을	
❏ はついく	[하쓰이꾸] (発育) 발육	
❏ はつおん	[하쓰옹] (発音) 발음	
❏ はつか	[하쓰까] (二十日) 스무날	
❏ はっかく	[학까꾸] (発覚) 발각	
❏ はっかん	[학깡] (発刊) 발간	
❏ はっき	[학끼] (発揮) 발휘	
❏ はっきり	[학끼리] 분명히, 똑똑히	
	はっきり見(み)える 뚜렷이 보이다	
	はっきりした返事(へんじ)が聞(き)きたい	
	확실한 대답을 듣고 싶다	
❏ ばっきん	[박낑] (罰金) 벌금	
	罰金を取(と)られる 벌금을 물다	
❏ はっくつ	[학꾸쓰] (発掘) 발굴	

は

- はっけん [학껭] 発見 발견
- はつげん [하쓰겡] 発言 발언
- はつこい [하쓰꼬이] 初恋 첫사랑
  初恋に破(やぶ)れる 첫사랑에 실패하다
- はっこう [학꼬-] 発行 발행
- はっしゃ [핫샤] 発車 발차
  [핫샤] 発射 발사
- はっしん [핫싱] 発疹 발진
- はっせい [핫세-] 発生 발생
  事故(じこ)が発生する 사고가 발생하다
- はっそう [핫소-] 発想 발상
- ばっそく [밧소꾸] 罰則 벌칙
- ばった [밧따] 메뚜기
- はったつ [핫따쓰] 発達 발달
  心身(しんしん)が発達する 심신이 발달하다
- ばったり [밧따리] *갑자기 쓰러지는 모양, 픽, 털썩
  ばったりと倒たおれる 픽 쓰러지다
  *뜻밖에 마주치는 모양, 딱
  駅(えき)で彼(かれ)とばったり出会(であ)った
  역에서 그와 딱 마주쳤다
  *갑자기 끊기는 모양, 뚝
  たよりがばったり来(こ)なくなる 소식이 뚝 끊어지다
- はったん [핫땅] 発端 발단
- ぱっちり [팟찌리] 눈이 맑고 반짝 뜨인 것
- ばってき [밧떼끼] 抜擢 발탁
- はってん [핫뗑] 発展 발전
- はつでん [하쓰뎅] 発電 발전
- はっと [핫또] 문득 생각이 나는 것
  はっと思(おも)い付(つ)く 문득 생각나다
- はつねつ [하쓰네쓰] 発熱 발열

☐ はつばい	[하쓰바이]	発売	발매
☐ はっぴょう	[합뾰-]	発表	발표
☐ はっぽう	[합뽀-]	八方	여기저기
☐ はつみみ	[하쓰미미]	初耳	금시초문

その話(はなし)は初耳だ 그 이야기는 금시초문이다

☐ はつめい	[하쓰메-]	発明	발명
☐ はつゆき	[하쓰유끼]	初雪	첫눈
☐ はつらつ	[하쓰라쓰]	溌剌	발랄
☐ はつれい	[하쓰레-]	発令	발령
☐ はで	[하데]	派手	화려한 모양 ↔ 地味 じみ

派手な色(いろ)のネクタイをする
화사한 빛깔의 넥타이를 매다

☐ はと	[하또]	鳩	비둘기
☐ はとば	[하또바]	波止場	선창, 부두
☐ はとむね	[하또무네]	鳩胸	새가슴
☐ はな	[하나]	花	꽃

花が咲(さ)く 꽃이 피다 花が散(ち)る 꽃이 지다

	[하나]	鼻	코
☐ はなかご	[하나가고]	花籠	꽃바구니
☐ はながた	[하나가따]	花形	스타, 인기인
☐ はなくそ	[하나꾸소]	鼻糞	코딱지
☐ はなことば	[하나고또바]	花言葉	꽃말
☐ はなし	[하나시]	話	이야기, 말
☐ はなして	[하나시떼]	話し手	말하는 사람
☐ はなす	[하나스]	話す	이야기하다, 말하다

大声(おおごえ)で話す 큰소리로 말하다

	[하나스]	放す	놓아주다, 풀어놓다

つかまえた鳥(とり)を放してやった 잡은 새를 놓아주었다

	[하나스]	離す	떼다, 옮기다, 풀다

子供(こども)から目(め)を離す 아이에게서 눈을 떼다

317

- はなぞの [하나조노] 花園 꽃밭, 꽃동산
- はなたば [하나타바] 花束 꽃다발
- はなぢ [하나지] 鼻血 코피
- はなはだ [하나하다] 甚だ 매우, 몹시
- はなはだしい [하나하다시-] 甚だしい 정도가 심하다, 대단하다
  非常識(ひじょうしき)もはなはだしい
  몰상식도 이만저만이 아니다
- はなび [하나비] 花火 불꽃, 폭죽
- はなふだ [하나후다] 花札 화투
- はなみ [하나미] 花見 꽃구경
- はなみず [하나미즈] 鼻水 콧물
- はなむこ [하나무꼬] 花婿 새신랑
- はなやか [하나야까] 華やか 화려한 모양
  華やかにデビューする 화려하게 데뷔하다
- はなよめ [하나요메] 花嫁 새색시
- はなれじま [하나레지마] 離れ島 외딴 섬
- はなればなれ [하나레바나레] 離れ離れ 따로따로 떨어짐
- はなれる [하나레루] 離れる 떨어지다, 거리가 멀어지다
  住居(じゅうきょ)と店(みせ)とは離れている
  주거와 가게는 떨어져 있다
- はなわ [하나와] 花輪 화환
- はにかむ [하니까무] 수줍어하다
- はね [하네] 羽 날개
- ばね [바네] 용수철, 스프링
- はねつける [하네쓰께루] 撥ねつける 딱 잘라 거절하다, 잡아떼다
- はねのける [하네노께루] 撥ね除ける 뿌리치다, 밀어내다
- はねる [하네루] 跳ねる 뛰다, 뛰어오르다 =とびあがる
  馬(うま)が跳ねる 말이 뛰어오르다
- はは [하하] 母 어머니 =母親 ははおや

☐ はば	[하바] 幅	폭, 넓이
☐ ははうえ	[하하우에] 母上	어머님
☐ ははおや	[하하오야] 母親	모친, 어머니
☐ はばかる	[하바까루] 憚る	거리끼다, 꺼려하다

人目(ひとめ)を憚る仲(なか)らしい
남의 눈을 꺼리는 사이인 것 같다

☐ はばたく	[하바따꾸] 羽ばたく	날개 치다, 회치다
☐ はびこる	[하비꼬루] 蔓延る	만연하다, 널리 퍼지다

枝(えだ)が蔓延っている 가지가 널리 퍼져 있다

☐ はぶく	[하부꾸] 省く	생략하다, 줄이다

出費(しゅっぴ)を省く 지출을 줄이다
手間(てま)を省く 손을 덜다, 수고를 덜다

☐ はへい	[하헤-] 派兵	파병
☐ はま	[하마] 浜	물가, 갯가
☐ はまぐり	[하마구리] 蛤	대합, 조개
☐ はまなす	[하마나스] 浜茄子	해당화
☐ はまべ	[하마베] 浜辺	바닷가
☐ はみがき	[하미가끼] 歯磨き	이닦기
☐ はみだす	[하미다스] 食み出す	비어져 나오다, 불거져 나오다, 초과하다

常識(じょうしき)を食み出した人間(にんげん)
상식을 벗어난 인간

☐ はめつ	[하메쓰] 破滅	파멸
☐ はめる	[하메루] 嵌める	끼우다

指輪(ゆびわ)を嵌める 반지를 끼다
ボタンを嵌める 단추를 채우다

☐ ばめん	[바멩] 場面	장면
☐ はやい	[하야이] 早い	이르다
	[하야이] 速い	빠르다
☐ はやおき	[하야오끼] 早起き	일찍 일어남

- はやし [하야시] 林 숲
- はやびき [하야비끼] 早引き 조퇴
- はやぶさ [하야부사] 隼 송골매
- はやめ [하야메] 早目 정한 시간보다 좀 빠름, 일찌감치
  ちょっと早目に家(いえ)を出(で)る
  조금 일찌감치 집을 나서다
- はやる [하야루] 流行る 유행하다 = 流行(りゅうこう)する
  ミニスカートが流行る 미니스커트가 유행하다
- はら [하라] 腹 배
- ばら [바라] 薔薇 장미
- はらいせ [하라이세] 腹癒せ 화풀이
- はらう [하라우] 払う 제거하다, 지불하다
  小枝(こえだ)を払う 잔가지를 치다
- はらぐろい [하라구로이] 腹黒い 음험하다
- はらごしらえ [하라고시라에] 腹拵え 미리 배를 채워둠
- ばらす [바라스] 들추어내다, 폭로하다 = あばく
  秘密(ひみつ)をばらす 비밀을 폭로하다
- はらだちまぎれ [하라다찌마기레] 腹立ち紛れ 홧김에
- はらだてる [하라다떼루] 腹立てる 화내다, 노하다
- はらちがい [하라찌가이] 腹違い 배다른 형제자매
- はらはら [하라하라] 조마조마
- ばらばら [바라바라] 여기저기 뿔뿔이 흩어지는 것
  家族(かぞく)がばらばらになる 가족이 뿔뿔이 흩어지다
- ばらまく [바라마꾸] ばら蒔く 드문드문 뿌리다
- はらむ [하라무] 孕む 잉태하다 = みごもる
  仔牛(こうし)を孕んだ雌牛(めうし) 송아지를 밴 암소
- はらわた [하라와따] 腸 장, 창자
- はらん [하랑] 波瀾 파란
- はり [하리] 針 바늘
- はりがね [하리가네] 針金 철사

☐ はりきる	[하리끼루]	張り切る	긴장하다

張り切った気持(きも)ち 몹시 긴장된 마음

☐ はりねずみ	[하리네즈미]	針鼠	고슴도치
☐ ぱりぱり	[파리빠리]		민첩하고 단정한 모양
☐ はる	[하루]	春	봄
☐ はるか	[하루까]	遥か	아득히, 저멀리

遥かにかすむ富士山(ふじさん) 아득히 가물거리는 후지산

☐ はるさめ	[하루사메]	春雨	봄비
☐ はるばる	[하루바루]	遥々	멀리에서 오는 모양, 저멀리
☐ はれぎ	[하레기]	晴れ着	나들이옷
☐ はれつ	[하레쓰]	破裂	파열
☐ はれもの	[하레모노]	腫物	종기, 부스럼
☐ はれる	[하레루]	晴れる	하늘이 개다 = 曇くもる

ある晴れた朝(あさ) 어떤 갠 날 아침

	[하레루]	腫れる	붓다

まぶたが腫れている 눈꺼풀이 부어 있다

☐ ばれる	[바레루]		발각되다, 탄로나다

そのうそがばれてしまった 그 거짓말이 탄로나 버렸다

☐ ばん	[방]	晩	밤, 저녁때
☐ はんい	[항이]	範囲	범위
☐ はんえい	[항에-]	反映	반영
	[항에-]	繁栄	번영
☐ ばんかい	[방까이]	挽回	만회

工事(こうじ)の遅(おく)れを挽回する
공사의 지연을 만회하다

☐ はんがく	[항가꾸]	半額	반액
☐ ばんがく	[방가꾸]	晩学	만학
☐ はんかん	[항깡]	反感	반감
☐ はんぎゃく	[항갸꾸]	反逆	반역
☐ はんきょう	[항꾜-]	反響	반향

は

❏ ばんぐみ	[방구미] 番組	방송 프로그램

テレビの番組があまり面白(おもしろ)くない
텔레비전 프로그램이 별로 재미가 없다

❏ はんけい	[항께-] 半徑	반경
❏ はんけつ	[항께쓰] 判決	판결
❏ はんげつ	[항게쓰] 半月	반달
❏ はんけん	[항껭] 版権	판권
❏ はんこう	[항꼬-] 反抗	반항
❏ ばんごう	[방고-] 番号	번호 =ナンバー number

番号をかける (늘어선 사람이) 번호를 붙이다
番号をつける 번호를 달다

❏ ばんこん	[방꽁] 晩婚	만혼
❏ はんざい	[한자이] 犯罪	범죄
❏ ばんざい	[반자이] 万歳	만세
❏ ばんさんかい	[반상까이] 晩餐会	만찬회
❏ はんじ	[한지] 判事	판사
❏ はんしゃ	[한샤] 反射	반사
❏ はんじゅく	[한쥬꾸] 半熟	반숙
❏ ばんしゅん	[반슝] 晩春	만춘
❏ はんじょう	[한죠-] 繁盛	번창
❏ はんすう	[한스-] 反芻	반추, 되새김질
❏ はんせい	[한세-] 反省	반성

反省すべき点(てん)がある 반성해야 할 점이 있다

❏ ばんそう	[반소-] 伴奏	반주
❏ ばんそうこう	[반소-꼬-] 絆創膏	반창고
❏ はんそく	[한소꾸] 反則	반칙
❏ はんそで	[한소데] 半袖	반소매
❏ はんたい	[한따이] 反対	반대

東(ひがし)の反対は西(にし) 동(쪽)의 반대는 서(쪽)

❏ はんだん	[한당] 判断	판단

❏ ばんち	[반찌]	(番地)	번지
❏ はんてい	[한떼-]	(判定)	판정
❏ はんてん	[한뗑]	(斑点)	반점, 얼룩점
❏ はんとう	[한또-]	(半島)	반도
❏ ばんとう	[반또-]	(番頭)	지배인
❏ はんにち	[한니찌]	(半日)	한나절

半日がかりの仕事(しごと) 한나절 걸리는 일

❏ はんにゃ	[한냐]	(般若)	반야
❏ はんにゅう	[한뉴-]	(搬入)	반입
❏ はんにん	[한닝]	(犯人)	범인

犯人はまだつかまらない 범인은 아직 잡히지 않았다

❏ はんね	[한네]	(半値)	반 값
❏ はんねん	[한넹]	(半年)	반년
❏ ばんねん	[반넹]	(晩年)	만년
❏ はんのう	[한노-]	(反応)	반응
❏ ばんのう	[반노-]	(万能)	만능
❏ はんぱ	[함빠]	(半端)	우수리, 파치

半端な布(ぬの) 조각 천, 자투리
半端な立場(たちば) 어정쩡한 입장

❏ はんぴれい	[함삐레-]	(反比例)	반비례
❏ はんぷく	[함뿌꾸]	(反復)	반복
❏ はんぶん	[함붕]	(半分)	반, 절반

半分に切(き)る 반으로 자르다

❏ はんめい	[함메-]	(判明)	판명
❏ はんめん	[함멩]	(反面)	반면
❏ はんらん	[한랑]	(反乱)	반란
	[한랑]	(氾濫)	범람
❏ はんりょ	[한료]	(伴侶)	반려, 동반자
❏ はんろ	[한로]	(販路)	판로
❏ はんろん	[한롱]	(反論)	반론

▶ 외래어

- パーキング [파-낑구] parking 파킹, 주차
- バーゲンセール [바-겐세-루] bargain sale 바겐세일
  デパートのバーゲンセール 백화점 바겐세일
- パーセント [파-센또] percent 퍼센트
- パーティー [파-띠-] party 파티
  パーティーに招待(しょうたい)される 파티에 초대되다
- ハート [하-또] heart 하트, 심장, 마음
- パートナー [파-또나-] partner 파트너
- パーマネント [파-마넨또] permanent 퍼머넌트
- ハーモニカ [하-모니까] harmonica 하모니카
- バイオレット [바이오렛또] violet 제비꽃, 보라색
- ハイキング [하이낑구] hiking 하이킹
  友達(ともだち)とハイキングに行(い)く
  친구와 하이킹을 가다
- パイプ [파이뿌] pipe 파이프
- バイブル [바이부루] Bible 바이블, 성경
- パウダー [파우다-] power 파우더, 가루
- バカンス [바깐스] 프 vacances 바캉스
  別荘(べっそう)で夏(なつ)のバカンスを過(す)ごす
  별장에서 여름 바캉스를 지내다
- バクテリア [바꾸떼리아] bacteria 박테리아, 세균
- バケツ [바께쓰] bucket 물통
- パゴダ [파고다] pagoda 파고다, 탑
- バス [바스] bus 버스
  バス停(てい)はどこですか 버스정유소는 어디입니까?
- パス [파스] pass 패스, 통과
- ハスキー [하스끼-] husky 허스키

☐ バスつき	[바스쓰끼] (バス付き)	욕실이 달림
	バス付きの部屋(へや) 욕실이 달린 방	
☐ パスポート	[파스뽀-또] passport	패스포트
☐ パズル	[파즈루] puzzle	퍼즐, 수수께끼
☐ バスルーム	[바스루-무] bathroom	욕실
☐ バター	[바따-] butter	버터
☐ パターン	[파따-ㅇ] pattern	패턴, 유형
☐ パチンコ	[파찡꼬]	빠찡코
☐ バックミラー	[박꾸미라-] 일 back mirror	백미러
☐ バックル	[박꾸루] buckle	버클
☐ バッテリー	[밧떼리-] battery	배터리, 축전지
	バッテリーを充電(じゅうでん)する 배터리를 충전하다	
☐ ハッピーエンド	[핫삐-엔도] happy end	해피엔드
☐ バドミントン	[바도민똥] badminton	배드민턴
☐ パトロール	[파또로-루] patrol	패트롤, 순찰
☐ パトロン	[파또롱] patron	패트런, 후원자
	文芸(ぶんげい)サロンのパトロン 문예 살롱의 패트런	
☐ バナナ	[바나나] banana	바나나
☐ ハニムーン	[하니무-ㄴ] honeymoon	허니문
☐ パノラマ	[파노라마] panorama	파노라마
☐ ハム	[하무] ham	햄
☐ パラソル	[파라소루] parasol	파라솔, 양산
☐ バランス	[바란스] balance	밸런스, 균형 = 均衡(きんこう)
	バランスをとる 균형을 잡다	
	バランスを保(たも)つ 균형을 유지하다	
	バランスがくずれる 균형이 깨지다	
☐ バリケード	[바리께-도] barricade	바리케이드
☐ ハリケーン	[하리케-ㄴ] hurricane	허리케인
☐ バリトン	[바리똥] barytone	바리톤
☐ バルコニー	[바루꼬니-] balcony	발코니

は

☐ パルプ	파루뿌 pulp	펄프
☐ バレー	바레-프 ballet	발레
☐ パレット	파렛또 palette	팔레트
☐ パワー	파와- power	파워, 힘
☐ パン	팡 포 Pão	빵

パン屋(や)へ行(い)く 빵집에 가다

☐ ハンカチ	항까찌 handkerchief	손수건 ハンカチ-フ의 준말
☐ バンガロー	방가로- bungalow	방갈로
☐ パンク	팡꾸 puncture	펑크

タイヤのパンクを直なおす 타이어 펑크를 때우다

風船ふうせんがパンクする 풍선이 터지다

☐ ハンサム	한사무 handsome	핸섬, 미남
☐ パンチ	판찌 punch	펀치
☐ ハンディキャップ	한디캅뿌 handicap	핸디캡

身体的(しんたいてき)なハンディキャップを克服(こくふく)する 신체적인 핸디캡을 극복하다

☐ バンド	반도 band	밴드, 줄, 끈
☐ ハンドバッグ	한도박구 handbag	핸드백
☐ ハンドル	한도루 handle	핸들, 손잡이

ハンドルを握(にぎ)る 핸들을 잡다

ハンドルを回(まわ)す 핸들을 돌리다

ハンドルを右(みぎ)に切(き)る 핸들을 오른쪽으로 꺾다

☐ ハンバーグ	함바-구 hamburg	햄버거
☐ パンフレット	팡후렛또 pamphlet	팸플릿, 소책자

[ひ]

- ひ
  [히] (日) 해, 태양
  日が昇(のぼ)る[出(で)る] 해가 뜨다
  日が沈(しず)む[落(お)ちる] 해가 지다
  [히] (火) 불
  ろうそくの火(ひ)が揺(ゆ)れる 촛불이 흔들리다
- ひあい [히아이] (悲哀) 비애
- ひあたり [히아따리] (日当り) 양지, 양지쪽
- ひえる [히에루] (冷える) 식다, 차가워지다 ↔ あたたまる
  よく冷えたビール 알맞게 차가워진 맥주
- ひがい [히가이] (被害) 피해
- ひがえり [히가에리] (日帰り) 당일치기 왕복
  日帰り出張(しゅっちょう) 당일치기 출장
- ひかく [히까꾸] (比較) 비교
- ひかげ [히까게] (日陰) 그늘, 응달
- ひがさ [히가사] (日傘) 양산
- ひがし [히가시] (東) 동, 동쪽 ↔ 西 にし
- ひかた [히까따] (干潟) 조수가 밀려난 개펄
- ぴかぴか [피까삐까] 번쩍번쩍 빛나는 모양
  靴をぴかぴか磨(みが)く 구두를 반짝반짝 닦다
- ひがみ [히가미] (僻み) 비뚤어진 마음
- ひからびる [히까라비루] 바싹 마르다
  ひからびたレモン 말라비틀어진 레몬
- ひかる [히까루] (光る) 빛나다, 번쩍이다
  稲妻(いなづま)がぴかりと光る 번개가 번쩍하고 빛나다
- ひかん [히깡] (悲観) 비관

- ひがん [히강] 彼岸 피안, 건너편
- びかん [비강] 美観 미관
- ひきあげる [히끼아게루] 引き上げる 끌어올리다, 철수하다
  船(ふね)を浜(はま)に引き上げる 배를 해변으로 끌어올리다
- ひきあわせ [히끼아와세] 引き合せ 소개
- ひきいる [히끼이루] 率いる 거느리다, 인솔하다
  子供こどもたちを率いて散歩(さんぽ)する
  아이들을 데리고 산책하다
- ひきうけ [히끼우께] 引受け 인수, 보증
- ひきかえす [히끼까에스] 引き返す 되돌아가 오 다
- ひきがえる [히끼가에루] ひき蛙 두꺼비
- ひきさがる [히끼사가루] 引き下がる 물러나다
  すごすごと引き下がる 풀이 죽어 물러나다
- ひきざん [히끼장] 引き算 뺄셈
- ひきしめる [히끼시메루] 引き締める 졸라매다
  手綱(たづな)をしっかり引き締める 고삐를 바싹 죄다
- ひきずる [히끼즈루] 引きずる 질질 끌다
- ひきだし [히끼다시] 引出し 서랍
- ひきつける [히끼쓰께루] 引き付ける 끌어당기다, 잡아끌다
- ひきつる [히끼쓰루] 引き攣る 경련을 일으키다, 오므라들다
- ひきて [히끼떼] 弾き手 연주자
- ひきとめる [히끼도메루] 引き止める 만류하다
  けんかを引き止める 싸움을 말리다
- ひきとる [히끼토루] 引き取る 인수하다, 거두다
- ひきぬく [히끼누꾸] 引き抜く 잡아뽑다
- ひきもどす [히끼모도스] 引き戻す 끌어 되돌리다
- ひきょう [히꾜-] 卑怯 비겁함
- ひきわけ [히끼와께] 引き分け 무승부, 비김
  2対(たい)2のに引き分けなる 2대 2의 무승부가 되다
- ひきわたし [히끼와따시] 引渡し 인도

□ ひく	[히꾸] 引く	끌다, 끌어당기다
	[히꾸] 弾く	켜다, 연주하다
	ピアノを弾く 피아노를 치다	
□ びく	[비꾸] 魚籠	물고기초롱
□ ひくい	[히꾸이] 低い	낮다 ↔ 高 たかい
	生活水準(せいかつすいじゅん)が低い 생활수준이 낮다	
□ びくとも	[비꾸또모]	꼼짝도
	そんなおどしにはびくともしない	
	그까짓 위협에는 꼼짝도 않는다	
□ びくに	[비꾸니] 比丘尼	비구니
□ びくびく	[비꾸비꾸]	벌벌 떠는 모양
□ ひぐれ	[히구레] 日暮れ	해질 무렵
□ ひげ	[히게] 髭	수염
	髭を剃(そ)る 수염을 깎다	
□ ひげき	[히게끼] 悲劇	비극 ↔ 喜劇 きげき
□ ひけつ	[히께쓰] 否決	부결
□ ひけめ	[히께메] 引け目	열등감
	幼(おさな)い頃(ころ)から兄(あに)には引け目を感(かん)じている 어려서부터 형한테는 열등감을 느끼고 있었다	
□ ひこう	[히꼬-] 飛行	비행
□ びこう	[비꼬-] 尾行	미행
□ ひこく	[히꼬꾸] 被告	피고
□ ひごと	[히고또] 日毎	매일, 날마다
	日毎夜毎(よごと) 날마다 밤마다, 밤낮	
□ ひごろ	[히고로] 日頃	평소
	日頃の行(おこな)い 평소의 행실	
□ ひざ	[히자] 膝	무릎
□ ひさし	[히사시] 庇	차양
□ ひさしぶり	[히사시부리] 久しぶり	오래간만
	おひさしぶりですね 오랜만이군요	

- ひざまずく [히자마즈꾸] 跪く 무릎을 꿇다
- ひじ [히지] 肘 팔꿈치
- ひしぐ [히시구] 拉ぐ 눌러 찌부러뜨리다
- ひしひし [히시히시] 오싹오싹
- ひじまくら [히지마꾸라] 肘枕 팔베개
- ひしめく [히시메꾸] 웅성대다, 삐걱거리다

床(ゆか)のひしめく音(おと)が聞(きこ)えた
마룻바닥이 삐걱거리는 소리가 들렸다

- ぴしゃり [피샤리] 찰싹 때리는 소리, 문 따위를 탁 닫는 소리
- ひじゅう [히쥬-] 比重 비중
- びじゅつ [비쥬쓰] 美術 미술
- ひしょ [히쇼] 避暑 피서
  [히쇼] 秘書 비서
- びじょ [비죠] 美女 미녀
- びしょう [비쇼-] 微笑 미소
- ひじょうぐち [히죠-구찌] 非常口 비상구
- びしょぬれ [비쇼누레] びしょ濡れ 흠뻑 젖음

雨(あめ)で服(ふく)がびしょ濡れになる
비로 옷이 흠뻑 젖다

- びじん [비징] 美人 미인
- びせいぶつ [비세-부쓰] 微生物 미생물
- ひそひそ [히소히소] 소곤소곤
- ひそめる [히소메루] 찌푸리다 =しかめる

眉(まゆ)をひそめる 눈살을 찌푸리다

- ひだ [히다] 襞 의복 등의 주름
- ひたい [히따이] 額 이마
- ひたす [히따스] 浸す 담그다, 적시다

小川(おがわ)の水(みず)に足(あし)を浸す
냇물에 발을 담그다

- ひたすら [히따스라] 只管 오직

☐ ひだり	[히다리] 左	왼쪽 ↔ 右 みぎ
☐ ぴたり	[피따리] 갑자기 뚝 그치는 모양, 딱	
	痛(いた)みがぴたりと治(おさ)まる 통증이 딱 멎다	
☐ ひだりがわ	[히다리가와] 左側	왼쪽
☐ ひだりきき	[히다리키끼] 左利き	왼손잡이
☐ ぴちゃぴちゃ	[피쨔삐쨔] 철벅철벅	
☐ ひっかかる	[힉카까루] 引っ掛かる	걸리다
	小骨(こぼね)が喉(のど)に引っ掛かった	
	가시가 목에 걸렸다	
☐ ひつう	[히쓰-] 悲痛	비통
☐ ひっかく	[힉까꾸] 引っ搔く	할퀴다
☐ ひっき	[힉끼] 筆記	필기
☐ ひっきりなし	[힉끼리나시] 引っ切り無し	끊임없이
☐ びっくり	[빅꾸리] 깜짝 놀람	
☐ ひっくるめる	[힉꾸루메루] 引っくるめる	뭉뚱그리다
☐ びっこ	[빅꼬] 跛	절름발이
☐ ひっこし	[힉꼬시] 引っ越し	이사, 집을 옮김
	引っ越しをする 이사를 하다	
	引っ越し荷物(にもつ) 이삿짐	
☐ ひっこめる	[힉꼬메루] 引っ込める	움츠리다, 오므리다
☐ ひっし	[힛시] 必死	필사
	必死に弁解(べんかい)する 필사적으로 변명하다	
☐ ひつじ	[히쓰지] 羊	염소, 양
☐ ひっしゃ	[힛샤] 筆者	필자
☐ びっしょり	[빗쇼리] 흠뻑 젖은 모양	
☐ ひっす	[힛스] 必須	필수
	必須科目(かもく)と選択(せんたく)科目	
	필수과목과 선택과목	
☐ ひっせき	[힛세끼] 筆跡	필적
☐ ひっそり	[힛소리] 쥐 죽은 듯이 조용한 상태	

ひ

☐ ひったくる	[힛따꾸루]	引ったくる	낚아채다
☐ ぴったり	[핏따리]		찰싹 달라붙는 모양, 빈틈없이 딱

窓(まど)はぴったりと閉(と)ざされていた
창문은 꼭 닫혀 있었다
計算(けいさん)がぴったり合(あ)う 계산이 꼭 맞다

☐ ひってき	[힛떼끼]	匹敵	필적
☐ ひつどく	[히쓰도꾸]	必読	필독
☐ ひっぱる	[힙빠루]	引っ張る	잡아당기다, 잡아끌다

ゴムひもを引っ張る 고무줄을 잡아당기다

☐ ひつめい	[히쓰메-]	筆名	필명
☐ ひつよう	[히쓰요-]	必要	필요
☐ ひてい	[히떼-]	否定	부정
☐ ひと	[히또]	人	사람
☐ ひどい	[히도이]		심하다, 지독하다
☐ ひとえに	[히또에니]		오직
☐ ひとかど	[히또카도]	一角	어엿한, 버젓한
☐ ひとがら	[히또가라]	人柄	인품

彼(かれ)の人柄はよく知(し)っている
그의 사람됨은 잘 알고 있다

☐ ひときわ	[히또키와]	一際	유난히, 유달리
☐ びとく	[비또꾸]	美徳	미덕
☐ ひとこと	[히또코또]	一言	한 마디
☐ ひとごみ	[히또고미]	人混み	사람들로 북적거리는 모양
☐ ひところ	[히또고로]	一頃	한 때
☐ ひとしい	[히또시-]	等しい	같다, 동등하다

この二本(にほん)の線(せん)の長(なが)さは等しい
이 두 개의 선은 길이가 같다

☐ ひとしお	[히또시오]	一入	한층 더
☐ ひとしきり	[히또시끼리]	一頻り	한 바탕
☐ ひとだかり	[히또다까리]	人だかり	많은 사람들의 모임, 군중

□ ひとたび	[히또다비]	一度_ 한 번, 일단
□ ひとつ	[히또쓰]	一つ_ 하나
□ ひとづて	[히또즈떼]	人伝_ 인편에 전함
□ ひとづま	[히또즈마]	人妻_ 유뷰녀
□ ひとで	[히또데]	人手_ 일손

人手が足(た)りない 일손이 모자라다
[히또데] 불가사리

□ ひととおり	[히또도-리]	一通り_ 대충
□ ひとなみ	[히또나미]	人波_ 인파
	[히또나미]	人並み_ 보통사람 정도

= 世間並 せけんなみ

人並みにおしゃれをする 남들만큼 멋을 부리다

□ ひとびと	[히또비또]	人々_ 사람들
□ ひとまね	[히또마네]	人真似_ 남의 흉내
□ ひとみ	[히또미]	瞳_ 눈동자
□ ひとめ	[히또메]	人目_ 남의 눈, 이목

人目がうるさい 남의 눈이 성가시다

□ ひともしごろ	[히또모시고로]	火点し頃_ 땅거미가 질 무렵
□ ひとよし	[히또요시]	人好し_ 호인
□ ひとり	[히또리]	一人_ 혼자, 한 사람
□ ひとりごと	[히또리고또]	独り言_ 혼잣말, 독백
□ ひとりじめ	[히또리지메]	独り占め_ 독차지, 독점
□ ひとりでに	[히또리데니]	저절로, 자연히

ドアがひとりでに閉(し)まる 문이 저절로 닫히다

□ ひとりぼっち	[히또리봇찌]	一人ぼっち_ 외톨이
□ ひとりもの	[히또리모노]	独り者_ 독신자
□ ひとりよがり	[히또리요가리]	独り善がり_ 독선적

彼(かれ)はいつも独り善がりだ 그는 언제나 독선적이다

□ ひな	[히나]	雛_ 갓 깬 날짐승의 새끼
□ ひなん	[히낭]	避難_ 피난

ひ

- ひなん [히낭] 非難 비난
- びなん [비낭] 美男 미남
- ひにく [히니꾸] 皮肉 비꼬임
  - 皮肉屋(や) 잘 빈정거리는 사람
  - 皮肉な言(い)い回(まわ)し 비꼬는 말투
- ひにんじょう [히닌죠-] 非人情 몰인정
- ひねくれる [히네꾸레루] 비뚤어지다
- ひねる [히네루] 捻る 비틀다, 뒤틀다
  - スイッチを捻る 스위치를 틀다
- ひのき [히노끼] 桧 노송나무
- ひので [히노데] 日の出 해돋이, 일출
- ひのまる [히노마루] 日の丸 일장기
- ひばち [히바찌] 火鉢 화로
- ひばな [히바나] 火花 불꽃
- ひばり [히바리] 雲雀 종달새
- ひはん [히항] 批判 비판
- ひばん [히방] 非番 비번
- ひび [히비] 그릇 따위에 생긴 금
  - ガラスにひびが入(はい)る 유리에 금이 가다
- ひびく [히비꾸] 響く 울려 퍼지다
- ひひょう [히효-] 批評 비평
- ひふ [히후] 皮膚 피부, 살갗
- びふう [비후-] 微風 미풍
- ひほう [히호-] 秘法 비법
- びぼう [비보-] 美貌 미모
- ひぼん [히봉] 非凡 비범함
- ひま [히마] 暇 틈, 짬
  - 忙(いそが)しくて暇がない 바빠서 짬이 없다
- ひまつぶし [히마쓰부시] 暇潰し 심심풀이
  - 暇潰しに碁(ご)を打(う)つ 심심풀이로 바둑을 두다

☐ ひまわり	[히마와리] (向日葵)	해바라기
☐ ひまん	[히망] (肥満)	비만
☐ ひみつ	[히미쓰] (秘密)	비밀
☐ びみょう	[비묘-] (微妙)	미묘함

微妙なニュアンスのちがい 미묘한 뉘앙스의 차이

☐ ひめ	[히메] (姫)	공주
☐ ひめい	[히메-] (悲鳴)	비명
☐ びめい	[비메-] (美名)	미명
☐ ひも	[히모] (紐)	끈, 끄나풀
☐ ひもの	[히모노] (乾物)	건어물
☐ ひやかし	[히야까시] (冷やかし)	놀림

冷やかしを言(い)う 놀리는 말을 하다

☐ ひやく	[히야꾸] (飛躍)	비약
☐ びゃくえ	[뱌꾸에] (白衣)	백의, 흰옷
☐ ひゃくしょう	[햐꾸쇼-] (百姓)	농민, 백성
☐ ひゃくにちせき	[햐꾸니찌세끼] (百日咳)	백일해
☐ ひやす	[히야스] (冷やす)	식히다, 차게 하다

足(あし)を冷やさないようにしなさい
발을 차게 하지 마시오

☐ ひやひや	[히야히야]	간담이 서늘함, 조마조마함
☐ ひやめし	[히야메시] (冷や飯)	찬밥
☐ ひよう	[히요-] (費用)	비용
☐ ひょう	[효-] (豹)	표범
☐ びょういん	[뵤-잉] (病院)	병원
☐ びよういん	[비요-잉] (美容院)	미장원
☐ ひょうか	[효-까] (評価)	평가

高(たか)く評価する 높이 평가하다

☐ ひょうが	[효-가] (氷河)	빙하
☐ びょうき	[뵤-끼] (病気)	병, 질병

重(おも)い病気にかかる 중한 병에 걸리다

☐ ひょうげん	[효-겡]	表言	표언
	[효-겡]	表現	표현
☐ ひょうご	[효-고]	標語	표어
☐ ひょうし	[효-시]	拍子	박자

拍子を合(あ)わせて踊(おど)る 박자를 맞추며 춤추다

	[효-시]	表紙	표지
☐ びょうしつ	[뵤-시쓰]	病室	병실
☐ びょうしゃ	[뵤-샤]	描写	묘사
☐ ひょうじゅん	[효-중]	標準	표준
☐ ひょうじょう	[효-죠-]	表情	표정
☐ ひょうたん	[효-땅]	호리병박	
☐ ひょうてん	[효-뗑]	氷点	빙점 =零点 れいてん

氷点下(か)20度(にじゅうど) 빙점하(영하) 20도

☐ びょうとう	[뵤-또-]	病棟	병동
☐ びょうどう	[뵤-도-]	平等	평등
☐ びょうにん	[뵤-닝]	病人	환자
☐ ひょうばん	[효-방]	評判	평판, 소문

評判がいい 평판이 좋다

☐ びょうぶ	[뵤-부]	屏風	병풍
☐ ひょうほん	[효-홍]	標本	표본
☐ ひょうめん	[효-멩]	表面	표면
☐ ひょうろん	[효-롱]	評論	평론
☐ ひよこ	[히요꼬]	병아리	
☐ ひょっと	[횻또]	어쩌면, 혹시	

ひょっとしたら来(こ)ないかもしれない

어쩌면 안 올는지도 모른다

☐ ひより	[히요리]	日和	맑게 갠 날씨
☐ ひょろひょろ	[효로효로]	쓰러질 것처럼 비틀거리는 모양	
☐ ひらく	[히라꾸]	開く	열다, 벌어지다
☐ ひらける	[히라께루]	開ける	열리다, 트이다

- ひらて [히라떼] 平手 손바닥
- ひらめ [히라메] 平目 넙치
- ひらめく [히라메꾸] 閃く 번뜩이다
  稲妻(いなづま)が閃く 번개가 번쩍이다
- びり [비리] 꼴찌, 꼴등
  競走(きょうそう)でびりになる 경주에서 꼴찌를 하다
- ひりょう [히료-] 肥料 비료
- ひる [히루] 昼 낮
  [히루] 蛭 거머리
- ひるね [히루네] 昼寝 낮잠
- ひるま [히루마] 昼間 주간, 낮 동안
  昼間から酒(さけ)を飲(の)む 낮부터 술을 마시다
- ひるやすみ [히루야스미] 昼休み 점심시간
- ひれ [히레] 鰭 지느러미
- ひれい [히레-] 比例 비례
- ひれん [히렝] 悲恋 비련
- ひろい [히로이] 広い 넓다 ↔ 狭 せまい
  心(こころ)の広い人(ひと) 마음이 넓은 사람
- ひろう [히로-] 拾う 줍다 ↔ 捨 すてる
  金(かね)を拾う 돈을 습득하다
  命(いのち)を拾う 목숨을 건지다
  タクシーを拾う 택시를 잡아서 타다
  [히로-] 疲労 피로
  疲労がたまる 피로가 쌓이다
- ひろがる [히로가루] 広がる 넓어지다, 퍼지다
- ひろげる [히로게루] 広げる 펴다, 펼치다
  新聞(しんぶん)を広げて読(よ)む 신문을 펼쳐 읽다
- ひろっぱ [히롭빠] 広っぱ 넓은 빈터
- ひろば [히로바] 広場 광장
  駅前(えきまえ)の広場に集(あつ)まる 역전 광장에 모이다

ひ

☐ ひろまる	[히로마루] 広まる	넓어지다, 퍼뜨리다
☐ ひろめる	[히로메루] 広める	넓히다 = 狭 せばめる

勢力(せいりょく)を広める 세력을 넓히다
うわさを広める 소문을 퍼뜨리다

☐ ひわ	[히와]	검은 방울새
☐ ひんけつ	[힝께쓰] 貧血	빈혈
☐ ひんこう	[힝꼬-] 品行	품행
☐ ひんこん	[힝꽁] 貧困	빈곤

政策(せいさく)の貧困 정책의 빈곤

☐ ひんし	[힌시] 瀕死	빈사
☐ ひんしつ	[힌시쓰] 品質	품질
☐ ひんじゃく	[힌쟈꾸] 貧弱	빈약함

貧弱な体格(たいかく) 빈약한 체격

☐ びんしょう	[빈쇼-] 敏捷	민첩함
☐ びんせん	[빈셍] 便箋	편지지
☐ ひんぴん	[힘삥] 頻々	빈번함, 몹시 잦음
☐ びんぼう	[빔보-] 貧乏	가난

貧乏に暮(くら)す 가난하게 살다

☐ ひんもく	[힘모꾸] 品目	품목

외래어

☐ ピアニスト	[피아니스또] pianist	피아니스트
☐ ピアノ	[피아노] piano	피아노
☐ ピーク	[피-꾸] peak	피크, 절정

桜(さくら)の花(はな)は今頃(いまごろ)がピークだ
벚꽃은 지금이 절정이다

☐ ピーチパラソル	[피-찌파라소루] beach parasol	피치파라솔
☐ ビーナス	[비-나스] Venus	비너스

- ビール　　　　　[비-루]　네 bier　맥주
- ビールス　　　　[비-루스]　독 Virus　바이러스
- ピエロ　　　　　[피에로]　프 pierrot　피에로, 희극배우
- ピクニック　　　[피꾸닉꾸]　picnic　피크닉
- ビザ　　　　　　[비자]　visa　비자, 사증

　　ビザが下(お)りる 비자가 나오다

- ビジネス　　　　[비지네스]　business　비즈니스
- ビスケット　　　[비스껫또]　biscuit　비스킷
- ヒステリー　　　[히스떼리-]　독 Hysterie　히스테리
- ビタミン　　　　[비따밍]　vitamin　비타민

　　ビタミン欠乏症(けつぼうしょう) 비타민결핍증

- ヒット　　　　　[힛또]　hit　히트
- ビデオ　　　　　[비데오]　video　비디오
- ビニール　　　　[비니-루]　vinyl　비닐
- ビヤホール　　　[비야호-루]　beer hall　비어홀
- ヒューマニズム　[휴-마니즈무]　humanism　휴머니즘
- ビュッフェ　　　[븃훼]　프 buffet　뷔페
- ピラミット　　　[피라밋도]　pyramid　피라미드
- ビル　　　　　　[비루]　building　빌딩의 준말

　　あのビルは保険会社(ほけんがいしゃ)です
　　저 빌딩은 보험사입니다

- ビルディング　　[비루딩구]　building　빌딩
- ヒロイン　　　　[히로잉]　heroine　히로인, 여주인공
- ピンク　　　　　[핑꾸]　pink　핑크 =ももいろ

　　ピンクのセーターを着(き)る 핑크색 스웨터를 입다

- ピンセット　　　[핀셋또]　프 pincette　핀셋
- ヒント　　　　　[힌또]　hint　힌트, 암시
- ピンポン　　　　[핌뽕]　ping-pong　핑퐁, 탁구

ひ

[ふ]

- □ ぶあいそう [부아이소-] 無愛想 무뚝뚝함
  実(じつ)に無愛想な男(おとこ)だ
  참으로 퉁명스러운 사나이다
- □ ふあん [후앙] 不安 불안
- □ ふいうち [후이우찌] 不意討ち 역습, 불의의 습격
  不意討ちを掛(か)ける 기습하다
- □ ふいちょう [후이쬬-] 吹聴 퍼뜨리고 다님
  根(ね)も葉(は)もない事(こと)を吹聴する
  근거없는 말을 마구 퍼뜨리다
- □ ふううん [후-웅] 風雲 풍운
- □ ふうがわり [후-가와리] 風変り 색다름
  風変りな男(おとこ) 별난 남자
- □ ふうき [후-끼] 風紀 풍기
- □ ふうきり [후-끼리] 封切 영화의 개봉
  封切館(かん) 개봉관
- □ ふうけい [후-께-] 風景 풍경
- □ ふうさい [후-사이] 風采 풍채
- □ ふうし [후-시] 諷刺 풍자
- □ ふうしょ [후-쇼] 封書 봉함편지
- □ ふうせん [후-셍] 風船 풍선
- □ ふうぞく [후-조꾸] 風俗 풍속
- □ ふうど [후-도] 風土 풍토
- □ ふうとう [후-또-] 封筒 봉투
- □ ふうふ [후-후] 夫婦 부부
  似合(にあい)の夫婦 서로 잘 어울리는 부부

□ ふうふう	[후-후-]	숨을 가쁘게 쉬는 모양
□ ふえる	[후에루] 増える	늘다, 증가하다 ↔ 減へる

人口(じんこう)が増える 인구가 늘다

□ ぶえんりょ	[부엔료] 無遠慮	행동이 매우 거칠음

無遠慮に振舞(ふるま)う 버릇없이 행동하다

□ ふか	[후까] 鱶	상어
	[후까] 賦課	부과
□ ぶか	[부까] 部下	부하
□ ふかい	[후까이] 不快	불쾌 ↔ 愉快 ゆかい

不快を感(かん)じる 불쾌함을 느끼다

	[후까이] 深い	깊다
□ ふがいない	[후가이나이] 腑甲斐無い	기개가 없다

一点(いってん)も取(と)れないなんて腑甲斐無い
한 점도 따지 못하다니 한심스럽다

□ ふかく	[후까꾸] 不覚	생각이 모자람
□ ふかで	[후까데] 深手	중상, 깊은 상처

深手を負(お)う 중상을 입다

□ ふかのう	[후까노-] 不可能	불가능
□ ふかまる	[후까마루] 深まる	깊어지다
□ ふかんぜん	[후깐젱] 不完全	불완전
□ ふき	[후끼] 蕗	머위
□ ふきげん	[후끼겡] 不気嫌	기분이 언짢음

彼(かれ)は不気嫌そうに黙(だま)っていた
그는 언짢은 듯이 잠자코 있었다

□ ふきつける	[후끼쓰께루] 吹き付ける	마구 불어오다
□ ふきまくる	[후끼마꾸루] 吹きまくる	바람 따위가 몰아치다
□ ぶきみ	[부끼미] 不気味	기분이 언짢음

不気味な笑(わら)い声(ごえ) 섬뜩한 웃음소리

□ ふきゅう	[후뀨-] 不朽	불후
	[후뀨-] 普及	보급

ぶきよう	부끼요- 不器用	서투름, 손재주가 없음

不器用にはしを持(も)つ 어설프게 젓가락을 쥐다

ふきょう	후꾜- 不況	불황
ぶきりょう	부끼료- 不器量	못생겼음

不器量だが気立(きだ)てはよい
얼굴은 못생겼지만 마음씨는 착하다

ふきん	후낑 付近	부근, 근처
ふく	후꾸 服	옷, 특히 양복
	후꾸 吹く	바람이 불다

風(かぜ)が吹く 바람이 불다

	후꾸 拭く	닦다, 훔치다

床(ゆか)を拭く 바닥을 닦다

ふぐ	후구 河豚	복어
ふくあん	후꾸앙 腹案	복안
ふくいん	후꾸잉 福音	복음
ふくざつ	후꾸자쓰 複雑	복잡함 ↔ 簡単 かんたん

複雑を極(きわ)める 아주 복잡하다

ふくしゅう	후꾸슈- 復習	복습
	후꾸슈- 復讐	복수
ふくじゅう	후꾸쥬- 服従	복종
ふくす	후꾸스 複数	복수
ふくせん	후꾸셍 伏線	복선
ふくそう	후꾸소- 服装	복장
ふくつ	후꾸쓰 不屈	불굴

不屈の精神(せいしん) 불굴의 정신

ふくつう	후꾸쓰- 腹痛	복통
ふくむ	후꾸무 含む	포함하다
ふくめる	후꾸메루 含める	포함시키다

そうした意味(いみ)を含めている
그러한 뜻을 포함하고 있다

- ふくめん [후꾸멩] 覆面 복면
- ふくよう [후꾸요-] 服用 복용
- ふくらす [후꾸라스] 膨らす 부풀리다 = ふくらます
  風船(ふうせん)を膨らす 풍선을 부풀리다
- ふくらはぎ [후꾸라하기] 脹ら脛 장딴지, 허벅지
- ふくれる [후꾸레루] 膨れる 불룩해지다
- ふくろ [후꾸로] 袋 자루, 주머니
- ふくろう [후꾸로-] 梟 올빼미
- ふくろこうじ [후꾸로코-지] 袋小路 막다른 골목길
- ふくろだたき [후꾸로다따끼] 袋叩き 뭇매
- ふけいき [후께-끼] 不景気 불경기 ↔好景気(こうけいき)
- ふけつ [후께쓰] 不潔 불결
- ふける [후께루] 更ける 이슥해지다
  夜(よ)が更けるまで語(かた)り合(あ)う
  밤이 깊도록 이야기를 나누다
  [후께루] 耽る 빠지다, 열중하다
  瞑想(めいそう)に耽る 명상에 잠기다
- ふこう [후꼬-] 不幸 불행 ↔幸福(こうふく)
  [후꼬-] 不孝 불효
- ふごう [후고-] 富豪 부호, 갑부
  [후고-] 符合 부합
- ぶこつ [부꼬쓰] 武骨 멋도 없고 예의도 없음
- ふさい [후사이] 夫妻 부처
  [후사이] 負債 부채
- ふざい [후자이] 不在 부재
- ふさがる [후사가루] 塞がる 막히다, 메다
- ふさぐ [후사구] 塞ぐ 막다, 가리다
  出入(でい)り口(ぐち)を塞ぐ 출입구를 가로막다
- ふざける [후자께루] 까불다, 장난치다
  ふざけてひっくりかえる 장난치다가 자빠지다

ふ

☐ ぶさほう	[부사호-]	無作法　예의에 벗어남, 버릇없음
		無作法なふるまい 무례한 행동
☐ ぶざま	[부자마]	無様　꼴불견
☐ ふさわしい	[후사와시-]	어울리다
		紳士(しんし)にふさわしからぬ行(おこな)い
		신사답지 않은 행동
☐ ふし	[후시]	不死　불사
☐ ぶし	[부시]	武士　무사
☐ ぶじ	[부지]	無事　무사함
		博覧会(はくらんかい)も無事に終了(しゅうりょう)した
		박람회도 무사히 끝났다
☐ ふしあな	[후시아나]	節穴　널빤지 등의 옹이구멍
☐ ふしあわせ	[후시아와세]	不仕合せ　불행
☐ ふしぎ	[후시기]	不思議　불가사의, 이상함
		不思議な事(こと)が起(お)こる 불가사의한 일이 일어나다
		不思議な人物(じんぶつ) 이상한 인물
☐ ふしぜん	[후시젱]	不自然　부자연, 자연스럽지 못함
☐ ふしだら	[후시다라]	단정치 못함
☐ ふしちょう	[후시쬬-]	不死鳥　불사조
☐ ぶしつけ	[부시쓰께]	不躾　무례, 버릇없음
		不躾にお尋たずねしますが 실례를 무릅쓰고 묻겠습니다만
☐ ふじゆう	[후지유-]	不自由　부자유, 자유스럽지 못함
☐ ぶしょ	[부쇼]	部署　부서
☐ ふしょう	[후쇼-]	負傷　부상
☐ ぶしょう	[부쇼-]	不精　게으름, 귀찮아함
		年(とし)をとるとすべてに不精になる
		나이를 먹으면 매사에 게을러진다
☐ ふしょうち	[후쇼-찌]	不承知　불찬성, 찬성하지 않음
☐ ぶじょく	[부죠꾸]	侮辱　모욕
☐ ふしん	[후싱]	不信　불신

□ ふしん	[후싱] 腐心	부심
	[후싱] 不審	의심스러움
□ ふじん	[후징] 夫人	부인
	[후징] 婦人	부인
□ ふしんせつ	[후신세쓰] 不親切	불친절

客(きゃく)を不親切にあつかう 손님을 불친절하게 다루다

□ ふせい	[후세-] 不正	부정
□ ふぜい	[후제이] 風情	모양, 풍치, 운치
□ ふせぐ	[후세구] 防ぐ	막다, 방지하다

事故(じこ)を防ぐ 사고를 막다

□ ふそく	[후소꾸] 不足	부족
□ ぶぞく	[부조꾸] 部族	부족
□ ふた	[후따] 蓋	뚜껑, 덮개
□ ふだ	[후다] 札	표標, 팻말
□ ぶた	[부따] 豚	돼지
□ ぶたい	[부따이] 部隊	부대
	[부따이] 舞台	무대

舞台に立(た)つ 무대에 서다

舞台を去(さ)る 무대를 떠나다

□ ふたえまぶた	[후따에마부따] 二重瞼	쌍꺼풀
□ ふたご	[후따고] 双子	쌍둥이
□ ふたたび	[후따따비] 再び	재차, 다시

再び忠告(ちゅうこく)したが無駄(むだ)だった

재차 충고했으나 허사였다

□ ふだつき	[후다쓰끼] 札付き	딱지가 붙음
□ ふたり	[후따리] 二人	두 사람
□ ふだん	[후당] 普段	평소

普段の心(こころ)がけ 평소의 마음가짐

□ ふち	[후찌] 淵	강물의 깊은 곳, 소
	[후찌] 縁	가장자리, 테두리

- ふち [후찌] 不治 불치
- ぶちまける [부찌마께루] 모조리 털어놓다
  なにもかもみなぶちまけた 모든 것을 다 털어놓았다
- ぶちょう [부쬬-] 部長 부장
- ぶちょうほう [부쬬-호-] 不調法 미흡함, 서투름
  不調法であいすみません 미흡하여 죄송합니다
- ふちん [후찡] 浮沈 부침, 흥망
- ふつう [후쓰-] 普通 보통
  [후쓰-] 不通 불통
- ふつか [후쓰까] 二日 이틀
- ぶっか [북까] 物価 물가
- ふっかつ [훅까쓰] 復活 부활
- ふつかよい [후쓰까요이] 二日酔い 숙취
- ぶっきらぼう [북끼라보-] 打切棒 무뚝뚝함, 퉁명스러움
  ぶっきらぼうな返事(へんじ) 무뚝뚝한 대답
- ぶっきょう [북꾜-] 仏教 불교
- ふっくら [훅꾸라] 부드럽게 부풀어 있는 모양, 포동포동
- ふっこ [훅꼬] 復古 복고
- ふつごう [후쓰고-] 不都合 형편이 좋지 못함
  不都合な時間(じかん) (사정 따위가 있어) 적당치 못한 시간
- ぶっし [붓시] 物資 물자
- ぶっしつ [붓시쓰] 物質 물질
- ぶっそう [붓소-] 物騒 뒤숭숭하고 위험한 상태
  物騒な世(よ)の中(なか) 뒤숭숭한 세상
- ぶつぞう [부쓰조-] 仏像 불상
- ぶつだ [부쓰다] 仏陀 불타, 부처
- ぶったい [붓따이] 物体 물체
- ぶっちょうづら [붓쬬-즈라] 仏頂面 시무룩한 얼굴
  母(はは)に叱しかられてぶっちょうづらになる
  어머니께 야단맞고 뾰루퉁해지다

☐ ふつつか	[후쓰쓰까] 不束	변변찮음

ふつつかな娘(むすめ)ですが、よろしくお願(ねが)い申(もう)し上(あ)げます 못난 딸입니다만 잘 부탁드립니다

☐ ぶっつかる	[붓쓰까루] 부딪치다 = ぶつかる	

電信柱(でんしんばしら)にぶっつかる 전봇대에 부딪치다

☐ ぶつでん	[부쓰뎅] 仏殿	불전
☐ ぶっと	[붓또] 仏徒	불교도
☐ ふっとう	[훗또-] 沸騰	비등, 끓어오름
☐ ぶつどう	[부쓰도-] 仏道	불도
☐ ぶっとおし	[붓또오시] ぶっ通し	처음부터 끝까지, 줄곧
☐ ぶっぴん	[붑삥] 物品	물품, 물건
☐ ぶつぶつ	[부쓰부쓰]	투덜투덜

ぶつぶつ文句(もんく)を言(い)う 투덜투덜 불평을 하다

☐ ぶつり	[부쓰리] 物理	물리
☐ ふで	[후데] 筆	붓
☐ ふてい	[후떼-] 不貞	부정
	[후떼-] 不定	부정
☐ ふていさい	[후떼-사이] 不体裁	꼴사나움, 볼품없음

不体裁な恰好(かっこう) 볼품없는 모양새

☐ ふでいれ	[후데이레] 筆入れ	필통
☐ ふてき	[후떼끼] 不敵	겁이 없음, 대담함
☐ ふと	[후또]	문득, 우연히
☐ ふとい	[후또이] 太い	굵다 ↔ 細 ほそ い

線(せん)が太い 선이 굵다

☐ ふとう	[후또-] 不当	부당함

このような干渉(かんしょう)は不当だ
이 같은 간섭은 부당하다

☐ ぶとうかい	[부또-까이] 舞踏会	무도회
☐ ぶどう	[부도-] 葡萄	포도
☐ ふところ	[후또꼬로] 懐	품, 호주머니

- ふところで [후또꼬로데] 懐手 두 손을 품속에 넣고 있음
- ふとどき [후또도끼] 不届き 괘씸함
  実に 不届きな 行いである
  참으로 괘씸한 행위이다
- ふともも [후또모모] 太股 넓적다리
- ふとる [후또루] 肥る 살찌다
- ふとん [후똥] 布団 이부자리, 이불
- ふな [후나] 鮒 붕어
- ぶな [부나] 撫 너도밤나무
- ふなのり [후나노리] 船乗り 선원, 뱃사람
- ふなびん [후나빙] 船便 선편, 배편
- ふなよい [후나요이] 船酔 뱃멀미
- ふなれ [후나레] 不馴れ 익숙지가 않음, 서투름
  不馴れな町住(まちずま)い 익숙하지 못한 도회지 생활
- ふにん [후닝] 赴任 부임
  [후닝] 不妊 불임
- ふぬけ [후누께] 腑抜け 쓸개 빠진 인간, 얼간이
  それでも男(おとこ)か、このふぬけめ
  그래도 사내냐, 이 쓸개 빠진 놈아
- ふね [후네] 船 배
- ふのう [후노-] 不能 불능
- ふはい [후하이] 腐敗 부패
- ふひつよう [후히쓰요-] 不必要 불필요
- ふびん [후빙] 不憫 딱하고 가엾음
- ぶひん [부힝] 部品 부품
- ふぶき [후부끼] 吹雪 눈보라
  吹雪で一寸先(いっすん)さきも見(み)えない
  눈보라로 한치 앞도 보이지 않다
- ぶぶん [부붕] 部分 부분
- ふぶんりつ [후분리쓰] 不文律 불문율

☐ ふへい	[후헤-]	不平	불평
☐ ふへん	[후헹]	不変	불변
☐ ふべん	[후벵]	不便	불편
☐ ふぼ	[후보]	父母	부모
☐ ふほう	[후호-]	不法	불법
☐ ふまん	[후망]	不満	불만

不満を漏(も)らす 불만을 말하다

不満を抱(いだ)く 불만을 품다

☐ ふみきり	[후미끼리]	踏切	건널목
☐ ふみつける	[후미쓰께루]	踏み付ける	짓밟다, 무시하다
☐ ふみにじる	[후미니지루]	踏み躙る	밟아 뭉개다, 무시하다
☐ ふみん	[후밍]	不眠	불면
☐ ふむ	[후무]	踏む	밟다, 디디다

足(あし)を踏まれる 발을 밟히다

☐ ふむき	[후무끼]	不向き	기호·성질에 맞지 않음

牧畜(ぼくちく)には不向きな土地(とち)
목축에는 적합하지 않은 토지

☐ ふめい	[후메-]	不明	불명
☐ ふめいよ	[후메-요]	不名誉	불명예
☐ ふめつ	[후메쓰]	不滅	불멸
☐ ふめんぼく	[후멤보꾸]	不面目	면목없음, 면목을 잃음

こんな不面目なことはない 이런 면목 없는 일은 없다

☐ ふもう	[후모-]	不毛	불모
☐ ふもと	[후모또]	麓	산기슭
☐ ふもん	[후몽]	不問	불문
☐ ふゆ	[후유]	冬	겨울
☐ ふゆごもり	[후유고모리]	冬籠り	동면
☐ ふよう	[후요-]	不用	불용, 쓰지 않음
☐ ぶよう	[부요-]	舞踊	무용
☐ ふようい	[후요-이]	不用意	부주의, 조심성이 없음

ふ

- ふようじん [후요-징] 不用心 주의가 부족함
- ぶらいかん [부라이깡] 無頼漢 무뢰한
- ぶらく [부라꾸] 部落 부락
- ぶらさがる [부라사가루] ぶら下がる 매달리다, 축 늘어지다
- ふらち [후라찌] 不埒 발칙함
- ぶらつく [부라쓰꾸] 서성거리다
  夜(よる)の街(まち)をぶらつく 밤거리를 어슬렁거리다
- ぶらぶら [부라부라] 흔들흔들, 어슬렁어슬렁
- ぶらり [부라리] 매달려 늘어진 모양
- ふられる [후라레루] 실연당하다, 퇴박맞다
  女(おんな)を口説(くど)いてふられた
  여자를 구슬렸으나 퇴박맞았다
- ふり [후리] 不利 불리
- ぶり [부리] 鰤 방어
- ふりかえる [후리까에루] 振り返る 뒤돌아보다
  思(おも)わず振り返る 무심코 뒤돌아보다
- ふりかかる [후리까까루] 降りかかる 몸에 내리덮이다
- ふりかざす [후리까자스] 振りかざす 번쩍 쳐들다
- ふりすてる [후리스떼루] 振り捨てる 내동댕이치다
- ふりそそぐ [후리소소구] 降り注ぐ 비가 퍼붓다, 쏟아지다
- ふりだす [후리다스] 降り出す 내리기 시작하다
  雨(あめ)が今(いま)にも降り出しそうだ
  비가 금방이라도 올 것 같다
- ふりつもる [후리쓰모루] 降り積もる 눈이 내려쌓이다
- ふりほどく [후리호도꾸] 振り解く 뿌리치다
- ふりむく [후리무꾸] 振り向く 뒤돌아보다
- ふりょう [후료-] 不良 불량
- ふりん [후링] 不倫 불륜
- ふる [후루] 降る 비눈 따위가 내리다, 오다
  [후루] 振る 흔들다

- ふるい [후루이] 古い 오래 되다, 헐다 ↔ 新 あたら しい
考(かんが)え方(かた)が古い 사고방식이 고리타분하다
- ふるえる [후루에루] 震える 흔들리다, 떨다
- ふるがお [후루가오] 古顔 고참
- ふるぎ [후루기] 古着 헌 옷
- ふるさと [후루사또] 故郷 고향
- ぶるぶる [부루부루] 추위나 두려움으로 떠는 모양, 부들부들
- ふるほんや [후루홍야] 古本屋 헌책방
- ふるまい [후루마이] 振舞い 행동, 거동
勝手(かって)な振舞い 제멋대로의 행동
- ぶれい [부레-] 無礼 무례
- ふれる [후레루] 触れる 닿다, 접촉하다 = さわる
肩(かた)と肩が触れる 어깨와 어깨가 닿다
- ふろ [후로] 風呂 목욕, 목욕통
風呂に入(はい)る 목욕하다
- ふろう [후로-] 不老 불로
- ふろく [후로꾸] 付録 부록
- ふろしき [후로시끼] 風呂敷 보자기
- ふわたり [후와따리] 不渡り 부도
不渡りを出(だ)す 부도를 내다
不渡りになる 부도가 나다
- ふわりと [후와리또] 둥실둥실, 너풀너풀
- ふんいき [훙이끼] 雰囲気 분위기
雰囲気を壊(こわ)す 분위기를 깨뜨리다
- ぶんか [붕까] 文化 문화
- ぶんかい [붕까이] 分解 분해
- ぶんがく [붕가꾸] 文学 문학
- ぶんかつ [붕까쓰] 分割 분할
分割払(ばら)い 할부 ↔ 一時払(いちじばら)い 일시불
- ぶんけ [붕께] 分家 분가

ふ

- ぶんけん [붕껭] 文献 문헌
- ぶんこ [붕꼬] 文庫 문고
- ぶんこう [붕꼬-] 分校 분교
- ぶんごう [붕꼬-] 文豪 문호
- ぶんざい [분자이] 分際 주제
  - 己(おのれ)の分際を知(し)れ 자기의 분수를 알아라
- ぶんさん [분상] 分散 분산
- ふんしつ [훈시쓰] 紛失 분실
- ぶんしょう [분쇼-] 文章 문장
- ぶんじょう [분죠-] 分譲 분양
- ふんしょく [훈쇼꾸] 粉飾 분식
- ぶんしん [분싱] 分身 분신
- ふんすい [훈스이] 噴水 분수
- ぶんせき [분세끼] 分析 분석
- ふんそう [훈소-] 扮装 분장
- ふんだくる [훈다꾸루] 강제로 빼앗다, 바가지 씌우다
  - かばんをふんだくって逃(に)げる 가방을 낚아채고 달아나다
  - ビール1本(いっぽん)で5千円(ごせんえん)もふんだくられる 맥주 한 병에 5천 엔이나 받아 바가지를 씌우다
- ぶんたん [분땅] 分担 분담
- ぶんだん [분당] 文壇 문단
- ぶんどき [분도끼] 分度器 분도기
- ふんぬ [훈누] 憤怒 분노
- ぶんぱ [붐빠] 分派 분파
- ぶんぱい [붐빠이] 分配 분배
  - 平等(びょうどう)に分配する 고르게 분배하다
- ぶんぴつ [붐삐쓰] 分泌 분비
- ぶんべん [붐벵] 分娩 분만
- ふんべつ [훔베쓰] 分別 분별
- ぶんぽう [붐뽀-] 文法 문법

- ぶんぼうぐ [붐보-구] 文房具 문방구
- ふんまつ [훔마쓰] 粉末 분말
- ぶんめい [붐메-] 文明 문명
- ぶんや [붕야] 分野 분야
  小説(しょうせつ)の分野で活躍(かつやく)する
  소설 분야에서 활약하다
- ぶんり [분리] 分離 분리
- ぶんりつ [분리쓰] 分立 분립
- ぶんりょう [분료-] 分量 분량
- ぶんるい [분루이] 分類 분류
  大(おお)きさで分類する 크기에 따라 분류하다
- ぶんれつ [분레쓰] 分裂 분열

▶ 외래어

- ファースト [화-스또] first 퍼스트
- ファッション [홧숑] fashion 패션
  ファッションモデル (fashion model) 패션모델
  ファッションショー (fashion show) 패션쇼
- ファン [환] fan 팬, 열성가
- フィクション [휘꾸숑] fiction 픽션, 허구 虛構
  ↔ ノンフィクション (non fiction) 논픽션
- フィナーレ [휘나레-] 이 finale 피날레
- フィルム [휘루무] film 필름
- ブーム [부-무] boom 붐, 갑작스런 경기
- フェニックス [훼닛꾸스] phoenix 불사조
- フォーク [훠-꾸] fork 포크, 수저
  フォークとナイフ 포크와 나이프
- ブザー [부자-] buzzer 부저, 초인종

- ブック　　　　　[북꾸] book　북, 책
- プライド　　　[푸라이도] pride　프라이드, 자존심
  - プライドが高(たか)い 프라이드가 높다, 자존심이 강하다
  - プライドを傷(きず)つける 자존심을 상하게 하다
- プライバシー　[푸라이바시-] privacy　프라이버시
- ブラインド　　[부라인도] blind　블라인드
- ブラウス　　　[브라우스] blouse　블라우스
- ブラジャー　　[부라쟈-] 프 brassière　브래지어
- ブラジル　　　[부라지루] Brazil　브라질
- プラタナス　　[푸라따나스] platanus　플라타너스
- ブラック　　　[부락꾸] black　블랙, 검정
  - ブラックコーヒーを 블랙커피를 마시다
- フラッシュ　　[후랏슈] flash　플래시
- プラットホーム　[푸랏또호-무] platform　플랫폼
- プラトニック　[푸라또닉꾸] Platonic　플라토닉
- ブラボー　　　[부라보-] 프 bravo　브라보, 근사하다
- プラン　　　　[푸랑] plan　플랜, 계획
  - プランを練(ね)る 계획을 짜다
- ブランコ　　　[부랑꼬] 포 balanco　그네
- フランス　　　[후란스] France　프랑스
- ブランデー　　[부란데-] brandy　브랜디
- ブリキ　　　　[부리끼] 네 blik　생철, 양철
- ブリッジ　　　[브릿지] bridge　브리지, 다리
- プリマドンナ　[푸리마돈나] 이 prima donna　프리마돈나
- プリント　　　[푸린또] print　프린트
  - 文章(ぶんしょう)をプリントする 문서를 프린트하다
- ブルー　　　　[부루-] blue　블루, 청색
- ブルース　　　[부루-스] blues　블루스
- フルーツ　　　[후루-쓰] fruits　과일
- ブルジョア　　[부루죠아] 프 bourgeois　부르주아

- プレー [푸레-] play 플레이
- ブレーキ [부레-끼] brake 브레이크
- プレゼント [푸레젠또] present 선물
  クリスマス プレゼント 크리스마스 선물
- プレミアム [푸레미아무] premium 프리미엄
- ブレーン [브레-ㅇ] brain 브레인, 두뇌
- プロ [푸로] 프로, 전문가 ↔ アマ
  プロフェッショナル professional의 준말
- ブローカ [부로-까] broker 브로커
- ブローチ [부로-찌] brooch 브로치
- プログラム [푸로구라무] program 프로그램
  多彩(たさい)なプログラム 다채로운 프로(그램)
- プロジェクト [푸로제꾸또] project 프로젝트, 계획
- プロデューサー [푸로듀-사-] producer 프로듀서
- プロフィール [푸로휘-루] profile 프로필
- プロペラ [푸로뻬라] propeller 프로펠러
- プロポーズ [푸로뽀-즈] propose 프로포즈
- プロローグ [푸로로-구] prologue 플로로그
- フロント [후론또] front 프런트
  フロントでチェックインする 프런트에서 체크인하다

ふ

[へ]

- へい [헤-] 塀 담, 울타리
- へいえき [헤-에끼] 兵役 병역
- へいか [헤-까] 陛下 폐하
  [헤-까] 兵科 병과
- へいき [헤-끼] 平気 태연함
  地震(じしん)の時(とき)も平気でいる
  지진 때에도 태연히 있다
- へいきん [헤-낑] 平均 평균
- へいこうせん [헤-꼬-셍] 平行線 평행선
- へいこう [헤-꼬-] 閉口 질림
  彼(かれ)の自話話(じまんばなし)には閉口する
  그의 자기 자랑에는 질린다
- へいさ [헤-사] 閉鎖 폐쇄
- へいじつ [헤-지쓰] 平日 평일
- へいたい [헤-따이] 兵隊 군인, 병정
- へいてん [헤-뗑] 閉店 폐점 ↔開店 かいてん
- へいねん [헤-넹] 平年 평년
- へいふく [헤-후꾸] 平伏 엎드려 절함
- へいぼん [헤-봉] 平凡 평범함
  この詩(し)は平凡でおもしろくない
  이 시는 평범해서 재미가 없다
- へいや [헤-야] 平野 평야
- へいよう [헤-요-] 併用 병용
- へいりょく [헤-료꾸] 兵力 병력
- へいわ [헤-와] 平和 평화

□ へきが	[헤끼가] 壁画	벽화
□ へきがん	[헤끼강] 碧眼	벽안, 푸른 눈
□ へきそん	[헤끼송] 僻村	벽촌
□ へこたれる	[헤꼬따레루]	녹초가 되다, 지쳐서 주저앉다

山登(やまのぼ)りの中途(ちゅうと)でへこたれる
등산 도중에 기진하여 주저앉다

□ ぺこぺこ	[페꼬뻬꼬]	배가 몹시 고픈 모양

お腹(なか)がぺこぺこだ 배가 몹시 고프다

□ へこむ	[헤꼬무] 凹む	움푹 들어가다

重(おも)みで床(ゆか)が凹む
무게로 마룻바닥이 움푹 들어가다

□ へさき	[헤사끼] 舳先	뱃머리
□ べそ	[베소]	울상
□ へそくり	[헤소꾸리] 臍繰り	은밀히 돈을 모으는 것
□ へた	[헤따] 下手	솜씨가 서투름 ↔ 上手(じょうず)

下手な歌(うた)を聞(き)かせる 서투른 노래를 들려주다

□ へたくそ	[헤따꾸소] 下手糞	서투른 솜씨를 무시하는 말
□ へだてる	[헤다떼루] 隔てる	사이에 두다

道路(どうろ)を隔てて向(むか)い合(あ)う
도로를 사이에 두고 마주보다

□ べたべた	[베따베따]	물건이 들러붙는 모양, 끈적끈적
□ ぺちゃくちゃ	[페쨔꾸쨔]	재잘거리는 모양
□ ぺちゃんこ	[페쨩꼬]	납작해짐, 납작함

箱(はこ)がぺちゃんこになる 상자가 납작해지다

□ べっきょ	[벡꾜] 別居	별거
□ べつじょう	[베쓰죠-] 別状	이상 異常
□ べっそう	[벳소-] 別荘	별장
□ べつだん	[베쓰당] 別段	별로, 별반

別段かわったところもない 별반 달라진 데도 없다

□ べつに	[베쓰니] 別に	별로

❏ べつべつ	[베쓰베쓰]	別々	따로따로

勘定(かんじょう)は別々に払(はら)う 계산은 제각기 하다

❏ へっぽこ	[헵뽀꼬]		재주가 없는 사람을 무시하여 일컫는 말
❏ へつらう	[헤쓰라우]	諂う	아첨하다
❏ へど	[헤도]	反吐	구역질, 게움
❏ べとべと	[베또베또]		끈적끈적
❏ へなへな	[헤나헤나]		맥없이 주저앉는 모양
❏ べにいろ	[베니이로]	紅色	주홍색
❏ へばりつく	[헤바리쓰꾸]		찰싹 달라붙다

母(はは)にへばりついて離(はな)れない
어머니에게 달라붙어 떠나지 않다

❏ へび	[헤비]	蛇	뱀
❏ へぼ	[헤보]		서툴기 짝이 없음
❏ へま	[헤마]	下間	바보짓

下間なことを言(い)った 바보 같은 소리를 했다

❏ へや	[헤야]	部屋	방
❏ へらす	[헤라스]	減らす	줄이다

酒量(しゅりょう)を減らす 주량을 줄이다

❏ ぺらぺら	[페라뻬라]		거침없이 지껄여대는 모양
❏ べらぼう	[베라보-]	箆棒	터무니없음
❏ へりくつ	[헤리꾸쓰]	屁理屈	억지이론
❏ へる	[헤루]	経る	지나가다, 거치다

一ヶ月(いっかげつ)を経(へ)た 한 달이 지났다

	[헤루]	減る	줄다, 적어지다 = ます・ふえる

目方(めかた)が減る 무게가 줄다

❏ ぺろぺろ	[페로뻬로]		혀를 날름거리는 모양
❏ へんか	[헹까]	変化	변화
❏ べんかい	[벵까이]	弁解	변명

弁解がましい (마치) 변명하는 것 같다

❏ べんき	[벵끼]	便器	변기

- べんぎ [벵기] 便宜 편의
  便宜を与(あた)える 편의를 제공하다
  便宜を図(はか)る 편의를 도모하다
- べんきょう [벵꾜-] 勉強 공부
- へんきょく [헹꾜꾸] 編曲 편곡
- へんくつ [헹꾸쓰] 偏屈 괴팍함
- へんけん [헹껭] 偏見 편견
- へんこう [헹꼬-] 変更 변경
- べんごし [벵고시] 弁護士 변호사
- へんじ [헨지] 返事 대답, 응답
  何(なん)の返事もない 아무런 대답도 없다
- へんしゅう [헨슈-] 編集 편집
- べんじょ [벤죠] 便所 변소
- へんじょう [헨죠-] 返上 반환, 반려
- へんしょく [헨쇼꾸] 偏食 편식
- へんじん [헨징] 変人 괴짜, 색다른 사람
- へんせい [헨세-] 編成 편성
- へんそう [헨소-] 変装 변장
- へんたい [헨따이] 変態 변태
- へんてこ [헨떼꼬] 変梃 야릇한 모양
- へんとう [헨또-] 返答 대답, 회답 =返事(へんじ)
  返答に窮(きゅう)する 대답이 막히다, 답변에 궁하다
- べんとう [벤또-] 弁当 도시락
  弁当をつくる 도시락을 싸다
- へんとうせん [헨또-셍] 扁桃腺 편도선
- へんぴ [헴삐] 辺鄙 두메, 벽촌
- べんめい [벰메-] 弁明 변명
- べんり [벤리] 便利 편리 ↔ 不便(ふべん)
  生活(せいかつ)に便利な道具(どうぐ) 생활에 편리한 도구
- べんろん [벤롱] 弁論 변론

외래어

- ヘアスタイル |헤아스따이루| hair style 헤어스타일
  ヘアスタイルが変(か)わる 헤어스타일이 바뀌다
- ヘクタール |헤꾸따-루| hectare 헥타르
- ベストセラー |베스또세라-| best seller 베스트셀러
- ペダル |페다루| pedal 페달
  ペダルを踏(ふ)む 페달을 밟다
- ベッド |벳도| bed 베드, 침대
  部屋(へや)にベッドが置(お)いてある
  방에 침대가 놓여 있다
- ヘッドライト |헷도라이또| headlight 헤드라이트
- ベテラン |베떼랑| veteran 베테랑
  校正(こうせい)のベテラン 교정의 베테랑
- ベビー |베비-| baby 베이비, 아기
- ペリカン |페리깡| pelican 펠리컨
- ベル |베루| bell 벨, 방울, 초인종
  ベルを鳴(な)らす 벨을 울리다
- ベルト |베루또| belt 벨트, 허리띠
- ヘルメット |헤루멧또| helmet 헬멧
- ベンチ |벤찌| bench 벤치
  公園(こうえん)のベンチ 공원의 벤치
- ペンネーム |펜네-무| pen name 펜네임, 필명

〔ほ〕

- ぼう　　　　　　　[보-]　棒　봉, 막대기, 몽둥이
　　　　　　　　　　綿(めん)棒 면봉　棒暗記(あんき) 무턱대고 외움
- ほうあん　　　　　[호-앙]　法案　법안
- ほうい　　　　　　[호-이]　包囲　포위
- ぼうえき　　　　　[보-에끼]　貿易　무역
　　　　　　　　　　貿易の不均衡(ふきんこう)を是正(ぜせい)する
　　　　　　　　　　무역의 불균형을 시정하다
- ぼうえき　　　　　[보-에끼]　防疫　방역
- ぼうえんきょう　　[보-엥꾜-]　望遠鏡　망원경
- ほうおん　　　　　[호-옹]　報恩　보은
- ぼうおん　　　　　[보-옹]　忘恩　망은
　　　　　　　　　　[보-옹]　防音　방음
- ほうかご　　　　　[호-까고]　放課後　방과 후
- ほうかい　　　　　[호-까이]　崩壊　붕괴
- ほうがい　　　　　[호-가이]　法外　터무니없음, 도가 지나침
　　　　　　　　　　法外な値(ね)を付(つ)ける 터무니없는 값을 매기다
- ぼうがい　　　　　[보-가이]　妨害　방해
- ほうがく　　　　　[호-가꾸]　方角　방향, 방위
- ほうがく　　　　　[호-가꾸]　法学　법학
- ほうかん　　　　　[호-깡]　法官　법관
- ぼうかん　　　　　[보-깡]　傍観　방관
- ほうき　　　　　　[호-끼]　箒　비, 빗자루
　　　　　　　　　　[호-끼]　放棄　방기, 포기
　　　　　　　　　　遺産(いさん)の相続(そうぞく)を放棄する
　　　　　　　　　　유산의 상속을 포기하다

☐ ほうき	[호-끼]	法規	법규
☐ ぼうきゃく	[보-꺄꾸]	忘却	망각

忘却の彼方(かなた)へ押(お)しやる
망각의 저편으로 밀어 보내다(잊어버리다)

☐ ぼうぎょ	[보-교]	防禦	방어
☐ ぼうくう	[보-꾸-]	防空	방공
☐ ぼうくん	[보-꿍]	暴君	폭군
☐ ほうけい	[호-께-]	包茎	포경
☐ ほうげき	[호-게끼]	砲撃	포격
☐ ほうけん	[호-껭]	封建	봉건
☐ ほうげん	[호-겡]	方言	방언, 사투리
☐ ぼうけん	[보-껭]	冒険	모험

冒険の好(す)きな人(ひと) 모험을 좋아하는 사람

☐ ほうこう	[호-꼬-]	方向	방향
	[호-꼬-]	彷徨	방황
	[호-꼬-]	奉公	몸을 바쳐 봉사함
☐ ぼうこう	[보-꼬-]	暴行	폭행
☐ ほうこく	[호-꼬꾸]	報告	보고

報告に接(せっ)する 보고에 접하다

☐ ほうさく	[호-사꾸]	豊作	풍작
☐ ほうし	[호-시]	奉仕	봉사
☐ ぼうし	[보-시]	帽子	모자

帽子を被(かぶ)る・脱(ぬ)ぐ 모자를 쓰다・벗다

	[보-시]	防止	방지
☐ ほうしゅう	[호-슈-]	報酬	보수
☐ ほうしゅつ	[호-슈쓰]	放出	방출
☐ ほうしん	[호-싱]	方針	방침
	[호-싱]	放心	방심

放心に従(したが)う 방침에 따르다

☐ ぼうず	[보-즈]	坊主	중

☐ ほうせき	[호-세끼]	宝石	보석
☐ ぼうぜん	[보-젱]	茫然	어리둥절함

茫然は茫然として定(さだ)かでない
전도는 망연하여 확실치 않다

☐ ほうそう	[호-소-]	放送	방송
☐ ぼうそうぞく	[보-소-조꾸]	暴走族	폭주족
☐ ほうそく	[호-소꾸]	法則	법칙
☐ ほうたい	[호-따이]	繃帯	붕대
☐ ぼうだい	[보-다이]	膨大	방대

その計画(けいかく)はあまりにも膨大だ
그 계획은 너무나도 방대하다

☐ ほうち	[호-찌]	放置	방치
☐ ほうちょう	[호-쬬-]	庖丁	식칼
☐ ぼうちょう	[보-쬬-]	防諜	방첩
	[보-쬬-]	傍聴	방청
	[보-쬬-]	膨脹	팽창

腹部(ふくぶ)が膨脹する 복부가 팽창하다

☐ ほうてい	[호-떼-]	法廷	법정
	[호-떼-]	法定	법정
☐ ほうてん	[호-뗑]	法典	법전
☐ ぼうと	[보-또]	暴徒	폭도
☐ ほうとう	[호-또-]	放蕩	방탕
☐ ほうどう	[호-도-]	報道	보도

報道陣(じん)にかこまれる 보도진에 둘러싸이다

☐ ぼうとく	[보-도꾸]	冒涜	모독
☐ ぼうどくめん	[보-도꾸멩]	防毒面	방독면
☐ ほうにん	[호-닝]	放任	방임
☐ ほうねん	[호-넹]	豊年	풍년
☐ ぼうねんかい	[보-넹까이]	忘年会	망년회
☐ ほうばい	[호-바이]	朋輩	동료

☐ ほうび	[호-비]	褒美	포상, 상 賞

褒美に時計(とけい)をやる 상으로 시계를 주다

☐ ほうふ	[호-후]	抱負	포부
	[호-후]	豊富	풍부

豊富な経験(けいけん)を生(い)かす 풍부한 경험을 살리다

☐ ほうへい	[호-헤-]	砲兵	포병
☐ ほうべん	[호-벵]	方便	방편
☐ ほうほう	[호-호-]	方法	방법
☐ ほうぼう	[호-보-]	方々	여기저기

方々から手紙(てがみ)がきた 여기저기에서 편지가 왔다

☐ ほうまん	[호-망]	豊満	풍만
☐ ぼうめい	[보-메-]	亡命	망명
☐ ほうめん	[호-멩]	方面	방면
☐ ほうもん	[호-몽]	訪問	방문
☐ ほうよう	[호-요-]	抱擁	포옹, 얼싸안음
☐ ほうらつ	[호-라쓰]	放埓	멋대로 놀아남
☐ ほうりつ	[호-리쓰]	法律	법률
☐ ぼうりゃく	[보-랴꾸]	謀略	모략
☐ ぼうりょく	[보-료꾸]	暴力	폭력

暴力を振(ふ)るう 폭력을 휘두르다

☐ ほうれんそう	[호-렌소-]	ほうれん草	시금치
☐ ほうろう	[호-로-]	放浪	방랑
☐ ほえる	[호에루]	吠える	짐승이 짖다

犬(いぬ)が吠える 개가 짖다

☐ ほお	[호-]	頬	볼, 뺨
☐ ほおえむ	[호-에무]	微笑む	미소짓다 = ほほえむ

ほおえみながら迎(むか)える 미소지으면서 맞이하다

☐ ほかならぬ	[호까나라누]	外ならぬ	다름 아닌
☐ ほがらか	[호가라까]	朗らか	쾌활한 모양, 명랑한 모양

朗らかに笑(わら)う 쾌활하게 웃다

- ぽかんと [포깐또] 입을 크게 벌린 모양, 딱, 떡
- ほきゅう [호큐-] 補給 보급
- ぼくし [보꾸시] 牧師 목사
- ぼくじょう [보꾸죠-] 牧場 목장
- ほくそえむ [호꾸소에무] ほくそ笑む 득의의 미소를 짓다
  にんまりとほくそ笑む 빙긋이 혼자 웃다
- ぼくちく [보꾸찌꾸] 牧畜 목축
- ぼくねんじん [보꾸넨징] 朴念仁 맹꽁이
- ぼくめつ [보꾸메쓰] 撲滅 박멸
- ほくろ [호꾸로] 黒子 검정사마귀
- ぼける [보께루] 惚ける 색이 바래다, 멍청해지다
  問題(もんだい)の焦点(しょうてん)がぼける
  문제의 초점이 흐려지다
- ほけん [호껭] 保険 보험
- ほご [호고] 反故 휴지처럼 소용없는 물건
  [호고] 保護 보호
- ほこう [호꼬-] 歩行 보행
  歩行者(しゃ)天国(てんごく) 보행자천국
- ぼこく [보꼬꾸] 母国 모국, 조국
- ほこり [호꼬리] 埃 먼지, 쓰레기
- ほこる [호꼬루] 誇る 자랑하다, 뽐내다
  誇るに足たる腕前(うでまえ) 자랑할 만한 솜씨
- ほころびる [호꼬로비루] 綻びる 바느질 자리가 풀어지다
  ズボンが綻びる 바지가 타지다
- ぼさつ [보사쓰] 菩薩 보살
- ほし [호시] 星 별
  星明(あか)り 별빛
- ほしい [호시-] 欲しい 필요하다, 하고 싶다
  時計(とけい)が欲しい 시계를 갖고 싶다
- ほしがき [호시가끼] 干し柿 곶감

☐ ほじくる	[호지꾸루]	후비다, 쑤시다
	耳(みみ)をほじくる 귀를 후비다	
	楊子(ようじ)で歯(は)をほじくる 이쑤시개로 이를 쑤시다	
☐ ほしゅ	[호슈] 保守	보수 ↔ 進歩 しんぽ
☐ ぼしゅう	[보슈-] 募集	모집
☐ ほじょ	[호죠] 補助	보조
☐ ほしょう	[호쇼-] 保証	보증
	成功(せいこう)するという保証はない	
	성공한다는 보증은 없다	
	[호쇼-] 保障	보장
	[호쇼-] 補償	보상
☐ ほす	[호스] 干す	말리다
	洗濯物(せんたくもの)を干す 세탁물을 말리다	
☐ ぼせい	[보세-] 母性	모성
☐ ほそい	[호소이] 細い	가늘다 ↔ 太 ふとい
☐ ほそながい	[호소나가이] 細長い	가늘고 길다, 갸름하다
	細長い小路(こうじ) 가늘고 긴 골목	
☐ ほそぼそ	[호소보소]	낮은 소리로 소곤거리는 모양
☐ ほそめ	[호소메] 細目	가늘게 뜬 눈
☐ ほぞん	[호종] 保存	보존
☐ ぼだいじゅ	[보다이쥬] 菩提樹	보리수
☐ ぽたり	[포따리]	물이 방울져 떨어지는 모양
☐ ほたる	[호따루] 蛍	개똥벌레
☐ ぼたん	[보땅] 牡丹	모란
☐ ぼち	[보찌] 墓地	묘지
☐ ほちょう	[호쬬-] 歩調	보조
☐ ほちょうき	[호쬬-끼] 補聴器	보청기
☐ ぽっかり	[복까리]	가볍게 뜬 모양, 두둥실
☐ ぽっかり	[폭까리]	입을 크게 벌린 모양
☐ ほっきにん	[혹끼닝] 発起人	발기인

☐ ほっきょく	[혹꾜꾸] (北極)	북극 ↔ 南極 なんきょく
☐ ぼっけん	[복껭] (木剣)	목검
☐ ほっさ	[홋사] (発作)	발작
☐ ぼっしゅう	[봇슈-] (没収)	몰수
☐ ほっする	[홋스루] (欲する)	바라다

己(おのれ)の欲するままに行動(こうどう)する
자신이 바라는 대로 행동하다

☐ ぼっする	[봇스루] (没する)	가라앉다, 저물다, 사라지다
☐ ほっそく	[홋소꾸] (発足)	발족
☐ ほっそり	[홋소리]	마르고 홀쭉한 모양
☐ ぼっちゃん	[봇쨩] (坊ちゃん)	도령, 도련님
☐ ほっと	[홋또]	안도의 숨을 쉬는 모양

その話(はなし)を聞(き)いてほっとする
그 이야기를 듣고 안도의 숨을 쉬다

☐ ほっぺた	[홋뻬따] (頬っぺた)	뺨
☐ ぼつぼつ	[보쓰보쓰]	조금씩, 슬슬
☐ ほつれる	[호쓰레루]	올이 풀리다

袖口(そでぐち)がほつれる 소맷부리가 해어지다

☐ ほてる	[호떼루] (火照る)	달아오르다, 빨개지다

顔(かお)がほてる 얼굴이 화끈거리다

☐ ほどう	[호도-] (歩道)	보도 ↔ 車道(しゃどう)
☐ ほどく	[호도꾸] (解く)	풀다

糸(いと)のもつれを解く 엉클어진 실을 풀다

☐ ほとけ	[호또께] (仏)	부처

仏様(さま) 부처님

☐ ほどこす	[호도꼬스] (施す)	베풀다

金品(きんぴん)を施す 금품을 베풀다

☐ ほととぎす	[호또도기스]	두견새
☐ ほとばしる	[호또바시루]	힘차게 내뿜다

鮮血(せんけつ)がほとばしる 선혈이 세차게 내뿜다

ほ

□ ほどほど	[호도호도] 程々	적당히, 알맞게

冗談(じょうだん)もほどほどにしなさい
농담도 적당히 하시오

□ ぼとぼと	[보또보또]	물방울이 뚝뚝 떨어지는 모양
□ ほどよい	[호도요이] 程よい	알맞다

この風呂(ふろ)はほどよい熱(あつ)さだ
이 목욕물은 알맞은 온도다

□ ほとり	[호또리] 辺	근처, 부근
□ ほとんど	[호똔도] 殆ど	거의, 대략

工事(こうじ)はほとんど完成(かんせい)した
공사는 거의 완성됐다

□ ほね	[호네] 骨	뼈
□ ほねおしみ	[호네오시미] 骨惜しみ	노력을 아낌
□ ほねおる	[호네오루] 骨折る	수고하다, 애쓰다

骨折って仕事(しごと)を完成(かんせい)した
노력하여 일을 완성했다

□ ほねぐみ	[호네구미] 骨組み	뼈대
□ ほねつぎ	[호네쯔기] 骨接ぎ	접골
□ ほのお	[호노-] 炎	불길
□ ほのか	[호노까] 仄か	어슴푸레함, 어렴풋함
□ ほのぐらい	[호노구라이] 仄暗い	어두컴컴함
□ ほのめかす	[호노메까쓰] 仄めかす	넌지시 알리다

決意(けつい)を仄めかす 결의를 넌지시 비추다

□ ほへい	[호헤-] 歩兵	보병
□ ほぼ	[호보]	대략, 약
□ ほめる	[호메루] 誉める	칭찬하다

先生(せんせい)に誉められる 선생님께 칭찬받다

□ ぼやける	[보야께루]	흐릿해지다, 희미해지다

記憶(きおく)がぼやける 기억이 희미해지다

□ ほやほや	[호야호야]	갓 만들어져 말랑말랑한 모양

□ ほゆう	[호유-] 保有	보유
□ ほら	[호라] 法螺	소라고등, 허풍
	ほら話(ばな)し 허풍	
□ ぼら	[보라] 鯔	숭어
□ ほらあな	[호라아나] 洞穴	동굴
□ ほらふき	[호라후끼] 法螺吹き	거짓말쟁이
□ ほり	[호리] 堀	도랑
□ ほりゅう	[호류-] 保留	보류
□ ほる	[호루] 掘る	땅을 파다
	地面(じめん)を掘る 지면을 파다	
□ ほれる	[호레루] 惚れる	반하다
	惚れ合(あ)った仲(なか) 서로 반한 사이	
□ ほろ	[호로] 幌	포장, 덮개
□ ぼろ	[보로]	넝마, 누더기
□ ぼろくそ	[보로꾸소] ぼろ糞	시시하기 짝이 없음
□ ほろにがい	[호로니가이] ほろ苦い	씁쓰레하다
	ビールのほろにがい味(あじ) 맥주의 약간 씁쓰레한 맛	
□ ほろびる	[호로비루] 滅びる	망하다, 멸망하다
	滅び行(ゆ)く民族(みんぞく) 멸망해 가는 민족	
□ ほろぼす	[호로보스] 滅ぼす	멸망시키다
□ ぼろぼろ	[보로보로]	너덜너덜
	ぼろぼろの帽子(ぼうし)をかぶっている	
	너덜너덜한 모자를 쓰고 있다	
□ ほん	[홍] 本	책
□ ぼん	[봉] 盆	쟁반
□ ほんかく	[홍까꾸] 本格	본격
□ ほんき	[홍끼] 本気	진심, 진실
	本気で怒(おこ)る 진짜로 화내다	
	本気を出(だ)す 진심을 보이다	
□ ぼんくら	[봉꾸라]	멍텅구리

ほ

- ほんごし [홍고시] 本腰 본격적
  - 問題(もんだい)に本腰で取(と)り組(く)む
  - 문제에 본격적으로 들러붙다
- ぼんさい [본사이] 盆栽 분재
- ほんしき [혼시끼] 本式 정식
- ほんしつ [혼시쓰] 本質 본질
- ほんじつ [혼지쓰] 本日 오늘
- ほんしゃ [혼샤] 本社 본사
- ほんしん [혼싱] 本心 본심
- ぼんじん [본징] 凡人 범인, 보통사람
- ほんすじ [혼스지] 本筋 중요한 줄거리
  - 話(はなし)が本筋から外(はず)れる
  - 이야기가 본 줄거리에서 벗어나다
- ほんせき [혼세끼] 本籍 본적
- ほんだて [혼다떼] 本立 책꽂이
- ほんだな [혼다나] 本棚 책장
- ほんてん [혼뗑] 本店 본점 ↔支店 してん
- ほんど [혼도] 本土 본토
- ほんとう [혼또-] 本当 정말
  - 本当らしい話(はなし) 정말인 듯한 이야기
- ほんにん [혼닝] 本人 본인
- ほんね [혼네] 本音 진심, 본연의 모습
  - 本音を吐(は)く 본심을 토로하다, 실토하다
  - 本音が出(で)る 본심이 드러나다
- ほんの [혼노] 그저 명색뿐인, 단지 그 정도에 불과한
  - ほんのつまらない物(もの)ですが
  - 그저 명색뿐인(보잘것없는) 것입니다만
- ほんのう [혼노-] 本能 본능
- ほんば [홈바] 本場 본고장
  - 本場で鍛(きた)えた腕前(うでまえ) 본고장에서 닦은 솜씨

☐ ほんばこ	[홈바꼬] 本箱	책장
☐ ほんぶ	[홈부] 本部	본부
☐ ほんぶん	[홈붕] 本文	본문
☐ ほんみょう	[홈묘-] 本名	본명
☐ ほんもう	[홈모-] 本望	숙원

長年(ながねん)の本望をとげる 오랜 동안의 숙원을 이루다

☐ ほんもの	[홈모노] 本物	진짜 물건 ↔ 偽物 にせもの

本物のダイヤモンド 진짜 다이아몬드

☐ ほんや	[홍야] 本屋	책방
☐ ほんやく	[홍야꾸] 翻訳	번역
☐ ぼんやり	[봉야리]	멍한 상태, 우두커니

机(つくえ)に向(むか)ってぼんやりしている
책상 앞에 맥없이 앉아 있다

☐ ほんらい	[혼라이] 本来	본래, 본시
☐ ほんろん	[혼롱] 本論	본론

これから本論に入(はい)る 지금부터 본론으로 들어가다

▶ 외래어

☐ ボイラー	[보이라-] boiler	보일러
☐ ポインター	[포인따-] pointer	포인터
☐ ポイント	[포인또] point	포인트, 요점

ポイントを押(おさ)える [つかむ] 요점을 잡다
ポイントを突(つ)く 핵심을 찌르다

☐ ポーズ	[포-즈] pose	자세, 태도
☐ ボーナス	[보-나스] bonus	보너스, 상여금

ボーナスをもらう 보너스를 받다

☐ ホーム	[호-무] home	홈, 가정
☐ ホームラン	[호-무랑] home run	홈런

- ポーラント [포-란도] Poland 폴란드
- ボーリング [보-링구] boring 볼링
- ホール [호-루] hall 홀, 대청
- ボール [보-루] ball 볼, 공
  ボールを投(な)げる 볼을 던지다
- ボクサー [보꾸사-] boxer 복서, 권투선수
- ボクシング [보꾸싱구] boxing 복싱, 권투
- ポケット [포껫또] pocket 포켓, 호주머니
  上着(うわぎ)のポケット 윗도리의 호주머니
- ポジション [포지숑] position 포지션, 자리
- ボス [보스] boss 보스, 두목
- ポスター [포스따-] poster 포스터
- ボタン [보땅] button 버튼, 단추
  ボタンをかける[はめる] 단추를 채우다[끼우다]
  ボタンがはずれる 단추가 끌러지다
- ボックス [복꾸스] box 박스, 상자
- ホテル [호떼루] hotel 호텔
  ホテルに泊(と)まる 호텔에 머물다
- ボート [보-또] boat 보트
- ポプラ [포뿌라] poplar 포플러
- ホルモン [호루몽] 독 Hormon 호르몬
- ホワイト [호와이또] white 화이트
  ホワイトで塗(ぬ)りつぶす 흰 그림 물감으로 칠해 뭉개다
- ボンネット [본넷또] bonnet 보닛
- ポンプ [폼뿌] pump 펌프
  ポンプで水(みず)を汲(く)み出(だ)す 펌프로 물을 퍼내다

〔ま行〕

[ま]

- まいあがる [마이아가루] 舞い上がる 춤추듯 날아 올라가다
  とびが舞い上がる 솔개가 날아오르다
- まいあさ [마이아사] 毎朝 매일아침
- まいげつ [마이게쓰] 毎月 매달
- まいご [마이고] 迷子 미아
  デパートで迷子になる 백화점에서 미아가 되다
- まいしゅう [마이슈-] 毎週 매주
- まいしん [마이싱] 邁進 매진
- まいぞう [마이조-] 埋蔵 매장
- まいど [마이도] 毎度 매번
  毎度ありがとうございます 매번 고맙습니다
- まいにち [마이니찌] 毎日 매일
- まいねん [마이넹] 毎年 매년 =まいとし
- まいばん [마이방] 毎晩 매일 밤
- まいぼつ [마이보쓰] 埋没 매몰
- まいる [마이루] 参る 「가다」의 겸양어
  ご一緒(いっしょ)参りましょう 함께 갑시다
- まう [마우] 舞う 춤추다
  一差(ひとさし)舞う 한 차례 춤추다
- まうえ [마우에] 真上 바로 위
- まえ [마에] 前 앞, 전 ↔後 うしろ
- まえうり [마에우리] 前売り 예매
  前売り券(けん)を買(か)う 예매권을 사다
- まえがき [마에가끼] 前書き 머리말
- まえがみ [마에가미] 前髪 앞머리

- **まえがり** [마에가리] (前借り) 가불
  給料(きゅうりょう)の前借り 급료의 가불
- **まえきん** [마에낑] (前金) 선금
- **まえば** [마에바] (前歯) 앞니
- **まえぶれ** [마에부레] (前触れ) 예고, 전조 =きざし
  前触れもなく訪(たず)ねてくる 예고도 없이 찾아오다
  地震(じしん)の前触れ 지진의 전조
- **まえもって** [마에못떼] (前以って) 사전에, 미리
  前以って連絡(れんらく)する 미리 연락하다
- **まおう** [마오-] (魔王) 마왕
- **まがいもの** [마가이모노] (紛い物) 모조품, 가짜
- **まがお** [마가오] (真顔) 정색
- **まかす** [마까스] (任す) 맡기다 =まかせる
  仕事(しごと)を任す 일을 맡기다
- **まがり** [마가리] (間借り) 셋방살이
- **まがりかど** [마가리카도] (曲り角) 길모퉁이
- **まがる** [마가루] (曲る) 굽다, 구부러지다, 돌다
  くぎが曲る 못이 구부러지다
  角(かど)を曲る 모퉁이를 돌다
- **まき** [마끼] (薪) 장작
- **まきがみ** [마끼가미] (巻紙) 두루마리
- **まきこむ** [마끼꼬무] (巻き込む) 말려들다
  とんだ災難(さいなん)に巻き込まれる
  엉뚱한 재난에 말려들다
- **まきじゃく** [마끼쟈꾸] (巻尺) 줄자
- **まきぞえ** [마끼조에] (巻添え) 남의 일에 관계되어 난처한 입장에 빠짐
  喧嘩(けんか)けんかの巻添えを食(く)う 싸움에 말려들다
- **まきつく** [마끼쓰꾸] (巻き付く) 감기다
- **まきば** [마끼바] (牧場) 목장

- まぎれる [마기레루] 紛れる 헷갈리다
紛れやすい 혼동되기 쉽다
- まぎらわす [마기라와스] 紛らわす 얼버무리다
悲(かな)しみを笑(わら)いに紛らわす
슬픔을 웃음으로 얼버무리다
- まぎわ [마기와] 間際 임박한 때, 직전
試験(しけん)間際に病気(びょうき)になる
시험 직전에 병들다
- まく [마꾸] 幕 막
[마꾸] 巻く 감다
[마꾸] 蒔く 씨앗을 뿌리다
- まくら [마꾸라] 枕 베개
- まくらもと [마꾸라모또] 枕許 머리맡
- まぐれあたり [마구레아따리] 紛れ当たり 우연히 들어맞음
紛れ当たりに一等(いっとう)になった 요행으로 일등했다
- まくれる [마꾸레루] 捲れる 걷어 올려지다
- まけおしみ [마께오시미] 負け惜しみ 지기가 싫어 체념을 안 함
負け惜しみを言(い)う 지고도 마구 억지를 부리다
- まける [마께루] 負ける 지다, 패하다, 값을 깎아주다
敵(てき)に負ける 적에게 지다
負けてくれませんか 싸게 해 주지 않겠습니까?
- まげる [마게루] 曲げる 구부리다
- まご [마고] 孫 손자
[마고] 馬子 마부
- まごころ [마고꼬로] 真心 진심, 참마음
- まごつく [마고쓰꾸] 갈팡질팡하다
どうしていいのかまごつく 어떻게 하면 좋을지 갈팡질팡하다
- まことに [마꼬또니] 誠に 참으로, 정말 = 本当 ほんとうに
まことに申(もう)し訳(わけ)ありません
참으로 미안합니다

- まさか [마사까] 설마하니
  まさか勝(か)つとは思おもわなかった
  설마 이기리라고는 생각하지 않았다
- まさつ [마사쓰] 摩擦 마찰
- まさる [마사루] 勝る 보다 낫다, 뛰어나다 ↔ 劣 おとる
  勝るとも劣(おと)らない腕前(うでまえ)
  나으면 낫지 못하지는 않은 솜씨
- まじえる [마지에루] 交える 섞다, 끼게 하다
- ました [마시따] 真下 바로 아래
- まして [마시떼] 하물며
- まじない [마지나이] 呪い 주술 呪術
- まじめ [마지메] 真面目 진지함
  真面目にやれ 진지하게 하라
  真面目に仕事(しごと)をする 성실하게 일을 하다
- まじょ [마죠] 魔女 마녀
- ましょうめん [마쇼-멩] 真正面 정면
- ます [마스] 増す 늘다, 불어나다
  [마스] 升 되, 말
  [마스] 鱒 송어
- まず [마즈] 先ず 우선, 대체로
- まずい [마즈이] 서툴다, 맛이 없다 ↔ うまい
  まずい演技(えんぎ) 서투른 연기
  まずくて食(た)べられない 맛이 없어서 먹을 수 없다
- まずしい [마즈시-] 貧しい 가난하다
  貧しい家(いえ)に生(う)まれる 가난한 집에 태어나다
- ますます [마스마스] 益々 점점 더
- まぜる [마제루] 混ぜる 뒤섞다
  英語(えいご)を混ぜて話(はな)す 영어를 섞어서 이야기하다
- また [마따] 又 또, 다음
- まだ [마다] 未だ 아직도

377

☐ またがる	마따가루	跨る	걸터앉다
☐ またたく	마따다꾸	瞬く	반짝이다, 깜빡이다

目(め)を瞬く 눈을 깜작이다

☐ まだら	마다라	斑	얼룩, 반점 斑点
☐ まち	마찌	町	도시, 거리
☐ まちあいしつ	마찌아이시쓰	待合室	대합실
☐ まぢか	마지까	間近	아주 가까움
☐ まちがう	마찌가우	間違う	잘못되다, 틀리다

間違った理論(りろん)を信(しん)ずる 그릇된 이론을 믿다

☐ まちかど	마찌가도	町角	길모퉁이
☐ まちこがれる	마찌코가레루	待ち焦がれる	애타게 기다리다
☐ まちどおしい	마찌도-시-	待ち遠しい	몹시 기다려지다

春(はる)のくるのがまちどおしい

봄이 오는 것이 몹시 기다려지다

☐ まちにまった	마찌니맛따	待ちに待った	기다리고 기다리던
☐ まちはずれ	마찌하즈레	町外れ	변두리
☐ まつ	마쓰	松	소나무
	마쓰	待つ	기다리다

ちょっと待ってください 잠깐 기다리세요

☐ まっかだ	막까다	真っ赤だ	새빨갛다
☐ まっくらだ	막꾸라다	真っ暗だ	아주 캄캄하다
☐ まっくろだ	막꾸로다	真っ黒だ	새카맣다
☐ まつげ	마쓰게	睫	속눈썹
☐ まつけむし	마쓰께무시	松毛虫	송충이
☐ まっさかさま	맛사까사마	真っ逆様	완전히 거꾸로 됨
☐ まっさき	맛사끼	真っ先	맨 먼저, 맨 앞
☐ まっさつ	맛사쓰	抹殺	말살
☐ まっしろだ	맛시로다	真っ白だ	새하얗다
☐ まっすぐ	맛스구	真っすぐ	곧장, 곧바로

まっすぐに進(すす)む 똑바로 나아가다

□ まっせ	[맛세] 末世	말세
□ まったく	[맛따꾸] 全く	완전히, 그야말로

まったくそのとおりです 정말로 그대로입니다(그렇습니다)

□ まったん	[맛땅] 末端	말단
□ まつば	[마쓰바] 松葉	솔잎
□ まっぱだか	[맙빠다까] 真っ裸	알몸
□ まっぴら	[맙삐라] 真っ平	질색

お説教(せっきょう)は真っ平だ 설교는 딱 질색이다

□ まつり	[마쓰리] 祭り	제사, 축제
□ まつわる	[마쓰와루] 纏わる	얽히다, 감겨들다

その事(こと)にまつわる話(はなし) 그 일에 관련된 이야기

□ まと	[마또] 的	과녁
□ まど	[마도] 窓	창, 창문

窓(まど)ガラス 유리창

□ まとう	[마또-]	감기다, 걸치다
□ まどぐち	[마도구찌] 窓口	창구
□ まとはずれ	[마또하즈레] 的外れ	빗나감

彼(かれ)の答(こた)えは的外れだ 그의 답은 빗나가 있다

□ まとめる	[마또메루]	간추리다, 정리하다

クラスの意見(いけん)をまとめる 학급의 의견을 통합하다
考(かんが)えをまとめる 생각을 정리하다

□ まとも	[마또모]	정면, 성실함, 정상적
□ まどろむ	[마도로무]	잠시 졸다

考(かんが)えつかれてしばしまどろむ 생각에 지쳐 잠시 졸다

□ まないた	[마나이따] 俎	도마
□ まなじり	[마나지리] 眦	눈초리
□ まなつ	[마나쓰] 真夏	한여름
□ まなぶ	[마나부] 学ぶ	배우다, 익히다

失敗(しっぱい)から多(おお)くを学ぶ
실패에서 많은 것을 배우다

- **まにあう** [마니아우] 間に合う 시간에 대다
  汽車(きしゃ)の出発(しゅっぱつ)に間に合う
  기차 출발 시간에 대다
- **まにあわせ** [마니아와세] 間に合わせ 임시변통
- **まにうける** [마니우께루] 真に受ける 곧이듣다
  冗談(じょうだん)を真に受ける
  농담을 진담으로 받아들이다
- **まにんげん** [마닝겡] 真人間 착실한 사람
- **まぬかれる** [마누까레루] 免れる 면하다, 벗어나다
  理由(りゆう)はともかくとして責任(せきにん)だけは免れない 이유는 어떻든 간에 책임만은 피할 수 없다
- **まぬけ** [마누께] 間抜け 얼간이
- **まね** [마네] 真似 흉내
  人(ひと)の真似がうまい 남의 흉내를 잘 내다
- **まねく** [마네꾸] 招く 손짓하여 부르다, 초대하다
  結婚式(けっこんしき)に招く 결혼식에 초청하다
- **まねる** [마네루] 真似る 흉내내다
- **まばゆい** [마바유이] 目映い 눈부시다
- **まばら** [마바라] 疎ら 드문드문함, 새가 뜸
- **まひ** [마히] 麻痺 마비
- **まひる** [마히루] 真昼 대낮, 백주
- **まぶしい** [마부시-] 眩しい 눈부시다
  まぶしいほど美(うつく)しい女(おんな)
  눈부실 정도로 아름다운 여자
- **まぶた** [마부따] 瞼 눈꺼풀
- **まぼろし** [마보로시] 幻 환상, 환영
- **ままこ** [마마꼬] 継子 의붓자식
- **ままはは** [마마하하] 継母 계모
- **まむかい** [마무까이] 真向い 바로 맞은편
- **まむし** [마무시] 蝮 살무사

□ まめ	[마메] 성실함, 바지런함 =まじめ	
	まめな男(おとこ) 성실한 사나이	
	[마메] (豆) 콩	
□ まもなく	[마모나꾸] (間もなく) 이제 곧	
	間もなく試合(しあい)が始(はじ)まろうとしている	
	곧 경기가 시작되려고 하고 있다	
□ まもる	[마모루] (守る) 지키다, 보호하다	
	約束(やくそく)を守る 약속을 지키다	
□ まゆ	[마유] (眉) 눈썹	
□ まゆげ	[마유게] (眉毛) 눈썹	
□ まよう	[마요-] (迷う) 헤매다, 갈피를 못잡다	
	道(みち)に迷う 길을 잃다	
	行(い)こうか行くまいかと迷う 갈까 말까 하고 망설이다	
□ まよなか	[마요나까] (真夜中) 한밤중, 심야	
□ まり	[마리] (毬) 공	
□ まりょく	[마료꾸] (魔力) 마력	
□ まるい	[마루이] (丸い) 둥글다	
	目(め)を丸くする (놀라서) 눈을 휘둥그렇게 뜨다	
□ まるきぶね	[마루끼부네] (丸木舟) 통나무배	
□ まるきり	[마루끼리] 전혀, 아주	
	まるきり知(し)らない 전혀 모르다	
□ まるた	[마루따] (丸太) 통나무	
□ まるで	[마루데] 마치, 영락없이	
	まるで花(はな)のように美(うつく)しい	
	마치 꽃처럼 아름답다	
□ まるのみ	[마루노미] (丸呑み) 통째로 삼킴, 무조건 받아들임	
□ まるはだか	[마루하다까] (丸裸) 알몸, 맨몸	
□ まるもうけ	[마루모-께] (丸儲け) 몽땅 이득을 봄	
□ まるやけ	[마루야께] (丸焼け) 몽땅 타버림,	
□ まれに	[마레니] (稀に) 드물게, 보기 드물게	

ま

☐ まわす	[마와스] 回る	돌리다, 회전시키다
	ダイヤルを廻す 다이얼을 돌리다	
☐ まわりみち	[마와리미찌] 回り道	멀리 돌아가는 길
☐ まわる	[마와루] 回る	돌다
	扇風機(せんぷうき)が回る 선풍기가 돌다	
☐ まんいち	[망이찌] 万一	만일
☐ まんいん	[망잉] 満員	만원
☐ まんが	[망가] 漫画	만화
☐ まんき	[망끼] 満期	만기
☐ まんきつ	[망끼쓰] 満喫	만끽
	山海(さんかい)の珍味(ちんみ)を満喫する	
	산해의 진미를 만끽하다	
☐ まんげつ	[망게쓰] 満月	만월, 보름달
☐ まんざら	[만자라] 満更	그다지, 반드시
☐ まんじゅう	[만쥬-] 饅頭	만두
☐ まんせい	[만세-] 慢性	만성
☐ まんぞく	[만조꾸] 満足	만족
	現在(げんざい)の生活(せいかつ)に満足する	
	현재의 생활에 만족하다	
☐ まんてん	[만뗑] 満点	만점
	数学(すうがく)の試験(しけん)で満点を取(と)る	
	수학시험에 만점을 받다	
☐ まんなか	[만나까] 真ん中	한가운데
	部屋(へや)の真ん中に座(すわ)る 방 한가운데 앉다	
☐ まんねんひつ	[만넹히쓰] 万年筆	만년필
☐ まんのう	[만노-] 万能	만능
☐ まんびき	[맘비끼] 万引き	물건을 사는 체하며 훔치는 것
☐ まんぷく	[맘뿌꾸] 満腹	배가 부름 ↔ 空腹 くうふく
	満腹感(かん)を味(あじ)わう 만복감을 맛보다	

▶ 외래어

- マーガリン [마-가링] margarine 마가린
- マーク [마-꾸] mark 마크
- マーケット [마-껫또] market 마켓
- マージャン [마-장] 중 麻雀 마작
- マージン [마-징] margin 마진
- マイカー [마이까-] 일 my car 마이카
- マイク [마이꾸] 마이크
- マイナス [마이나스] minus 마이너스
- マイル [마이루] mile 마일
- マウンド [마운도] mound 마운드
- マガジン [마가진] magazine 매거진
- マカロニ [마까로니] 이 maccheroni 마카로니
- マスカラ [마스까라] mascara 마스카라
- マスク [마스꾸] mask 마스크
- マスコット [마스꽃또] mascot 마스코트
- マスコミ [마스꼬미] masscom 매스컴
- マスター [마스따-] master 마스터
- マダム [마다무] madam 마담, 부인
- マッサージ [맛사-지] massage 마사지
- マッチ [맛찌] match 성냥
- マットレス [맛또레스] mattress 매트리스
- マドロス [마도로스] 네 matroos 마도로스, 선원
- マドンナ [마돈나] 이 Madonna 마돈나, 성모마리아
- マナー [마나-] manner 매너, 예의범절
  テーブル マナーが 全く なって いない
  테이블 매너가 전혀 되어 있지 않다
- マニア [마니아] mania 마니아, 열광자

383

- マネー [마네-] money 머니, 돈
- マネージャー [마네-쟈-] manager 매니저
- マネキン [마네낑] 프 mannequin 마네킹
- マネジメント [마네지멘또] management 매니지먼트, 경영관리
- マフラー [마후라-] muffler 머플러
- マラソン [마라송] marathon 마라톤
- マラリア [마라리아] malaria 말라리아
- マント [만또] 프 manteau 망토
- マンドリン [만도링] mandolin 만돌린
- マントルピース [만또루삐-스] 맨틀피스
- マンボ [맘보] mambo 맘보
- マンホール [망호-루] manhole 맨홀
- マンモス [맘모스] mammoth 맘모스, 거대함

[み]

- **みあい** [미아이] 見合い 맞선
  見合い結婚(けっこん)と恋愛(れんあい)結婚
  중매결혼과 연애결혼
- **みあげる** [미아게루] 見上げる 올려다보다
- **みあやまる** [미아야마루] 見誤る 잘못 보다, 오인하다
- **みうしなう** [미우시나우] 見失う 보던 것을 놓치다
  連(つ)れを見失う 동행을 놓치다
- **みえぼう** [미에보-] 見栄坊 겉치레를 꾸미는 사람
- **みえる** [미에루] 見える 보이다
- **みおくり** [미오꾸리] 見送り 전송
- **みおも** [미오모] 身重 임신
- **みおろす** [미오로스] 見下ろす 내려다보다
  山頂(さんちょう)からふもとを見下ろす
  산꼭대기에서 산기슭을 내려다보다
- **みかい** [미까이] 未開 미개
- **みかいけつ** [미까이께쓰] 未解決 미해결
- **みかく** [미까꾸] 味覚 미각
- **みがく** [미가꾸] 磨く 닦다, 연마하다
  ぴかぴかに磨かれた床(ゆか) 반짝반짝하게 닦인 마루
- **みかけ** [미까께] 見掛け 겉보기, 외관
  人(ひと)は見掛けによらない
  사람은 겉보기만으로는 알 수 없다
- **みかた** [미까따] 味方 자기편, 아군 ↔敵(てき)
  味方に引(ひ)き入(い)れる 자기편으로 끌어들이다
- **みかづき** [미까즈끼] 三日月 초승달

☐ みがら	[미가라] 身柄 신병	
	身柄を引(ひ)き取(と)る 신병을 인수하다	
☐ みかん	[미깡] 蜜柑 밀감, 귤	
☐ みかんせい	[미깐세-] 未完成 미완성	
☐ みき	[미끼] 幹 나무의 줄기	
☐ みぎ	[미기] 右 오른쪽, 우측 ↔ 左 ひだり	
☐ みくびる	[미꾸비루] 見くびる 깔보다, 업신여기다	
☐ みくらべる	[미꾸라베루] 見比べる 비교해보다	
	各党(かくとう)の政策(せいさく)を見比べる	
	각 당의 정책을 비교해 보다	
☐ みぐるしい	[미구루시-] 見苦しい 보기 흉하다	
☐ みけいけん	[미께-껭] 未経験 미경험	
☐ みごしらえ	[미고시라에] 身拵え 몸 옷 차림	
☐ みごたえ	[미고따에] 見応え 볼품, 볼 만한 가치	
	見応えのある演技(えんぎ) 볼 만한 연기	
☐ みごと	[미고또] 見事 훌륭함, 멋짐	
	みごとに片(かた)を付(つ)ける 능란하게 처리하다	
☐ みこみ	[미꼬미] 見込み 가망, 가능성	
	あの人ひとは見込みがある 저 사람은 장래성이 있다	
☐ みごもる	[미고모루] 身籠る 임신하다	
☐ みこん	[미꽁] 未婚 미혼 ↔ 既婚 きこん	
☐ みさかい	[미사까이] 見境 분별, 구별	
☐ みさき	[미사끼] 岬 갑, 곶	
☐ みさげる	[미사게루] 見下げる 멸시하다	
	彼(かれ)は人(ひと)を見下げる傾向(けいこう)がある	
	그는 사람을 멸시하는 경향이 있다	
☐ みじかい	[미지까이] 短い 짧다 ↔ 長 ながい	
	距離(きょり)が短い 거리가 짧다	
☐ みじたく	[미지따꾸] 身支度 치장, 몸차림	
☐ みじめ	[미지메] 惨め 비참함	

□ みじゅく	[미쥬꾸] 未熟	미숙
□ みしらぬ	[미시라누] 見知らぬ	낯선

見知らぬ男(おとこ) 낯선 사나이

□ みじん	[미징] 微塵	조금, 추호
□ みず	[미즈] 水	물
□ みすい	[미스이] 未遂	미수
□ みずいらず	[미즈이라즈] 水入らず	남이 끼지 않은 집안끼리

親子(おやこ)の水入らずの暮(く)らし
부모 자식끼리만의 오붓한 생활

□ みずうみ	[미즈우미] 湖	호수
□ みずから	[미즈까라] 自ら	스스로, 몸소

自ら失敗(しっぱい)を認(みと)める 스스로 실패를 인정하다

□ みずぎ	[미즈기] 水着	수영복
□ みずぎわ	[미즈기와] 水際	물가
□ みずくさい	[미즈쿠사이] 水臭い	싱겁다, 정다운 맛이 없다
□ みずぐるま	[미즈구루마] 水車	물레방아
□ みずさし	[미즈사시] 水差し	물주전자
□ みずしょうばい	[미즈쇼-바이] 水商売	물장사
□ みずたまり	[미즈타마리] 水溜り	웅덩이
□ みずのあわ	[미즈노아와] 水の泡	물거품, 수포

せっかくの努力(どりょく)が水の泡になる
모처럼의 노력이 물거품이 되다

□ みすぼらしい	[미스보라시-]	초라하다, 볼품이 없다

身(み)なりのみすぼらしい男(おとこ) 옷차림이 초라한 사내

□ みすみす	[미스미스]	뻔히 보면서
□ みずむし	[미즈무시] 水虫	무좀
□ みずわり	[미즈와리] 水割り	물을 타서 묽게 함
□ みせ	[미세] 店	가게, 점포

店を出(だ)す 가게를 내다

□ みせかけ	[미세까께] 見せ掛け	겉보기, 외관

み

- □ みせしめ [미세시메] 見せしめ 본때, 본보기
  みせしめに罰(ばつ)を与(あた)える 본보기로 벌을 주다
- □ みせつける [미세쓰께루] 見せつける 자랑삼아 보이다
- □ みせもの [미세모노] 見世物 구경거리
  世間(せけん)の見世物になる 세상 사람들의 구경거리가 되다
- □ みせる [미세루] 見せる 보이다, 나타내다
- □ みそ [미소] 味噌 된장
- □ みぞ [미조] 溝 도랑, 수채
- □ みぞう [미조-] 未曾有 미증유
  古今(ここん)未曾有の大地震(おおじしん)
  고금 미증유의 대지진
- □ みそか [미소까] 三十日 그믐날
- □ みそしる [미소시루] 味噌汁 된장국
- □ みそら [미소라] 身空 신세, 처지
- □ みぞれ [미조레] 진눈깨비
- □ みたす [미따스] 満たす 채우다
  杯(さかずき)に酒(さけ)を満たす 술잔에 술을 가득 채우다
- □ みだりに [미다리니] 妄りに 함부로, 멋대로
- □ みだれる [미다레루] 乱れる 어지러워지다, 혼란해지다
- □ みち [미찌] 道 길, 도로
  [미찌] 未知 미지
- □ みちしるべ [미찌시루베] 道しるべ 이정표
- □ みちづれ [미찌즈레] 道連れ 길동무, 반려자
- □ みちのり [미찌노리] 道程 도정, 거리
- □ みちばた [미찌바따] 道端 길가
- □ みちびく [미찌비꾸] 導く 이끌다, 인도하다
  見物人(けんぶつにん)を導く 구경꾼을 안내하다
- □ みっか [믹까] 三日 초사흘
- □ みつかる [미쓰까루] 見付かる 발견되다
  敵(てき)に見付かる 적에게 발각되다

☐ みつげつ	[미쓰게쓰] 蜜月	밀월, 신혼여행
☐ みつける	[미쓰께루] 見付ける	찾아내다, 발견하다

品物(しなもの)に傷(きず)があるのを見付ける
물품에 하자가 있는 것을 발견하다

☐ みっこう	[믹꼬-] 密航	밀항
☐ みっこく	[믹꼬꾸] 密告	밀고
☐ みっしつ	[밋시쓰] 密室	밀실
☐ みっしり	[밋시리]	충실하게
☐ みっせつ	[밋세쓰] 密接	밀접
☐ みっともない	[밋또모나이]	꼴사납다

人前(ひとまえ)であくびをするのはみっともない
남 앞에서 하품을 하는 것은 꼴사납다

☐ みつまた	[미쓰마따] 三つ又	삼거리
☐ みつめる	[미쓰메루] 見つめる	응시하다, 주시하다
☐ みつもり	[미쓰모리] 見積り	어림, 견적
☐ みつゆ	[미쓰유] 密輸	밀수
☐ みてい	[미떼-] 未定	미정
☐ みとめる	[미또메루] 認める	인정하다

社長(しゃちょう)に認められる 사장에게 인정받다

☐ みどり	[미도리] 緑	녹색, 초록빛
☐ みどりご	[미도리고] 嬰児	영아, 젖먹이
☐ みとれる	[미또레루] 見惚れる	넋을 잃고 보다

美(うつく)しい景色(けしき)に見惚れる
아름다운 경치를 넋을 잃고 바라보다

☐ みな	[미나] 皆	모두, 전부 = みんな

みなに知(し)らせる 모두에게 알리다

☐ みなおす	[미나오스] 見直す	다시 보다, 고쳐보다
☐ みなぎる	[미나기루] 漲る	넘치다

池(いけ)の水(みず)がみなぎる 못의 물이 넘칠 듯하다

☐ みなしご	[미나시고] 孤児	고아

み

☐ みなす	[미나스] 見做す	간주하다, 가정하다
	遭難(そうなん)したものと見做す	조난한 것으로 간주하다
☐ みなと	[미나또] 港	항구
☐ みなみ	[미나미] 南	남, 남쪽
☐ みならい	[미나라이] 見習い	견습, 수습
☐ みなり	[미나리] 身なり	옷차림
	身なりにかまわない	옷차림에 신경 쓰지 않다
☐ みなれる	[미나레루] 見慣れる	보아서 익숙하다, 낯익다
☐ みにくい	[미니꾸이] 醜い	추하다
☐ みぬく	[미누꾸] 見抜く	꿰뚫다, 간파하다
	相手(あいて)の腹(はら)を見抜く	상대의 속마음을 꿰뚫어보다
☐ みね	[미네] 峰	산봉우리
☐ みのがす	[미노가스] 見逃す	못보고 놓치다
☐ みのたけ	[미노타께] 身の丈	키, 신장
☐ みのほど	[미노호도] 身の程	분수
	身の程も知(し)らない生意気(なまいき)なやつだ	분수도 모르는 건방진 놈이다
☐ みのる	[미노루] 実る	여물다, 열매 맺다
☐ みはらし	[미하라시] 見晴らし	전망, 조망
☐ みはり	[미하리] 見張り	파수꾼, 망을 봄
☐ みぶり	[미부리] 身振り	몸짓
☐ みぶん	[미붕] 身分	신분
☐ みぼうじん	[미보-징] 未亡人	미망인
☐ みほん	[미홍] 見本	견본, 표본, 샘플
☐ みまい	[미마이] 見舞い	문안, 위문
	友達(ともだち)の病気(びょうき)見舞いに行(い)く	친구의 병문안을 가다
☐ みまもる	[미마모루] 見守る	지켜보다
☐ みまわす	[미마와스] 見回す	둘러보다

□ みまん	[미망] 未満	미만
□ みみ	[미미] 耳	귀
□ みみあたらしい	[미미아따라시-] 耳新しい	귀에 새롭다, 귀설다, 금시초문이다

耳新しい話(はなし) 처음 듣는 이야기

□ みみうち	[미미우찌] 耳打ち	귀엣말
□ みみかざり	[미미카자리] 耳飾り	귀고리
□ みみず	[미미즈]	지렁이
□ みみなれる	[미미나레루] 耳慣れる	귀에 익다
□ みもだえ	[미모다에] 身悶え	몸부림
□ みもと	[미모또] 身元	신원
□ みもん	[미몽] 未聞	미문, 아직 들어보지 못함
□ みやげ	[미야게] 土産	선물

外国(がいこく)土産 외국에서 사 온 선물

□ みやこ	[미야꼬] 都	서울, 수도
□ みやこおち	[미야꼬-찌] 都落ち	낙향
□ みやぶる	[미야부루] 見破る	간파하다
□ みょうじょう	[묘-죠-] 明星	샛별
□ みょうに	[묘-니] 妙に	묘하게, 이상하게

妙に聞(き)こえる 이상하게 들리다

□ みょうみ	[묘-미] 妙味	묘미
□ みょうれい	[묘-레-] 妙齢	묘령
□ みより	[미요리] 身寄り	친척
□ みらい	[미라이] 未来	미래
□ みりょく	[미료꾸] 魅力	매력
□ みれん	[미렝] 未練	미련

未練を残(のこ)す 미련을 남기다

□ みわける	[미와께루] 見分ける	분별하다, 가려내다
□ みわたす	[미와따스] 見渡す	멀리 바라보다
□ みんしゅしゅぎ	[민슈슈기] 民主主義	민주주의

- □ みんしゅう 民衆 민중
- □ みんぞく 民族 민족
- □ みんな 皆 ＝ みな
  答(こた)えはみんな合(あ)っている 답은 모두 맞았다
- □ みんぽう 民法 민법
- □ みんよう 民謡 민요

외래어

- □ ミーティング meeting 미팅
- □ ミサイル missile 미사일
- □ ミシン sewing machine 미싱, 재봉틀
  ミシンをかける 재봉질을 하다
- □ ミス miss 미스, 잘못
- □ ミステリー mystery 미스터리
  実(じつ)にミステリーの多(おお)い事件(じけん)だ
  참으로 미스터리가 많은 사건이다
- □ ミックス mix 믹스, 혼합
- □ ミュージック music 뮤직, 음악
- □ ミルク milk 밀크

[む]

□ むいちもん	[무이찌몽] 無一文	무일푼 =いちもんなし

金(かね)を使(つか)い果(は)たして無一文になった
돈을 다 써 버려 무일푼이 되었다

□ むえき	[무에끼] 無益	무익
□ むかい	[무까이] 向い	맞은편

お向いからりんごをいただく 건너편 집에서 사과를 보내오다

□ むがい	[무가이] 無害	무해
□ むかえる	[무까에루] 迎える	맞이하다

新年(しんねん)を迎える 새해를 맞이하다

□ むかし	[무까시] 昔	옛날, 예전

この思(おも)い出(で)も今(いま)は昔となった
이 추억도 이젠 옛일이 되었다

□ むかしばなし	[무까시바나시] 昔話	옛날이야기
□ むかつく	[무까쓰꾸]	느글거리다, 메슥거리다

車(くるま)に酔(よ)ったらしく胸(むね)がむかつく
차멀미가 났는지 가슴이 메슥거린다

□ むかで	[무까데] 百足	지네
□ むかむか	[무까무까]	메슥메슥
□ むがむちゅう	[무가무쮸-] 無我夢中	열중하여 정신이 없음

無我夢中で歩(ある)き回(まわ)った 정신없이 돌아다녔다

□ むかんしん	[무깐싱] 無関心	무관심
□ むぎ	[무기] 麦	보리
□ むきげん	[무끼겡] 無期限	무기한
□ むぎめし	[무기메시] 麦飯	보리밥
□ むきゅう	[무뀨-] 無休	무휴

- むきりょく [무끼료꾸] 無気力 무기력
- むく [무꾸] 剝く 껍질 따위를 벗기다, 까다
りんごの皮(かわ)を剝く 사과껍질을 벗기다
- むくいる [무꾸이루] 報いる 보답하다, 갚다
恩(おん)に報いる 은혜에 보답하다
- むくげ [무꾸게] 무궁화
- むくち [무꾸찌] 無口 과묵
- むくみ [무꾸미] 浮腫 부종, 부어오름
- むくむく [무꾸무꾸] 뭉게뭉게, 쑥
- むくれる [무꾸레루] 토라지다
叱(しか)られてむくれる 야단맞고 토라지다
- むける [무께루] 向ける 돌리다, 향하다
- むこ [무꼬] 婿 사위
- むごい [무고이] 惨い 비참하다, 끔찍하다
惨い結果(けっか)となる 비참한 결과가 되다
- むこうがわ [무꼬-가와] 向う側 저쪽, 반대쪽
- むこうみず [무꼬-미즈] 向う見ず 분별이 없음, 무모함
一人息子(ひとりむすこ)が向う見ずで困(こま)る
외아들이 분별이 없어 난처하다
- むごん [무공] 無言 무언
- むざい [무자이] 無罪 무죄
- むさくるしい [무사쿠루시-] 누추하다
- むさべつ [무사베쓰] 無差別 무차별
- むさぼる [무사보루] 貪る 탐내다, 탐하다
暴利(ぼうり)を貪る 폭리를 탐하다
- むざむざ [무자무자] 호락호락, 쉽사리
そうむざむざだまされる僕(ぼく)じゃない
그리 호락호락하게 속을 내가 아니다
- むし [무시] 虫 벌레, 버러지
- むしあつい [무시아쓰이] 蒸し暑い 무덥다

- むしくだし [무시구다시] 虫下し 회충약
- むじこ [무지꼬] 無事故 무사고
- むじな [무지나] 狢 오소리
- むしばむ [무시바무] 蝕む 좀먹다, 침식하다
  - むしばまれた盆栽(ぼんさい) 벌레먹은 분재
- むじひ [무지히] 無慈悲 무자비
- むしめがね [무시메가네] 虫眼鏡 확대경
- むじゃき [무자끼] 無邪気 천진함, 순진함
  - 無邪気な子供(こども) 천진난만한 어린이
- むしゃくしゃ [무샤꾸샤] 마음이 개운치 않음
- むじゅん [무쥰] 矛盾 모순
- むじょう [무죠-] 無情 무정
- むしょうに [무쇼-니] 無性に 공연히, 까닭없이
  - 無性に家(いえ)がこいしい 한없이 집이 그립다
- むしる [무시루] 毟る 잡아뽑다, 쥐어뜯다
- むしろ [무시로] 筵 멍석, 거적
- [무시로] 寧ろ 차라리, 오히려
  - それならむしろやめたい 그렇다면 차라리 그만두고 싶다
- むじんとう [무진또-] 無人島 무인도
- むずかしい [무즈까시-] 難しい 어렵다, 곤란하다, 힘들다
  - この書物(しょもつ)は難しい 이 책은 어렵다
- むずがゆい [무즈가유이] むず痒い 근질근질하다
- むすこ [무스꼬] 息子 아들자식
- むすびめ [무스비메] 結び目 매듭
- むすぶ [무스부] 結ぶ 잇다, 매다
  - ネクタイを結ぶ 넥타이를 매다
- むずむず [무즈무즈] 근질근질, 좀이 쑤시는 모양
- むすめ [무스메] 娘 딸 자식 ↔ 息子 むすこ
- むせぶ [무세부] 噎ぶ 목이 메다
- むせん [무셍] 無線 무선

□ むぞうさ	[무조-사]	無造作	아무렇게나, 손쉬운 모양
	無造作にやってのける 손쉽게 해치우다		
□ むだ	[무다]	無駄	헛됨, 쓸데없음
	やってみたが無駄だった 해 보았으나 허사였다		
□ むだあし	[무다아시]	無駄足	헛걸음
□ むだぐち	[무다구찌]	無駄口	잡담
□ むだじに	[무다지니]	無駄死に	개죽음
□ むだづかい	[무다즈까이]	無駄使い	낭비
□ むだぼね	[무다보네]	無駄骨	헛수고
	努力(どりょく)が無駄骨におわる 노력이 헛수고로 끝나다		
□ むち	[무찌]	鞭	채찍, 회초리
	[무찌]	無知	무지
□ むちゃ	[무쨔]	無茶	엉망, 엉뚱함
	無茶苦茶(くちゃ) 엉망진창		
□ むちゅう	[무쮸-]	夢中	몰두함, 꿈 속
	フランス語(ご)の勉強(べんきょう)に夢中である		
	프랑스어 공부에 몰두하고 있다		
□ むちん	[무찡]	無賃	무임
□ むっくり	[묵꾸리]	갑자기 일어나는 모양, 벌떡	
□ むっつり	[뭇쓰리]	말수가 적고 무뚝뚝함	
□ むて	[무떼]	無手	맨손
□ むてっぽう	[무텝뽀-]	無鉄砲	분별이 없음, 무모함
	無鉄砲なまねをする 무모한 짓을 하다		
□ むとんちゃく	[무톤쨔꾸]	無頓着	무관심, 무심함, 대범함
	金(かね)などには無頓着だ 돈 같은 것에는 무관심하다		
□ むなぐら	[무나구라]	胸倉	멱살
□ むなざんよう	[무나장요-]	胸算用	속셈, 꿍꿍이속
	もうかる前(まえ)から胸算用をする		
	돈을 벌기 전부터 꿍꿍이셈을 하다		
□ むなしい	[무나시-]	空しい	헛되다, 덧없다

- むにゃむにゃ [무냐무냐] 중얼중얼
- むね [무네] 胸 가슴
- むねやけ [무네야께] 胸焼け 가슴앓이
- むのう [무노-] 無能 무능
  無能な指揮官(しきかん) 무능한 지휘관
- むふんべつ [무훔베쓰] 無分別 무분별
- むほん [무홍] 謀反 모반, 반역
- むめい [무메-] 無名 무명
- むやみ [무야미] 無闇 무턱대고, 함부로
  むやみなことをしては困(こま)る
  함부로 경솔한 짓을 해서는 곤란하다
- むよう [무요-] 無用 무용, 쓸데없음 ↔ 有用 ゆうよう
  無用の品(しな) 쓸모없는 물건
- むら [무라] 村 마을, 촌락
- むらがる [무라가루] 群がる 떼지어 모이다
  ありが砂糖(さとう)に群がる 개미가 설탕에 떼 지어 모이다
- むらぎ [무라기] 斑気 변덕
- むらさき [무라사끼] 紫 자색, 보랏빛
- むり [무리] 無理 무리, 억지
  仕事(しごと)を無理やりにさせる 일을 강제로 시키다
- むりょう [무료-] 無料 무료
- むりょく [무료꾸] 無力 무력
- むれ [무레] 群れ 떼, 무리
  群れをなして押(お)し寄(よ)せる 떼를 지어 밀어닥치다
- むろん [무롱] 無論 물론

▶ 외래어

- ムード [무-도] mood 무드, 분위기

[め]

□ め	[메] 目 눈알	

目を閉(と)じる 눈을 감다
[메] 芽 싹
芽が出(で)る 싹이 나다

- □ めあて　　[메아떼] 目当て 목표, 목적
礼金(れいきん)目当ての親切(しんせつ)
사례금을 목적으로 하는 친절
- □ めい　　　[메-] 姪 조카딸, 질녀 ↔甥 おい
- □ めいあん　[메-앙] 明暗 명암
[메-앙] 名案 명안
- □ めいい　　[메-이] 名医 명의
- □ めいが　　[메-가] 名画 명화
- □ めいかく　[메-까꾸] 明確 명확함
基準(きじゅん)を明確にする 기준을 명확히 하다
- □ めいきゅう [메-뀨-] 迷宮 미궁
事件(じけん)が迷宮に陥(おちい)る 사건이 미궁에 빠지다
- □ めいきょく [메-꾜꾸] 名曲 명곡
- □ めいげつ　 [메-게쓰] 名月 명월, 보름달
- □ めいげん　 [메-겡] 名言 명언
- □ めいさいしょ [메-사이쇼] 明細書 명세서
- □ めいさく　 [메-사꾸] 名作 명작
- □ めいし　　 [메-시] 名刺 명함
名刺を渡(わた)す 명함을 건네다
[메-시] 名詞 명사
[메-시] 名士 명사

- めいしゃ [메-샤] 目医者 안과의사
- めいしょ [메-쇼] 名所 명소
- めいしょう [메-쇼-] 名称 명칭
- めいしょうち [메-쇼-찌] 名勝地 명승지
- めいしん [메-싱] 迷信 미신
- めいずる [메-즈루] 命ずる 명하다, 임명하다

良心(りょうしん)の命ずるところ 양심이 명령하는 바

- めいせい [메-세-] 名声 명성
- めいそう [메-소-] 瞑想 명상
- めいだい [메-다이] 命題 명제
- めいちゅう [메-쮸-] 命中 명중
- めいば [메-바] 名馬 명마
- めいぶつ [메-부쓰] 名物 명물
- めいぶん [메-붕] 名分 명분
- めいめい [메-메-] 銘々 각자, 제각기 = おのおの

めいめいの意見(いけん)を聞(き)く 각자의 의견을 듣다

- めいもく [메-모꾸] 名目 명목
- めいよ [메-요] 名誉 명예
- めいれい [메-레-] 命令 명령
- めいろう [메-로-] 明朗 명랑
- めいわく [메-와꾸] 迷惑 성가심, 폐

迷惑をかける 폐를 끼치다

- めうえ [메우에] 目上 손윗사람 ↔ 目下 [めした]
- めかけ [메까께] 妾 첩
- めがしら [메가시라] 目頭 눈시울
- めかた [메까따] 目方 무게, 중량
- めがね [메가네] 眼鏡 안경

眼鏡をかける・外(はず)す 안경을 쓰다・벗다

- めがみ [메가미] 女神 여신
- めぐむ [메구무] 恵む 베풀다

め

- めくら [메꾸라] 盲 장님, 소경
- めくらめっぽう [메꾸라멥뽀-] 盲滅法 무턱대고 함, 되는 대로 함
  盲滅法走(はし)り回(まわ)る 함부로 뛰어다니다
- めくる [메꾸루] 捲る 넘기다, 젖히다
- めさき [메사끼] 目先 눈 앞, 목전
- めざす [메자스] 目指す 지향하다
  作家(さっか)を目指す 작가를 지향하다
- めざましい [메자마시-] 目覚ましい 눈부시다, 놀랍다
  目覚ましい業績(ぎょうせき)を上(あ)げる
  눈부신 업적을 올리다
- めざわり [메자와리] 目障り 눈에 거슬림
- めし [메시] 飯 밥, 식사
- めしあがる [메시아가루] 召し上がる 드시다
  何(なに)を召し上がりますか 무엇을 드시겠습니까?
- めした [메시따] 目下 손아랫사람
- めしつぶ [메시쓰부] 飯粒 밥알
- めじり [메지리] 目尻 눈초리
- めじるし [메지루시] 目印 안표, 표적
- めしや [메시야] 飯屋 대중식당
- めす [메스] 雌 동물의 암컷 ↔ 雄 おす
- めずらしい [메즈라시-] 珍しい 드물다, 희한하다
  珍しい切手(きって) 희귀한 우표
- めだか [메다까] 目高 송사리
- めだつ [메다쓰] 目立つ 눈에 띄다, 두드러지다
  ワイシャツの汚(よご)れが目立つ
  와이셔츠의 더러움이 눈에 띄다
- めだま [메다마] 目玉 눈알, 안구
- めちゃ [메쨔] 滅茶 터무니없음, 엉망
  滅茶苦茶(くちゃ)になる 엉망진창이 되다
- めっかち [멕까찌] 애꾸눈

□ めつき	[메쓰끼]	目付き	눈매
□ めっき	[멕끼]	鍍金	도금
□ めっきり	[멕끼리]	뚜렷이, 현저히	

朝夕(あさゆう)めっきり寒(さむ)くなった
아침저녁으로 현저히 추워졌다

□ めっそう	[멧소-]	滅相	당치 않음, 터무니없음
□ めったに	[멧따니]	滅多に	좀처럼, 좀체

めったに笑(わら)わない 좀처럼 웃지 않다

□ めつぼう	[메쓰보-]	滅亡	멸망
□ めっぽう	[멥뽀-]	滅法	굉장히, 엄청

滅法に高(たか)そうなもの 터무니없이 비싸 보이는 것

□ めでたい	[메데따이]	目出度い	경사스럽다

合格(ごうかく)してめでたい 합격해서 경사스럽다

□ めぬき	[메누끼]	目抜き	제일 눈에 띄는 곳, 번화가
□ めばえる	[메바에루]	芽生える	싹트다
□ めはし	[메하시]	目端	눈치코치
□ めぶんりょう	[메분료-]	目分量	눈대중
□ めぼし	[메보시]	目星	짐작, 목표
□ めまい	[메마이]	目眩	현기증

目眩がする 현기증이 나다, 어찔하다

□ めまぐるしい	[메마구루시-]		어지럽다, 아찔하다
□ めめしい	[메메시-]	女々しい	나약하다
□ めもり	[메모리]	目盛り	계량기의 눈금
□ めやに	[메야니]	目脂	눈곱
□ めりめり	[메리메리]		우지끈, 와르르
□ めんえき	[멩에끼]	免疫	면역
□ めんかい	[멩까이]	面会	면회
□ めんきょ	[멩꾜]	免許	면허
□ めんくらう	[멩꾸라우]	面喰らう	당황하다

不意(ふい)をうたれて面喰らった 허를 찔려 당황했다

め

□ めんじょ	[멘죠]	免除	면제
□ めんじょう	[멘죠-]	免状	면허장
□ めんぜい	[멘제-]	免税	면세
□ めんせき	[멘세끼]	面積	면적
□ めんたい	[멘따이]	明太	명태
□ めんどう	[멘도-]	面倒	성가심, 귀찮음, 보살핌

面倒な手続(てつづ)き 귀찮은 절차

□ めんどり	[멘도리]		암탉
□ めんぼく	[멤보꾸]	面目	면목, 체면

面目が立(た)つ 면목이 서다

□ めんみつ	[멤미쓰]	綿密	면밀

▶ 외래어

□ メーカー	[메-까-]	maker	메이커

自動車(じどうしゃ)のメーカー 자동차 메이커

□ メーキャップ	[메-꺕뿌]	make-up	메이크업
□ メード	[메-도]	maid	메이드, 하녀
□ メートル	[메-또루]	프 mètre	미터
□ メダル	[메다루]	medal	메달

金銀銅(きんぎんどう)メダル 금은동 메달

□ メッセージ	[멧세-지]	message	메시지
□ メッセンジャー	[멧센쟈-]	messenger	메신저, 배달인
□ メニュー	[메뉴-]	프 menu	메뉴, 차림표

メニューを見(み)せてください 메뉴를 보여 주세요

□ メリケンこ	[메리껭꼬]	メリケン粉	밀가루
□ メロディー	[메로디-]	melody	멜로디
□ メロドラマ	[메로도라마]	melodrama	멜로드라마
□ メロン	[메롱]	melon	멜론

[も]

- もうける　　[모-께루] 儲ける　벌다, 이익을 보다
  競馬(けいば)で儲ける 경마로 벌다
- もうしあげる　[모-시아게루] 申し上げる　말씀드리다, 여쭙다
  一言(ひとこと)申し上げます 한 말씀드리겠습니다
- もうしこみ　　[모-시꼬미] 申し込み　신청
- もうじゅう　　[모-쥬-] 猛獣　맹수
- もうしわけ　　[모-시와께] 申し訳　변명
  申し訳ありません 죄송합니다
- もうそう　　[모-소-] 妄想　망상
- もうふ　　[모-후] 毛布　모포, 담요
- もうもく　　[모-모꾸] 盲目　맹목
- もうれつ　　[모-레쓰] 猛烈　맹렬
- もえる　　[모에루] 燃える　타다, 불길이 일다
  家(いえ)が燃える 집이 불타다
- もがく　　[모가꾸] 버둥거리다
- もくげき　　[모꾸게끼] 目撃　목격
- もくざい　　[모꾸자이] 木材　목재
- もくさつ　　[모꾸사쓰] 黙殺　묵살
- もくじ　　[모꾸지] 目次　목차
- もくぞう　　[모꾸조-] 木造　목조
- もくてき　　[모꾸떼끼] 目的　목적
  目的をとげる 목적을 이루다
- もくにん　　[모꾸닝] 黙認　묵인
- もくひょう　　[모꾸효-] 目標　목표
- もぐもぐ　　[모구모구] 우물우물

403

- もくようび [모꾸요-비] 木曜日 목요일
- もぐる [모구루] 潜る 잠입하다, 잠수하다
  鯨(くじら)は長時間(ちょうじかん)潜っていられる
  고래는 장시간 물 속에 잠겨 있을 수 있다
- もくれい [모꾸레-] 目礼 목례
- もくろく [모꾸로꾸] 目録 목록
- もくろみ [모꾸로미] 目論見 계획, 의도
  目論見がはずれる 계획이 어긋나다
- もけい [모께-] 模型 모형
- もし [모시] 若し 만일, 만약, 혹시
- もじ [모지] 文字 문자, 글자
- もだえる [모다에루] 悶える 번민하다
  恋(こい)に悶える 사랑으로 번민하다
- もたれる [모따레루] 凭れる 기대다
  欄干(らんかん)にもたれる 난간에 기대다
- もち [모찌] 餅 떡
- もちあげる [모찌아게루] 持ち上げる 들어올리다
- もちあわせ [모찌아와세] 持ち合わせ 마침 가지고 있는 것 돈
- もちいる [모찌이루] 用いる 쓰다, 사용하다
  古(ふる)いものを直(なお)して用いる
  헌 것을 고쳐서 사용하다
- もちづき [모찌즈끼] 望月 음력 보름달
- もちぬし [모찌누시] 持主 임자, 소유자
  持主のわからない品物(しなもの) 임자를 알 수 없는 물건
- もちば [모찌바] 持ち場 담당 부서
- もちろん [모찌롱] 勿論 물론
- もつ [모쓰] 持つ 갖다, 들다
- もったいない [못따이나이] 勿体無い 과분하다, 아깝다
  待(ま)っている時間(じかん)がもったいない
  기다리고 있는 시간이 아깝다

☐ もってこい	[못떼꼬이]	持って来い _ 안성맞춤
	この仕事(しごと)は彼(かれ)には持って来いだ	
	이 일은 그에게는 안성맞춤이다	
☐ もっとも	[못또모]	最も _ 가장, 지당함
☐ もっぱら	[몹빠라]	専ら _ 오직, 한결같이
☐ もつれる	[모쓰레루]	縺れる _ 뒤얽히다
☐ もてなす	[모떼나스]	持て成す _ 대접하다, 환대하다
	茶菓(ちゃか)をもてなす 다과를 대접하다	
☐ もてる	[모떼루]	持てる _ 인기가 있다
	女(おんな)にもてる 여자에게 인기가 있다	
☐ もどかしい	[모도까시-]	안타깝다, 초조하다
☐ もどす	[모도스]	戻す _ 되돌리다
☐ もとで	[모또데]	元手 _ 밑천, 본전
☐ もとめる	[모또메루]	求める _ 구하다, 바라다, 찾다
	解決策(かいけつさく)を求める 해결책을 찾다	
☐ もともと	[모또모또]	元々 _ 본시, 원래
	あの人(ひと)はもともとわすれっぽい	
	저 사람은 원래 건망증이 심하다	
☐ もどる	[모도루]	戻る _ 되돌아가 오 다
☐ もなか	[모나까]	最中 _ 한창
☐ もの	[모노]	物 _ 물건, 물질, 물체
	[모노]	者 _ 자, 사람
☐ ものおき	[모노-끼]	物置 _ 헛간
☐ ものがたり	[모노가따리]	物語 _ 이야기
☐ ものごし	[모노고시]	物腰 _ 태도, 언행
	物腰のやわらかいひと 언동이 부드러운 사람	
☐ ものさし	[모노사시]	物差し _ 자
☐ ものしり	[모노시리]	物知り _ 박식한 사람
	町(まち)一番(いちばん)の物知り	
	동네에서 첫째가는 박식한 사람	

も

☐ ものすごい	[모노스고이]	物凄い	끔찍하다, 굉장하다

ものすごい形相(ぎょうそう) 매우 무서운 얼굴
ものすごく暑(あつ)い 굉장히 덥다

☐ ものたりない	[모노타리나이]	物足りない	어딘지 모르게 부족하다
☐ ものものしい	[모노모노시-]	物物しい	으리으리하다

ものものしい警備 으리으리한 경비

☐ もはや	[모하야]	最早	이미, 벌써
☐ もはん	[모항]	模範	모범
☐ もみじ	[모미지]	紅葉	단풍
☐ もむ	[모무]	揉む	비비다

もみ洗(あら)いをする (빨래를) 비벼 빨다

☐ もも	[모모]	桃	복숭아
☐ もや	[모야]	靄	안개, 아지랑이
☐ もやし	[모야시]		콩나물
☐ もよう	[모요-]	模様	무늬, 도안
☐ もより	[모요리]	最寄り	가장 가까운 곳

最寄りの交番(こうばん)に急(きゅう)を知(し)らせる
가장 가까운 파출소에 긴급사태를 알리다

☐ もらう	[모라우]	貰う	받다, 얻다

金賞(きんしょう)をもらう 금상을 받다

☐ もり	[모리]	森	숲, 삼림
☐ もる	[모루]	漏る	액체 따위가 새다
☐ もれなく	[모레나꾸]	漏れなく	빠짐없이, 빈틈없이

漏れなく支度(したく)をして集(あつ)まりなさい
빠짐없이 준비를 하고 모이십시오

☐ もろい	[모로이]	脆い	무르다, 취약하다

もろい刃(は) 무른 (칼)날

☐ もん	[몽]	門	문, 대문
☐ もんく	[몽꾸]	文句	문구, 불평

文句を言(い)う 불평을 하다

- もんさつ [몬사쓰] 門札 문패
- もんだい [몬다이] 問題 문제

  問題は君(きみ)の本心(ほんしん)だ
  문제는 자네의 본심이다
- もんどう [몬도-] 問答 문답
- もんもう [몸모-] 文盲 문맹

▶ 외래어

- モーター [모-따-] motor 모터

  モーターボートで湖(みずうみ)を渡(わた)る
  모터보트로 호수를 건너다
- モーテル [모-떼루] motel 모텔
- モーニング [모-닝구] morning 모닝, 아침
- モットー [못또-] motto 모토, 좌우명
- モデル [모데루] model 모델, 본보기

  モデルハウス(model house) 모델 하우스
- モニター [모니따-] monitor 모니터
- モノローグ [모노로-구] monologue 모놀로그, 독백
- モラル [모라루] moral 모럴, 윤리, 도덕

  男女間(だんじょかん)のモラル 남녀간의 모럴
- モンタジュー [몬따쥬-] montage 몽타주

방향을 나타내는 단어

日本語	発音	한국어
上(うえ)	[우에]	위
中(なか)	[나까]	가운데
下(した)	[시따]	아래
右(みぎ)	[미기]	왼쪽
左(ひだり)	[히다리]	오른쪽
東(ひがし)	[히가시]	동쪽
西(にし)	[니시]	서쪽
南(みなみ)	[미나미]	남쪽
北(きた)	[기따]	북쪽
前(まえ)	[마에]	앞
後(うし)ろ	[우시로]	뒤
横(よこ)	[요꼬]	옆, 가로

때를 나타내는 단어

日本語	発音	한국어
一昨日(おととい)	[오또또이]	그제
昨日(きのう)	[키노-]	어제
今日(きょう)	[쿄-]	오늘
明日(あした)	[아시따]	내일
明後日(あさって)	[아삿떼]	모레
毎日(まいにち)	[마이니찌]	매일
先週(せんしゅう)	[센슈-]	지난주
今週(こんしゅう)	[곤슈-]	금주
来週(らいしゅう)	[라이슈-]	다음주
毎週(まいしゅう)	[마이슈-]	매주
先月(せんげつ)	[셍게쯔]	지난달
今月(こんげつ)	[공게쯔]	이번달
来月(らいげつ)	[라이게쯔]	다음달
毎月(まいげつ)	[마이게쯔]	매월, 매달
去年(きょねん)	[쿄넹]	작년
今年(ことし)	[고또시]	금년, 올해
来年(らいねん)	[라이넹]	내년
毎年(まいねん)	[마이넹]	매년

[や行]

[や]

- や [야] 矢 화살
  弓(ゆみ)に矢をつがえる 활에 화살을 메기다
- やえば [야에바] 八重歯 덧니
- やえい [야에-] 野営 야영
- やおや [야오야] 八百屋 채소가게 =青物屋 あおものや
- やがい [야가이] 野外 야외
- やかいふく [야까이후꾸] 夜会服 야회복
- やがて [야가떼] 머지않아, 이윽고
  やがて時計(とけい)が12時(じゅうにじ)を打(う)った
  이윽고 시계가 12시를 쳤다
- やかましい [야까마시-] 喧ましい 시끄럽다, 소란스럽다
  やかましいラジオの音(おと) 시끄러운 라디오의 소리
- やかん [야깡] 夜間 야간 ↔ 昼間 ちゅうかん
  [야깡] 薬缶 주전자
- やぎ [야기] 山羊 염소
- やきいも [야끼이모] 焼き芋 군고구마
- やきにく [야끼니꾸] 焼き肉 구운 고기
- やきもち [야끼모찌] 焼き餅 구운 떡, 질투, 시기
  焼き餅を焼(や)く 질투하다
- やきゅう [야뀨-] 野球 야구
- やきん [야낑] 夜勤 야근
- やく [야꾸] 焼く 태우다, 굽다
  火事(かじ)で家(いえ)を焼く 화재로 집을 태우다
  魚(さかな)を焼く 생선을 굽다
  [야꾸] 約 약, 대략

☐ やくざ	[야꾸자]	깡패, 노름꾼
☐ やくしゃ	[야꾸샤] 役者	배우, 광대
☐ やくしょ	[야꾸쇼] 役所	관청, 관공서

区(く)役所に勤(つと)める 구청에 근무하다

	[야꾸쇼] 訳書	역서
☐ やくしん	[야꾸싱] 躍進	약진
☐ やくする	[야꾸스루] 訳する	번역하다
☐ やくそく	[야꾸소꾸] 約束	약속

約束を守(まも)る 약속을 지키다

約束を破(やぶ)る 약속을 어기다

☐ やくだつ	[야꾸다쓰] 役立つ	도움이 되다, 쓸모가 있다

実践(じっせん)に役立つ 실전에 도움이 되다

☐ やくどう	[야꾸도-] 躍動	약동
☐ やくにん	[야꾸닝] 役人	관리, 공무원

役人風(かぜ)を吹(ふ)かす 공무원 티를 내다

☐ やくひん	[야꾸힝] 薬品	약품
☐ やくめ	[야꾸메] 役目	직무, 역할

役目を果(は)たす 임무를 다하다

☐ やくよう	[야꾸요-] 薬用	약용
☐ やくわり	[야꾸와리] 役割	역할

重要(じゅうよう)な役割を演(えん)じる

중요한 역할을 하다

☐ やけくそ	[야께꾸소] 自棄糞	자포자기 = すてばち

やけくそにならずに最後(さいご)まで戦(たたか)え

자포자기하지 말고 끝까지 싸워라

☐ やけど	[야께도] 火傷	화상, 뎀

火傷をする 화상을 입다, 데다

☐ やける	[야께루] 焼ける	타다, 구워지다

よく焼けた魚(さかな) 잘 구워진 생선

☐ やさい	[야사이] 野菜	야채

☐ やさしい	[야사시-] 優しい	상냥하다

優しい目(め)つき 온화한 눈길

[야사시-] 易しい 쉽다, 용이하다

問題(もんだい)が易しい 문제가 쉽다

- ☐ やし [야시] 椰子 야자 나무
- ☐ やじうま [야지우마] 弥次馬 구경꾼
- ☐ やしき [야시끼] 屋敷 저택, 고급주택
- ☐ やしなう [야시나우] 養う 기르다, 양육하다

親戚(しんせき)に養われる 친척에게 양육되다

- ☐ やじゅう [야쥬-] 野獣 야수
- ☐ やじるし [야지루시] 矢印 화살표
- ☐ やしん [야싱] 野心 야심
- ☐ やすい [야스이] 安い 값이 싸다

値段(ねだん)が安い

[야스이] 易い 쉽다, 용이하다, 편하다

使(つか)いやすい 사용하기 편하다

- ☐ やすうり [야스-리] 安売り 염가판매
- ☐ やすむ [야스무] 休む 쉬다, 결근하다

休む暇(ひま)もない 쉴 사이(틈)도 없다

- ☐ やすもの [야스모노] 安物 싸구려물건
- ☐ やすやす [야스야스] 손쉽게, 쉽사리
- ☐ やせい [야세-] 野生 야생

[야세-] 野性 야성

- ☐ やせがまん [야세가망] 痩せ我慢 억지로 태연한 체함

痩せ我慢を張(は)る 억지로 태연한 체하다

食(た)べたいなら痩せ我慢しないで食(た)べなさい

먹고 싶으면 점잔빼지 말고 어서 먹어요

- ☐ やせっぽち [야셉뽀찌] 痩っぽち 말라깽이
- ☐ やせる [야세루] 痩せる 여위다, 살이 빠지다 ↔ 太 ふとる

見(み)る影(かげ)もなく痩せる 볼품없이 여위다

- やたら [야따라] 矢鱈 무턱대고, 덮어놓고
  やたらにどなり散(ち)らす 마구 호통을 쳐대다
- やちん [야찡] 家賃 집세
- やつ [야쓰] 奴 놈, 녀석, 자식
- やつあたり [야쓰아따리] やつあたり 마구 분풀이하는 것
- やっかい [약까이] 厄介 귀찮음, 성가심
  厄介な問題(もんだい) 귀찮은(성가신) 문제
- やっき [약끼] 躍起 기를 씀, 욱하면서 열심히 함
  躍起になって弁解(べんかい)する 기를 쓰고 변명하다
- やっきょく [약꾜꾸] 薬局 약국
- やっつける [얏쓰께루] 해치우다
  たまった仕事(しごと)を一気(いっき)にやっつける
  밀린 일을 단숨에 해치우다
- やっと [얏또] 가까스로, 겨우
- やっぱり [얍빠리] 역시, 결국 = やはり
- やつれる [야쓰레루] 여위다, 까칠해지다
- やど [야도] 宿 숙소, 여관
- やといぬし [야또이누시] 雇主 고용주
- やとう [야또-] 雇う 고용하다
  運転手(うんてんしゅ)を雇う 운전수를 고용하다
- やどちょう [야도쬬-] 宿帳 여관의 숙박부
- やどちん [야도찡] 宿賃 숙박료
- やどや [야도야] 宿屋 여인숙, 여관
- やなぎ [야나기] 柳 버드나무
- やにわ [야니와] 矢庭 다짜고짜
- やね [야네] 屋根 지붕
- やねうら [야네우라] 屋根裏 다락방
- やはり [야하리] 역시, 결국 = やっぱり
  音楽(おんがく)はやはりクラシックがよい
  음악은 역시 클래식이 좋다

☐ やぶ	[야부] 薮	덤불
	薮医者(いしゃ) 돌팔이의사　薮睨(にら)み 사팔뜨기	
☐ やぶへび	[야부헤비] 薮蛇	긁어부스럼
☐ やぶる	[야부루] 破る	깨다, 부수다
	少年(しょうねん)の夢(ゆめ)は破られた	
	소년의 꿈은 깨졌다	
☐ やぶれかぶれ	[야부레카부레] 破れかぶれ	자포자기
☐ やぶれる	[야부레루] 破れる	찢어지다, 깨지다
	ガラスは破れやすい 유리는 깨지기 쉽다	
☐ やぼ	[야보] 野暮	촌스러움
	やぼなみなり 촌스러운 복장	
☐ やぼう	[야보-] 野望	야망
☐ やま	[야마] 山	산, 무더기
☐ やまい	[야마이] 病	병, 나쁜 버릇
	重(おも)い病に倒(たお)れる 중병에 쓰러지다	
☐ やまおく	[야마오꾸] 山奥	깊은 산 속
☐ やまし	[야마시] 山師	사기꾼, 투기꾼
☐ やまて	[야마떼] 山手	산 쪽
☐ やまねこ	[야마네꼬] 山猫	살쾡이
☐ やまのぼり	[야마노보리] 山登り	등산
☐ やまびこ	[야마비꼬] 山彦	산울림, 메아리
☐ やまもり	[야마모리] 山盛り	수북히 담음 ↔ すりきり
	少年(しょうねん)は山盛りのご飯(はん)をたちまちたいらげた 소년은 고봉밥을 순식간에 다 먹어 치웠다	
☐ やみ	[야미] 闇	어둠, 칠흑
☐ やみじ	[야미지] 闇路	어두운 밤길
☐ やみとりひき	[야미토리히끼] 闇取引	암거래, 뒷거래
	闇取引を取(と)り締(し)まる 암거래를 단속하다	
☐ やみや	[야미야] 闇屋	암거래상
☐ やみよ	[야미요] 闇夜	깜깜한 밤

□ やむ	[야무] 病む	병들다, 앓다 =わずらう

病む父(ちち)の看護(かんご)をする
병든 아버지의 간호를 하다

□ やむをえない	[야무오에나이] 已むを得ない	부득이하다

ある程度(ていど)の損失(そんしつ)はやむえなかった
어느 정도의 손실은 어쩔 수 없었다

□ やめる	[야메루] 止める	그만두다, 중지하다
□ やや	[야야]	조금, 약간
□ ややこしい	[야야꼬시-]	까다롭다, 어렵다

ややこしい問題(もんだい) 까다로운 문제

□ やよい	[야요이] 弥生	음력 3월
□ やられる	[야라레루]	당하다
□ やり	[야리] 槍	창
□ やりかた	[야리까따] やり方	하는 방법
□ やりきれない	[야리끼레나이]	견딜 수 없다, 끝까지 할 수가 없다

期限(きげん)があと一日(いちにち)ではとてもやりきれない 기한이 하루밖에 없어서는 도저히 해낼 수 없다

□ やりくち	[야리쿠찌] やり口	방법, 수법
□ やりくり	[야리꾸리]	변통, 주변

やりくりがうまい 주변성이 좋다, 변통을 잘하다

□ やりて	[야리떼] 遣り手	수완가
□ やる	[야루]	하다, 행하다
□ やれやれ	[야레야레]	아이고 맙소사
□ やろう	[야로-] 野郎	녀석, 자식

馬鹿(ばか)野郎 바보 녀석

□ やわらかい	[야와라까이] 柔らかい	부드럽다

柔らかい肉(にく)を食(た)べる 부드러운 고기를 먹다

[ゆ]

- ゆいいつ [유이이쓰] 唯一 유일 =ゆいいち・ゆつ
  唯一の希望(きぼう) 유일한 희망
- ゆいごん [유이공] 遺言 유언
- ゆいしょ [유이쇼] 由緒 유서, 내력
- ゆいのう [유이노-] 結納 약혼예물
- ゆうえき [유-에끼] 有益 유익
  有益な忠告(ちゅうこく) 유익한 충고
- ゆうえつかん [유-에쓰깡] 優越感 우월감
- ゆうが [유-가] 優雅 우아
- ゆうかい [유-까이] 誘拐 유괴
- ゆうがい [유-가이] 有害 유해, 해로움
- ゆうがた [유-가따] 夕方 저녁때 ↔ 朝方 あさがた
  明日(あす)の夕方に電話(でんわ)します
  내일 저녁때 전화하겠습니다
- ゆうかん [유-깡] 夕刊 석간 ↔ 朝刊 ちょうかん
  [유-깡] 勇敢 용감함
- ゆうき [유-끼] 勇気 용기
  勇気を出(だ)す 용기를 내다
- ゆうぎ [유-기] 遊戯 유희
- ゆうぎり [유-기리] 夕霧 저녁안개
- ゆうぐれ [유-구레] 夕暮れ 황혼, 해질 녘 = 黄昏 たそがれ
- ゆうこう [유-꼬-] 有効 유효
- ゆうざい [유-자이] 有罪 유죄 ↔ 無罪 むざい
- ゆうし [유-시] 勇士 용사
- ゆうしゅう [유-슈-] 優秀 우수

- ゆうしょう [유-쇼-] 優勝 우승
- ゆうじょう [유-죠-] 友情 우정
- ゆうしょく [유-쇼꾸] 夕食 저녁식사
- ゆうじん [유-징] 友人 친구 = 友達 ともだち
  友人代表(だいひょう)で挨拶(あいさつ)する
  우인 대표로 인사하다
- ゆうぜい [유-제-] 遊説 유세
- ゆうだい [유-다이] 雄大 웅대함
- ゆうだち [유-다찌] 夕立ち 소나기
  山(やま)で夕立ちにあう 산에서 소나기를 만나다
- ゆうづう [유-즈-] 融通 융통
- ゆうとうせい [유-또-세-] 優等生 우등생
- ゆうどう [유-도-] 誘導 유도
- ゆうのう [유-노-] 有能 유능 ↔ 無能 むのう
  有能な弁護士(べんごし) 유능한 변호사
- ゆうはん [유-항] 夕飯 저녁밥
- ゆうびん [유-빙] 郵便 우편
- ゆうべ [유-베] 昨夜 어젯밤
- ゆうべん [유-벵] 雄弁 웅변
- ゆうぼう [유-보-] 有望 유망
- ゆうめい [유-메-] 有名 유명 ↔ 無名 むめい
  有名な作家(さっか) 유명한 작가
- ゆうやけ [유-야께] 夕焼け 저녁놀
- ゆうり [유-리] 有利 유리 ↔ 不利 ふり
  有利な条件(じょうけん) 유리한 조건
- ゆうよう [유-요-] 有用 유용
- ゆうりょう [유-료-] 有料 유료 ↔ 無料 むりょう
- ゆうりょく [유-료꾸] 有力 유력 ↔ 無力 むりょく
  有力な候補者(こうほしゃ) 유력한 후보자
- ゆうれい [유-레-] 幽霊 유령

☐ ゆうわく	[유-와꾸] 誘惑	유혹
	女(おんな)を誘惑する 여자를 유혹하다	
☐ ゆえに	[유에니] 故に	그러므로, 까닭에
☐ ゆか	[유까] 床	마루
☐ ゆかい	[유까이] 愉快	유쾌함 ↔ 不快(ふかい)
	愉快な集(つど)いであった 유쾌한 모임이었다	
☐ ゆかた	[유까따] 浴衣	욕의, 또는 잠옷
☐ ゆがむ	[유가무] 歪む	뒤틀리다, 비뚤어지다
☐ ゆき	[유끼] 雪	눈
☐ ゆきあたり	[유끼아따리] 行き当たり	막다른 곳
☐ ゆきがっせん	[유끼갓셍] 雪合戦	눈싸움
☐ ゆきだるま	[유끼다루마] 雪達磨	눈사람
☐ ゆきどけ	[유끼도께] 雪解け	눈 녹음, 해빙
☐ ゆきとどく	[유끼토도꾸] 行き届く	골고루 미치다, 자상하다
	行き届いた心(こころ)づかい 자상한 마음씨	
☐ ゆく	[유꾸] 行く	가다 = いく
☐ ゆくえ	[유꾸에] 行方	행방
	行方をくらます 행방을 감추다	
☐ ゆくさき	[유꾸사끼] 行く先	행선지
☐ ゆくすえ	[유꾸스에] 行く末	장래, 앞길
☐ ゆくて	[유꾸떼] 行く手	앞길, 전도
☐ ゆげ	[유게] 湯気	김, 수증기
☐ ゆしゅつ	[유슈쓰] 輸出	수출 ↔ 輸入(ゆにゅう)
☐ ゆすぶる	[유스부루]	뒤흔들다
☐ ゆずる	[유즈루] 譲る	양도하다, 양보하다
	互(たが)いに席(せき)を譲る 서로 자리를 양보하다	
☐ ゆそう	[유소-] 輸送	수송
☐ ゆたか	[유따까] 豊か	풍부함, 풍족함
	豊かな生活(せいかつ) 풍족(유복)한 생활	
☐ ゆだねる	[유다네루] 委ねる	맡기다

☐ ゆだん	[유당] (油断)	방심, 부주의
	油断のならない相手(あいて) 방심할 수 없는 상대	
☐ ゆっくり	[육꾸리] 천천히, 서서히	
☐ ゆったり	[윳따리] 느긋하게, 헐겁게	
☐ ゆでる	[유데루] (茹でる) 삶다, 데치다	
☐ ゆとり	[유도리] 여유	
	心(こころ)のゆとり 마음의 여유	
☐ ゆにゅう	[유뉴-] (輸入) 수입	
☐ ゆのみ	[유노미] (湯飲み) 찻잔, 찻종	
☐ ゆび	[유비] (指) 손발가락	
☐ ゆびおり	[유비오리] (指折り) 손꼽아 헤아림	
	指折り数(かぞ)えて待(ま)つ 손꼽아 기다리다	
☐ ゆびわ	[유비와] (指輪) 반지	
☐ ゆぶね	[유부네] (湯船) 욕조, 목욕통	
☐ ゆみ	[유미] (弓) 활	
☐ ゆめ	[유메] (夢) 꿈	
	夢を見(み)る 꿈을 꾸다	
☐ ゆめうつつ	[유메우쓰쓰] (夢現) 비몽사몽	
☐ ゆめごこち	[유메고꼬찌] (夢心地) 꿈을 꾸는 것 같은 기분	
☐ ゆめじ	[유메지] (夢路) 꿈길	
☐ ゆり	[유리] (百合) 백합, 나리	
☐ ゆるい	[유루이] (緩い) 느슨하다, 헐겁다	
☐ ゆるす	[유루스] (許す) 용서하다, 허가하다	
	子供(こども)のいたずらを許す 어린애의 장난을 용서하다	
☐ ゆるむ	[유루무] (緩む) 느슨해지다, 풀어지다	
☐ ゆれる	[유레루] (揺れる) 흔들리다	
	電車(でんしゃ)が揺れる 전차가 흔들리다	
☐ ユーモア	[유-모아] (humor) 유머	
☐ ユニホーム	[유니호-무] (uniform) 유니폼, 제복	

[よ]

- **よあけ** [요아께] 夜明け 새벽, 미명 ↔ 日暮 ひぐれ
  夜明けを待(ま)つ 새벽을 기다리다
- **よい** [요이] 良い 좋다, 뛰어나다
- **よう** [요-] 酔う 술에 취하다
  酒(さけ)に酔う 술에 취하다
- **ようい** [요-이] 用意 준비, 채비 = 支度 したく
  昼食(ちゅうしょく)を用意して待(ま)つ
  점심을 준비해 놓고 기다리다
  [요-이] 容易 용이함, 손쉬움
- **よういん** [요-잉] 要因 요인
- **ようか** [요-까] 八日 초여드렛날
- **ようがん** [요-강] 溶岩 용암
- **ようき** [요-끼] 陽気 밝고 쾌활함 ↔ 陰気 いんき
  陽気にしゃべる 쾌활하게 지껄이다
- **ようきゅう** [요-뀨-] 要求 요구
- **ようぐ** [요-구] 用具 용구, 도구
- **ようけん** [요-껭] 用件 용건
- **ようご** [요-고] 用語 용어
- **ようさい** [요-사이] 洋裁 양재
- **ようし** [요-시] 用紙 용지
  [요-시] 養子 양자
- **ようじ** [요-지] 用事 볼일, 용건
  別(べつ)に用事がない 별로 볼일이 없다
  [요-지] 楊枝 이쑤시개
  [요-지] 幼児 유아, 어린이

- ようじん　[요-징] 用心 조심, 주의
  用心に用心を重(かさ)ねる 조심하고 또 조심하다
- ようす　[요-스] 様子 모양, 상태, 상황
- ようするに　[요-스루니] 要するに 요컨대
  要するに何(なに)を言(い)いたいのか
  요컨대 무슨 말을 하고 싶은가?
- ようせい　[요-세-] 養成 양성
  [요-세-] 陽性 양성
  [요-세-] 妖精 요정, 님프
- ようせき　[요-세끼] 容積 용적, 용량
- ようそ　[요-소] 要素 요소
- ようそう　[요-소-] 洋装 양장
- ようだい　[요-다이] 容体 모습, 모양
- ようちえん　[요-찌엥] 幼稚園 유치원
- ようてん　[요-뗑] 要点 요점
  要点を話(はな)せば 요점을 말한다면
- ようと　[요-또] 用途 용도
- ようび　[요-비] 曜日 요일
- ようひん　[요-힝] 用品 용품
- ようふく　[요-후꾸] 洋服 양복, 옷 ↔ 和服 わふく
  洋服を着(き)る 옷을 입다
- ようべん　[요-벵] 用便 용변
- ようほう　[요-호-] 用法 용법
- ようぼう　[요-보-] 要望 요망
  [요-보-] 容貌 용모
- ようま　[요-마] 洋間 양실
- ようむ　[요-무] 用務 용무
- ようやく　[요-야꾸] 漸く 간신히, 겨우
  ようやく目的地(もくてきち)にたどりついた
  가까스로 목적지에 당도했다

□ ようらん	[요-랑]	搖籃　요람
□ ようりょう	[요-료-]	要領　요령
□ よか	[요까]	余暇　여가, 짬
□ よかれあしかれ	[요까레아시까레]	善かれ悪しかれ　좋든 싫든

よかれあしかれ決定(けって)いにはしたがわなければならない 좋든 싫든 결정에는 따라야 한다

□ よかん	[요깡]	予感　예감
□ よきん	[요낑]	預金　예금
□ よくしつ	[요꾸시쯔]	浴室　욕실
□ よくじつ	[요꾸지쯔]	翌日　다음날, 이튿날
□ よくねん	[요꾸넹]	翌年　다음해
□ よくばり	[요꾸바리]	欲張り　욕심쟁이

欲張り根性(こんじょう) 욕심쟁이 근성

□ よくぼう	[요꾸보-]	欲望　욕망
□ よくや	[요꾸야]	沃野　옥야, 기름진 평야
□ よけい	[요께-]	余計　여분, 더한층, 부질없음

人(ひと)より余計(に)はたらく 남보다 더 많이 일하다
余計な事(こと)をするな 쓸데없는 짓을 하지 마라

□ よげん	[요겡]	予言　예언
□ よこ	[요꼬]	横　가로, 곁, 옆 ↔縦 たて

首(くび)を横に振(ふ)る 고개를 가로젓다

□ よこがお	[요꼬가오]	横顔　옆얼굴
□ よこがき	[요꼬가끼]	横書き　가로쓰기
□ よこぎる	[요꼬기루]	横切る　가로지르다

= 横断 おうだん する
道(みち)を横切る 길을 가로지르다

□ よこく	[요꼬꾸]	予告　예고
□ よこす	[요꼬스]	보내오다, 넘겨주다

旅行先(りょこうさき)から手紙(てがみ)をよこす
여행지에서 편지를 보내오다

- よこづな [요꼬즈나] 横綱 씨름에서의 천하장사
- よこて [요꼬떼] 横手 옆쪽, 측면
- よごと [요고또] 夜毎 밤마다, 매일 밤
- よこどり [요꼬도리] 横取り 가로챔, 횡령

  人(ひと)の財産(ざいさん)を横取りする
  남의 재산을 가로채다
- よこめ [요꼬메] 横目 곁눈질
- よごれる [요고레루] 汚れる 더러워지다

  汚れっぽい生地(きじ) 쉽게 더러워지는 옷감
- よさん [요상] 予算 예산
- よじのぼる [요지노보루] よじ登る 기어오르다
- よしゅう [요슈-] 予習 예습
- よじる [요지루] 捩る 비틀다, 꼬다 =ひねりまげる

  体(からだ)をねじって笑わらう 몸을 비비꼬며 웃다
- よしん [요싱] 予審 예심
- よしんば [요심바] 비록, 설령
- よす [요스] 止す 그만 두다, 중지하다

  いたずらは止せ 장난은 그만둬라
- よせん [요셍] 予選 예선
- よそ [요소] 余所 딴 곳, 남의 집

  よそを見(み)る 딴 곳을 보다
- よそう [요소-] 予想 예상
- よそおう [요소오-] 装う 치장하다, 꾸미다

  ミンクのコートに身(み)を装う 밍크코트로 몸을 치장하다
- よそごと [요소고또] 余所事 남의 일
- よそよそしい [요소요소시-] 이제까지와는 달리 쌀쌀하다, 서먹서먹하다

  よそよそしい態度(たいど)を取(と)る
  쌀쌀한 태도를 취하다
- よぞら [요조라] 夜空 밤하늘

- よたもの [요따모노] 与太者 불량배
- よだれ [요다레] 涎 침, 군침
- よちよち [요찌요찌] 아장아장
- よっか [욕까] 四日 초나흗날
- よつかど [요쓰가도] 四つ角 네거리
- よっぱらい [욥빠라이] 酔っ払い 술주정꾼
  酔っ払い運転(うんてん) 음주 운전
  酔っ払いが絡からむ 술주정꾼이 시비를 걸다
- よてい [요떼-] 予定 예정
- よなか [요나까] 夜中 한밤중
- よのなか [요노나까] 世の中 세상 = 世間 せけん
  もう世の中が変(か)わった 이미 세상이 바뀌었다
- よはく [요하꾸] 余白 여백
- よび [요비] 予備 예비
- よびこ [요비꼬] 呼び子 호루라기
- よびりん [요비링] 呼び鈴 초인종
- よぶ [요부] 呼ぶ 부르다, 소리내어 부르다
  名前(なまえ)を呼ぶ 이름을 부르다
- よふけ [요후께] 夜更け 야심, 밤늦도록
- よほう [요호-] 予報 예보
- よぼう [요보-] 予防 예방
- よほど [요호도] 余程 어지간히, 꽤
- よみがえる [요미가에루] 蘇る 되살아나다, 소생하다
  記憶(きおく)が蘇る 기억이 되살아나다
- よみもの [요미모노] 読物 읽을거리
- よむ [요무] 読む 읽다
  小説(しょうせつ)を読む 소설을 읽다
- よめ [요메] 嫁 며느리
- よめいり [요메이리] 嫁入り 시집감, 출가
- よもすがら [요모스가라] 終夜 밤새도록

- □ よやく　　　[요야꾸] 予約　예약
  座席(ざせき)を予約する 좌석을 예약하다
- □ よる　　　　[요루] 夜　밤
- □ よれよれ　　[요레요레] 낡고 구겨진 모양, 너덜너덜
- □ よろこぶ　　[요로꼬부] 喜ぶ　기뻐하다
  人(ひと)に喜ばれる親切(しんせつ) 남을 기쁘게 하는 친절
- □ よろしい　　[요로시-] 宜しい　괜찮다, 좋다
  よろしい、やりましょう 좋습니다, 합시다
- □ よろめく　　[요로메꾸] 비틀거리다
- □ よわい　　　[요와이] 弱い　약하다 ↔ 強 つよい
  弱い者(もの)をいじめる 약한 자를 괴롭히다
- □ よわたり　　[요와따리] 世渡り　처세
  世渡りがうまい 처세가 능란하다
- □ よわね　　　[요와네] 弱音　약한 말
  つい弱音を吐(は)く 저도 모르게 나약한 소리를 하다
- □ よわみ　　　[요와미] 弱み　약점, 취약점 ↔ 強 つよみ
  人(ひと)の弱みを握(にぎ)る 남의 약점을 잡다
- □ よわむし　　[요와무시] 弱虫　겁쟁이, 나약한 자 =いくじなし
  あいつはまったく弱虫だ 저 놈은 정말겁쟁이(못난이)다

> 외래어

- □ ヨーグルト　[요-구루또] (독 Yoghurt) 요구르트
  ヨーグルトを飲(の)む 요구르트를 마시다
- □ ヨーロッパ　[요-롭빠] Europe　유럽
  ヨーロッパを旅行(りょこう)する 유럽을 여행하다

よ

신 체

- 머리 頭(あたま) 아따마
- 눈썹 眉(まゆ) 마유
- 눈 目(め) 메
- 입 口(くち) 쿠찌
- 목 首(くび) 쿠비
- 목구멍 喉(のど) 노도
- 가슴 胸(むね) 무네
- 배 腹(はら) 하라
- 아랫배 下腹部(かふくぶ) 카후꾸부
- 허리 腰(こし) 코시
- 손 手(て) 테
- 무릎 膝(ひざ) 히자
- 다리 足(あし) 아시
- 이마 額(ひたい) 히따이
- 코 鼻(はな) 하나
- 귀 耳(みみ) 미미
- 어깨 肩(かた) 카따
- 팔꿈치 肘(ひじ) 히지
- 손목 手首(てくび) 테꾸비
- 손가락 指(ゆび) 유비
- 배꼽 臍(へそ) 헤소
- 엉덩이 尻(しり) 시리
- 허벅다리 腿(もも) 모모
- 발목 足首(あしくび) 아시꾸비
- 발끝 爪先(つまさき) 쓰마사끼

〔ら行〕

[ら]

- らいげつ [라이게쓰] 来月 내달, 다음달
- らいさん [라이상] 礼讚 예찬
  偉業(いぎょう)を礼讚する 위업을 예찬하다
- らいしんし [라이신시] 頼信紙 전보용지
- らいしゅう [라이슈-] 来週 내주, 다음주
- らいせ [라이세] 来世 내세, 후세
- らいねん [라이넹] 来年 내년
- らいひん [라이힝] 来賓 내빈
- らいほう [라이호-] 来訪 내방
- らくいん [라꾸잉] 烙印 낙인
- らくえん [라꾸엥] 楽園 낙원
- らくがき [라꾸가끼] 落書き 낙서
  壁(かべ)に落書きする 벽에 낙서하다
- らくご [라꾸고] 落伍 낙오
- らくさつ [라꾸사쓰] 落札 낙찰
- らくじつ [라꾸지쓰] 落日 낙일, 지는 해
- らくせん [라꾸셍] 落選 낙선
- らくだ [라꾸다] 駱駝 낙타
- らくだい [라꾸다이] 落第 낙제 ↔ 及第 きゅうだい
  彼(かれ)はリーダーとしては落第だ
  그는 리더로서는 낙제다
- らくたん [라꾸땅] 落胆 낙담
  実験(じっけん)に失敗(しっぱい)して落胆する
  실험에 실패하여 낙담하다
- らくてんか [라꾸뗑까] 楽天家 낙천가

□ らくらく	[라꾸라꾸] 楽々 편안히, 손쉽게, 거뜬히	
	らくらくと手足(てあし)を伸(の)ばす	
	편안하게 팔다리를 뻗다	
□ らしんばん	[라심방] 羅針盤 나침반	
□ らたい	[라따이] 裸体 나체, 알몸	
□ らち	[라찌] 拉致 납치	
	何者(なにもの)かに拉致される 누군가에게 납치되다	
□ らっか	[락까] 落花 낙하	
□ らっかさん	[락까상] 落下傘 낙하산	
□ らっかせい	[락까세-] 落花生 땅콩	
□ らっかん	[락깡] 楽観 낙관	
□ らっぱ	[랍빠] 喇叭 나팔	
	信号(しんごう)らっぱを吹(ふ)く 신호나팔을 불다	
□ らっぱのみ	[랍빠노미] 喇叭飲み 술 등을 병째 마심	
	ビールをらっぱのみする 맥주를 병째로 마시다	
□ らつわん	[라쓰왕] 辣腕 민완, 놀라운 솜씨	
□ らんかん	[랑깡] 欄干 난간 = てすり	
□ らんざつ	[란자쓰] 乱雑 난잡	
□ らんせい	[란세-] 乱世 어지러운 세상	
□ らんそう	[란소-] 卵巣 난소	
□ らんだ	[란다] 乱打 난타	
□ らんぼう	[람보-] 乱暴 난폭, 언동이 거친 모양	
	ドアを乱暴に閉(し)める 문을 거칠게 닫다	

▶ 외래어

□ ラーメン	[라-멩] 중 老麺 라면	
	ラーメンをつける 라면을 끓이다	
□ ライオン	[라이옹] lion 라이온, 사자	

- ライター　　　[라이따-] lighter　라이터
　　　　　　　ライターを貸(か)してくれ 라이터를 빌려 주게
- ライト　　　　[라이또] light　라이트, 광선
- ライラック　　[라이락꾸] lilac　라일락
- ライン　　　　[라잉] line　라인, 선
　　　　　　　ラインを引(ひ)く 선을 긋다
- ラグビー　　　[라구비-] rugby　럭비
- ラケット　　　[라껫또] racket　라켓
- ラジオ　　　　[라지오] radio　라디오
　　　　　　　ラジオを聞(き)く 라디오를 듣다
- ラスト　　　　[라스또] last　라스트, 최후, 끝
- ラッシュアワー　[랏슈아와-] rush hour　러시아워
　　　　　　　ラッシュアワーを避(さ)ける 러시아워를 피하다
- ラブ　　　　　[라부] love　러브, 연애
- ラベル　　　　[라베루] label　라벨 =レッテル 네 letter
- ランチ　　　　[란찌] lunch　런치, 간단한 양식
　　　　　　　ランチタイム(lunch time) 런치 타임, 점심 시간
- ランデブー　　[란데부-] 프 rendez-vous　랑데부, 밀회
- ランドセル　　[란도세루] 네 ranse　아동용가방
- ランニング　　[란닝구] running　러닝, 경주, 러닝셔츠의 준말
　　　　　　　ランニングで鍛(きた)える 러닝으로 단련하다
　　　　　　　ランニングシャツ(running shirts) 러닝셔츠
- ランプ　　　　[람뿌] lamp　램프

[り]

- りえき　　　[리에끼] 利益　이익
　　　　　　　利益を得(え)る 이익을 얻다
- りかい　　　[리까이] 理解　이해
　　　　　　　理解の早(はや)い子(こ) 이해가 빠른 아이
- りがい　　　[리가이] 利害　이해
- りきさく　　[리끼사꾸] 力作　역작
- りきせつ　　[리끼세쯔] 力説　역설
- りきそう　　[리끼소-] 力走　역주
- りきてん　　[리끼뗑] 力点　역점
- りきむ　　　[리끼무] 力む　힘주다
　　　　　　　力んで石(いし)を持(も)ち上(あ)げる
　　　　　　　힘을 몰아 써서 돌을 들어올리다
- りきりょう　[리끼료-] 力量　역량
- りく　　　　[리꾸] 陸　뭍, 육지 ↔ 海(うみ)
- りくぐん　　[리꾸궁] 陸軍　육군
- りくじょう　[리꾸죠-] 陸上　육상
- りくち　　　[리꾸찌] 陸地　육지
- りくつ　　　[리꾸쓰] 理屈　이치, 핑계, 구실 = 道理(どうり)
　　　　　　　理屈に合(あ)った話(はなし) 이치에 맞는 이야기
- りこう　　　[리꼬-] 利口　영리함, 똑똑함
　　　　　　　利口そうに見(み)える犬(いぬ) 영리해 보이는 개
- りじ　　　　[리지] 理事　이사, 중역
- りじゅん　　[리중] 利潤　이윤
- りす　　　　[리스] 栗鼠　다람쥐
- りせい　　　[리세-] 理性　이성

- □ りそう　　　　[리소-] 理想　이상
- □ りそく　　　　[리소꾸] 利息　이자
  - 利息が付(つ)く 이자가 붙다
  - 利息を払(はら)う 이자를 갚다
- □ りちぎ　　　　[리찌기] 律気　의리를 중의 여기는 모양, 성실함
  - 律気な人柄(ひとがら) 실직한 인품
- □ りつあん　　　[리쓰앙] 立案　입안
- □ りっしょう　　[릿쇼-] 立証　입증
- □ りっしん　　　[릿싱] 立身　입신
  - 立身出世(しゅっせ) 입신출세
- □ りつどう　　　[리쓰도-] 律動　율동, 리듬
- □ りっぱ　　　　[립빠] 立派　훌륭함, 더 말할 나위 없음
  - 立派な邸宅(ていたく) 훌륭한 저택
- □ りっぷく　　　[립뿌꾸] 立腹　화를 냄
- □ りてん　　　　[리뗑] 利点　이점
- □ りねん　　　　[리넹] 理念　이념
- □ りはつ　　　　[리하쓰] 利発　영리함, 현명함
  - 利発な子(こ) 영리한 아이
- □ りはつてん　　[리하쓰뗑] 理髪店　이발관
- □ りふじん　　　[리후징] 理不尽　억지, 불합리
  - 理不尽なやり方(かた) 무리한 방법
- □ りめん　　　　[리멩] 裏面　이면
- □ りゃくじ　　　[랴꾸지] 略字　약자
- □ りゃくしき　　[랴꾸시끼] 略式　약식
- □ りゃくず　　　[랴꾸즈] 略図　약도
- □ りゃくだつ　　[랴꾸다쓰] 略奪　약탈
- □ りゃくれき　　[랴꾸레끼] 略歴　약력
- □ りゆう　　　　[리유-] 理由　이유
  - 表面上(ひょうめんじょう)の理由 표면상의 이유
- □ りゅうがく　　[류-가꾸] 留学　유학

- りゅうこう [류-꼬-] 流行 유행
- りゅうざん [류-장] 流産 유산
- りゅうちょう [류-쬬-] 流暢 유창함
  流暢にフランス語(ご)を話(はな)す
  유창하게 불어를 말하다
- りゅうつう [류-쓰-] 流通 유통
- りよう [리요-] 利用 이용
- りょういき [료-이끼] 領域 영역
- りょうがえ [료-가에] 両替 환전
  ウォンを円(えん)に両替する 원을 엔으로 환전하다
- りょうがわ [료-가와] 両側 양쪽
- りょうきん [료-낑] 料金 요금
  タクシー料金 택시요금
- りょうこう [료-꼬-] 良好 양호
- りょうさい [료-사이] 良妻 양처
- りょうし [료-시] 猟師 사냥꾼
  [료-시] 漁師 고기잡이, 어부
- りょうしゅしょ [료-슈-쇼] 領収書 영수증
- りょうしん [료-싱] 良心 양심
  良心に恥(はじ)ない行動(こうどう)
  양심에 부끄럽지 않은 행동
- りょうて [료-떼] 両手 두 손
- りょうど [료-도] 領土 영토
- りょうへん [료-헹] 両辺 양쪽
- りょうほう [료-호-] 両方 양쪽, 쌍방 ↔ 片方 (かたほう)
  海(うみ)も山(やま)も両方とも好(す)きだ
  바다도 산도 양쪽 모두 좋아하다
  [료-호-] 療法 요법
- りょうり [료-리] 料理 요리
- りょけん [료껭] 旅券 여권

り

☐ りょこう	료꼬-	旅行	여행
☐ りりく	리리꾸	離陸	이륙
☐ りりしい	리리시-	凛々しい	늠름하다

凛々しい顔立(かおだ)ち 늠름한 얼굴 (생김새)

☐ りれきしょ	리레끼쇼	履歴書	이력서
☐ りろん	리롱	理論	이론
☐ りんかく	링까꾸	輪郭	윤곽

鉛筆(えんぴつ)で輪郭を取(と)る 연필로 윤곽을 잡다

☐ りんご	링고	林檎	사과, 능금
☐ りんじ	린지	臨時	임시
☐ りんじゅう	린쥬-	臨終	임종

臨終をみとる 임종을 지켜보다

☐ りんや	링야	林野	임야
☐ りんり	린리	倫理	윤리

▶ 외래어

☐ リーダー	리-다-	leader	리더, 지도자, 독본
☐ リクエスト	리쿠에스또	request	시청자나 청취자의 요청
☐ リサイタル	리사이따루	recital	리사이틀, 독주회
☐ リスト	리스또	list	리스트, 목록

ブラックリスト(black list) 블랙리스트

☐ リットル	릿또루	프 litre	리터, 용적의 단위
☐ リハーサル	리하-사루	rehearsal	리허설, 무대연습
☐ リベート	리베-또	rebate	리베이트, 구전
☐ リュックサック	륙꾸삭꾸	독 Rucksack	등산용 배낭
☐ リラックス	리락꾸스	relax	릴랙스, 긴장을 풂, 편안히 쉼

リラックスした気分(きぶん)になる 편안한 기분이 되다

☐ リング	링구	ring	링, 고리

[る]

- **るいけい** [루이께-] 累計 누계 累算(るいさん)
  累計を出(だ)す 누계를 내다
  [루이께-] 類型 유형
  いくつかの類型に分類(ぶんるい)する
  몇 가지 유형으로 분류하다
- **るいじ** [루이지] 類似 유사, 닮음
  類似した商品(しょうひん)が出回(でま)わる
  유사한 상품이 나돌다
- **るいせき** [루이세끼] 累積 누적
- **るす** [루스] 留守 부재중
  主人(しゅじん)はいま留守です
  주인(남편)은 지금 부재중입니다
- **るてん** [루뗑] 流転 유전, 끊임없이 변천함, 윤회

▶ 외래어

- **ルージュ** [루-쥬] (프 rouge) 루주, 입술연지
- **ルート** [루-또] (route) 루트, 통로
- **ルーム** [루-무] (room) 룸, 방
- **ルール** [루-루] (rule) 룰, 규칙
  ルールを定(さだ)める 룰을 정하다
- **ルネサンス** [루네산스] (프 Renaissance) 르네상스
- **ルビー** [루비-] (ruby) 루비, 홍옥
- **ルンペン** [룸뻰] (독 Lumpen) 룸펜, 실업자

[れ]

- れいか　　　　　[레-까]　零下　영하
- れいがい　　　　[레-가이]　例外　예외
  - いかなる例外もみとめない 어떠한 예외도 인정하지 않다
- れいかん　　　　[레-깡]　霊感　영감
- れいぎ　　　　　[레-기]　礼儀　예의
  - 礼儀作法(さほう)を重(おも)んずる
  - 예의범절을 중히 여기다
- れいきゃく　　　[레-까꾸]　冷却　냉각
- れいけつ　　　　[레-께쓰]　冷血　냉혈
- れいしょう　　　[레-쇼-]　冷笑　냉소
- れいじょう　　　[레-죠-]　令嬢　영애
- れいすい　　　　[레-스이]　冷水　냉수
- れいせい　　　　[레-세-]　冷静　냉정함
  - 冷静さを失(うしな)う 냉정성을 잃다
  - 冷静を保(たも)つ 냉정을 유지하다
- れいぞうこ　　　[레-조-꼬]　冷蔵庫　냉장고
- れいたん　　　　[레-땅]　冷淡　냉담
- れいとう　　　　[레-또-]　冷凍　냉동
- れいねん　　　　[레-넹]　例年　예년
- れいふじん　　　[레-후징]　令夫人　영부인
- れいぼう　　　　[레-보-]　冷房　냉방 ↔暖房 だんぼう
  - 冷房の利(き)いた部屋(へや) 냉방이 잘 된 방
- れいめい　　　　[레-메-]　黎明　여명
- れいり　　　　　[레-리]　怜悧　영리함
- れきし　　　　　[레끼시]　歴史　역사

□ れきだい	[레끼다이] 歴代	역대
□ れきにん	[레끼닝] 歴任	역임
□ れっしゃ	[렛샤] 列車	열차
□ れっとう	[렛또-] 劣等	열등 ↔ 優等 ゆうとう

劣等な人種(じんしゅ) 열등한 인종

	[렛또-] 列島	열도
□ れんあい	[렝아이] 恋愛	연애

恋愛至上主義(しじょうしゅぎ) 연애지상주의

□ れんが	[렝가] 煉瓦	기와, 벽돌
□ れんきゅう	[렝뀨-] 連休	연휴
□ れんぎょう	[렝교-]	개나리
□ れんごう	[렝고-] 連合	연합

各組合(かくくみあい)が連合する 각 조합이 연합하다

□ れんこん	[렝꽁] 蓮根	연근, 연뿌리
□ れんさい	[렌사이] 連載	연재
□ れんじつ	[렌지쯔] 連日	연일, 매일
□ れんしゅう	[렌슈-] 練習	연습

練習不足(ぶそく) 연습부족

□ れんぞく	[렌조꾸] 連続	연속
□ れんちゅう	[렌쮸-] 連中	한 패, 일당, 같은 일을 하는 사람들

わるい連中と交(まじ)わる 나쁜 패거리와 사귀다

□ れんびん	[렘빙] 憐愍	연민
□ れんらく	[렌라꾸] 連絡	연락

彼(かれ)からの連絡があった 그에게서 연락이 있었다

▶ 외래어

□ レース	[레-스] (race)	레이스, 경주
□ レーダー	[레-다-] (radar)	레이더, 전파탐지기

れ

- レール [레-루] rail 레일, 궤도
- レインコート [레잉꼬-또] rain coat 레인코트
- レクリエーション [레꾸리에-숑] recreation 레크리에이션
- レジャー [레쟈-] leisure 레저, 여가
  レジャーを楽(たの)しむ 레저를 즐기다
- レストラン [레스또랑] 프 restaurant 레스토랑
  レストランへ行(い)って食事(しょくじ)をとる
  레스토랑에 가서 식사를 하다
- レスリング [레스링구] wrestling 레슬링
- レスビアン [레스비안] lesbian 여성의 동성애
- レター [레따-] letter 레터, 편지
- レッスン [렛승] lesson 레슨, 개인교수
  ピアノレッスン受(う)ける 피아노레슨을 받다
- レディー [레디-] lady 레이디, 숙녀
- レパートリー [레빠-또리-] repertory 레퍼토리, 연주곡목
- レフェリー [레훼리-] referee 레퍼리, 주심
- レベル [레베루] level 레벨, 수준
  生活(せいかつ)のレベルが低(ひく)い 생활수준이 낮다
- レポート [레뽀-또] report 리포트, 보고서
  レポートを出(だ)す 리포트를 내다
- レモン [레몽] lemon 레몬
- レンズ [렌즈] lens 렌즈
- レンタカー [렌따까-] rent-a-car 렌터카, 전세자동차
- レントゲン [렌또겡] 독 Röntgen 뢴트겐, X선

[ろ]

- ろうか　　　　[로-까]　(廊下)　복도, 낭하
  　　　　　　　廊下を渡(わた)る 복도를 지나다
- ろうか　　　　[로-까]　(老化)　노화
- ろうきゅう　　[로-뀨-]　(老朽)　노후
- ろうじん　　　[로-징]　(老人)　노인 = 年寄 としより
- ろうそく　　　[로-소꾸]　(蝋燭)　초, 양초
  　　　　　　　ろうそくを消(け)す 촛불을 끄다
  　　　　　　　ろうそくをともす 초에 불을 켜다
- ろうどう　　　[로-도-]　(労働)　노동
- ろうどく　　　[로-도꾸]　(朗読)　낭독
- ろうにん　　　[로-닝]　(浪人)　실직자
  　　　　　　　就職(しゅうしょく(浪人 취직 낭인, 실업자
  　　　　　　　浪人してでもこの大学(だいがく)へ入(はい)る
  　　　　　　　재수해서라도 이 대학에 들어간다
- ろうば　　　　[로-바]　(老婆)　노파
- ろうばい　　　[로-바이]　(狼狽)　당황, 낭패
  　　　　　　　ろうばいの色(いろ)を隠(かく)せない
  　　　　　　　당황하는 기색을 감추지 못하다
- ろうひ　　　　[로-히]　(浪費)　낭비
  　　　　　　　お金(かね)を浪費する 돈을 낭비하다
- ろうまん　　　[로-망]　(浪漫)　낭만
- ろうれん　　　[로-렝]　(老練)　노련함
  　　　　　　　老練な船長(せんちょう) 노련한 선장
- ろかた　　　　[로까따]　(路肩)　갓길
- ろくおん　　　[로꾸옹]　(録音)　녹음

- ろくが [로꾸가] 録画 녹화
- ろくでなし [로꾸데나시] 쓸모없는 인간, 밥벌레
- ろくに [로꾸니] 제대로, 변변히
  ろくに見(み)てもいない 제대로 보고 있지도 않다
- ろくまく [로꾸마꾸] 肋膜 늑막, 갈비뼈
- ろこつ [로꼬쓰] 露骨 노골적
- ろじ [로지] 路地 골목길
  路地の突(つ)き当(あ)たり 골목의 막다른 곳
- ろしゅつ [로슈쓰] 露出 노출
- ろじょう [로죠-] 路上 노상
- ろせん [로셍] 路線 노선
- ろば [로바] 驢馬 당나귀
- ろめん [로멩] 路面 노면
- ろんご [롱고] 論語 논어
- ろんそう [론소-] 論争 논쟁
  税制(ぜいせい)について論争する 세제에 대하여 논쟁하다
- ろんぶん [롬붕] 論文 논문
- ろんり [론리] 論理 논리

▶ 외래어

- ロータリー [로-따리-] rotary 로터리
- ロープ [로-뿌] rope 로프, 줄
- ロケーション [로께-숑] location 로케이션, 야외촬영
- ロビー [로비-] lobby 호텔 등의 휴게실
  ホテルのロビーで会(あ)う 호텔로비에서 만나다
- ロボット [로봇또] robot 로봇, 인조인간
  産業用(さんぎょうよう)のロボット 산업용 로봇
- ロマンス [로만스] romance 로맨스, 낭만

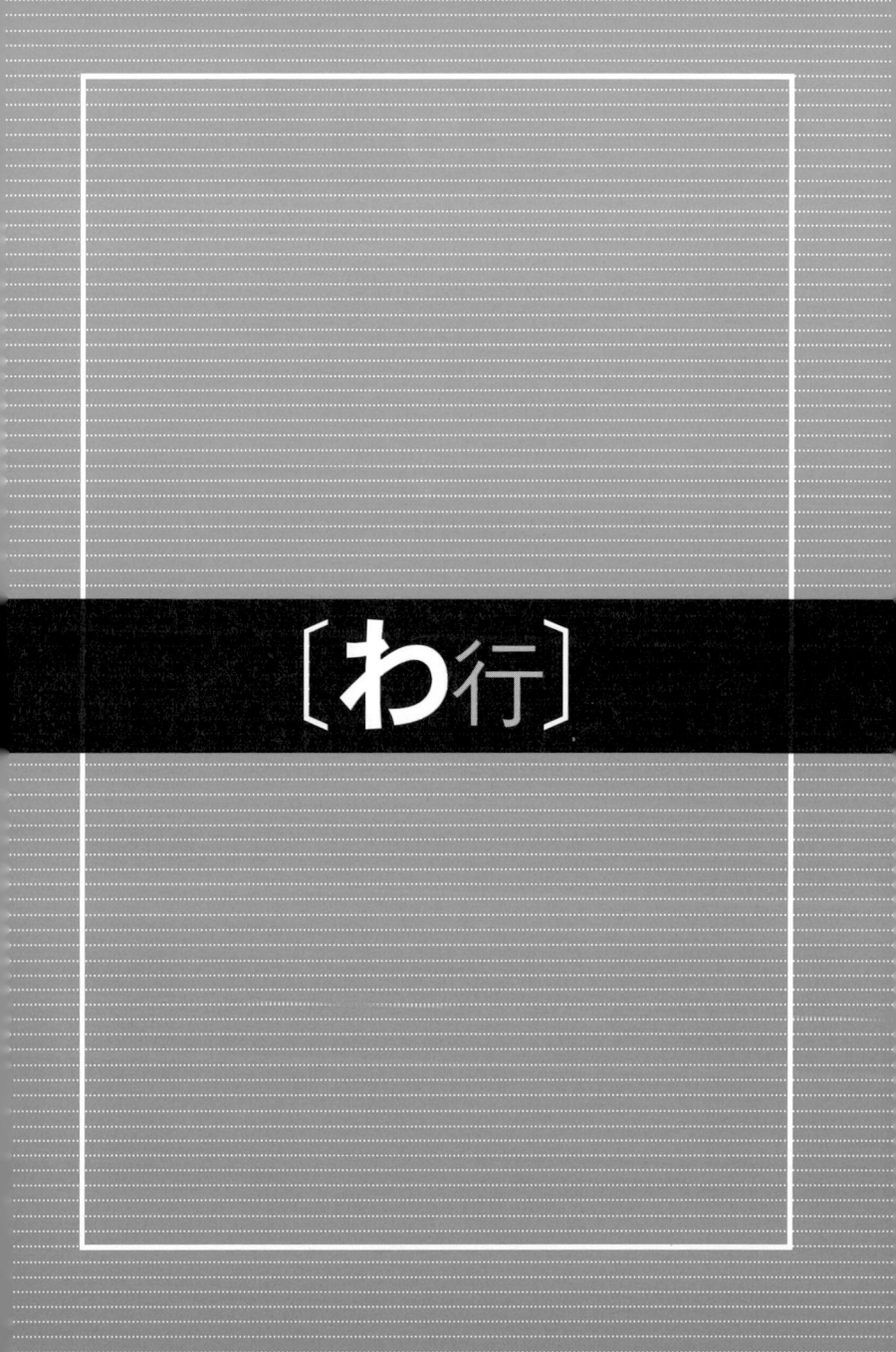
〔わ行〕

[わ]

- わいきょく [와이쿄꾸] 歪曲 왜곡
  歴史(れきし)を歪曲する 역사를 왜곡하다
- わいろ [와이로] 賄賂 뇌물 = まいない
  賄賂を使(つか)う 뇌물을 쓰다
  賄賂がきかない 뇌물이 통하지 않다
- わかい [와까이] 若い 젊다, 어리다
  年(とし)の割(わり)に若く見(み)える
  나이보다는 젊어 보이다
- わかがえり [와까가에리] 若返り 되젊어짐, 회춘
- わかげ [와까게] 若気 젊은 혈기
  若気にものを言(い)わせる 젊은 패기를 십분 발휘하다
- わかす [와까스] 沸す 끓이다, 데우다
  お茶(ちゃ)を沸す 차를 끓이다
- わかぞう [와까조-] 若造 애송이, 풋내기
  若造のくせに生意気(なまいき)だ 풋내기 주제에 건방지다
- わかて [와까떼] 若手 한창 때의 젊은이
- わがまま [와가마마] 버릇없이 제멋대로 굴다
  金持(かねもち)の家庭(かてい)でわがままいっぱいに育(そだ)つ 부잣집에서 온통 제멋대로(버릇없이) 자라다
- わかむき [와까무끼] 若向き 젊은이용, 젊은이 취향
  若向きの柄(がら) 젊은이에게 어울리는 무늬
- わかめ [와까메] 若布 미역
  [와까메] 若芽 새싹
  雪(ゆき)の中(なか)から若芽を出(だ)す
  눈 속으로부터 새싹을 내다

- わかもの [와까모노] 若者 젊은이, 청년
  若者はとかく血気(けっき)にはやりやすい
  젊은 사람은 자칫 혈기에 들뜨기 쉽다
- わがや [와가야] 我が家 우리집
- わからずや [와까라즈야] 分らず屋 벽창호
  分らず屋で困(こま)る 벽창호여서 난처하다
- わかる [와까루] 分かる 알다, 헤아리다
  味(あじ)の分かる人(ひと) 맛을 아는 사람
- わかれみち [와까레미찌] 別れ道 갈림길
- わかれめ [와까레메] 別れ目 갈림길
  彼(かれ)は人生(じんせい)の別れ目に立(た)っている
  그는 인생의 갈림길에 서 있다
- わかれる [와까레루] 別れる 헤어지다, 이별하다
  君(きみ)と別れて一年(いちねん)になる
  너와 헤어진 지 1년이 된다
- わかわかしい [와까와까시-] 若々しい 젊디젊다
- わきした [와끼시따] 脇下 겨드랑밑
- わきまえる [와끼마에루] 弁える 판별하다
  黒白(こくびゃく)を弁える 흑백을 분간하다
- わきみち [와끼미찌] 脇道 옆길
- わきめ [와끼메] 脇目 곁눈질
  脇目で見(み)るほど簡単(かんたん)ではない
  곁에서 보는 것처럼(남보기와 같이) 간단하지는 않다
- わく [와꾸] 枠 테, 테두리
  法律(ほうりつ)の枠を越(こ)えた行動(こうどう)
  법률의 테두리를 벗어난 행동
  [와꾸] 沸く 솟다, 끓다
  お湯(ゆ)が沸く 물이 끓다
  [와꾸] 湧く 샘솟다
  温泉(おんせん)が湧く 온천이 샘솟다

わ

- わくわく [와꾸와꾸] 가슴이 울렁거림, 두근거림
期待(きたい)に胸(むね)がわくわくする
기대에 가슴이 두근거리다
- わけ [와께] 訳 뜻, 까닭, 이유
- わけない [와께나이] 訳無い 간단하다, 수월하다
駅(えき)はわけなく見みつかった 역은 수월하게 찾았다
- わけまえ [와께마에] 分け前 자기가 받을 배당, 몫
思おもわぬ分け前にあずかる 뜻밖의 몫을 받다
- わけめ [와께메] 分け目 갈라지는 경계
- わける [와께루] 分ける 나누다
株(かぶ)を分けて植(う)える 포기를 갈라서 심다
- わこうど [와꼬-도] 若人 젊은이, 청년 = 若者 わかもの
- わざと [와자또] 일부러, 고의로
わざとこわす 일부러 부수다
- わさび [와사비] 고추냉이, 후추
- わざわい [와자와이] 災い 재난, 재앙
地震(じしん)で災いにあう 지진으로 재난을 당하다
- わざわざ [와자와자] 일부러, 특별히
わざわざのおいでで恐縮(きょうしゅく)です
특별히 와 주셔서 황송합니다
- わし [와시] 鷲 독수리
- わじゅつ [와쥬쓰] 話術 화술, 이야기솜씨
- わずか [와즈까] 僅か 조금, 약간
わずかなちがい 근소한 차이
わずかの事(こと)であらそう 사소한 일로 다투다
- わずらう [와즈라우] 煩う 번민하다
胸(むね)を煩う 가슴을 앓다
- わずらわしい [와즈라와시-] 煩わしい 번거롭다, 성가시다
毎日(まいにち)出(で)かけるのは煩わしい
매일 가기는 귀찮다

☐ わすれっぽい	[와스렙뽀이] 忘れっぽい	툭하면 잊다

年(とし)を取(と)ると忘れっぽくなる
나이가 들면 건망증이 심해진다

☐ わすれなぐさ	[와스레나구사] 勿忘草	물망초
☐ わすれもの	[와스레모노] 忘れ物	잊은 물건

雨(あめ)の日(ひ)は傘(かさ)の忘れ物が多(おお)い
비 오는 날에는 우산을 많이 잊어버린다

☐ わすれる	[와스레루] 忘れる	잊다, 잊어버리다

恩(おん)を忘れる 은혜를 잊다

☐ わた	[와따] 棉	솜, 목화
☐ わだい	[와다이] 話題	화제

話題の豊富(ほうふ)な人(ひと) 화제가 풍부한 사람

☐ わたくし	[와따꾸시] 私	저, 나
☐ わたしば	[와따시바] 渡し場	나루터
☐ わたしぶね	[와따시부네] 渡し舟	나룻배
☐ わたす	[와따스] 渡す	건네주다, 넘겨주다

船(ふね)で人(ひと)を渡す 배로 사람을 건네다

☐ わだち	[와다찌] 轍	바퀴자국
☐ わたりどり	[와따리도리] 渡り鳥	철새
☐ わたりもの	[와따리모노] 渡り者	떠돌이
☐ わたる	[와따루] 渡る	건너다, 지나다

船(ふね)で島(しま)へ渡る 배를 타고 섬으로 건너가다

☐ わな	[와나] 罠	올가미
☐ わなわな	[와나와나]	와들와들, 오들오들
☐ わに	[와니] 鰐	악어
☐ わびしい	[와비시-] 侘しい	쓸쓸하다 =さびしい

わびしい独(ひと)り暮(ぐ)らし 외로운 독신 생활

☐ わびる	[와비루] 詫びる	사과하다 =あやまる

ごぶさたを詫びる 그 동안의 격조를 사과하다

☐ わめく	[와메꾸] 喚く	울부짖다

わ

□ わら	[와라] 藁	짚, 지푸라기

藁(わら)をもつかむ 지푸라기라도 잡다

□ わらいばなし	[와라이바나시] 笑い話	우스갯소리
□ わらう	[와라우] 笑う	웃다 ↔ 泣 なく

にこにこ(と)笑う 싱글싱글 웃다

□ わらじ	[와라지] 草鞋	짚신
□ わらび	[와라비]	고사리
□ わらべ	[와라베] 童	동자 童子, 어린이
□ わらや	[와라야] 藁屋	초가집
□ わりあい	[와리아이] 割合	비율, 비교적

割合(に)はやくできた 비교적 빨리 되었다

□ わりあて	[와리아떼] 割り当て	할당, 배당
□ わりかん	[와리깡] 割り勘	각자부담, 추렴

割り勘で費用(ひよう)を出(だ)す 각추렴으로 비용을 내다

□ わりざん	[와리장] 割り算	나눗셈
□ わりに	[와리니] 割に	비교적
□ わりばし	[와리바시] 割り箸	소독저
□ わりびき	[와리비끼] 割引き	할인
□ わる	[와루] 割る	나누다, 깨다, 부수다

二(ふた)つに割る 둘로 나누다

□ わるい	[와루이] 悪い	나쁘다, 좋지 않다 ↔ 良 よい
□ わるがしこい	[와루가시꼬이] 悪賢い	교활하다
□ わるぐち	[와루구찌] 悪口	욕설, 욕지거리

悪口を言(い)う 욕을 하다

□ わるだくみ	[와루다꾸미] 悪巧み	흉계
□ われさき	[와레사끼] 我先	앞 다투어
□ われながら	[와레나가라] 我ながら	내가 생각하기에도
□ われにもなく	[와레니모나꾸] 我にもなく	본의 아니게
□ われる	[와레루] 割れる	갈리다, 깨지다

コップが割れる 컵이 깨지다

❏ われわれ	[와레와레] 我々	우리들
❏ わんしょう	[완쇼-] 腕章	완장
❏ わんぱく	[왐빠꾸] 腕白	개구쟁이

腕白盛(ざか)りの子(こ) 한창 개구쟁이 짓을 하는 아이

❏ わんりょく [완료꾸] 腕力 완력

腕力で押(お)しまくる 완력으로 누르다

▶ 외래어

❏ ワイシャツ [와이샤쓰] (white shirt) 와이셔츠
ワイシャツにアイロンをかける 와이셔츠를 다리다
❏ ワイフ [와이후] (wife) 집사람, 아내
❏ ワイン [와잉] (wine) 와인, 포도주
赤(あか)ワイン 적포도주 白(しろ)ワイン 백포도주
❏ ワクチン [와꾸찡] (독 Vakzin) 백신
❏ ワルツ [와루쓰] (waltz) 왈츠, 무도곡
❏ ワンダフル [완다후루] (wonderful) 원더풀, 놀라운, 멋진
❏ ワンピース [왐삐-스] (one-piece) 원피스
❏ ワンマン [왐망] (one man) 원맨, 자기 뜻대로 일을 추진하는 사람, (여러 사람이 할 일을) 혼자서 해치움
ワンマン長(しゃちょう) 독재적인 사장

필수 회화

- 안녕하세요 아침 　　　おはよう(ございます)
　　　　　　　　　　　　오하요-(고자이마스)
- 안녕하세요 낮 　　　　こんにちは
　　　　　　　　　　　　곤니찌와
- 안녕하세요 저녁 　　　こんばんは
　　　　　　　　　　　　곰방와
- 잘 지내셨어요 　　　　おげんきですか
　　　　　　　　　　　　오겡끼데스까
- 덕분에 잘 지냅니다 　　おかげさまで げんきです
　　　　　　　　　　　　오까게사마데 겡끼데스
- 오랜만입니다 　　　　　ひさしぶりですね
　　　　　　　　　　　　히사시부리데스네
- 안녕히 가세요(계세요) 　さようなら
　　　　　　　　　　　　사요-나라
- 안녕히 주무세요 　　　おやすみなさい
　　　　　　　　　　　　오야스미나사이
- 그럼, 또 만납시다 　　では、また あいましょう
　　　　　　　　　　　　데와, 마따 아이마쇼-
- 고맙습니다 　　　　　ありがとう(ございます)
　　　　　　　　　　　　아리가또 고자이마스
- 미안합니다 　　　　　すみません
　　　　　　　　　　　　스미마셍
- 용서하십시오 　　　　ごめんなさい
　　　　　　　　　　　　고멘나사이
- 천만에요 　　　　　　どういたしまして
　　　　　　　　　　　　도-이따시마시떼
- 수고하셨습니다 　　　ごくろうさまでした
　　　　　　　　　　　　고꾸로-사마데시다
- 처음 뵙겠습니다 　　　はじめまして
　　　　　　　　　　　　하지메마시떼
- 잘 부탁드립니다 　　　どうぞ よろしく
　　　　　　　　　　　　도조- 요로시꾸
- 잘 먹겠습니다 　　　　いただきます
　　　　　　　　　　　　이따다끼마스
- 잘 먹었습니다 　　　　ごちそうさま
　　　　　　　　　　　　고꾸로-사마